Hans Lauter

Die Architektur des Hellenismus

Hans Lauter

Die Architektur des Hellenismus

1986

Wissenschaftliche Buchgesellschaft
Darmstadt

Einbandbild: Eleusis, Innere Propyläen
(Rekonstruktion nach Hörmann)

CIP-Kurztitelaufnahme der Deutschen Bibliothek

Lauter, Hans:
Die Architektur des Hellenismus / Hans Lauter. –
Darmstadt: Wissenschaftliche Buchgesellschaft,
1986.
ISBN 3-534-09401-8

1 2 3 4 5

Bestellnummer 9401-8

Satz: Maschinensetzerei Janß, Pfungstadt
Druck und Einband: Wissenschaftliche Buchgesellschaft, Darmstadt
Printed in Germany
Schrift: Linotype Garamond, 10/11

ISBN 3-534-09401-8

INHALT

VORWORT

Als der Verlag an den Verfasser mit dem Vorschlag herantrat, ein Buch über die hellenistische Kunst zu schreiben, kristallisierte sich angesichts der besonderen Komplexität des Themas allmählich die Idee heraus, zunächst nur ein Teilgebiet der hellenistischen Kunst zu behandeln – dies dafür aber mit der hier angemessenen Ausführlichkeit. Daß die Wahl auf das Gebiet der Baukunst fiel, entsprach den Neigungen des Autors.

Die hellenistische Baukunst ist bis heute niemals Gegenstand einer eigenen Darstellung gewesen. Zwar pflegen in allgemeinen griechischen Architekturgeschichten gleichsam als Anhang auch Bauwerke hellenistischer Zeit mehr oder weniger eingehend erwähnt zu werden. Der Aspekt, unter dem dies geschieht, wird aber immer noch weitgehend durch die Überschrift ›age of decadence‹ gekennzeichnet, die W. B. Dinsmoor dem hellenistischen Kapitel seines 1950 erschienenen Werkes ›Architecture of Ancient Greece‹ voranstellte. Die darin zum Ausdruck kommende Abwertung, die natürlich Folgen bei der Behandlung der Denkmäler haben mußte, rührt letztlich aus einer Perspektive, für welche der 'klassische' Säulentempel den höchsten Inbegriff, schlechthin die Vollendung der griechischen Baukunst bedeutet. Ich wage außerdem zu vermuten, daß zu dem ästhetischen Vorurteil ein historisch-politisches Urteil hinzutritt, das im Hellenismus nach dem 'Ende' der freien Polis eine Verfallszeit des Griechentums überhaupt sieht. Dies hat lange Zeit den Blick für die Fortschritte getrübt, welche gerade die Baukunst in den hellenistischen Jahrhunderten erfuhr. Wir begnügen uns an dieser Stelle mit der Andeutung, daß damals die bei aller Großartigkeit doch auch einseitige, wesentlich skulpturale Bauauffassung und das verhältnismäßig starre Typenrepertoire der älteren griechischen Architektur überwunden wurden und die Baukunst erstmals in der europäischen Geschichte die nur ihre eigenen, spezifisch architektonischen Qualitäten wie Raum oder Lichtführung zu verwirklichen begann. Die römische Architektur schließt, wo sie die Entwicklung vorantreibt, daran an, nicht an die klassischen Tempel.

Ein Versuch, diese kritische Übergangsepoche der Architekturgeschichte so darzustellen, daß ihre Probleme und deren Lösungen, aber auch der absolute Wert der hellenistischen Baukunst verständlich werden, begegnet freilich nicht gewöhnlichen Schwierigkeiten. Auf sie sei hier wenigstens stichpunktartig eingegangen, weil Textgestaltung und Art der Darbietung im folgenden weitgehend davon geprägt werden.

- Hellenistische Architektur ist nicht voraussetzungslos. Sie führt eine bedeutende Tradition fort, auch wenn sie diese verwandelt. Der Umwandlungsprozeß muß jedoch unverständlich bleiben, wenn man die Ausgangssituation nicht kennt. Deshalb schien es erforderlich, die kunstgeschichtlichen Wurzeln in einer Form vorzustellen, die bei der gebotenen Kürze insbesondere die Voraussetzungen hervorhob, die positiv oder negativ, fördernd oder hemmend auf die hellenistische Architekturentwicklung den größten Einfluß nahmen.
- Hellenistische Architektur ist wie alle antike Architektur in hohem Maße konservativ, d. h., neben verhältnismäßig wenigen Innovationen geht vielfache Wiederholung des bereits Konventionellen einher. Da die Innovation für unseren Zweck aufschlußreicher ist als das hergebracht Geläufige, wurde die Auswahl der Denkmäler dementsprechend vorgenommen. Es werden also bewußt charakteristische Sonderformen und selbst singuläre Monumente auf Kosten der Masse des Gewöhnlichen bevorzugt.
- Hellenistische Architektur ist in weitesten Kreisen viel weniger bekannt als etwa Beispiele klassischer Baukunst; es herrscht also ein Nachholbedarf an Basisinformationen, bevor an eine Auswertung gegangen werden kann. Die Gründe für diesen Sachverhalt sind unterschiedlicher Natur. Zum einen ist es der objektiv hohe Zerstörungsgrad hellenistischer Bauwerke; fast kein Denkmal dieser Zeit ist in einem auch nur annähernd vollständigen Zustand überkommen. Das hängt zum

Teil von der oft minderwertigen Konstruktionstechnik ab, in der sogar phantasievollste Entwürfe realisiert wurden. Da aber gerade für das Verständnis hellenistischer Bauten allein der Zusammenhang der Teile entscheidet, den die Ruinen kaum evozieren, mangelt es einfach an Anschauung. Hinzu kommt, daß die wenigen besser erhaltenen Ruinen sich oft an entlegenen Orten abseits der großen Reiserouten befinden, so daß auch von daher das Anschauungsdefizit nicht ausgeglichen wird.

Zum andern liegt die geringe Vertrautheit mit hellenistischen Bauten aber an der Lückenhaftigkeit des Forschungsstandes, die letztlich auf das Desinteresse zurückgeht, das bereits im Begriff 'Dekadenz' zum Ausdruck kommt. Nur wenige Publikationen hellenistischer Gebäude – und dann nicht immer der wichtigsten – genügen den Anforderungen der Wissenschaft. Andere sind mehr schlecht als recht an Stellen veröffentlicht, die selbst dem Fachmann schwer zugänglich sind. Zusätzlich wurden nicht bloß in älterer Zeit durch mangelhafte Grabungsmethoden grundlegende Informationen etwa hinsichtlich der Datierung übersehen oder gar zerstört. Bei dieser Lage der Dinge innerhalb der Wissenschaft kann es nicht wundernehmen, wenn hellenistische Baukunst außerhalb eines engsten Spezialistenkreises bisher ein weißer Fleck auf der kunstgeschichtlichen Landkarte geblieben ist.

Im Rahmen des vorliegenden Versuchs bestand nur bedingt die Möglichkeit, die bisherigen Versäumnisse nachzuholen. Immerhin wurde versucht, eine größere Anzahl vernachlässigter Baudenkmäler aufzuführen, auch wenn dies häufig zitathaft geschehen mußte. Außerdem galt unsere Bemühung solchen Gebäuden, deren Bedeutung von der Forschung bislang überhaupt noch nicht realisiert wurde, so daß manche bis heute gänzlich unveröffentlicht sind. Einzelanalysen waren aber auch dort auf das für die Gedankenführung absolut Notwendige zu beschränken. Bei der Auswahl der Abbildungen ließ ich mich von der Absicht leiten, durch sie das tatsächliche Anschauungsdefizit womöglich zu mindern und dem Leser ein erstes Gefühl für die besonderen Reize hellenistischer Baukunst zu vermitteln.

Nach dem Vorangegangenen sieht der Verfasser dem Einwand entgegen, daß die Zeit für eine hellenistische Architekturgeschichte gegenwärtig noch nicht reif sei. Dem wäre zumindest insofern zuzustimmen, als eine genaue Entwicklungsgeschichte der Baukunst in den hellenistischen Jahrhunderten heute wohl tatsächlich die Grenzen des Möglichen überschreitet. Für sie fehlen noch zu viele Daten und Anhaltspunkte. Anders verhält es sich u. E. aber mit der Möglichkeit, hellenistische Architektur insgesamt als Zwischenglied zwischen griechischer Klassik und römischer Kaiserzeit schon jetzt zu würdigen: In diesem Sinne tritt im folgenden der 'innere', entwicklungsgeschichtliche zugunsten eines mehr 'phaseologischen' Aspekts zurück; dem entspricht die typologische Disposition der Darstellung, die im Vergleich mit anderen Gliederungsmustern zudem den Vorteil hat, in relativ neutraler Weise die Bekanntschaft mit dem Material zu vermitteln.

Ich hatte in den vergangenen fünfzehn Jahren Gelegenheit, auf wiederholten und häufig sehr ausgedehnten Reisen viele hellenistische Baudenkmäler in Griechenland, Kleinasien, Italien und Nordafrika kennenzulernen und z. T. mehrfach zu untersuchen. Eine Generalerlaubnis seitens der Griechischen Antikenverwaltung ermöglichte mir in den Jahren 1970 und 1971 das Studium und die Aufnahme auch unpublizierter Ruinen, wobei ich im allgemeinen durch die örtlich zuständigen Kollegen mannigfache Unterstützung erfuhr. Sie alle namentlich zu erwähnen, würde hier ebenso zu weit führen, wie all diejenigen Freunde in Italien, Ägypten und der Türkei zu nennen, die mir in den ihnen unterstellten Gebieten gleiche Fazilitäten gewährten und damit den Dank der Wissenschaft verdient haben. Zu danken habe ich ferner der Deutschen Forschungsgemeinschaft, die meine Forschungen zur hellenistischen Architektur mehrfach durch Stipendien, Reisekostenzuschüsse und Bereitstellung von Vermessungsgerät entscheidend gefördert hat. Mit einem letzten Wort möchte ich schließlich dem Verlag und insbesondere Herrn Dr. R. Hootz für ihr Verständnis und Entgegenkommen – vor allem auch bei der so nötigen Ausstattung des Buches mit Plänen und Abbildungen – meinen Dank aussprechen.

A. EINFÜHRUNG: DEFINITION DES GEGENSTANDES

Hellenismus und hellenistische Kultur

Vor einer Beschäftigung mit hellenistischer Architektur scheint es geraten, zunächst den historischen Epochenbegriff des 'Hellenismus' als solchen kurz zu beleuchten, um ein gewisses Gefühl für die Bedingungen des Gegenstandes zu bekommen. Ursprünglich bezeichnete 'hellenistisch' ja nur das kulturelle Gepräge gräzisierter Orientalen in den von Alexander d. Gr. unterworfenen Ländern, besonders in Syrien und Palästina. Im Sinn eines Epochenbegriffs wird 'Hellenismus' erst von der modernen Geschichtswissenschaft seit J. G. Droysen gebraucht; er ist in erster Linie politisch definiert. Demnach handelt es sich um das Zeitalter, in dem die führenden Griechenstaaten ihre volle Selbständigkeit an den anfangs halbbarbarischen, makedonischen Nachbarn verloren haben, während sich zugleich dem Griechentum im Gefolge des Alexanderzugs die Möglichkeit einer Ausbreitung bis weit nach Asien hinein eröffnete. Alexander selbst steht chronologisch am Beginn dieser Epoche; ihr Ende ist ein langsamer Prozeß der allmählichen Unterwerfung des gräkomakedonischen Staatensystems unter die Parther und Saken im Osten sowie unter die Römer am Mittelmeer. Er findet formal seinen Abschluß mit der Einverleibung Ägyptens, des letzten Diadochenreiches, durch Augustus nach der Schlacht von Actium 31 v. Chr. Ganz streng genommen müßte nach diesem Prinzip aber das Ende des Hellenismus für jedes einzelne gräko-makedonische Staatsgebilde gesondert angegeben werden. Makedonien mit Epirus fällt 168 v. Chr., Korinth und die Peloponnes 146 v. Chr., Mesopotamien ca. 140 v. Chr., Pergamon 133 v. Chr. usf. Daß gleichwohl niemand auf diese Weise verfährt, beruht auf dem richtigen Gefühl, daß auch nach der politischen Unterwerfung unter Rom oder das Partherreich die einst griechisch beherrschten Landstriche noch lange einen 'hellenistischen' Charakter bewahrt haben. Das Ende des Hellenismus wird in Wahrheit weniger durch das politische Faktum der Annexion Ägyptens bestimmt als durch den etwa gleichzeitigen Beginn von etwas wesentlich Neuem, dem Heraufdämmern der augusteischen Epoche.

Hierin zeigt sich, daß neben dem staatengeschichtlich bestimmten Begriff des Hellenismus noch ein anderer, nicht ganz deckungsgleicher in Gebrauch ist, der sich an der Kultur- und Kunstgeschichte orientiert. Er bezieht sich auf die Tatsache, daß im 'Hellenismus' das Griechische zur dominierenden und integrierenden Kulturmacht der gesamten Alten Welt geworden war, sicher mitausgelöst durch die politische Expansion der Makedonen nach Vorderasien und Ägypten. Als 'hellenistisch' in diesem Sinn können dann aber zunächst auch jene griechischen Gebiete gelten, die außerhalb des eigentlich gräko-makedonischen Staatensystems geblieben waren oder doch nur losen Kontakt zu ihm hatten wie die alten westlichen Kolonien in Unteritalien und Sizilien oder die Kolonien am Schwarzen Meer. Darüber hinaus haben italische Völker, allen voran Rom, früh anerkannt, daß 'Griechischsein' und Bildung identisch geworden waren. Freiwillig und ohne politischen Druck hellenisierten sie sich selbst vielleicht stärker als die meisten Syrer, Iraner und Ägypter unter direkter gräko-makedonischer Herrschaft. Kulturgeographisch rechnen somit größere Teile Italiens zeitweise ebenfalls zur 'hellenistischen Welt'; übrigens ist auch das punisch-numidische Nordafrika nicht frei von griechisch-hellenistischen Einflüssen geblieben.

Andererseits ist nicht zu übersehen, daß sich auf dem Boden der alten orientalischen Zivilisation die griechische Kultur nie voll durchzusetzen vermochte. Manche Lebensbereiche – man denke an die Religion – wurden hier von Griechischem nur schwach oder gar nicht berührt, ja verfehlten umgekehrt nicht ihre Anziehungskraft auf die Gräko-Makedonen. Daraus entstanden in Iran und Mesopotamien, in Syrien und Ägypten kulturelle Zwitterbildungen und Synkretismen, die, ungeachtet ihrer katalysatorischen Bedeutung, oft einen ziemlich unerfreulichen Eindruck machen und doch 'hellenistisch' in einem Sinn sind, der dem ältesten Verständnis des Begriffes nahesteht. Kulturell gesehen umfaßt der Hellenismus also nicht nur rein griechische bzw. gräko-makedonische Phänomene, sondern auch solche, die mehr oder weniger aktiv vom Griechischen beeinflußt sind. Man wird erst dann nicht mehr von 'hellenistischen' Erscheinungen sprechen, sobald etwa das National-Parthische im Osten und das Römisch-Imperiale im Westen beherrschend in den Vordergrund treten, mag dabei auch noch soviel griechisches Erbe weitergetragen werden. Im Grunde endet hellenistische Kultur dort, wo das Griechentum seine kulturelle Führungsrolle einbüßt. Dies ist spätestens in der zweiten Hälfte des 1. Jh. v. Chr. der Fall, in einigen Ländern wie z. B. Italien oder Mittelasien auch schon früher.

Läßt sich das Ende bzw. die Endphase der hellenistischen Kultur nur bedingt festlegen, so gilt gleiches auch für den Beginn, wenn auch aus anderen Gründen. Bedeutsam ist die Tatsache, daß das politische Epochenjahr 338 der Schlacht von Chaironeia, daß überhaupt das Auftreten Alexanders für die griechische Kultur zunächst keinen tieferen Einschnitt, geschweige denn einen Bruch bedeutete. Zwar treten nach und nach gewisse Akzentverschiebungen in Philosophie, Dichtung und bildender Kunst auf, die man als Widerhall auf die ungeheuren Ereignisse verstehen kann; aber auch dabei handelt es sich eigentlich nur um eine Verstärkung von bereits vorher angelegten Entwicklungen zu Lasten anderer Tendenzen. Es ist deshalb höchst bemerkenswert, daß die Griechen des 3. Jh. gleichwohl das Bewußtsein einer stattgehabten Epochenwende besaßen. Das gilt vor allem für die Literatur und Literaturkritiker, die unter Ptolemaios II. (285–246 v. Chr.) in Alexandria wirkten. Sie waren davon überzeugt, daß die griechische Dichtung nunmehr den Kreis ihrer eigentlichen Möglichkeiten bereits durchlaufen habe; ein Weitergehen mußte wenigstens zum Teil auch ein Weggehen von den alten Regeln und Gesetzen bedeuten. Wir wollen hier nicht ausführlicher auf den so aufschlußreichen 'alexandrinischen Literaturstreit' eingehen; vielmehr ist es für uns nur wichtig zu sehen, wann jene Alexandriner die Grenze zogen: Als kanonisch galt den meisten von ihnen noch die Neue Komödie Athens; deren Protagonist Menander verstarb zweiundfünfzigjährig aber erst 292 v. Chr., d.h. mehr als dreißig Jahre nach Alexanders Tod! Ganz in die gleiche Richtung geht eine berühmte Stelle bei Plinius über die Bronzebildnerei, die der römische Autor vermutlich einer griechischen Quelle verdankt: „In der 121. Olympiade (296–292 v. Chr.) hörte die Kunst auf..." Wieder wird eine Wende, ein Bruch für das erste Jahrzehnt des 3. Jh. konstatiert und gleichzeitig mit einer negativen Aussage besetzt.

Psychologisch ist die Grenze kurz nach 300 v. Chr. erklärlich. Bis dahin beherrschten Männer die Bühne, die in einer Zeit geformt waren, welche dem Alexanderzug vorauslag oder denen der Alexanderzug in ihrer Jugend nicht mehr als eine Abenteuergeschichte von besonderen Ausmaßen bedeutet hatte. Sie blieben, auch wenn sie nun in Ägypten oder Syrien wohnten, die, die sie vorher waren. Erst nach der Jahrhundertwende wird eine Generation erwachsen, die in die neuen Verhältnisse mit ihren riesigen Dimensionen hineingeboren ist. Jetzt erst sieht man die ältere griechische Tradition gleichsam von außen, wie man ja auch in der Tat oft weit außerhalb Griechenlands lebte. Die Erkenntnis der Entfremdung geht mit der Entfremdung selbst Hand in Hand, und dies findet seinen Niederschlag in der Vorstellung, daß etwas zu Ende gegangen sei.

Für uns entfernt Stehende bietet sich die Entwicklung fließender dar; die Jahre zwischen 300 und 290 v. Chr. scheinen kulturell keine größere Zäsur zu markieren als manche anderen Jahrzehnte auch; das gilt insbesondere für Altgriechenland. Objektiv gibt es kein exaktes Datum, mit dem man die 'hellenistische Kultur' beginnen lassen könnte. Sie entwickelt sich allmählich aus weit ins 4. Jh. zurückreichenden Wurzeln heraus; entscheidende Impulse erfährt diese Entwicklung in der Alexanderzeit beziehungsweise durch die Auswirkungen des Alexanderzuges; ein Bewußtsein der veränderten Situation stellt sich freilich erst eine gute Generation später ein. Es darf hier an ein Wort von J. G. Droysen erinnert werden, wonach es in der Geschichte sowenig Epochengrenzen gibt wie auf dem Erdkörper die Linien des Äquators und der Meridiane.

Hellenistische Architektur

Die praktischen Auswirkungen der bisherigen, scheinbar reichlich theoretischen Betrachtungen werden sofort klar, sobald man nunmehr die hellenistische Architektur selbst der Sache und dem Wesen nach abzugrenzen sucht. Auch sie fängt nicht plötzlich mit einem bestimmten Gebäude an. Vielmehr verstärkten sich in der Baukunst des fortgeschrittenen 4. Jh. langsam Erscheinungen, die eine Überwindung der Tradition bedeuten und schließlich zu 'typisch hellenistischen' Gestaltungen führen. Die Alexanderzeit selbst bezeichnet hier nur einen ganz groben Terminus, mehr eine Orientierungshilfe als den wirklichen Zeitpunkt einer einschneidenden Veränderung. Eine solche findet übrigens auch nicht in den Jahren nach 300 v. Chr. statt, in denen die Alten die Epochenwende ansiedelten. Der Tatsache des fließenden Übergangs muß die folgende Darstellung sowohl zu Beginn wie am Ende der Epoche dadurch Rechnung tragen, daß sie sich nicht an starre Zeitgrenzen bindet.

Es gilt ein weiteres zu beachten. Nicht alle Bauten, die während des Hellenismus entstanden sind, können deshalb schon als hellenistische Bauten bezeichnet werden. Wenn z. B. die Ptolemäer oder Seleukiden in Ägypten oder Babylonien Tempel rein im Stil der alten regionalen Hochkulturen errichten ließen, handelt es sich bei ihnen eben um späteste Zeugnisse pharaonischer bzw. altmesopotamischer Architektur. Der Ausdruck 'hellenistisch' involviert dagegen notwendig die Existenz des griechischen Elements.

Hellenistische Baukunst ist demnach in erster Linie griechische Baukunst zwischen Alexander und Augustus. Sie umfaßt darüber hinaus solche Baudenkmäler, die in Teilen griechisch geprägt oder auch nur griechisch beeinflußt sind, indem sie etwa einzelne griechische Motive oder auch nur einzelne griechische Ornamentformen in ein andersartiges Ganze inkorporieren.

Das Griechische stellt also den vermittelnden Zusammenhang, das Verbindende der hellenistischen Architektur dar, während die baulichen Verwirklichungen regional und im Einzelfall sehr differieren können. Sie bilden als solche keine homogene

Einheit ‘hellenistische Architektur’, was angesichts der riesigen Ländermasse zwischen Nubien und der Krim, zwischen dem Pandschab und Sizilien auch nicht weiter verwundern kann.

Immerhin bezeichnen diese Grenzen, die mit der Ausbreitung des hellenistischen Kulturbereichs zusammenfallen, im Prinzip die mögliche räumliche Ausdehnung der hellenistischen Architektur. De facto sind Einschränkungen zu erkennen. Der Schwerpunkt hellenistischer Bautätigkeit konzentriert sich auf Gebiete, die von Griechen oder weitgehend gräzisierten Völkern besiedelt waren. Aus dem Vorhergehenden ergibt sich, daß wir die ‘hellenistische’ Bautätigkeit der italischen Völker im 3. und 2. Jh. v. Chr. grundsätzlich als integralen Bestandteil einer hellenistischen Architekturgeschichte betrachten. Das kampanische Pompeji sah bestimmt ‘griechischer’ aus als das gräkomakedonische Ai Khanum in Afghanistan. Trotzdem wird dieses wichtige Teilgebiet im folgenden nicht ausführlich mitbehandelt, sondern höchstens punktuell beleuchtet. Der Grund ist rein technisch-äußerlicher Natur; volle Einbeziehung der italisch-hellenistischen Architektur würde den Umfang, der diesem Versuch gesetzt ist, bei weitem sprengen. Wir verstehen uns um so leichter zum Ausschluß, als das italische Material z. B. im Vorspann zu römischen Architekturgeschichten recht gut erschlossen ist – was von den gleichzeitigen griechischen Denkmälern gerade nicht gilt.

B. RAHMENBEDINGUNGEN HELLENISTISCHER ARCHITEKTUR

I. Zu den gesellschaftlichen Bedingungen

In der Architektur ist, anders als in der Malerei und Plastik, praktische Benutzbarkeit eine Grundbestimmung der Existenz; nur die seltenen reinen Denkmalsbauten bilden hier eine Ausnahme. Gebäude sind daher in ganz anderem Sinn 'Gebrauchsgegenstände' als etwa Bildwerke; 'Kunst' ist an ihnen prinzipiell eine zusätzliche Qualität. Dadurch aber wird Architektur unmittelbar von praktischen Bedürfnissen geprägt, die ihrerseits in gesellschaftlichen Bedingungen wurzeln und oft durch politische Möglichkeiten begrenzt sind. Der Zusammenhang ist so eng, daß wir an dieser Stelle einige Bemerkungen zur Zeit- und Kulturgeschichte glauben einschieben zu müssen. Sie verfolgen nicht den Zweck, historische Abhandlungen zu ersetzen, was gar nicht unsere Aufgabe sein kann; vielmehr sollen sie zwei oder drei Gesichtspunkte, die für das vorliegende Thema von direkter Bedeutung sind, in ein helleres Licht stellen helfen.

Es braucht deshalb nicht weiter auf die dominierende politische Machtstellung der makedonischen Monarchien noch auf deren bekannte, innere Struktur eingegangen zu werden. Beachtung verdienen aber vielleicht die altgriechischen Völker und Staaten an der Ägäis. Zunächst sollte dem Anschein widersprochen werden, Griechenland sei durch die Ausdehnung des Alexanderreichs nach Osten an die Peripherie der Welt gerückt. Anfänglich günstig, später unheilvoll bewährte sich seine geographische Mittellage zum zweiten Gravitationszentrum der Epoche, zu Sizilien und Italien. Eigenes Gewicht behielt es zudem durch die Tatsache, daß es trotz beträchtlichen Bevölkerungsabflusses im Gefolge des Alexanderzuges ein dichtbesiedeltes Land blieb, das u. a. als Söldnerreservoir wichtig war. Außerdem versanken die kleineren griechischen Stadtstaaten sowie die jetzt neu ins Leben tretenden Bünde – in früher ländlichen, nunmehr urban aufstrebenden 'Randgebieten' (Nord- und Westpeloponnes, Westgriechenland, aber auch im halbgriechischen Epirus und im Hinterland der anatolischen Küste) – keineswegs in völlige politische Ohnmacht. Zwar ist das Bild von Polis zu Polis verschieden, und der ehemals erste Staat Griechenlands, Athen, konnte trotz heldenhafter Anstrengungen erst am Ende des 3. Jh. die makedonische Fremdverfügung abschütteln. Insgesamt reichte die freie griechische Opposition aber stets aus, etwa die Kräfte der makedonischen Monarchie zu binden, wenn nicht zu lähmen. Die politische Unterwerfung von griechischen Staatsorganismen war durchweg prekär und meist vorübergehend. Mehr als satellitenhafte Abhängigkeit vermochten die Monarchien selten durchzusetzen; wieder freigewordene Poleis erstaunen durch ihre geradezu selbstverständliche Regenerationsfähigkeit. Dieser Zustand änderte sich erst mit der fortschreitenden Präsenz Roms im Verlauf des 2. Jh. Tatsächliche Übermacht und brutale Ausrottung taten nun das Ihrige. So wechselhaft sich früher z.B. die ökonomischen Bedingungen gestaltet hatten, kam es doch erst jetzt zur allgemeiner und öffentlicher Verarmung. Konnten ehemals die Katastrophen einzelner Territorien im ganzen immer noch aufgefangen werden, so ruinierte die pure Menge der Katastrophen während der langsamen römischen Besitzergreifung und der folgenden Bürgerkriege schließlich die Gesamtregion unwiderruflich in ihrem staatlichen und wirtschaftlichen Gefüge – wobei insbesondere hinzukam, daß Besitz und Vermögen nicht mehr innerhalb des ägäischen Staatensystems 'zirkulierten', sondern als Beute oder Schatzung nach Italien 'transferiert' wurden. Kleinasien hat die böse Zeit besser überstanden; das griechische Mutterland fiel genau in dem Jahrhundert vor Augustus jener Verödung anheim, die Strabo berichtet. Von ihr hat sich Hellas im Altertum nie mehr wirklich erholt.

Für die Architektur sind die Katastrophenjahre der römischen Eroberung (z.B. 168, 146, 80er Jahre v. Chr.) Marksteine. Zunächst erlischt in den direkt betroffenen Gebieten die bauliche

Aktivität, mit dem allgemeinen Elend bald auch in den Nachbarterritorien. Einzelne reiche, von Rom geförderte Kollaborateure waren zwar noch in der Lage, den einen oder anderen Bau zu bezahlen. Trotzdem müssen die regionalen Katastrophendaten methodisch als Terminus ante quem bei größeren und zumal öffentlichen hellenistischen Bauprojekten gelten; im Zweifelsfalle ist das Gegenteil wahrscheinlich zu machen. Dieser Grundsatz wird im folgenden implizite durchgeführt.

Die innere Struktur der griechischen Stadtorganismen zeigte im Hellenismus gegenüber der älteren klassischen Zeit eine spürbare Veränderung. Man könnte im Gegensatz zu der früheren 'staatlichen' Verfaßtheit von einem immer stärker werdenden 'Kommunalcharakter' sprechen. Das hat nur zum Teil mit der Tatsache zu tun, daß die Stadtstaaten zu politischen Mächten zweiten, dritten oder gar vierten Ranges herabgedrückt waren; die meisten waren auch vorher nichts anderes gewesen, und überhaupt reicht die Umstrukturierung zum Gemeindestaat hoch ins 4. Jh. zurück. Ihr Vorhandensein ermöglichte erst die Entstehung der hellenistischen Bünde in Griechenland mit ihren zusammengeschlossenen, de jure souveränen Einzelgemeinden; sie diente ferner als Modell für die abhängigen Griechenkolonien in den asiatischen Reichen, die wirklich kommunale Einheiten darstellten. Den wesentlichsten Einfluß auf dieses Phänomen hatte vielmehr eine Veränderung des Verhältnisses von Staat und Bürgern.

Dieser Vorgang wird in den meisten Geschichtsbüchern negativ gewertet. Der Bürger habe sich den staatlichen Verpflichtungen mehr und mehr entzogen und sich ins Privatleben zurückgezogen. Richtig daran ist, daß der Staat des 5. Jh. den einzelnen total beanspruchte, sein Gut und Blut und auch das Leben. Man kann sich bei uns von diesem Absolutheitsanspruch, der theoretisch keine und praktisch geringe Freiräume zuließ, nur noch schwer eine Vorstellung machen. Die Exzesse der Gemeinschaftsekstase im 5. Jh. hatten nun freilich die Bürger mit Mißtrauen gegen diese rigorosen Anforderungen erfüllt; auch wenn griechische Staaten solche Zumutungen nie völlig aufgaben, schwächte sich ihre Wirkung doch allmählich ab. Die Ausgrenzung eines privaten Lebenssektors muß deshalb als kultureller Fortschritt, fort vom kollektiven Zwang und hin zu größerer menschlicher Freiheit, erkannt werden. Die Griechen des 4. Jh. haben das Persönlichkeitsrecht des einzelnen wenn nicht formuliert, so doch de facto errungen. Erst die Anerkennung einer Privatsphäre eigenen Rechts hat aber eine breite Schicht von Lebensäußerungen unterhalb der staatlich-öffentlichen Ebene ermöglicht; zugleich hat die 'Verbürgerlichung' des Staatsbürgers auf die Polis selbst in dem vorerwähnten Sinn zurückgewirkt. Der Gemeindeorganismus ist seither auch für den einzelnen da, nicht mehr nur der Bürger für den Staat. Zweck der Polis ist jetzt in erster Linie die Verfolgung der gemeinsamen Privatinteressen, wenn das halbe Paradoxon erlaubt ist. Im Hintergrund erhebt sich als neuer Menschentypus aber schon der Kosmopolit, den die Zeit braucht und den zuerst die Philosophie ausgebildet hat.

Die Entdeckung dessen, was wir mit Persönlichkeitsrecht und Privatsphäre umschrieben haben, machte das gesellschaftliche Leben bunter, schillernder, aber auch komplexer. Auswirkungen davon sind in der Architektur reichlich festzustellen: Differenziertere Verwaltungs- und Versorgungsbauten, ein Kennzeichen des Hellenismus, gehen u. a. ebenso auf diesen Strukturwandel zurück wie etwa das ganz neue Hervortreten des Wohnungsbaus, der am unmittelbarsten mit der neu erworbenen Identität zusammenhängt. Sicher ist es kein Zufall, daß sich seit dem 4. Jh. und im Hellenismus die erhaltenen Wohnhäuser häufen, während aus der Zeit vorher nur wenige und dazu bescheidene Reste auf uns gekommen sind. 'Wohnen' spaltet sich endgültig in seine einzelnen Funktionen auf, die jetzt auch baulich berücksichtigt werden (dürfen). In den Bürgergemeinden sind allerdings dem Wohnluxus doch auch Grenzen gesetzt, die nicht allein von der Finanzstärke des Bauherrn abhängen, sondern von dem Erfordernis des guten Tons, d. h. von der Rücksichtnahme auf die Mitbürger.

Im Zusammenhang mit der Privatisierung des Lebens hat ein letzter Hinweis zu erfolgen. Sie ist neben dem Fortschritt der rationalen Aufklärung ein Grund dafür, daß die Religion der großen, olympischen Staatsgötter an Bedeutung verliert. Zwar erlischt sie keineswegs, doch ist bekannt, daß dem einzelnen die 'menschlicheren' Schutzhelfer Aphrodite, Dionysos, Asklepios seit dem 4. Jh. immer wichtiger werden. Tiefere Geister, denen die alten Hauptgötter – nicht ohne Schuld der Politiker – zu abgenutzten Symbolen verkommen waren, haben seit dem Frühhellenismus Tyche vergöttlicht, die Glück, Schicksal und Zufall in einem ist; oder wie Timoleon einem merkwürdigen Abstraktum wie Automatia, die als positiv programmierte Tyche gelten darf, eine Kapelle gewidmet (Plut. Tim. 36). Der nachlassenden, gemeinen Religiosität begegnete man von interessierter Seite mit inszenatorischem Aufwand des Kults und mit mystischem Raffinement. Später folgte die Reaktion in Form eines Obskurantismus, den auszuführen sich hier erübrigt.

Die Architektur war durch die hellenistische Entwicklung der Religiosität um so mehr betroffen, als es sich bei Sakralbauten meist um 'hohe' Baukunst handelt, die also besondere ästhetische Maßstäbe setzt. Man vergleiche im folgenden die Bemerkungen zum Rückgang der großen Tempelarchitektur, zur Ausbildung reicher Heiligtumskomplexe und etwa zum beklemmend geschickten Totenorakel von Ephyra; auch halte man sich die Verbreitung orientalischer Kulteinrichtungen vor Augen.

Wenn wir im vorhergehenden wesentlich politische bzw. gesellschaftliche Erscheinungen Altgriechenlands berücksichtigten, rechtfertigt sich dies erstens durch die geringere Beachtung und oft auch negative Vorzeichensetzung, die jenem Gebiet in vielen Geschichtsdarstellungen zuteil wird; zweitens durch die Beobachtung, daß die griechische Städtelandschaft in vieler Hinsicht Vorbild und Kulturreservoir für die hellenistischen Großreiche und Anrainervölker blieb; und drittens durch die Tatsache, daß die ganz überwiegende Mehrzahl der relevanten hellenistischen Baudenkmäler aus eben diesem Umkreis stammt, den es also vor allem zu verstehen gilt.

Nächste Aufgabe muß es sein, die an dem Bauprozeß Beteiligten kennenzulernen sowie eine gewisse Vorstellung von dessen wirtschaftlicher und rechtlicher Organisation zu gewinnen. Die praktische Einbettung der Baukunst in gesellschaftliche Bedingungen erhellt dabei am unmittelbarsten. Auch hier wird aus dem im vorigen Abschnitt zuletzt genannten Grund Altgriechenland eine hervorragende Rolle spielen.

Auftraggeber und Bauherren

Ihnen gebührt nach Lage der Dinge die erste Aufmerksamkeit, da sie die Initiative bei der Einrichtung eines Gebäudes haben und die Richtlinien vorgeben. Man kann grundsätzlich öffentliche, halböffentlich-genossenschaftliche und private Bauträgerschaft unterscheiden, wobei auszuführen sein wird, daß die beiden letzten Gattungen von Bauherren wenigstens in vielen Fällen öffentlicher bzw. staatlicher Genehmigung bedurften.

Zur öffentlichen Hand zählen die Poleis bzw. die Gemeinden, vertreten durch die zuständigen Gremien; es zählen dazu die Verwaltungen der großen Heiligtümer und in den Monarchien die Herrscher und deren Funktionäre. Die öffentliche Hand bestreitet die Ausgaben für Bauvorhaben aus laufenden Einkünften des Etats, besonders in den Königreichen. In den Stadtstaaten kam daneben die Umlage der Lasten auf die Begüterten in Form einer Sondersteuer oder Leiturgie wohl auch im Hellenismus noch häufig vor. Heiligtümer, zumal solche von überörtlicher Bedeutung, hatten früher gerne auf den Ausweg der Kollekte zurückgegriffen, die die Grenzen des Gemeindestaates überschritt; daran wird sich auch später nichts geändert haben.

Die Bauträgerschaft der – im Hellenismus mächtig aufblühenden – Vereine und Genossenschaften bezeichnen wir als halböffentlich, weil ihre Projekte dem größeren Personenkreis der Mitglieder oder selten sogar der Allgemeinheit (Italikeragora auf Delos?) zugute kommen sollten. Der Zweck des Bauvorhabens ist jedoch an die Zielsetzungen der jeweiligen Organisation gebunden, und deshalb gehören hierher vor allem Vereinshäuser und Klubs (z. B. das der Beyrouther Poseidoniasten in Delos), Heiligtümer spezieller Gottheiten (vgl. die um das Isisheiligtum von Eretria gescharten 'Aigyptioi') oder, sofern es sich um die beliebte Form eines Bestattungsvereins handelte, gemeinsame Nekropolenanlagen mit den erforderlichen Nebenbauten. Die

Finanzierung erfolgte wohl selten aus einer wie auch immer gearteten Gemeinschaftskasse; vielmehr war die Spendenfreudigkeit einzelner, wohlhabender Mitglieder gefordert, denen dafür die Vereinsbrüder hohe Ehren erwiesen. Solche Stiftungen konnten manchmal beträchtlich sein, wie die des Marathoniers Dionysios, Agathokles' Sohn, für das Koinon der Dionysiasten im Piräus, die einen Säulenhof samt Tempel umfaßte. Es ist zu vermuten, daß der Stifter einen starken Einfluß ausübte und seine Wünsche weitgehend zur Geltung bringen konnte; freilich mußte der offiziell firmierende Verein bzw. dessen Leiter zustimmen, und im Falle, öffentliche Belange wurden tangiert, hatte wohl auch der Staat mitzureden: etwa bei Einführung neuer Kulte. Von einer eigentlichen Bauaufsicht durch die Behörde, die über die allgemeinsten Rechtsnormen (vgl. u. S. 27) hinausgeht, wissen wir dagegen nichts.

Die Bedeutung privater Bauherren und Auftraggeber versteht sich für den Wohnungsbau und die Grabarchitektur von selbst. Etwas schwieriger liegt die Sache bei Privatleuten, die als Stifter von Bauten für die Öffentlichkeit auftreten. Hier bleibt insbesondere undeutlich, ob private Munifizenz im Hellenismus gegenüber der älteren Zeit tatsächlich entscheidend zugenommen habe, wie oft behauptet wird. Wenn wir mehr hellenistische Privatstiftungen kennen, mag das am Zufall der Überlieferung oder an der größeren Schreibfreudigkeit der Zeit liegen. Zum anderen billigten jetzt Gemeinden ihren Wohltätern überhaupt größere Ehren zu als früher, zur hohen Zeit des klassischen demokratischen Neides, unter denen etwa auch das Recht der Namensverleihung stehen konnte. Bezeichnend ist hier eine thasische Inschrift des 1. Jh. [1], die sich auf die Wiederherstellung des Propylons am Artemisbezirk bezieht. Die Stifterin soll, nachdem sie auf ihre Kosten das Tor mit Marmorsäulen, Gebälk und Tür restauriert hat, das Recht erhalten, darauf die Inschrift anzubringen: „Epie, Tochter des Dionysios, weiht den wiederhergestellten Bau des Propylons der Artemis Eileithyia und dem Volk." Das war vorher beurkundet worden.

Auch in älterer Zeit gab es natürlich private Gebäudestiftungen, wobei wir einen kleinen Unterschied zwischen der Gründung von Heiligtümern (z. B. Gründung des Asklepieions von Athen durch einen Telemachos 420 v. Chr.; Artemis Euploia im Piräus durch Konon nach 393 v. Chr. usf.) und der Stiftung profaner Gebäude machen wollen. – Heiligtümer sind Weihungen an die Gottheit und unterliegen deshalb besonderen Lizenzen. – Immerhin weiß man, daß die berühmte Stoa Poikile in Athen, gebaut um 470 v. Chr., eine Gabe des Peisianax war und anfänglich nach ihm sogar Peisianakteios Stoa hieß. Man denke auch an die Munifizenz von Peisianax' Verwandten Kimon um dieselbe Zeit.

Wahrscheinlich trat im Hellenismus also der Sache nach keine große Änderung in der Tätigkeit privater Stifter ein, außer daß das Aufkommen im Maß der allgemein vermehrten Bauaktivität absolut etwas zunahm, wobei aber auch eine Kostensenkung wegen der nun günstigeren, d. h. billigeren Konstruktionsweise zu bedenken ist. Der eigentliche Unterschied liegt wohl in der anderen Achtung, die man der Spendenwilligkeit der privaten Stifter entgegenbrachte; und das hat sehr viel mit der oben angedeuteten Verbürgerlichung der Gesellschaft und dem akzeptierten Recht der Einzelpersönlichkeit zu tun. Inschriften und andere Zeugnisse, die uns Namen hellenistischer Stifter überliefern, nehmen gebührende Rücksicht auf den Stolz und die Ehrliebe des Wohltäters, statt die Gabe als selbstverständlich 'wegzustecken'. Ich sehe darin einen vernünftigen, humanen, zivilisierten Zug.

Die Stiftung eines der Allgemeinheit zugedachten Gebäudes durch einen Privatmann scheint in jedem Fall ein Rechtsgeschäft zwischen diesem und der öffentlichen Verwaltung gewesen zu sein. Der Spender ließ also nicht einfach einen Bau errichten und übergab ihn dann der Gemeinde oder dem Heiligtum, vielmehr mußte er offenbar vorher mit der Behörde ins reine gekommen sein. Dabei versteht es sich, daß er eine Bindung der Mittel durchsetzen konnte und auch sonst sein Einfluß beträchtlich war. So bezeugt eine Urkunde aus Mytilene ausdrücklich, daß sich die öffentliche Verwaltung mit Annahme der Stiftung zugleich verpflichtete, die Auflagen zu Zweck, Ort und Aussehen des geplanten Gebäudes zu akzeptieren.

Neben diesen in den öffentlichen Besitz übergehenden Stiftungen gibt es private Leistungen, die auf einer etwas niedrigeren Ebene liegen. Bei der Palästra des Taureas, die am Anfang von Platons Charmides erwähnt wird, hat man den Eindruck, als sei sie öffentlich zugänglich und doch kein kommerzielles Unternehmen gewesen. Bereits im frühen Hellenismus schildert dann Theophrast (Char. 5, 9–10) ironisch die 'Wohltätigkeit' eines Mannes, der seinen Mitbürgern unbedingt gefallen möchte. Er unterhält wohl eine Palästra und einen Ballspielplatz. „Diese überläßt er reihum den Philosophen, Sophisten, Fechtern und Mimikern für ihre Darbietungen, und er selbst kommt später hinzu, damit einer von den Zuschauern, die schon zusammensitzen, sagt: Diesem gehört die Palästra!" (Übers. D. Klose). Die Palästra blieb also Privateigentum, und die Stadt hatte keinen Anlaß, irgendwie einzugreifen.

Eine eigentümlich hellenistische Sondererscheinung bilden die Gebäudestiftungen von Königen in Staaten außerhalb ihres Reiches bzw. ihres nächsten Einflußbereiches. Die Könige firmieren dabei auf den Dedikationsinschriften zwar als Individuen, repräsentieren aber natürlich ihre Dynastie und ihren Staat. Insofern handelt es sich um staatliche Stiftungen ins Ausland.

Kurz können wir uns bei den Schenkungen in Heiligtümer fassen, hatten griechische Staaten doch seit jeher nicht nur 'Schatzhäuser', sondern auch Nutzbauten in die panhellenischen Heiligtümer gestiftet. Die Absicht politischer Demonstration ist bei den Königen vielleicht noch ausgeprägter als früher, weil die Stiftungen gezielter erscheinen (z. B. Antigonidenbauten in Delos zur Zeit der Inselherrschaft dieser Dynastie; Attalidenbauten in Delphi etc.). Künstlerisch nehmen einige der Königsstiftungen freilich einen besonderen Rang ein, weil sie ausgefallener, kühner oder fortschrittlicher konzipiert sind als manch andere, gleichzeitige Bauten. Die potenten Stifter konnten persönliche und sogar aus dem Rahmen fallende Ideen gerade gegenüber den Heiligtümern anscheinend leichter durchsetzen.

Auch die königlichen Gebäudestiftungen in auswärtige Staaten sind häufig realpolitische Manifestationen, wie etwa die Bauten der Seleukiden in der wichtigen Hafenstadt Milet (Zuwendungen Seleukos' I. zum neuen Didymaion, Halle Antiochos' I., Stiftung des Rathauses durch die Funktionäre Antiochos' IV., Herakleides und Timarchos, 175–164 v. Chr.). Darüber hinaus lassen sich ideelle Bezüge erkennen, so besonders in Athen bei den Bauten der Pergamener (Lakydaion-Garten unter Attalos I. 241–197 v. Chr.; Halle des Eumenes II. 197–159 v. Chr. und des Attalos II. 159–138 v. Chr.) oder später am Neubau des Perikleischen Odeions durch den Kappadokier Ariobarzanes II. Philopator 63–52 v. Chr.; auch die sog. Inneren Propyläen von Eleusis gehören hierher, die Ciceros Freund Appius Claudius Pulcher um die Mitte des 1. Jh. zwar nicht als Monarch, doch als Angehöriger und Repräsentant des fremden Herrenvolkes stiftete. Die Attaliden hatten sicher z. T. noch rein politische Motive: Athen gehörte wie Pergamon selbst zur römischen Partei und war mit seinen mächtigen Festungswerken immer noch ein relativ bedeutender Mittelstaat, dessen Bündnis praktische Vorteile versprach. Außerdem ehrten aber, wie man schon immer sah, die sich besonders 'griechisch' gebärdenden Attaliden in Athen das traditionelle Zentrum griechischer Kultur. So hatte in früherer Zeit die Kolonie Halikarnass einen Tempel der Aphrodite Akreia in die Mutterstadt Troizen geweiht (Paus. 2, 32, 6). Die auswärtigen Stiftungen nach Athen drücken also mit überlieferten Mitteln präzise den weitergehenden Gedanken aus, daß Athen die 'Mutterstadt' des Griechentums sei. – Von den athenischen 'Königsbauten' haben wir das Ptolemaion genannte Gymnasium, das meist auf Ptolemaios II. zurückgeführt wird, bisher absichtlich nicht erwähnt, weil uns eine solche Stiftung des zweiten Ptolemäers angesichts der historischen Situation unwahrscheinlich dünkt. Das für Athen bestimmte Geld des Königs wird gänzlich zur Kriegführung gegen den gemeinsamen Feind Antigonos Gonatas statt für Schmuckbauten bestimmt gewesen sein. Deswegen handelt es sich beim Ptolemaion vielleicht eher um eine Ehrenwidmung durch die Athener selbst, wobei außer dem zweiten auch der vierte Ptolemaios in Frage käme (Einrichtung der Phyle Ptolemais im Jahre 216 v. Chr.!). Solche Ehrenbenennungen kennen wir etwa von der Philipps-Halle in Megalopolis, von der Pausanias 8, 30, 6 ausdrücklich bemerkt, sie heiße nicht so, weil Philipp II. sie gestiftet habe, sondern ihm zu Ehren habe die Stadt der Stoa diesen Namen beigelegt. In Athen selbst ist das Diogeneion ein weiteres Beispiel: das Gymnasium wurde nach dem Kommandanten benannt, der sich 225 v. Chr. den Abzug der makedonischen Besatzung hatte abkaufen lassen.

Unter den königlichen Stiftern des Hellenismus verdient zuletzt der merkwürdige Seleukide Antiochos IV. Epiphanes (175–164 v. Chr.) ein eigenes Wort. Sein syrisches Reich war inzwischen ganz Kleinasiens und damit des Zugangs zur Ägäis verlustig gegangen. Antiochos IV. aber baut den Tegeaten in der Peloponnes ein Marmortheater; im böotischen Lebadeia beginnt er auf steilem Hügel über der ländlichen Stadt einen ebenso gewaltigen wie anscheinend sonderbaren [58] Zeustempel aus Marmor zu errichten; in Athen greift er den altertümlichen, einst von den Peisistratiden begonnenen Bau des Olympieions wieder auf. Enorme Mittel muß er in diese z. T. eher bizarren Projekte gesteckt haben, die ihm politisch wenig oder nichts einbringen konnten. Was zählte damals schon Tegea und Lebadeia? Die Bautätigkeit des Antiochos IV. in Griechenland ist nur so zu erklären, daß er, der sich zutiefst als Repräsentant des Griechentums fühlte und doch politisch von Griechenland weit abgeschieden war, ganz Griechenland als sein ideelles Mutterland ansah. Seine Munifizenz hatte für seinen eigenen Staat keine innere Bedeutung mehr wie etwa die Attalidenstiftungen für das nahe Pergamon; er drückt damit nur seine individuelle Verbundenheit aus. Warum er unter die Empfänger seiner Gaben Städtchen wie Tegea und Lebadeia einbezog, bleibt gleichwohl rätselhaft. Vielleicht baute er einfach dort, wo man ihn gewähren ließ?

Organisation des Bauwesens

Eine verhältnismäßig große Anzahl erhaltener Bauurkunden [2] erlaubt es, genaueren Einblick in die praktischen und rechtlichen Realitäten des griechischen Bauwesens zu nehmen und damit die allgemeinen Erwägungen über die gesellschaftlichen

Grundlagen der hellenistischen Architektur und die Rolle der verschiedenen Auftraggeber in ihr auch von dieser Seite her zu vertiefen und abzurunden.

Drei Gattungen dieser urkundlichen Primärquellen sind zu unterscheiden: die Ausschreibung, der Kontrakt zwischen Bauherrn und Unternehmer, die Abrechnung. Die ersten detaillierten Urkunden dieser Art beginnen im 5. Jh., sie häufen sich im 4. Jh. und erstrecken sich noch durch den Hellenismus. Mit wenigen Ausnahmen, unter denen insbesondere eine späte Bauinschrift aus Puteoli in Kampanien Beachtung verdient, konzentrieren sie sich auf die altgriechischen Gebiete an der Ägäis. Sie beziehen sich so gut wie ausschließlich auf öffentliche Bauvorhaben der Gemeinden und Heiligtümer und haben offenbar den Zweck, für eine Transparenz der öffentlichen Baumaßnahmen zu sorgen, d.h. die korrekte Verwendung der öffentlichen Mittel zu belegen und die pflichtbewußte Amtsführung der verantwortlichen Behörden herauszustellen. Trotz dieser Einschränkung auf den öffentlichen Sektor sind genug Hinweise vorhanden, um Rückschlüsse auch auf den privaten Bereich zu gestatten; insgesamt scheinen die Unterschiede überhaupt nicht groß, sieht man etwa von dem notwendig größeren Verwaltungs- und Kontrollaufwand staatlicherseits ab.

Fassen wir zunächst noch einmal den Auftraggeber und Bauherrn näher ins Auge. In den griechischen Städten ist dies das souveräne Volk selbst, so wie in den Monarchien der König. Tatsächlich beschließt das Volk in seinen Organen – Volksversammlung oder Rat – über den Plan, ein bestimmtes Bauvorhaben in die Wege zu leiten. Zu diesem Zeitpunkt mußte man sich auch schon eine Vorstellung über die beabsichtigten Kosten und ihre eventuelle, zukünftige Deckung bilden. Danach war ein Entwurf einzuholen, der vermutlich aus einem Schaubild, vor allem aber aus einer überaus spezifizierten Beschreibung bestand, die später bei der Ausschreibung Verwendung finden konnte.

Mit dem Entwurf tritt die Person des schöpferischen Architekten, des eigentlichen Baukünstlers, auf den Plan, den wir bisher noch gar nicht in die Betrachtung einbezogen hatten, obwohl er neben dem Auftraggeber und weit vor den ausführenden

Handwerkern bestimmend für das Bauwerk ist. Sein künstlerischer Freiraum ist durch die Zweckbestimmung des Bauprojekts und damit im weitesten Sinne durch die vorhandene Bautypologie eingeengt, darüber hinaus durch den vorgesehenen Kostenaufwand bestimmt. Innerhalb dieser Grenzen war er zu persönlicher Gestaltung aufgefordert. Bemerkenswerterweise wurde der Entwurf meist nicht von vornherein einem ausgesuchten Architekten fest übertragen. Vielmehr fand ein Wettbewerb statt, zu dem wahrscheinlich jedermann Zugang hatte. Unter den eingereichten Plänen entschieden der Rat bzw. das Volk. In Zweifelsfällen konnte ein öffentliches Streitgespräch der Bewerber anberaumt werden. Es entspricht der Bedeutung, die diesem Punkt zugemessen wurde, daß dem Abgewiesenen häufig sogar die Anrufung eines Gerichts offenstand. Dahinter stehen unter anderem wirtschaftliche Erwägungen; es kann nämlich erschlossen werden, daß ein erfolgreicher Entwurf relativ hoch vergütet wurde. Auch wird es häufig vorgekommen sein, daß der entwerfende Architekt später mit der Stellung des bauführenden Architekten beauftragt wurde – ein Unterschied, auf den wir im folgenden eingehen wollen.

Mit der Bewilligung und Genehmigung des Entwurfs tritt der Auftraggeber Volk aus dem Rampenlicht zurück. Die fernere Leitung des Vorhabens obliegt einer Baukommission. Griechische Staaten und Heiligtümer besaßen keine ständige Behörde für das öffentliche Bauwesen; vielmehr wurden für ein bestimmtes Bauprojekt ad hoc Aufsichtsbeamte eingesetzt, die verschiedene Bezeichnungen wie Epistates, Epimelomenos, Naopoios, Esdoter usf. tragen können. Die Anzahl solcher Beamter wechselt je nach Ort und Aufgabe. Die Behörde fungierte ehrenamtlich. Den Epistaten konnte, gleichsam als Fachmann, ein Architekt beigeordnet werden, der im Gegensatz zu jenen ein festes Jahresgehalt bezog. Er wird meist auch bauführender Architekt gewesen sein. Eine delische Urkunde des 3. Jh. v. Chr. billigt dem Architekten, einem Ortsfremden, neben dem Gehalt sogar Wohngeldspesen zu. Größere Baukommissionen beschäftigen manchmal einen Sekretär (Hypogrammateus), der wie der Architekt ein Jahresgehalt bezog.

Die Aufgaben der Baukommission umfassen Ausschreibung und Vergabe, Aufsicht und Abnahme der Arbeiten sowie Anweisung der Löhne; bei letzterer bedurften sie allerdings der Mitwirkung der staatlichen Finanzorgane.

Die Ausschreibung fußt wie gesagt auf der detaillierten Baubeschreibung des siegreichen Entwurfs. In ihr ist alles festgelegt, was ein Unternehmer für seine Kalkulation wissen mußte. Lediglich genauere Angaben über Kunstformen fehlten häufig noch, so daß etwa dastand 'Kapitell' oder 'Gesims', ohne daß dafür schon ein Muster beigelegen hätte. Der Ausschreibung folgen die Bewerbungen der Unternehmer und der Kontraktabschluß. Zuschlag sollte nach dem Prinzip erteilt werden, daß die geforderte Leistung zum niedrigsten Preis erbracht würde. Mit dem Kontrakt erkannte der Unternehmer die vom Auftraggeber gesetzten Bedingungen und Fristen unwiderruflich an.

Zu den Rechten der Baukommission gehörte die Befugnis, nachträgliche Veränderungen des Bauplanes anzuordnen, die sich während der Ausführung als nötig oder als tunlich erwiesen. Ferner oblag ihr die Entscheidung über die Gestaltung aller jener baulichen Details, die in der Ausschreibung nicht spezifiziert waren: Der bauführende Architekt holte dafür Entwürfe ein, die die Kommission begutachtete. Das wirksamste Recht der Baukommission betraf jedoch die Überwachung der Bauarbeiten. Handelte ein Unternehmer nicht gemäß den Vorschriften des Kontrakts oder widersetzte er sich den Anordnungen der Epistaten, konnte die Kommission gegen ihn einschreiten, Bußen verhängen, die Arbeiten suspendieren oder den Kontrakt lösen. So müssen bei nachgewiesener Untauglichkeit Arbeiter entlassen werden, ohne daß aus dieser einseitigen Aufkündigung dem Auftraggeber Schaden erwüchse; bei Nichteinhaltung der Lieferfristen folgen Konventionalstrafen; Beschädigungen an bereits fertiggestellten Bauteilen gehen voll zu Lasten des Unternehmers. Als Grund für die Annullierung des Kontraktes galt etwa die offenbare Unfähigkeit des Unternehmers und seines Unternehmens, die verdingte Aufgabe zu bewältigen.

Das Maß der Strafen war entweder im Kontrakt vorgeschrieben oder in das Ermessen der Beamten gestellt. Insofern war die

Baukommission zugleich rechtliche Instanz. Zum Schutz der Unternehmer vor willkürlicher Benachteiligung war vorgesehen, daß bei derartigen Entscheidungen mindestens die Hälfte der Kommissionsmitglieder anwesend sein mußte; sie fällten ihr Urteil außerdem unter Eid. In gleicher Weise wurde verfahren, wenn sich bei der endgültigen Abnahme des gesamten Bauwerks Meinungsverschiedenheiten ergaben. Ob der Unternehmer gegen ein Urteil des Aufsichtsgremiums Rechtsmittel einlegen konnte, ist nicht bekannt, angesichts der ausgefeilten Rechtsstruktur aber wahrscheinlich.

Grundsätzlich ist die starke rechtliche Stellung des Bauherrn bemerkenswert. Dabei zeigt sich, daß in hellenistischen Urkunden diese Rechte ausführlicher behandelt und strenger betont werden als etwa noch im 4. Jh. v. Chr. – sei es, daß man schlechte Erfahrungen gesammelt hatte, denen man vorbeugen wollte, oder daß die Macht der Unternehmer verhältnismäßig gestiegen war, worauf einige Anzeichen hindeuten.

Schalten wir hier eine Bemerkung zum bauführenden Architekten, dem 'Architekton' schlechthin der griechischen Bauurkunden, ein. Er nimmt eine gewisse Zwischenstellung zwischen der Bauaufsicht des Auftraggebers – er kann ja Mitglied der Kommission sein – und den übrigen Unternehmern ein, zu denen er seiner Herkunft nach meist zählte. Er hat vor Ort die gesamte technische Oberleitung der Arbeiten inne; kleinere Arbeiten und Bauzwischenabschnitte kann er selbständig abnehmen und gutheißen. Zur unmittelbaren Aufsicht über die Fertigung jedes einzelnen Steines waren an größeren und kostbareren Bauprojekten sogenannte Unterarchitekten (Hyparchitekton) eingesetzt. Wir wissen, daß Handwerker verschiedener Metiers zu bauführenden Architekten berufen werden konnten. Beim Fortgang des Baues wurden die Architekten auch ausgewechselt; so mag zunächst ein Steinmetz, zu einem späteren Zeitpunkt, als etwa die Bedachung als Hauptaufgabe anstand, aber ein Zimmermann diese Stelle eingenommen haben. In Athen intendiert die Tatsache, daß auch der bauführende Architekt jährlich vom Volk gewählt werden mußte, von Anfang an die Möglichkeit des Austauschs. Baumeistern, die zugleich Unternehmer waren, war es nicht verboten, ihre Angestellten an dem laufenden Projekt einzusetzen. Es wurde schon darauf hingewiesen, daß der bauführende Architekt mit dem entwerfenden Architekten gelegentlich identisch gewesen sein mag – gab es doch den entwerfenden Architekten als Beruf nicht, so daß dieser sich irgendwie seinen Unterhalt suchen mußte. Notwendig war die Gleichung nach dem eben Ausgeführten jedoch nicht; im übrigen läßt uns hier die Überlieferung im Stich.

Von der Stellung der Unternehmer, die mit ihren Betriebsangehörigen die eigentliche Bauarbeit leisteten, war schon die Rede, soweit es ihr rechtliches Verhältnis gegenüber dem Bauherrn betrifft. Direkte und indirekte Bemerkungen in den Bauurkunden erlauben weitere Schlüsse. So ist es eine generelle Regelung, daß der Unternehmer bei Abschluß des Kontraktes für die von ihm zugesagte Leistung Bürgen zu stellen hatte, die mit ihrem Vermögen dem Bauherrn für den Unternehmer garantierten. Wohlhabenheit war eine stipulierte Bedingung für den Bürgen. Es scheint, als hätten Zweifel daran bestanden, daß der Unternehmer in jedem Falle aus eigenen Mitteln etwaigen Verpflichtungen und Schadensersatzforderungen nachkommen könnte. Die Bürgschaften stellten aber auch Sicherheit für Vorschüsse dar, die der Unternehmer gelegentlich vom Bauherrn nach Kontraktabschluß auf die verdungene Gesamtsumme erhielt. Beim Zeustempel von Lebadeia, den Antiochos IV. Epiphanes finanzierte, betrug der Abschlag einmal immerhin neun Zehntel des Endpreises.

Der öffentliche griechische Bauherr stellte den Unternehmern im allgemeinen das Baumaterial zur Verfügung. Steinbrucharbeiten sowie Transportkosten von Holz und Stein sind daher üblicherweise gesondert zu Lasten der öffentlichen Kasse verrechnet worden. Ebenso werden sogar die Krampen und das Blei für den Quaderverbund geliefert. Übernahm der Unternehmer selber die Beschaffung des Rohmaterials, wurde dies im Kontrakt ausdrücklich festgehalten und der dafür fällige Preis vermerkt. Es gibt Hinweise dafür, daß besonders Bildhauer, die die plastische Ausschmückung von Bauten besorgten, ihr Marmormaterial bevorzugt selbst mitbrachten. In der Regel bot der Unternehmer nur die Arbeitskraft seines Betriebes oder seiner Werkstatt. Dies weist nicht auf bedeutendes Eigenvermögen hin.

Die Leistungsfähigkeit der Unternehmer wird ferner durch ein besonderes Verfahren beleuchtet, das an sehr vielen Bauten dokumentiert ist. Wir meinen das Splitting der Arbeiten und Aufträge. In griechischer Zeit wird niemals ein einzelner Unternehmer mit der Herstellung eines ganzen Baues beauftragt. Vielmehr wird die Arbeit, z. T. entsprechend ihrer handwerklichen Spezialisierung, in Abschnitte aufgeteilt und diese gesondert vergeben. Bei kostbaren Bauten ist diese Unterteilung dabei sehr minutiös. So teilten sich beim Bau der Tholos von Epidauros 26 Unternehmer in die Ausführung der 52 Keilplatten des Peristasispflasters; jeder bearbeitete also nur zwei Platten. Zweck des Verfahrens war sicher eine schnelle, möglichst gleichzeitige Fertigstellung dieses Bauabschnitts. Dennoch drückt sich hierin – um die Mitte des 4. Jh. v. Chr. – das Faktum personell schwach besetzter und daher wenig leistungsstarker Werkstätten aus. Diese Kleinbetriebe wurden für kleine Aufgaben verpflichtet, nach deren Abschluß sie weitere Aufträge erhalten konnten. Dieser Brauch herrscht zumindest auf dem Sektor des besonders hochqualifizierten Handwerks. Einfache Konstruktionen, z. B. Lehmziegelbauten u. dgl., wurden dagegen schon im 5. Jh. v. Chr. von einem einzigen Bauunternehmer errichtet, selbst wenn sie beträchtlichen Umfang aufwiesen. Erst im Hellenismus werden auch an eigentlichen Kunstbauten relativ große Teilaufträge an einen einzigen Unternehmer vergeben. Dies hängt nicht so sehr damit zusammen, daß die Sorgfalt der Ausführung inzwischen geringer geworden wäre – dies spielt höchstens am Rande mit –, als daß die Organisationsstruktur der Betriebe eine gewichtige Veränderung erfahren hatte.

Die Strukturwandlung der Werkstattbetriebe seit dem 5. Jh. ist in erster Linie am System der Entlöhnung zu fassen. Noch am Ende des 5. Jh. war beim Bau des Erechtheion in Athen die Institution eines Betriebes als solchen rechtlich nicht durchgehend anerkannt. Der Werkstattleiter wurde in der Regel ebenso wie die Angehörigen seiner Werkstatt als Einzelpersonen geführt und jeder pro Kopf und Tag bezahlt. Der 'Unternehmer' hatte also nicht etwa für seine Firma mit der Behörde abgeschlossen, sondern er hatte seine fachlich ausgebildeten Mitarbeiter gewissermaßen vermittelt. Von ihrem Lohn zog er später selbstverständlich seinen Anteil ab, zumal es sich wenigstens zum Teil um Sklaven gehandelt haben dürfte. Dies muß als eine rechtlich primitive oder verschleierte Form von Unternehmen gelten. Sie wirkt im späten 5. Jh. bereits als Anachronismus.

Bezeichnenderweise begegnen am Erechtheion denn auch schon erstmals in sehr geringem Umfang andere Abrechnungsverfahren als nach Kopf und Tag, nämlich die Entlöhnung nach Stück oder Arbeitsabschnitt. Hier tritt also der Werkstattleiter als Vertreter seines Betriebes auf; er übernimmt die Verantwortung für seine Mitarbeiter, die in späteren Urkunden daher auch keine Erwähnung, wenn nicht in ganz allgemeinen Anspielungen, finden.

Zu Beginn des Hellenismus ist dieser Prozeß abgeschlossen, der zweifellos eine größere Machtkonzentration in den Händen des Unternehmers bedeutete, und zwar sowohl gegenüber seinen Angestellten wie gegenüber der öffentlichen Baubehörde. Man wird nicht fehlgehen, wenn man parallel dazu ein allmähliches Wachsen der Betriebsgrößen vermutet. Doch sollte man sich hierbei keinen allzu überschwenglichen Vorstellungen hingeben. Schon das weiterhin geübte Splitting der Bauarbeiten warnt vor der Annahme, es seien jetzt wirklich große Baufirmen mit vielen Dutzenden von Angestellten entstanden. Eine solche Konzentration hat sich zwar vielleicht bei Gewerbezweigen vollzogen, die an sich leichter zur Industrialisierung neigen wie Steinbrüche oder Ziegeleien; das höhere Handwerk kam aber anscheinend nicht über mittelständisches Maß hinaus. Es ist in diesem Zusammenhang bemerkenswert, daß in Griechenland offenbar niemals mehrere handwerkliche Sparten unter einem einzigen Firmendach zusammengefaßt wurden. Dahinter steht der Grundsatz der werkgerechten Spezialisierung, die ihrerseits Rückwirkung auf die Sorgfalt hatte, welche wir noch bei späten, von Griechen geschaffenen hellenistischen Bauten konstatieren können.

An dieser Stelle verlohnt sich ein Blick auf die Zustände in Italien. Die dortige Organisation des Baugewerbes fußt ursprünglich ganz auf dem griechischen Vorbild, nur daß etwa anstelle der ad hoc berufenen, demokratischen Baukommissionen ständige staatliche Behörden in Gestalt der Censorn, von Dumvirn u. ä. existierten; in Streitfällen wurden ihnen manchmal gewesene Jahresbeamte in größerer Zahl zugeordnet. Einschneidender ist die unterschiedliche Entwicklung des Unternehmerstandes im Späthellenismus. So verpflichtet sich C. Blossius in Puteoli, mit seiner Firma an einem Projekt die verschiedenartigsten Arbeiten durchzuführen. Sein Betrieb umfaßt Maurer, Schreiner, Zimmerleute, Dachdecker usw. Der Reichtum dieses Unternehmers geht ferner aus der Tatsache hervor, daß er selber als Bürge für die von ihm eingegangenen Verpflichtungen auftritt. Hier kündigt sich die Entstehung einer veritablen Bauindustrie an, von deren wirtschaftlicher Bedeutung wenig später die Bauspekulation des Triumvirn M. Licinius Crassus in Rom eine Vorstellung geben kann. Dieser neue Typ von Unternehmer ist das Ergebnis der Kapitalzusammenballung in den Händen des Ritterstandes während des 2. Jh. v. Chr., wobei dieses Kapital offensichtlich stark in die gewerbliche Wirtschaft investiert wurde. Die Konzentration des Baugewerbes förderte eine Tendenz zur Arbeitsrationalisierung, welche die Leistungsfähigkeit der Unternehmen noch steigerte, aber zugleich mit einer Minderung der Qualität im einzelnen einherging. Ob italische Betriebsformen im Späthellenismus auch in den Ägäisländern eingeführt wurden, ist nicht bekannt; die Anwesenheit so vieler italischer Geldleute besonders in Kleinasien läßt die Möglichkeit nicht von vornherein ausschließen.

Halten wir fest, daß die Geschäftspartner der Bauherren in Griechenland und, ungeachtet der anderen Maßstäbe, auch in Italien in der Regel ein oder mehrere selbständige Unternehmer waren. Das Baugewerbe war demnach privatwirtschaftlich organisiert. Eine sehr merkwürdige Ausnahme wird jedoch durch die Bauurkunden des Apollontempels in Didyma aus dem 3. und 2. Jh. v. Chr. belegt. Die Bauleute sind hier städtische oder tempeleigene Sklaven. Sie gliedern sich in die zwei Gruppen der Steinbrucharbeiter (Latomiai), die das Material abbauen und am

Ort die Fundamente verlegen, sowie der Steinmetzen (Leukourgoi), die die Quadern und Säulentrommeln zurichten und versetzen. Jede Gruppe steht unter einem Aufseher oder Vormann (Hegemon). Der Staat, vertreten durch die Tempelverwaltung und speziell durch die Finanzbehörde der Eklogisten, sorgt unmittelbar für Ernährung, Bekleidung und Unterkunft seiner Bausklaven. Inwieweit daneben für künstlerische Arbeiten freie, selbständige Handwerker beigezogen wurden, ist nicht zu ersehen. Die Hauptmasse der Arbeit leitete der Staat jedenfalls in eigener Regie, der demnach nicht nur Auftraggeber, sondern zugleich Unternehmer war. Didyma besaß ein verstaatlichtes Baugewerbe auf der Basis von Sklavenarbeit.

Dieser Sonderfall könnte als bloßes Kuriosum angesehen werden, wenn er nicht zu weiterreichenden Überlegungen Anlaß böte. Ist es doch vorstellbar, daß eine solche orientalisch anmutende Organisationsform auch von den Königen der östlichen Reiche angewendet wurde. Freilich besitzen wir über das Bauwesen der Seleukiden und Ptolemäer so gut wie keine Nachrichten. Doch waren in deren Ländern, besonders in Ägypten, die Voraussetzungen derartiger staatlicher Monopolunternehmungen prinzipiell gegeben. Es sollte beinahe verwundern, wenn die Fronverpflichtungen der (eingeborenen) Untertanen nicht wenigstens gelegentlich auch auf die Bautätigkeit ausgedehnt worden wären. Der umfängliche Verwaltungsapparat, der dafür erforderlich ist, war in den Monarchien immerhin vorhanden. Auch die verschiedenen Tempelherrschaften des Orients könnten sich entsprechender Methoden bedient haben; vielleicht hat Didyma gerade von dort seine Anregung bezogen.

Wenden wir unsere Aufmerksamkeit wieder den 'normalen' Verhältnissen zu. Es war bisher im wesentlichen von öffentlichen Bauten und Bauherren die Rede; die Nachrichten über die private Bautätigkeit sind spärlich. Allerdings scheint die Rechtslage grundsätzlich gleich gewesen zu sein. Selbstverständlich waren die Genehmigungs- und Kontrollmechanismen einfacher und weniger bürokratisiert, wenn es sich bei dem Auftraggeber um einen Privatmann handelte. Im übrigen stehen dem Auftraggeber aber in etwa die Rechte zu, die die öffentliche Baubehörde ausübt. Er setzt die Bedingungen und Fristen, in die der Unternehmer bei Vertragsabschluß eintritt. Ihm kommt das Recht der Bauabnahme zu; die lateinische Urkunde spricht ausdrücklich vom 'arbitratus' des Auftraggebers. Bei Streitigkeiten und in Zweifelsfällen war der Weg des zivilen Prozeßrechts vorgesehen; die Entscheidung stand vertragsgemäß einem Schiedsmann zu.

Auf das private Bauwesen zugeschnitten waren ferner eine Anzahl staatlicher Vorschriften, die die Mitbürger und die Allgemeinheit vor Belästigungen schützen sollten. Ihre Einhaltung wurde von Amts wegen überwacht. So berichtet Aristoteles in seiner Schrift über den Staat der Athener, es sei Aufgabe der Baupolizei gewesen zu verhindern, daß die Straßen überbaut wurden und daß Zäune auf sie reichten, daß freischwebende Abflußrohre mit der Mündung auf die Straße angebracht würden und sich Fensterflügel auf sie öffnen ließen. Verordnungen anderer Städte regelten die Abstände zwischen benachbarten Häusern, Einzelheiten über gemeinsame Mauern oder Fragen der Kanalisation. Vitruv empfiehlt dem Architekten die Kenntnis solcher Vorschriften, damit dem Bauherrn nicht nachträglich Streitigkeiten erwüchsen.

Stellung des Architekten

Wir wollen hier noch einmal auf den entwerfenden Architekten in seiner Rolle als gestaltender Künstler und auf den gesellschaftlichen Rang dieser Tätigkeit zurückkommen. Nach Vitruv gründet sich „die Wissenschaft (scientia) des Architekten ... auf fabrica und ratiocinatio", also etwa auf 'praktische Kenntnisse' und 'verstandesmäßige Überlegung'. Der Römer folgt hier wahrscheinlich wieder einem griechischen Urteil. Seine erste Bedingung weist auf die Herkunft des Architekten aus der praktischen Arbeit als Baufachmann hin, wie sie uns schon entgegentrat; die zweite Angabe impliziert einen höheren Anspruch. Er wurde offenbar bereits von älteren griechischen Architekten erhoben, deren Selbstbewußtsein darin Ausdruck fand, daß sie über ihre Werke Bücher veröffentlichten. Inwieweit sie damit über den engeren Kreis der fachlich Interessierten hinaus Beachtung und Anerkennung fanden, ist schwer zu sagen. Eines erreichten sie jedenfalls: Wer über sein Bauwerk publiziert hatte, dessen Name blieb mit diesem verbunden und wurde von den Schriftstellern einer oft mehr literarisch interessierten Nachwelt auch tradiert. Aufs Ganze gesehen ist es nämlich eher erstaunlich, wie wenige Architektennamen im Unterschied zu Bildhauern und Malern aus dem Altertum überhaupt überliefert sind. Man läßt sich über dieses Faktum allzuleicht durch die heute verbreitete 'Kenntnis' einiger weniger hinwegtäuschen: Chersiphon, Rhoikos, Theodoros, Iktinos, Mnesikles, Skopas, Philon usf. Sie sind jedoch beinahe an zehn Fingern abzuzählen; für eine Fülle hochbedeutender Bauwerke aller Zeiten fehlt dagegen jeder Hinweis auf den entwerfenden Architekten. Darin spiegelt sich wahrscheinlich nur die tatsächliche Stellung des Architekten wider, der sich den Ruhm des Werkes zur Hälfte mit dem Bauherrn teilen muß; bedeutende, an der Ausschmückung und Verzierung des Gebäudes beteiligte Bildhauer pflegen seinen Namen noch mehr in den Schatten zu stellen. Man denke etwa an das Maussoleion.

Aus dem Hellenismus sind eher noch weniger (echte) Architekten namentlich überliefert als aus früherer Zeit, wenn nicht manche der bei Vitruv erwähnten, sonst unbekannten Verfasser von einschlägigen Schriften in unsere Epoche gehören. Eine gewisse Ausnahme bildet eine Gruppe kleinasiatischer Architekten des Hochhellenismus: Hermogenes sowie Menesthes und Argelios (?), beide vielleicht Schüler des ersteren. Ihr Ruf beruht vermutlich darauf, daß sie in einer Zeit, die den großen Tempelbau längst als inadäquat abgeschrieben hatte, die Errichtung großer Marmortempel besorgten. Hermogenes verbreitete sich über die Verfeinerungen und Proportionstüfteleien, die dabei angestellt wurden, außerdem noch in anscheinend polemischer Form. Dies sicherte jenen spätgriechischen Nachzüglern der Tempelarchitektur als den 'modernsten' Vertretern der Gattung ein bestimmtes Interesse bei den Römern, die hier einen Nachholbedarf empfanden. Darauf ist zurückzukommen.

Aufschlußreicher sind zwei Architektenpersönlichkeiten, deren Wirken in den Frühhellenismus fällt. Von ihnen zählte Deinokrates zum Gefolge Alexanders d. Gr., den er angeblich dadurch auf sich aufmerksam gemacht hatte, daß der stattliche Mann in Herakles-Kostümierung vor dem König erschien. Er soll vorgeschlagen haben, den Berg Athos in eine menschliche Gestalt umzubilden und ihr in die eine Hand eine Stadt, in die andere eine Schale zu geben, aus der sich die Gewässer des Gebirgsmassivs ins Meer ergössen. Der Plan kam – nach der antiken Überlieferung – deshalb nicht zur Ausführung, weil die physischen Bedingungen für das Gedeihen der Stadt nicht vorhanden waren! Es ist bemerkenswert, daß man sich tatsächlich noch Erklärungen einfallen ließ, warum ein derart bizarres und unrealistisches 'Projekt' unterblieb. Der Eindruck, den die fast ins Aberwitzige gesteigerte, völlig absolute Künstlerpersönlichkeit des Architekten Deinokrates gemacht hatte, muß groß gewesen sein. Deinokrates soll später von Alexander bei der Anlage Alexandrias Verwendung gefunden haben. Das mag nun richtig sein oder nicht, in Deinokrates begegnet uns ausnahmsweise ein Architekt, dessen Selbstwertgefühl das höchste Maß erreicht hatte.

Sostratos dagegen bleibt als Mensch blasser. In seiner Heimatstadt Knidos wurde ihm der Bau der ersten 'pensilis ambulatio' zugeschrieben, der ersten mehrgeschossigen Wandelhalle. Seinen höchsten Ruhm erwarb er aber durch die Erbauung des Pharos, des Leuchtturms in Alexandria, den man unter die Sieben Weltwunder einreihte. Auftraggeber war wohl Ptolemaios II. Sostratos ist der versierte Fachmann, der Baumeister und Ingenieur ersten Ranges, international für seine Verdienste und sein Können anerkannt. Um seine Zusage bemühen sich Könige und sind bereit, ihm dafür unerhörte Zugeständnisse zu machen. So ist zuverlässig überliefert, daß er den Pharos in eigenem Namen weihen durfte: „Sostratos, Dexiphanes' Sohn, aus Knidos (weiht diesen Bau) den Rettenden Göttern (d. h. Ptolemaios I. und seiner Gattin Berenike) für die Seefahrer." In diesem Entgegenkommen gegenüber dem stolzen Mann spricht sich echt (früh-) hellenistische Wertschätzung des technischen Genies aus. Sostratos erscheint demnach wie der Prototyp des hellenistischen Architekten, der vor allem als Ingenieur glänzt [3]. Daß etwa ausgerechnet der Name des Konstrukteurs von Hierons II. Prachtschiff, Archias, in den Quellen genannt wird, geht zweifellos auf seine technische Leistung zurück. Eine ganze Anzahl von hellenistischen Fachschriftstellern, von denen wir nur wissen, daß sie sich mit Mechanik und Maschinenbau befaßt haben, gilt als 'Architekten'. Genannt sei Archimedes, der von Varro in dessen Hebdomas der größten Architekten aufgenommen worden war, ferner der Militärmechaniker Epimachos aus Athen, den Vitruv „nobilis architectus" nennt, Heron, Kallias aus Arados, Philon von Byzanz oder Tryphon aus Alexandria. Es ist natürlich keineswegs ausgeschlossen, daß diese Männer auch Bauwerke konstruiert haben, obwohl davon nichts berichtet wird. Vitruv selbst bietet ein Beispiel für diese Möglichkeit; von Hause aus Geschützbaumeister und Wasserbauingenieur, entwirft und baut er die Basilika von Fanum.

Vielleicht trifft folgende Bemerkung den Kern der Sache. Die hellenistischen Architekten äußern sich schriftlich in erster Linie zu Problemen der Mechanik und des Ingenieurwesens, also über den gewissermaßen naturwissenschaftlichen Aspekt ihres Berufes. Die schriftlichen Äußerungen der Architekten des 5. und noch des 4. Jh. betrafen dagegen mehr ästhetische Fragen oder, um genauer zu sein, das eine ästhetische Spezialproblem der Proportionen und Verhältnisse. Dies stand in Bezug zu der immer weitergetriebenen Verfeinerung und Perfektionierung, die für die klassische Baukunst bezeichnend ist. Mit dem Beginn des Hellenismus war das Thema erschöpft, weil sich auch die Einstellung gegenüber der Architektur und dem Bauwerk gewandelt hatte. Wir werden dies später ausführen.

Vitruv hat in der Einleitung seines Werkes dunkle und offenbar verwirrte Kunde von dieser z. T. auf Architekten zurückgehenden Proportions-Ästhetik bewahrt. Begriffe wie Taxis (Komposition), Diathesis (Aufgliederung), Eurhythmia (Gesamtverhältnisse der Teile zueinander), Symmetria (Verhältnis der Glieder zu dem Modul), Kosmos (gattungsgerechte Ordnung) und Oikonomia (Wirtschaftlichkeit) scheinen aus mehreren Denkschulen – u.a. aus dem Umkreis des Peripatos – zusammengetragen, wie sich bei Vitruv denn auch die Begriffe

Taxis, Diathesis und Eurhythmia, Symmetria samt ihren Erklärungen überschneiden. Vitruv selber arbeitet weiterhin wenig mit diesen untauglichen Kategorien, die unseres Erachtens zumeist Spekulationen des 4. Jh. v. Chr. reflektieren und als solche für den Hellenismus nur insofern Bedeutung haben, als sie einen Diskussionsstand quo ante beleuchten. Immerhin gab es aber eine fachspezifische, ästhetische Diskussion über Architektur; in ihr wurden auch grundsätzliche, allgemeingültige Erkenntnisse über deren Wesen formuliert. Einen Hinweis verdient hier vielleicht das Faktum, daß schon die Griechen ein Bauwerk gedanklich in die Figuren des Grundrisses, Aufrisses und des perspektivischen Schaubildes zerlegten. Ichnographie, Orthographie und Skenographie zusammen bezeichneten sie als die 'Ideen' des Gebäudes. Sehr griechisch wirkt ferner die Forderung nach der 'Angemessenheit' von Entwurf und Ausstattung eines Gebäudes – nämlich hinsichtlich seiner Art und Aufgabe (griech. Thematismos), hinsichtlich der baulichen Konventionen und unter Berücksichtigung der natürlichen Verhältnisse. Vitruv setzt dafür die lateinischen Übersetzungen statio, consuetudo und natura ein. Es handelt sich in der Tat um die Maßstäbe, denen hellenistische Baukunst auch dann verpflichtet ist, wenn sie zu wesentlichen Innovationen schreitet.

Man muß sich darüber im klaren sein, daß die vereinzelten literarischen Angaben ein völlig unzureichendes Bild der ästhetischen Theorien ergeben, welche bei den Griechen und insbesondere im Hellenismus sowohl unter Architekten bzw. Handwerkern als auch in der interessierten Gesellschaft umliefen. Ohne unmittelbaren Rückgriff auf die Aussage der erhaltenen Denkmäler bliebe es ein hoffnungsloses Unterfangen, die 'hellenistischen Vorstellungen von der Schönheit eines Bauwerks' auch nur ahnungsweise erfassen zu wollen.

Fassen wir zusammen. Die Struktur des griechischen Bauwesens ließ dem im Handwerk wurzelnden Architekten nur einen verhältnismäßig geringen Spielraum persönlicher Entfaltungsmöglichkeiten. Die griechische Architektur ist daher weitgehend eine Kunst ohne Namen und ohne namentlich faßbare Persönlichkeiten. Selbst ein Mnesikles, der an den Propyläen der Athener Akropolis so schöpferisch und persönlich wirkt, kann bezeichnenderweise an keinem zweiten Bauwerk wiedererkannt werden. Dies heißt nicht, daß ein entwerfender Architekt in der Öffentlichkeit geringgeschätzt worden wäre; eher scheint das Gegenteil der Fall. Doch bot er wenig Anhaltspunkte, sobald sich das literarische Interesse zunehmend auf individuell ausgeprägte Charaktere konzentrierte. Beeinflußt von sophistischer und philosophischer Bildung, haben einzelne Architekten seit dem späteren 5. Jh. v. Chr. ihre Kunst in Schriften theoretisch vertreten und vertieft und damit vielleicht auch stärker in die öffentliche Diskussion einbringen wollen. Im Hellenismus suchen und finden die Architekten dann ihren persönlichen Ruhm als Ingenieure und Physiker – sieht man einmal von Deinokrates ab, der nicht eigentlich als 'Architekt' Erfolg hatte, sondern als Meister der Selbstinszenierung, womit er einen Nerv seiner Epoche traf.

II. Architekturgeschichtliche Voraussetzungen

Kanonisierung: Formenapparate und Bautypen

Die hellenistische Architektur entwickelt sich aus der archaischen und klassischen griechischen Architektur heraus, bildet sie fort, verändert sie. Ohne Kenntnis der speziellen Voraussetzungen ist vieles Neue und Eigentümliche hellenistischer Baukunst schwer verständlich und noch schwerer erklärbar. Deshalb sei hier ein vorspannartiger Abriß der älteren Entwicklung gegeben. Eine Gewichtung wird insofern getroffen, als nur solche Sachverhalte exemplarisch berührt sind, die im Positiven wie im Negativen Bedeutung für den Hellenismus aufwiesen – sei es als weiterwirkender Maßstab oder als zu überwindender Gegensatz. Es geht also nicht um eine Wesensbestimmung der älteren griechischen Baukunst, sondern um das von ihr vermittelte Erbgut.

Höhere griechische Architektur war Gliederbau; jedes Ganze erscheint bis zu einem gewissen Grade stets als ein aus fest bestimmten Einzelelementen Zusammengefügtes. Nichts bezeichnet den Charakter der Einzelglieder stärker, als daß sie sich verselbständigen konnten: Nicht nur die Säule, auch der Triglyphenfries kann für sich alleine stehen.

Für die Zueinanderordnung der einzelnen Glieder im baulichen Zusammenhang galten Regeln, genauer gesagt kontinuierliche Regelsysteme, die scheinbar innere Gesetzmäßigkeiten zum Ausdruck bringen. Das vornehmste und umfassendste Beispiel bieten dafür die sogenannten Säulenordnungen. In ihrem Namen spiegelt sich bereits die Bedeutung, die dem Element der freien Stütze in der griechischen Baukunst zukommt; ihre Anwendung kennzeichnet weitgehend die Organisationsweise. 'Säulenordnung' meint freilich mehr als die bloßen Säulen in den je unterschiedlichen Formgebungen des dorischen oder ionischen 'Stiles'. Zum System gehört ebenso der Unterbau, auf dem die Säule steht, wie das Gebälk, das von der Säule getragen wird; ja, die Säulenordnung regelt bis zu einem gewissen Grade sogar, wie Mauern und Stützen aufeinander bezogen werden müssen, und hat damit Konsequenzen auch für die Grundrißbildung.

Die Kodifizierung der Säulenordnungen ist ein Vorgang, der lange vor der hellenistischen Zeit abgeschlossen war. Die beiden hauptsächlichen Ordnungen des Dorischen und des Ionischen wurden dabei als Gegensatzpaar betrachtet und, ungeachtet mancher Wechselbeziehungen, antinomisch ausgebildet. Die dorische Ordnung hatte bereits während des 6. Jh. v. Chr. ihre feste und verbindliche Normierung erfahren. 'Überflüssige' und ans Ionische erinnernde Schmuckdetails waren ausgeschieden worden. Der restliche Formenapparat erfuhr eine gleichsam pseudogenetische Interpretation, die es erlaubte, die Einzelheiten als konstruktiv notwendig und konstruktiv richtig aufzufassen und zu behandeln. Wir beziehen uns hier auf die aus später Quelle überlieferte 'Ableitung' der dorischen Ordnung aus dem Holzbau. Zierende Punkte und Steifen, senkrechte Strichgruppen – Dekorationselemente in einer vorarchaischen Bauornamentik – konnten im Steinbau als Abbilder von Nägelköpfen, Bretterstirnen und Balkenenden verstanden werden. Dies ging nicht immer ohne Härten und Unstimmigkeiten ab, zu deren

– natürlich unmöglicher – 'Erklärung' bis heute viel Tinte vergossen wird. Die Erfindung einer realistisch wirkenden, konstruktivistischen Tradition hatte jedoch ihren Zweck erfüllt, indem sie das strenge Aufbausystem der Elemente gewissermaßen inhaltlich begründete, absicherte und somit erst recht unumstößlich festlegte.

Die ionische Säulenordnung ist später als die dorische kodifiziert worden. Es sei daran erinnert, daß der charakteristische Zahnschnitt des Gebälks vor dem 5. Jh. v. Chr. offenbar nicht belegt ist. Die Gestalt der Säulenbasis blieb noch lange umstritten, ebenso die Einführung des glatten Frieses über dem Gebälk. Eine Kanonisierung des ionischen Formenapparats haben erst kleinasiatische Architekten des 4. Jh. v. Chr. in bewußter Konkurrenz zum Dorischen durchgesetzt, ohne daß sie in der ganzen griechischen Welt verbindlich geworden wäre. Zur größeren Spannweite der 'ionischen' Säulenordnung rechnet endlich die Tatsache, daß in ihr außer Säulen mit echt ionischem Volutenkapitell auch Säulen mit anderen Kapitellformen Aufnahme fanden; so begegnet das äußerlich dem dorischen ähnliche Eierstabkapitell, das äolische Kapitell mit steil aufsteigenden Voluten sowie verschiedene Ausprägungen des äolischen Blattkapitells. Darauf sei hier nur deshalb hingewiesen, weil es verständlich macht, daß das neumodische korinthische Kapitell seit dem späten 5. Jh. v. Chr. ebenfalls in der ionischen Ordnung und zunächst nur dort Einzug halten konnte.

Die relativ späte Normierung des ionischen Formenapparats besagt nicht, daß die ionische Ordnung als solche im wesentlichen nicht schon viel früher festgestellt und gegen das Dorische abgegrenzt worden wäre. Von größter Tragweite erwies sich insbesondere die gegensätzliche Bestimmung der Proportionen. Vergröbert ausgedrückt, sollte die dorische Ordnung gedrungener, die ionische schlanker sein. Die Höhe der dorischen Säule ist im Verhältnis zum Durchmesser niedriger als in der ionischen Ordnung; das Gebälk ist relativ hoch und wirkt schwer, die Jochweiten sind gering, während das ionische Gebälk dünner ist und leichter wirkt und der Säulenabstand breiter sein kann. Dieser Unterschied wurde absolut verbindlich. Er führte bald zu der

Beobachtung, daß die beiden Ordnungen gerade deswegen wie geschaffen schienen für unterschiedliche Anwendungsbereiche in komplizierteren Bauzusammenhängen.

Die verbindliche Zueinanderordnung der Elemente und vor allem ihre Kanonisierung, die Anerkenntnis des Systems, war im wesentlichen eine Leistung der archaischen Kunst. Seither gab es feste Regeln und Maßstäbe für die richtige oder falsche Weise zu bauen.

Mit der Ausprägung der beiden Säulenordnungen ging aber auch eine Besinnung auf die eigentliche Aufgabe, auf den Charakter eines derartigen Systems einher, wobei in dieser tieferen Schicht kein Unterschied zwischen dem Ionischen und dem Dorischen obwaltet; beide sind Stützensysteme gleicher Natur. Ihre innerste Art wurde nun in dem bestimmt, was man seit K. Boetticher (1862) mit dem handlichen Begriff der Tektonik beschreibt. Tektonik bedeutet im Blick auf die griechische Architektur Funktionsgerechtigkeit sowie Funktionsgemäßheit der Glieder und ihrer Systeme, unter dem alleinigen Gesichtspunkt des Lastens und Tragens als der wesentlichen Kräfte in einer Säulen-Gebälk-Bauweise. Unberücksichtigt blieben daher die Kräfte des Schubs oder der Spannung, die auch dort, wo sie auftreten (Giebeldach!), kaum zu künstlerischer Aussage kamen. Horizontalen und Vertikalen sind die angemessenen Ausdrucksmittel tektonischer Gestaltung; dem Druck, dem Gewicht des horizontalen Gebälks antwortet die vertikal aufstrebende – oder aber gleichsam zusammengepreßte – Gestalt der Stütze usf. Schwellungen und Krümmungen im einzelnen dienen nur zu drastischerer Ausmalung des intendierten statischen Prinzips. Dem Grundbegriff von Lasten und Tragen folgt auch die spezielle Ausbildung fast aller Detailformen, was an dieser Stelle nicht weiter ausgeführt zu werden braucht. Es genüge der Hinweis auf die 'tragende' bzw. 'gedrückte' Gestaltung der verschiedenen Kapitelltypen – womit übrigens die Möglichkeit beleuchtet wird, die Funktion eines bestimmten Bauglieds streng im Rahmen der Grundkonzeption und doch ambivalent zu interpretieren.

Wie man im einzelnen auch immer die Elemente des Aufbaus

interpretierte, eines grundsätzlichen Sachverhalts war sich die archaische Architektur stets bewußt: Die wichtigsten Bestandteile des Gliedersystems sind nicht bloß Anschauungsmittel einer ästhetischen Konzeption, nicht nur Zeichen für etwas, sondern sie sind reale Werkstücke. Die Säule symbolisiert nicht das Tragen, sie trägt vielmehr höchst wirklich eine Last; das Gebälk bezeichnet nicht vertikalen Druck, sondern es liegt wahrhaft tonnenschwer auf den Stützen. Diese dingliche Eigenschaft mußte archaischem Denken Anlaß genug sein, Bauglieder als Einheiten eigenen Ranges zu behandeln. Die frühe Entwicklung betont auch tatsächlich soweit wie möglich diese 'Selbständigkeit' der Elemente. Bekanntlich besitzen archaische Säulen oft eine derart schwere Körperlichkeit oder sind so individuell geschmückt, daß sie selbst als Teile einer Reihe den Eindruck nebeneinanderstehender Einzelstücke erwecken. Das eingangs bezeichnete Wesen des Gliederbaus, daß er vom Einzelnen und Kleinen ins Große und Gesamte gedacht ist, hat seine Voraussetzung nicht zuletzt in dieser besonderen Ausrichtung der 'Ordnungen' während der formativen archaischen Phase. Die ererbte relative Inkompatibilität der Bauelemente barg für die nähere und fernere Zukunft bedeutende Schwierigkeiten in sich.

Bevor wir diese Entwicklung, die bis in den vollen Hellenismus hineinreicht, weiterverfolgen, muß das Augenmerk zunächst auf die frühe griechische Gebäudetypologie gerichtet werden. Auch in ihr wurden während der formativen archaischen Periode Prinzipien entwickelt und Maßstäbe gesetzt, die überaus lange wirksam blieben.

Schon in spätgeometrischer Zeit, als die architektonischen Zeugnisse dichter zu werden beginnen, zeichnet sich die Tendenz ab, Gebäudeformen mit markanter Grundgestalt zu isolieren. Dies ist zunächst ganz wörtlich zu nehmen. Die Bauten stehen mit Vorliebe nach allen Seiten frei – vorne und hinten, links und rechts schließt nichts an sie an. Bei Kunstbauten sorgt die allseitig umlaufende, tektonische Ausgestaltung bald zusätzlich dafür, daß an diese fest definierten Außengrenzen kein weiteres Gebäude angebunden werden kann. So entstehen gleichsam abgeschlossene Baukörper.

Naturgemäß eignen sich zusammengesetzte Baugestalten aus Teilen, die unter sich sehr verschiedenes Gewicht und Aussehen haben, wenig für diese Art herauslösender Vereinzelung. Vorbedingung ist stets eine gewisse ursprüngliche Einfachheit der Grundform, die bereits Geschlossenheit angelegt hat. Ja, man könnte sagen, das Ideal sei geradezu Einräumigkeit gewesen, auch wenn sie praktisch nur selten zu realisieren war. Es war aber immerhin möglich, bei notwendig oder traditionell mehrräumigen Bauten insoweit eine Angleichung der Abteilungen durchzuführen, daß die Einheit des Ganzen in etwa hergestellt wurde. Der Charakter der in archaischer Zeit entstandenen Bautypen darf demnach mit einigem Recht als virtuell 'einzellig' und als 'atomistisch' umschrieben werden. Sogar typologische Sonderformen tendierten zu dieser außenbezogenen Einzelligkeit. In der Hauptsache richtete sich damals die Aufmerksamkeit freilich nicht auf ausgefallene Bauideen, sondern auf eine immer konsequentere Ausprägung einiger weniger Gebäudeformen, eben der 'Typen'. Diese Typenbildung bedeutete im ganzen das, was für die einzelnen Glieder die Kanonisierung der Ordnungen war.

Einen merkwürdigen Zug haben fast sämtliche archaischen Bautypen gemeinsam, der mit aus ihrer allseitigen Isolierung herrührt. Wir meinen die Tatsache, daß ihr Inneres – überspitzt ausgedrückt – nicht mehr als der hohle, architektonisch nackte Kern des Gebäudes ist und kaum künstlerische Beachtung erfuhr. Die Entwicklung vollzieht sich anfänglich gewissermaßen auf den Schalen des 'massiven' Baukörpers.

Ein Blick auf archaische Bauwerke mag das Gesagte ein wenig veranschaulichen. Dabei ist vorauszuschicken, daß die Feststellungen vor allem für die höhere Baukunst und hier insbesondere für die Sakralarchitektur gelten. Der Tempelbau ist ein bedeutendes Beispiel. In kleiner Ausführung, als megaronförmiger Antentempel oder als Oikos, ist der Tempel isolierter Einzeller oder doch fast Einzeller, da Pronaos und gegebenenfalls Adyton nur bedingt selbständig, vielmehr der Cella vor- oder beigeschaltet sind. Der Peripteraltempel erhält mit dem Säulenkranz kein eigenständiges Gebäudeteil hinzu; die Peristasis ist ein nur weiterer Ring um den Körper, hat allerdings den Effekt noch vollständigerer allseitiger Absonderung des Gebäudes gegenüber der Umgebung. Über die Autarkie archaischer Apsiden- und Rundbauten braucht kein Wort verloren zu werden. Bei hypostylen Sälen handelt es sich um breite, geschlossene Gebäude mit mindestens zwei oder mehr inneren Säulenreihen, die als Versammlungsräume, als Telesterion u. dgl. dienen. In der stärkeren, funktionsbedingten Berücksichtigung des Innenraumes unterscheiden sie sich zwar naturgemäß von anderen Bautypen; doch bleibt dies mehr praktischer Natur. Auch die hypostylen Säle sind ursprünglich abgeschlossen, isolierte Einzeller; ihr Inneres entwickelt zunächst kaum eigenes künstlerisches Leben. Eine gewisse Sonderstellung nimmt allerdings die Stoa ein. Sie ist ihrem Wesen nach eigentlich kein geschlossener Baukörper, sondern bildet am Rand der Plätze gleichsam ein langgezogenes Schutzdach. Ihre Rückwand ist ein Ausschnitt aus der Platzumgrenzung; ihr Raum nicht viel mehr als die überdeckte Fortsetzung der freien Fläche. Versuche, diesen Gebäudetyp autarker zu gestalten – woran es im 6. und 5. Jh. nicht fehlte –, konnten nie gänzlich gelingen. Die Säulenhalle gewann deshalb ihre architektonische Führungsrolle erst, als die Grundbedingungen der Baukunst andere geworden waren.

Das Prinzip isolierter und typisierter Baukörper war in der schlichten Nutz- und Wohnarchitektur, anders als in der sakralen Baukunst, nie wirklich durchzusetzen. Hier treten immer um Höfe gruppierte Zimmeransammlungen auf, die keinem als einem bloß zweckhaften System folgen. Gleichwohl gab es – solange dies die primitiven Lebensverhältnisse gestatteten – frei stehende oikosartige und megaronförmige Wohneinheiten. Wichtiger ist, daß sehr häufig ein einzelner Gebäudeteil wenn schon nicht isoliert, doch so sehr über seine Anhängsel hinausgehoben erscheint, daß er wie die Keimzelle und das Herzstück des Hauses wirkt. Er wird dann leicht zum Ausgangspunkt von Typisierungsversuchen, die selbst vor dem Wohnhaus nicht völlig haltmachten.

An letzter Stelle sei hier noch auf den Bautyp des Propylons eingegangen, weil es in seiner kanonischen Gestalt tatsächlich eine der spätesten Erscheinungen in der frühen, formativen

Phase griechischer Architektur darstellt. Der 'Kern' des Propylons ist nicht mehr als die innere Querwand, die von einer, meist drei, selten fünf, in ihrer Größe symmetrisch gestaffelten Türen durchbrochen wird. Davor und dahinter ordnet sich je eine Säulenhalle, die das Ganze erst zu einem Torbau machen. Anfänglich scheinen die Vorhallen gegen die Fronten geneigte Pultdächer besessen zu haben; der quer gelagerte First entspricht dabei ganz dem wahren Wesen des Gebäudes. Im 5. Jh. stattete man allerdings die Vorhallen mit Giebelfronten aus, die zweifellos vom Tempel entlehnt waren und – am Eingang des heiligen Bezirks – mittelbar schon auf dessen Zentrum und Hauptbau vorauswiesen. Ob diese demonstrative Wirkung bereits bewußt und als solche beabsichtigt war, bleibe dahingestellt. Künstlerisch ergab sich damit eine Betonung der Längsrichtung des Gebäudes, die die Bedeutung der Querwand in gewisser Weise konterkarierte – der Bautyp löste sich aus seiner engen natürlichen Bindung an die Grenze, an die Temenosmauer, von der die Türwand je nur einen Ausschnitt repräsentierte. So war es aber möglich, das Propylon gleichsam als (isolierten bzw. isolierbaren) Baukörper zu behandeln, der er seinem Ursprung nach nie war. Die Grundtendenz früher griechischer Typenbildung zeigt sich gerade an dieser relativ jungen Erfindung in besonderer Eindringlichkeit.

Neue Konzepte: Kombinierte Bauten – Binnenarchitektur

Im beginnenden 5. Jh. bestand ein gewisses Gleichgewicht zwischen baulichen Konzepten und baulichen Mitteln. Anders ausgedrückt: Die damals bekannten Konzepte ließen sich mit dem vorhandenen Formenrepertoire vollständig darstellen, dessen Ausprägung wiederum im Wechselbezug zur Typenbildung verlaufen war.

Als ein Weg weiterer Entwicklung – der auch beschritten wurde – bot sich die Verfeinerung des Erreichten an. Hier waren es in erster Linie die Proportionen und Proportionsverhältnisse, deren Verbesserung und mathematisch-ästhetischer Ausfeilung sich die Klassik mit tiefster Hingabe widmete. Gegenstand und Ausgangspunkt dieser Bemühungen bilden die einzelnen Bauglieder der Säulenordnungen, auch wenn das Ziel in der Gesamtkomposition liegt. Daneben stehen optische Effekte, die stärker auf die Gesamtwirkung der Bauwerke gerichtet sind: Kurvatur der Stufen und der Gebälke, Verdickung der Ecksäulen, Einwärtsneigung der Ringhallensäulen und was dieser Feinheiten mehr sind. 'Niceties' nennen sie die anglophonen Architekturhistoriker, 'Nettigkeiten'. Sie haben in der Berücksichtigung des kleinsten Aspekts, mit minutiöser Phantasie und der Sorgfalt, mit der jedes Problem wieder und wieder durchdacht worden ist, zweifellos entscheidend zu dem Ausdruck unvergleichlicher Vollendetheit beigetragen, die den marmornen Baudenkmälern der Hochklassik eignet. Es ist aber auch nicht zu leugnen, daß man hier bald an Grenzen stoßen mußte, über die hinaus sinnvollerweise nichts mehr ging. Bereits an manchen der hervorragendsten Monumente treten Sophismen auf, die mehr den nachrechnenden Geist als das schauende Auge befriedigen. Für die großen Linien der Entwicklung ist dieses l'art pour l'art ohne dauerhafte Folgen geblieben und braucht uns daher an dieser Stelle nicht weiter zu beschäftigen.

Zwei Entwicklungsansätze sind es, die seit der Mitte des 5. Jh. v. Chr. den beinahe schon petrifizierten Kanon der bisherigen Architektur durchbrechen. Zum einen wird gewissermaßen als Komplement zu der älteren, ganz auswärts gekehrten Architektur die Idee einwärts gekehrter Bauten gefaßt. In Tempelcellen vollzieht sich diese nach innen gewandte Zentrierung noch im Rahmen eines auch nach außen kunstvoll abgeschlossenen Gebäudetyps. Ein ernstlicher Bezug zwischen der äußeren Erscheinung und der Innenorganisation existiert jedoch nicht; der Parthenon, der Apollontempel von Bassai, die Tholos von Delphi und der Athenatempel von Tegea stehen für ein Jahrhundert, in dem der Gedanke entwickelt wurde. In besonderem Maße rechnet ferner die Erfindung des Peristyls – des ringsum von Säulenstellungen umgebenen Binnenhofes – zur einwärts gekehrten Architektur. Es begegnet erstmals an einem 'Banketthaus' im Heraion von Argos, am Ende des 5. Jh. v. Chr. dann im athenischen Pompeion (Abb. 3). Auf die reichen Möglichkeiten dieses Plantyps ist zurückzukommen; in unserem Zusammenhang sei nur darauf hingewiesen, daß das Äußere für den Charakter dieser Binnenarchitektur ziemlich belanglos ist. Es kann sogar unregelmäßig umgrenzt sein, indem einzelne Gebäudeteile vor- oder zurücktreten; die Organisation ist ganz zentripetal.

Neben dem Auftreten von Binnenarchitekturen kommt vor allem der Komplexarchitektur eine geradezu systemverändernde Bedeutung zu. Wir verstehen unter Komplexbauten Schöpfungen der höheren Baukunst, in denen mehrere Teilbauten oder Gebäudeteile aneinandergefügt sind, wodurch die Isolierung der einzelnen Typen praktisch aufgehoben wird. Im Gegensatz zu 'Baukomplexen' handelt es sich bei einem Komplexbau aber immer noch um ein einziges, in einem Zuge geplantes Gebäude; verhältnismäßig beschränkter Umfang und Überschaubarkeit sind dafür Kriterien, ohne daß sie in Grenzfällen für eine logische Scheidung völlig ausreichten.

Die Propyläen der Athener Akropolis, 437–432 v. Chr. nach dem Entwurf des Mnesikles erbaut, sind vielleicht der erste Komplexbau überhaupt gewesen (Abb. 1a). Man könnte sie zu Recht als 'protohellenistisch' bezeichnen, weshalb sie in unserem Überblick nicht fehlen dürfen. Ihre Herkunft ist klar, was das Sachliche anbetrifft. Am Eingang der Athener Burg standen nebeneinander mehrere, z. T. kleine Einzelbauten verschiedener Bestimmung: ein eigentliches Propylon; ein Apsidenhaus B, in dem offenbar Kultmahle stattfanden; ihm gegenüber eine baulich ausgestaltete Fläche mit Stufenanlage, auf der Stelen und vielleicht Votive standen; weiter innen auf der Burg ein zweizimmriges Gebäude mit geschlossener Vorhalle von einem Typ, der oft als Verwaltungs- und behördliches Speiselokal dient. Diese ganze kleinteilige und unordentlich wirkende Bebauung sollte prachtvoll und vor allem im Zusammenhang erneuert werden, ohne daß eine der Räumlichkeiten, die ja alle spezielle Funktionen erfüllten, verlorenginge. Den Zusammenhang stellte Mnesikles durch Aneinanderbauen der Einheiten her; nach dem ursprünglichen Entwurf – an dessen Existenz wir festhalten – war die Organisation durch strenge Symmetrie geregelt;

der Plan kam später bekanntlich aus Gründen, die uns hier nicht befassen müssen, nur unvollständig zur Ausführung. Im einzelnen bediente sich der Architekt weiterer Anregungen. So übernahm er für die westliche Front das Motiv seitlich vorspringender Risalite in Anlehnung an seitliche Tortürme der Fortifikationsbaukunst – die Propyläen waren in der Tat zugleich reales Burgtor, auch wenn die Türme entsprechend dem Prunkcharakter des Festtores durch quergestellte Megara dargestellt wurden. Der nördliche Flügel, die Pinakothek, übernahm die Funktion des älteren Apsidenbaues, der südliche sollte den Stelenplatz ersetzen. Die lange Propylonhalle mußte wegen des fühlbaren Gebäudeanstiegs in eine niedriger gelegene westliche und eine höhere östliche aufgespalten werden usf.

Betrachten wir das Ergebnis. Die einzelnen Teilgebäude dieses Komplexbaus bewahren trotz des übergreifenden Symmetriezwanges eine relativ große Eigenständigkeit. Funktional versteht sich dies von selbst. Aber auch künstlerisch besteht ihre Zusammenfügung oft nur darin, daß sich zwei 'Bauten' in eine gemeinsame Wand teilen. Dabei ergaben sich dort, wo etwa die prostyle Westfront der Torhalle an die rechtwinklig zu ihr gelegenen Fronten der äußeren Antengebäude herankam, große Schwierigkeiten. Mnesikles konnte die beiden 'Bauten' nicht miteinander verbinden, sondern mußte ein glattes Wandstück zwischen den Anten des einen und des anderen Bauteiles einfügen, tatsächlich eine 'leere Stelle' im Entwurf und auch in der Ausführung. Die leere Wand hat als einzige Funktion die, die beiden Teile voneinander fernzuhalten.

Der Grund für diese Maßnahme ergibt sich aus dem Charakter der Säulenordnungen. Die notwendig verschieden großen Gebäudeteile waren nach ihrem jeweils eigenen Modulus zu proportionieren; dementsprechend differierten die Säulenmaße, die Gebälkhöhen und alles andere. An den Nahtstellen wäre zu sehen gewesen, daß sie nicht zueinander stimmen. Ein Weiteres kommt hinzu. Nach dem ererbten, damals noch unbestrittenen Verständnis mußten die wichtigen Bauglieder vollständig ausgebildet sein. So tritt die Ante der Torhalle in ganzer Stärke hervor, wie es sich gehört; mit der Antenmauer der Pinakothek bildet sie damit aber vor dem 'leeren Wandstück' eine unschöne, weil unnütze Nischung. Es wäre ein interessantes Thema, im einzelnen alle die vielen Problemstellen aufzuzeigen und zu diskutieren, bei denen Mnesikles auf nicht lösbare künstlerische Schwierigkeiten stieß, d.h. auf nicht systemgerecht lösbare Schwierigkeiten. Genüge es festzuhalten, daß diese darauf beruhten, daß der überlieferte Formenapparat nicht geschmeidig genug war, um die Ordnungen verschiedener Bauteile aufeinander zu beziehen.

Die architektonische Zusammenziehung verschiedenartiger Bauten, Bautypen und Gebäudeteile in einem einzigen Plan wurde aber mehr und mehr als zwingendes Desiderat der Zeit empfunden: Also mußten der Formenapparat und seine Gesetze umstrukturiert werden, bis sie die Anforderungen erfüllten. Aus einer neuen, komplizierteren Gebäudeauffassung heraus kam damit Bewegung in das System der Bauglieder. Dies aber bezeichnet den größten Umbruch in der griechischen Baukunst: An die Stelle des baukastenartigen Denkens in Gliedern tritt die Vorstellung eines baulichen, ggf. differenzierten Gesamtkonzepts; Bauglieder, Säulensysteme sinken in eine dienende Rolle gegenüber der 'Architektur' herab. Mit den athenischen Propyläen – zukunftweisende Konzeption, traditionell korrekte Handhabung der Mittel – ist dieser grundsätzliche Umbruch zeitlich so exakt zu fassen wie kaum ein zweites geistiges Ereignis der griechischen Kunstgeschichte.

Die Frage, wie es dazu kam, daß das Konzept komplexer Bauten allmählich in den Vordergrund trat, ist hier kaum abschließend zu beantworten. Immerhin lohnt es vielleicht, die auf die Propyläen folgenden architektonischen Zeugnisse daraufhin kurz anzusehen. Schon am Erechtheion begegnet wieder ein zusammengesetztes Gebäude, das viel weniger als die große Toranlage auf korrekte Einzelausführung Wert legt. Manche Teile wie die Nordhalle hängen denn auch gewissermaßen in der Luft; die Korenhalle ist quasi nur angeklebt. Dennoch ist die Wirkung nicht 'falsch', wozu einmal die Verwendung der freieren ionischen Säulenordnung beiträgt, vor allem jedoch die ihr gemäße Ausstattung mit überreicher Ornamentik. Diese überdeckt und verwischt Mängel des baulichen Konzepts bis zur Unkenntlichkeit. Weshalb wurde aber das Erechtheion, der neue Tempel der Athena Polias – der archaische Vorgängerbau war ein mehr oder weniger normaler Peripteros –, aus so vielen Teilen beinahe zusammengestückelt? Man weiß, daß das Erechtheion eine Vielzahl von Kultmalen und verehrungswürdigen Örtlichkeiten zusammenfaßt und überdeckt. Je eines oder zwei oder drei werden in einem eigenen Raum behaust oder erhalten unter einer Vorhalle ein besonderes architektonisches Dach; benachbarte Kultstätten sind in dem Gebäude wenigstens insofern 'vertreten', als daß aus ihnen ein Türdurchgang zu jenem führt. Dies alles heißt doch wohl nur, daß eine größere Zahl von 'Heiligtümern' oder heiligen Funktionen jeweils architektonisch berücksichtigt wurde. Die Vielteiligkeit des Gebäudeplanes antwortet einer Vielteiligkeit von Funktionen, die in diesem Fall nur als bedingt vorgegeben bezeichnet werden kann. Viele der Kultmale wurden beim Entwurf des Erechtheions architektonisch erst 'entdeckt'.

Ungefähr gleichzeitig mit dem Erechtheion entstand in der attischen Landgemeinde Brauron ein neues Gebäude im dortigen Artemis-Heiligtum (Abb. 1b). Es umfaßt eine auf drei Seiten um den Hof geführte Säulenhalle; hinter zweien ihrer Flügel schließen Speisezimmer an; im Norden ist an die Zimmerreihe noch ein langer Saal oder Hof mit aufwendigen Eingängen an den Schmalseiten angebaut. Das Ganze bildet baulich eine Einheit. Höchst lehrreich ist nun, daß dieser Komplexbau eine ältere Stoa einfacher Form ersetzte. Diese muß demnach früher entweder alle Funktionen des neuen Gebäudes beherbergt haben, oder es waren um 420 v. Chr. neue Funktionen hinzugekommen bzw. architektonischer Ausstattung für würdig befunden worden. Wahrscheinlich traf sowohl das eine wie das andere zu. Der Säulengang dient in der älteren wie in der jüngeren Fassung ästhetisch als rahmender Grenzbau des heiligen Bezirks, praktisch als Schutzarchitektur für die Besucher des Heiligtums. In der spätklassischen Stoa fanden ferner eine Vielzahl von privaten Votiven eine wettersichere Aufstellung. Aufstellung von Weihegaben war nun ebensowenig neu wie die Abhaltung von Kultmählern (Speisezimmer des neuen Gebäudes), die man vorher entweder unter freiem Himmel oder bei ungünstigen Witterungsverhältnissen eben einfach in der schlichten Stoa veranstaltete. Hatte sich jetzt nur die Votiv- und Gelagetätigkeit intensiviert? Dies dürfte die Konzeption eigener Lokalitäten kaum zureichend erklären. Vielmehr ist anzunehmen, daß die einzelnen Tätigkeiten an sich in ihrer Eigenart genauer, d. h. als Funktionen differenziert gesehen worden waren. Sie erfuhren eine innere Aufwertung; dies fand Niederschlag in der baulichen Berücksichtigung. Leider ist die Bestimmung des langen Nordsaales noch rätselhaft. Die Ausgräber glauben, daß in ihm geweihte Gewänder auf Ständern aufbewahrt wurden; eine Inschrift[4] und der Baubefund lassen dagegen vermuten, daß es sich um einen Stall handelte, in dem die zum Tempel gehörigen und vielleicht der Artemis heiligen Pferde untergestellt waren. Wie dem auch sei, in der älteren Stoa war weder für dies noch für jenes eine gesonderte Räumlichkeit vorgesehen. Pferdeställe dürften z. B. in älterer Zeit für zu profan gegolten haben, als daß man sie in einen Kunstbau zu inkorporieren auch nur denken konnte. So wird jedenfalls im Entwurf des klassischen Gebäudes zu Brauron eine neue Funktion eingeführt und architektonisiert.

Schließen wir unsere Übersicht früher Komplexbauten mit einem Detail des athenischen Pompeions aus dem letzten Jahrzehnt des 5. Jh. v. Chr. (Abb. 2a). Seinen Haupteingang bildet ein prostyles Giebelpropylon – vielleicht das erste Mal, daß dieses Motiv anders Verwendung fand denn als Torbau zu einem echten Temenos. Die Absicht, die hinter der Anfügung des Propylonbaus stand, ist ziemlich leicht zu durchschauen; das Pompeion sollte damit als vergleichsweise 'heilige' Anlage bezeichnet werden. Das Propylon ist also Bedeutungsträger, hat die Funktion einer (zusätzlichen) inhaltlichen Information.

Mehrere Antriebskräfte dürften bei der Herausbildung der Komplexbauweise nebeneinander wirken und sich zum Teil überschneiden:

- ein ästhetisch-organisatorischer Wunsch, benachbarte Gebäude architektonisch zu einer zusammenhängenden Gruppe zu vereinigen, ggf. ohne dabei ihre Einzelbestimmung zu tangieren (Propyläen, Erechtheion);
- ein informativer Zweck, indem durch Zufügung bedeutungs-

haltiger Bautypen inhaltliche Aussagen und Konnotationen hergestellt werden können (Pompeion);
- eine Rücksichtnahme auf funktionale Sondererfordernisse, die infolge verstärkter Funktionsdifferenzierung ins Bewußtsein getreten sind (Brauron).

Sicherlich ist der letzte Aspekt von besonderem Rang, zeigt er doch unmittelbar die Abhängigkeit einer architektonischen Erscheinung von der zivilisatorischen Praxis. Die analytische Bestimmung und Ausdifferenzierung der Nutzungsfunktionen führt dabei einmal zu einer spezialisierten 'Ausgliederung' bestimmter Raumformen, deren verwandtschaftlicher Nähe gleichwohl durch Bewahren des Zusammenhalts Rechnung getragen wird; zum anderen zur Einbeziehung bislang marginal erachteter Funktionen – in Gestalt adäquater Bauteile – in die höhere Architektur. In der Funktionsanalyse, die notwendig eine respektierende Aufwertung vieler 'profaner' Bereiche mit sich brachte, liegt übrigens auch ein Grund dafür, daß die spätere griechische Baukunst über eine größere Anzahl profaner Baugattungen verfügte, ganz abgesehen von der richtigen, jedoch banalen Beobachtung, daß das allgemeine Leben komplizierter geworden war. Zum letzten brachte die Ausdifferenzierung der Gebäudeteile nach Funktionen aber ein überraschendes Ergebnis. Auf einer höheren Stufe des Bewußtseins konnten einzelne Bauteile oder ganze Gebäude nämlich wieder mehrere Funktionen abdecken. Ihre Multifunktionalität spricht sich dann allerdings meist in einer gegenseitigen Durchdringung verschiedener, je funktionsspezifischer Formen aus oder wird durch Kumulierung unterschiedlicher Motive akzentuiert, deren jedes eine besondere Nachricht übermittelt. Diese Entwicklung leitet freilich schon an die Schwelle des Hellenismus und kann besser von dorther erläutert werden.

Das 5. Jh. v. Chr. hat, ansatzweise, neue architektonische Ideen in die griechische Baukunst eingebracht. Binnenarchitektur und kombinierte Gebäudeanlagen rütteln an den Grenzen, die die ältere Periode gesetzt hatte. Fühlbar wurde das Ungenügen des bisherigen Formenapparats. Hier setzen Entwicklungstendenzen ein, die auf stetige Veränderung drängen. Könnte man die ältere griechische Architektur als Phase der Axiomatisierung und Vervollkommnung eines klar umgrenzten Systems bezeichnen, dann wäre etwa seit perikleischer Zeit von einer Problematisierung zu sprechen. Deren Auswirkung, die Auseinandersetzung zwischen neuen Anforderungen und dem Grundstock des Systems, kennzeichnen weitgehend alles Folgende, weshalb es gerechtfertigt erschien, diese beiden Wurzeln hellenistischer Architektur etwas umständlicher ins Auge zu fassen.

Eines muß jedoch an dieser Stelle noch angemerkt werden. Das bisher entworfene Bild generalisiert und idealisiert notwendig in gewisser Weise. Nicht berücksichtigt wurde etwa die Tatsache, daß nicht in allen von Griechen bewohnten Landschaften die Architektur eine derart rigorose Kanonisierung erfuhr wie für die archaische Periode dargestellt. Dies blieb im wesentlichen Sache der führenden Kulturzentren am Ägäischen Meer. Insbesondere die Kolonialgebiete des Westens taten sich einen solchen Zwang nie an. Daher kommt es, daß in Sizilien und Unteritalien schon früher als in Griechenland und Kleinasien Gebäudebildungen und Formenkombinationen angetroffen werden können, die gleichsam einen 'protohellenistischen' Charakter aufweisen. Man sollte hier jedoch stets den qualitativen Unterschied z.B. gegenüber den mnesikleischen Propyläen im Auge behalten. Diese überschreiten das System, das vollendet gewesen war, nachdem sie seine Gesetze verinnerlicht hatten; jene kolonialen Schöpfungen experimentieren auf der Stufe, die vor einer strengen Regelsetzung liegt. Ihnen fehlt daher oft ein Imponderabile, das man vielleicht am ehesten als Erfahrung methodischer Konsequenz umschreiben kann. In beschränktem Maße trifft eine solche Aussage auch auf einige Kulturprovinzen des Ägäisbereiches zu.

In diesem Zusammenhang sei noch eine letzte Bemerkung verstattet. Es wird aufgefallen sein, daß die Entstehung der Komplexbauweise ausschließlich an athenischen Beispielen dargestellt wurde. Dies war weder willkürliche Auswahl noch Zufall. Tatsächlich hat der Vorgang, der den überlieferten Grundstock der Architektur in Frage stellte, seinen Ausgang und seine ersten Manifestationen eben in Athen gehabt. Seit der Hochklassik zieht Athen auch auf dem Sektor der Baukunst die Führung an sich. Athen begründete damals eine mehr als hundertjährige künstlerische Vorherrschaft, die es erlaubt, in dieser einzigen Stadt auch die Wiege der hellenistischen Architektur zu erkennen.

III. Material und Technik [5]

Die traditionellen griechischen Baumaterialien und die traditionellen Konstruktionstechniken wurden von der hellenistischen Architektur im wesentlichen unverändert beibehalten; bestehen blieb ferner die regionale Bevorzugung bestimmter Werkstoffe entsprechend der örtlichen Verfügbarkeit. Gewisse Unterschiede gegenüber früher, etwa das verstärkte Hervortreten einfacher Konstruktionsarten im Kunstbau, sind zum Teil thematisch begründet. In den eroberten Ländern übernahmen die Griechen weitgehend die einheimische Tradition, wie dies oft gar nicht anders möglich war; man denke nur an die mesopotamische Ziegelbauweise, die sich notwendig aus der Stein- und Holzarmut des Landes ergibt. Neben den überlieferten Verfahren begegnen im Hellenismus aber auch echte technische Neuerungen. In ihnen deutet sich der experimentelle Geist der Zeit an, selbst wenn sie wegen der allgemein konservativen Grundhaltung entweder bloß sporadisch oder aber besonders in kulturellen Randzonen auftreten.

Traditionelle Baustoffe und Verfahren

Stein war seit jeher das vornehmste Baumaterial der griechischen Architektur. Landschaftliche Unterschiede machen sich bei seiner Verwendung allerdings besonders stark geltend. Es gibt veritable Marmorgebiete, in denen sogar verhältnismäßig unwichtige Bauten, ja selbst Wohnhäuser aus diesem kostbaren Werkstoff errichtet wurden. Darunter rechnen vor allem weite

Teile der kleinasiatischen Westküste, ferner die Kykladen. Auf diesen Inseln trug freilich vor allem der Mangel an anderem geeigneten Baumaterial dazu bei, daß man auf Marmor zurückgriff. In der einfachen Architektur begnügte man sich denn hier auch mit Splittermaterial und mischte den Marmor mit anstehenden Schiefern u.ä. Einige Landschaften verfügten über dichte Kalksteinsorten, die sich ebenfalls gut zur Bearbeitung eigneten. Häufig fand sich in der näheren Umgebung jedoch bloß minderwertiges Steinmaterial, so daß man gerne auf andere Werkstoffe auswich, zumal Steintransport über größere Strekken schon aus Kostengründen nur bei außergewöhnlichen Bauprojekten in Frage kam. Konglomerate und Brekzien verwendeten die Griechen vorzugsweise in den Fundamenten; harte Urgesteine haben sie kaum und sogar in Ägypten nur ungern verwendet. Es ist hier nicht erforderlich, die einzelnen griechischen Kunstprovinzen nach der Verfügbarkeit bestimmter Steinsorten durchzugehen; doch sollte man sich stets vergegenwärtigen, daß manche Besonderheiten in der Tat auf solche Bedingungen zurückzuführen sind.

Hinsichtlich der Technik verliert im Hellenismus der Unterschied zwischen unbearbeiteten und bearbeiteten Bausteinen viel von seinem Gewicht, indem erstere – grobe Bruchsteine in Lehmverband – nur noch für allerroheste Gebäude gebraucht werden. Zurichtung des Steinmaterials ist das Normale. Quadermauerwerk gehört eher der feinen Baukunst, Polygonalmauerwerk meist den derberen Gattungen wie Fortifikationen und Terrassen zu, obwohl die Grenzen oft verfließen und keine für alle Landschaften gültige Regel aufgestellt werden kann.

Die Hausteine wurden auch im Hellenismus trocken verlegt, d.h. ohne Verwendung von Mörtel oder anderen Bindesubstanzen. Horizontale Verklammerung und vertikale Verdübelung der Blöcke kommen nur bei sorgfältigen Bauten vor und dürften relativ seltener als in der vorhellenistischen Zeit sein. Die Dübel und Klammern bestanden nach wie vor meist aus Eisen, sehr selten aus Holz, und wurden mit Blei vergossen. Der Fugenschluß ist auch bei hellenistischen Bauten exakt; Anathyrose, d.h. die schwache Aushöhlung der Stoßflächen, findet allgemein Anwendung. Insgesamt zeigt die handwerkliche Bearbeitung der Bausteine noch immer ein sehr hohes Niveau; abgenommen hat vielleicht die handwerkliche Detailbesessenheit älterer Zeit. Wirklich unsaubere und ungenaue Ausführung wird allerdings für die kulturellen Randgebiete typisch; dort geht es nur darum, daß der Gesamteindruck 'stimmt'. In Italien werden z. B. sogar empfindliche Maßdifferenzen bei gleichgeordneten Säulenjochen u. ä. leichten Herzens in Kauf genommen. Das bleibt im engeren griechischen Bereich undenkbar.

Außer dem Haustein spielen als Baumaterial der griechischen Architektur Holz und Lehm eine Rolle, die oft nicht ausreichend gewürdigt werden. Der an sich 'amorphe' Lehm ist mengenmäßig wohl überhaupt der griechische Baustoff Nummer eins. Wir sehen im folgenden von der Dachkonstruktion ab, in der das hölzerne Balkenwerk und gebrannte Tonziegel, die Dachterrakotten, naturgemäß vorherrschen, und konzentrieren uns auf Mauern und Gebälke. Hier dringt die Lehm- und Holzbauweise während des Hellenismus noch entschieden vor und findet Eingang in die höhere Baukunst, nachdem sie auf dem Sektor des privaten Wohnhausbaus und der Festungsarchitektur schon vorher in den meisten Regionen dominiert hatte – eine Ausnahme bilden etwa die schon angesprochenen Kykladen, auf denen Holz und Lehm rar sind. Der Grund für das Vordringen der Holzlehmkonstruktionen seit dem 4. Jh. v. Chr. liegt nicht allein darin, daß viele Landschaften, die jetzt den Anschluß an die Entwicklung gewinnen, nur über schlechte Steinsorten verfügen. Vielmehr macht sich die Tatsache geltend, daß man nunmehr Gebäudegattungen, die einer eher profanen Sphäre zuzählen, 'kunstmäßig' behandelte: Herbergen, Gymnasien, Palästren, bestimmte Verwaltungslokale usf. Auch wenn diese Bauten jetzt über großen und komplizierten Grundrissen erstellt wurden und wenn man auf ihre Ausschmückung durch Säulenstellungen etc. bedacht war, empfand man offenbar nicht überall die Notwendigkeit, ihre materielle Substanz nach dem Maßstab der vornehmsten Architektur zu gestalten, d. h. sie gänzlich aus Stein zu errichten.

Als genuine Nutz- oder Zweckbauten konnten sie bescheidener aufgeführt werden: Über einem niederen Steinsockel, der nicht einmal immer aus Orthostaten bestehen mußte, erhoben sich aus Mauern aus luftgetrockneten Lehmziegeln. Sie wurden – wie übrigens auch minderwertige Steinmauern – mit hartem Kalkstuck verputzt. Ihre Dauerhaftigkeit – unter den Bedingungen des griechischen Klimas – und Belastbarkeit ist beträchtlich und übersteigt nicht selten diejenige weicher oder lockerer Steinsorten. Die Herstellung der Luftziegel ist dagegen einfach und billig. Verlegt wurden sie meist 'naß', d. h. unter Verwendung einer dünnen Bindeschicht feuchten Lehmes.

Diese Bauweise findet sich während des Hellenismus bei öffentlichen Nutzbauten und Palästen in weitesten Teilen der Peloponnes, Mittel- und Nordwestgriechenlands, in Epirus und Makedonien als Regel, kommt aber auch sonst vor. Die Verbindung von Lehmziegelaufbau mit Holzfachwerk ist demgegenüber seltener bezeugt. Inschriftlich wird sie zwar schon für die kononischen Stadtmauern Athens von 392 v. Chr. überliefert; dort lagen in bestimmten Höhenabständen gleichsam Holzgitter im Mauermassiv, die aus längslaufenden sowie durchbindenden Balken bestanden. Noch Philon von Byzanz empfiehlt im 2. Jh. v. Chr. eine ähnliche Fachwerkkonstruktion für Fortifikationen aus Lehmziegeln. Monumentale Spuren von Fachwerk sind mir bisher jedoch nur aus Makedonien und Epirus bekannt geworden. Hier begegnen in den Deckschichten der Steinsockel gelegentlich entlang der Außen- und Innenkante durchlaufende Einarbeitungen, die zur Aufnahme von Schwellbalken gedient haben müssen. Ob auf ihnen senkrechte Pfosten saßen, bleibt unsicher. Gewisse stilistische Eigentümlichkeiten der makedonischen Architektur könnten eine solche Vermutung bejahen lassen: Die gerüstartige Anordnung der Bauglieder nach der Höhe macht den Eindruck, als sei sie konzeptionell von fachwerkähnlichen Holzskelettkonstruktionen beeinflußt. In Makedonien befinden wir uns aber auch in einem besonders holzreichen Gebiet, in dem die Existenz einer ursprünglich reinen Holzarchitektur schon für das Altertum denkbar wäre, wie sie noch heute in den südlichen Balkanländern anzutreffen ist.

Normalerweise beschränkt sich die Verwendung von Holz

aber auf die Gebälke von Stützenstellungen. Hier kommt sie anscheinend nicht ganz selten vor, was damit zusammenhängen mag, daß Holzbalken große Spannweiten gestatten und insofern eine weiträumig lichte Säulenanordnung ermöglichen, die man im Hellenismus schätzte. Hölzerne Gebälke an großen hellenistischen Gebäuden sind immer dann in Betracht zu ziehen, wenn bei verhältnismäßig gut erhaltenen Ruinen nicht der geringste Rest steinerner Gebälke vorgefunden wird. Dies gilt etwa von der Oststoa an der Agora von Neu-Pleuron, bei der überdies noch nicht einmal Fragmente von Säulentrommeln und Kapitellen liegen – Bauglieder, die normalerweise dem Steinraub wegen ihres geringen Wiederverwendungswertes entgehen. Man darf demnach vermuten, daß hier sogar die Säulen selbst aus Holz bestanden. Das gleiche scheint im Tetrastoon am Theater von Phlius in der Nordostpeloponnes der Fall gewesen zu sein. Üblicher ist bei Stützen freilich Steinverwendung.

Ein schönes Beispiel für die typische Bauweise bietet der überaus zierliche Bau der Palästra in Olympia (Taf. 7a). Aus Stein bestehen der Orthostatensockel samt Deckschicht sowie die Säulen und Pfeilerparastaden zu seiten der Durchgänge, ferner auch die Gewände von Fenstern, über die das Gebäude wahrscheinlich verfügte. Lehmziegel bildeten die aufgehenden Mauern; die Gebälke des Peristyls und der Saaleingänge werden aus Holz gewesen sein. Die teilweise rekonstruierte Ruine läßt noch heute etwas von der geschmackvollen Leichtigkeit erahnen, die in einer solchen Bauweise zu erzielen war.

An dieser Stelle sei endlich noch auf ein merkwürdiges Kuriosum hingewiesen. Pausanias 5,20,10 berichtet, daß das Philippeion in Olympia aus (gebrannten) Ziegeln gebaut sei. Die Ausgrabung hat gezeigt, daß dies nicht zutrifft; die Wände der Tholos bestanden vielmehr aus Quaderwerk. Man hat daher den wahrscheinlichen Schluß gezogen, Pausanias habe sich von einer auf den Putz aufgetragenen Bemalung täuschen lassen, die (wohl über der Sockelzone) Ziegel darstellte. Sollte diese Dekoration zum ursprünglichen Bestand des Gebäudes gehören, was keineswegs auszuschließen ist, würde sich dann ein seltsamer Manierismus offenbaren, indem die 'gute' steinerne Bausubstanz durch eine Imitation von 'einfachem' Ziegelmauerwerk versteckt wurde. Oder verband sich damit eine andere, weitergehende Absicht? Etwa die Propagierung einer technischen Neuerung, die in irgendeinem Bezug zu Makedonien stand? Pausanias spricht immerhin ausdrücklich von gebrannten (!) Ziegeln.

Neue Werkstofftechniken

Tatsächlich scheint die Technik des Ziegelbrennens in frühhellenistischer Zeit eingeführt worden zu sein. Zu den frühesten Zeugnissen zählen die Backsteine des vermutlichen Nekyomanteions am Acheron in Epirus; der Bau stammt aus der Zeit um 300 v. Chr. und wurde 168 v. Chr. für immer zerstört. Gleichartige Backsteine bildeten den Aufbau des Katagogions, also der Herberge an der Agora der südepirotischen Stadt Kassope (Abb. 6). Auch dieses Gebäude entstand in frühhellenistischer Zeit, wurde allerdings im 2. Jh. v. Chr. nach einer Zerstörung noch einmal bescheiden restauriert. Dabei fanden bereits zerbrochene Backsteine eine unordentliche Wiederverwendung; sie dürften daher der ursprünglichen Phase des Katagogions angehören. Später könnten die Ziegel im Heiligtum des peloponnesischen Ortes Lykosura sein, wenn sie zur hauptsächlichen Ausbauphase dieses Heiligtums rechnen, die wohl in das beginnende 2. Jh. v. Chr. fällt. Alle diese Ziegel zeichnen sich durch beträchtliche Größe und Dicke aus. Sie messen wenigstens 40 cm im Quadrat und sind etwa eine Handbreit, ungefähr 8 cm, hoch. Darin verraten sie ihre Abkunft von den gebräuchlichen Luftziegeln, die ähnliche Formate besaßen. Der Brand ist an den epirotischen Exemplaren hart, an den Stücken von Lykosura weich und schlecht.

Die regionale Verteilung der bisher aus Griechenland bekannten Backsteine erhält eine gewisse historische Aussagekraft, wenn man in Rechnung stellt, daß gebrannte Ziegel verhältnismäßig reichlich auch in zwei Griechenstädten Unteritaliens bezeugt sind, nämlich in Rhegion (Reggio Calabria) und Velia südlich von Paestum. Das unteritalische Kolonialgebiet stand ja stets in engeren Beziehungen zur Westseite der griechischen Halbinsel, bildete mit ihr in mancher Hinsicht eine 'südadriatische' künstlerische Einheit. Epirus zählt dazu; als gelegentliches Einflußgebiet kann die westliche Peloponnes betrachtet werden. Der Backstein mag also durchaus in diesem westgriechischen Bereich erfunden worden sein; Beziehungen zu älter orientalischen Typen gebrannter und glasierter Ziegel – wie sie vielleicht von Maussolos in seinem Palast zu Halikarnass verwendet wurden – bestehen jedenfalls schwerlich. Erinnern wir schließlich noch daran, daß Makedonien gerade im 4. Jh. v. Chr. sehr stark Anregungen aus dem adriatischen Westen geöffnet war; vielleicht gewinnt damit des Pausanias Beobachtung am Philippeion eine mehr als oberflächliche Bedeutung.

Von den gebrannten Ziegeln in Unteritalien sind die rheginischen Beispiele gut datierbar. Sie stammen aus Gräbern[6], die nach ihren Beigaben seit dem beginnenden 3. Jh. v. Chr. angelegt wurden. Gleichartige Ziegel zeigt übrigens ein hellenistischer Brennofen im Lakinion bei Kroton. Die in großen Mengen erhaltenen Ziegelsteine von Velia[7] sind zeitlich nicht so genau festzulegen; doch wurde mit Recht nie bezweifelt, daß sie mindestens ins 3. Jh. hinaufreichen. Sie fanden nicht in unterirdischen Gräbern, sondern im aufgehenden Mauerwerk innerstädtischer Bauten Verwendung. Diese Ziegelsteine tragen häufig Stempel und Form von Buchstabenligaturen, unter denen DEM- o. ä. für 'demosion' (öffentlich) auf städtische Manufakturen und/oder öffentliche Zweckbestimmung hinweist. Bemerkenswert ist schließlich ihre Gestalt. Das Format entspricht zwar im wesentlichen dem der Exemplare aus Epirus. Ihre Unter-(Ober[?])-Seite ist jedoch nicht glatt, sondern zeigt vertiefte Kanäle zwischen erhöhten, z. B. in Form eines E angeordneten, kantigen Stegen. So viel ist deutlich, daß die Vorrichtung auf ein einzubringendes Bindemittel Rücksicht nahm, wie denn die verhältnismäßig leichten Backsteine nicht gut trocken verlegt werden können. Nur in Velia aber hat man schon beim Entwurf der Ziegel auf dieses Problem geachtet – und in Velia hat man sich darüber hinaus früh um eine Verbesserung des Bindemittels bemüht; davon gleich mehr.

Zunächst muß noch eine Sondergruppe gebrannter Ziegel behandelt werden, nämlich die Formziegel. Wie der Name sagt, handelt es sich dabei um Werkstücke einer speziellen Form, in aller Regel um Elemente des Säulenschaftes sowie der Kapitelle. In Morgantina [8] sowie in Tyndaris (Wiederverwendung in dem spätrepublikanischen Haus C) [9] handelt es sich um kreisförmige Tonscheiben von etwa einer Handbreit Höhe, die in der Mitte eine Durchbohrung aufweisen. In ihr muß eine (hölzerne) Armierung gesessen haben. Die kleineren Säulen vom Obergeschoß der Casa C in Tyndaris verzichten auf das Loch. Durch den Bauzusammenhang in Morgantina und durch den Stil des zugehörigen korinthischen Kapitells in Tyndaris (Taf. 35 a) werden diese Formziegel in die erste Hälfte des 3. Jh. v. Chr. datiert. Kreisrunde Tonscheiben ohne Durchbohrung begegnen auch in Kleinasien; aus ihnen bestanden die Säulen eines kleinen, spätklassischen oder frühhellenistischen Naiskos im Aphrodite-Heiligtum von Knidos. Andere Formziegel für Säulenschäfte bilden Kreissektoren, deren Bogen die Gestalt der Kanneluren vorgibt. Sie werden in Mörtel zusammengesetzt und der Säulenkern gegebenenfalls mit Tonsplittern ausgefüllt. Beispiele für dieses Verfahren finden sich in zwei weit voneinander entfernten Orten: im Palast des mesopotamischen Nippur (3.–2. Jh. v. Chr.) sowie noch an den großen Säulen der Basilica von Pompeji um 120 v. Chr. Nur bedingt und nur dann, wenn sie aus einem realen Bauzusammenhang stammen, wird man gebrannte Tonkapitelle unter Formziegel einreihen wollen. Sie können aber manchmal letzte Reste einer vollständigeren Formziegelbauweise sein, wie dies wohl von einem großen ionischen Terrakottakapitell in Messina gilt (Taf. 32 a). Erwähnung verdient schließlich ein sofaförmiges Pfeilerkapitell aus Psophis in der Nordwestpeloponnes wegen der Seltenheit solcher Exemplare in Griechenland. Es könnte wiederum technischem Einfluß aus dem Westen zu verdanken sein (Taf. 32 b). Interessant ist an ihm der angearbeitete Zapfen, der es wahrscheinlich macht, daß hier auch der Pilasterschaft aus Ton bestand.

Das Auftreten von Backsteinen und Formziegeln dürfte nur in den seltensten Fällen aus dem Mangel geeigneten Steinmaterials zu erklären sein (so am ehesten in Nippur). Im allgemeinen beruht ihre Anwendung wohl darauf, daß sie die Eigenschaft fast unbeschränkter Haltbarkeit mit dem Vorzug schneller und preiswerter Massenherstellung verbinden. Voraussetzung war aber das reichliche Vorhandensein von Brennstoff, weswegen sich im holzarmen, eigentlichen Griechenland die Erfindung des Ziegelsteines auch während des ganzen Altertums nie gänzlich durchsetzte.

Einen zweiten Sektor technischer Neuerungen bildet im Hellenismus das Gebiet der Werkstoffe Stuck bzw. Mörtel. Guter, sehr harter Marmorstuck war zwar schon der älteren griechischen Baukunst vertraut. Unter anderem diente er als sogenannter hydraulischer Stuck dazu, Becken oder Zisternen wasserundurchlässig auszukleiden. Seit dem späten 5. Jh. findet er als Bindemittel für Fußböden Verwendung, insbesondere bei Kieselmosaiken. In den frühhellenistischen makedonischen Häusern und Palästen von Pella und Vergina werden auch einfachere Bodenbeläge aus Terrakottasplittern und Marmorplättchen in diese mörtelartige Masse gebettet. Eine punisch geprägte Sonderentwicklung ist der Terrazzo- oder Cocciopesto-Boden des Westens, ein mit Terrakottamehl und Tonpartikeln vermengter sowie mit einzelnen weißen Steinen durchsetzter Mörtelestrich ausgezeichneter Qualität. Er begegnet in den gräko-punischen Bauten von Selinunt vor der Zerstörung 272 v. Chr. und war damals wohl schon überall von den Griechen Siziliens und Unteritaliens übernommen, von denen ihn wieder die italischen Nachbarn erhielten.

Verwendung von Mörtelstuck im aufgehenden Mauerwerk war in Griechenland während des Hellenismus ziemlich selten. Häufiger tritt er in Thermen auf, so im Bad von Gortys in Arkadien[10], wo die Heizungsanlagen, Bänke, Wanneneinfassungen u. dgl. aus in Kalkmörtel verlegten Scherben von Dachziegeln und Tongeschirr bestehen. Die Verbindung mit dem traditionellen Anwendungsbereich des hydraulischen Stucks ist noch ganz deutlich. Das gilt in gewisser Weise auch von dem gegossenen (!) Mörtelgewölbe des oberen Peirene-Brunnens von Korinth [11].

Eine eigentümliche Konstruktion aus mit Mörtel verbundenen Tonröhren zeigt die Kuppel eines Rundbaus in Morgantina auf Sizilien[12]. Alle diese Beispiele gehören in die frühhellenistische Zeit bzw. ins 3. Jh. v. Chr.

Spätestens zur gleichen Zeit scheint sich im italiotischen Velia eine bedeutungsvolle Entwicklung angebahnt zu haben, die bisher kaum Beachtung fand. Als man dort im späten 4. Jh. v. Chr. die sogenannte Porta Rosa in einem Hügeldurchstich erbaute, wurden ihr südlich zwei mächtige Bastionen vorgelegt. Sie dienten einesteils als Begrenzung des Torhofs, vor allem aber der Befestigung der Hangschrägen. Diese Bastionen (Taf. 2a) bestanden nach außen hin aus einer sorgfältigen, trocken verlegten Quaderschale, die man wie üblich mit einem Gemisch aus kleinen Steinbrocken und Erde hinterfüllte. Auffällig ist freilich, daß die 'Erde' der Hinterfüllung von sehr harter Konsistenz ist; offenbar ist sie stark mit gelöschtem Kalk vermischt. (Eine Analyse steht noch aus.) Es handelt sich also um eine mörtelartige oder mörtelähnliche Substanz, die man auch als Bindemittel für die eben erwähnten, gekerbten Backsteine verwendete, wie noch an mehreren Stellen des Stadtgebietes zu beobachten ist. Ob dieser Urmörtel eine lokale Erfindung Velias aus dem 4. Jh. ist, läßt sich einstweilen schwer beurteilen. Seine Verwendung bedeutet jedenfalls eine bemerkenswerte Abkehr von älterem griechischem Bauverständnis.

Noch im Frühhellenismus muß man endlich in derselben Region, genauer am gräko-samnitischen Golf von Neapel, die Puzzolanerde als idealen Rohstoff zur Herstellung echten Zementmörtels entdeckt haben. Zunächst ersetzt er in Mauern aus unregelmäßigen Steinen die ältere Lehmbettung; seine Qualitäten gestatten es, auf genauere Angleichung und Anpassung der einzelnen Steine zu verzichten, da die Masse das Ganze auch so bindet und zusammenhält. Diese Phase zeigen Nutzbauten am Forum von Paestum aus dem Anfang der römischen Kolonie, wohl um die Mitte des 3. Jh. v. Chr. Schon bald erfolgte der nächste Schritt in der Entwicklung, die Erfindung des Gußmauerwerks. Kleine, handliche Steine werden als zwei Außenschalen bis zu einer gewissen Höhe aufgemauert, ihr Inneres dann mit einer Mischung aus Mörtelmasse und Splitt aufgefüllt, die Außenschalen wieder um einen Streifen hochgezogen und so fort. Man achtete bei den Schalen, die Vitruv bezeichnenderweise noch 'Orthostaten' nennt, darauf, daß die Fugen der kleinen Steine auf den äußeren Ansichtsseiten ein schönes netzartiges, wenn auch zufällig unsystematisches Muster ergaben. Das Opus incertum war geboren. In Rom wurde schon seit 193 v. Chr. der große Magazinhallenbau der Porticus Aemilia am Tiberhafen in dieser neuen Technik errichtet. Ihr Siegeszug in Kampanien und Latium, der aus ihr die de facto vorherrschende Bauweise des dortigen Späthellenismus machte, braucht hier nicht ausführlich beschrieben zu werden. Das Opus incertum ist solide und wetterfest; mit ihm konnte man hoch, schnell und deshalb in die Größe bauen – alles Eigenschaften, die aufs beste den Ansprüchen der 'Römer' entgegenkamen. Eines muß man sich allerdings klarmachen: Das Mörtelmauerwerk nahm anfänglich sogar in den Augen der Italiker einen vergleichsweise niedrigen Rang innerhalb der Hierarchie der Techniken ein. Bei Sakralgebäuden bevorzugte man womöglich den Quaderbau und verbannte das Gußmauerwerk in die Fundamente oder Auffüllungen. Das gilt selbst für Stoen wie in Minturnae oder für vornehmere Profanbauten wie am Forum von Tusculum; feine pompejanische Privathäuser des Späthellenismus zeigen gerne wenigstens die Front in Quadertechnik. Opus incertum ist gewissermaßen die italische Entsprechung des Lehmziegelmauerwerks der Griechen und Ägypter, die Stampflehmmauern (Pisé) der Punier. Im Osten des hellenistischen Kulturkreises fand dieses Mörtelmauerwerk keine Aufnahme, nicht nur weil z. T. die Rohstoffe mangelten, sondern weil es an sich überflüssig scheinen konnte.

Die Erfindung des Ziegelbrennens sowie des Zementmörtels sind für die hellenistische Baukunst im engeren Sinn zunächst fast folgenlos geblieben. Dennoch stellen sie den Anfang eines wesentlichen zukünftigen Fortschritts dar. Die Verwendung anderer 'neuer' Baumaterialien bzw. die veränderte und fortgebildete Verwendung überlieferter Werkstoffe während des Hellenismus besitzen dagegen unter dem Gesichtspunkt echter Innovation eine viel geringere Bedeutung, auch wenn sie gelegentlich recht weite Verbreitung erlangten. Man denke an die Ausbildung des Formstucks oder des Formgipses, der den Stuck in gewissen Gegenden vertritt und ersetzt. Auch der Gebrauch bunter Steine wäre in dem Zusammenhang vielleicht zu nennen. Da es sich bei diesen Phänomenen aber eher um stilistische als um technische Neuerungen handelt, sei ihre Behandlung auf ein späteres Kapitel verschoben.

Bogen- und Gewölbekonstruktion [13]

Im Verlauf des 4. Jh. v. Chr. wird der echte Bogenbau aus Keilsteinen in die griechische Architektur eingeführt; damit tritt eine sehr bedeutungsvolle, neue Konstruktionstechnik auf den Plan, die in der Wissenschaft lange zu merkwürdigen Mißverständnissen Anlaß gab. Man empfand und empfindet zeitweise noch heute den Bogen und das Gewölbe als 'durchaus ungriechisch' bzw. der griechischen Baukunst 'wesensfremd'. Inzwischen sind nahezu 700 griechische Bögen- und Gewölbekonstruktionen bekanntgeworden, die in der übergroßen Mehrzahl aus dem Hellenismus stammen[14]. Man wird dem Bogen daher ein Heimatrecht in der späteren griechischen Architektur zubilligen und die Vorurteile über das 'Wesen' auf sich beruhen lassen können. Sie rühren doch nur von einseitiger Fixierung auf die kanonische Tempelarchitektur her und übersehen – wohl aus Unkenntnis der Materie – die Wandlungsprozesse seit dem 4. Jh. v. Chr.

Diese Vorurteile führten allerdings zur Annahme verschiedenartiger, außergriechischer Anregungen, auf die hier kurz eingegangen werden muß. Noch heute spukt in den Köpfen und Handbüchern die verwegene Hypothese, wonach die Etrusker den echten Bogen erfunden haben sollen. In Wahrheit sind die etruskischen Beispiele durchweg jünger als die frühen griechischen Vertreter und sicher von dort übernommen. Bedenkenswerter scheint die Ableitung von östlichen Vorbildern, wo der echte Bogen in der Tat schon seit alters begegnet. Es ist aber bisher nicht gelungen, eine wirkliche Ableitungslinie aufzudecken. Darüber hinaus machen gerade die älteren griechischen Bogen- und Gewölbekonstruktionen den Eindruck, es handle sich bei ihnen noch um eine junge, wenig erprobte Technik, nicht um die Übernahme eines ausgereiften Verfahrens. Darauf ist anläßlich der Ableitung des Schubs zurückzukommen. Die Lösung der Entstehungsfrage dürfte in der Überlieferung liegen, daß der Naturphilosoph Demokrit, bekannter als 'Vater des Atoms' (gestorben um 370 v. Chr.), eine Schrift ›Über den Bogen‹ verfaßt hatte. Wahrscheinlich handelte es dabei zunächst um eine theoretische Untersuchung aus dem Rahmen der Kräftelehre, wie es ionischer Forschung angemessen wäre. Die Umsetzung in die Praxis ist gewissermaßen ein zweiter Schritt, den physikalisch gebildete Architekten vielleicht schon um die Mitte des 4. Jh. v. Chr. vornahmen. Als Terminus ante quem ist jedenfalls die kürzlich entdeckte Grabkammer in Vergina/Makedonien anzusehen, die man mit guten Gründen auf Philipp II., Alexanders Vater, bezieht und um 336 v. Chr. datieren muß. Die Bogenkonstruktion wäre demnach eine Erfindung, die letztlich aus dem rationellen Geist griechischer Wissenschaft geboren wurde.

Angesichts ihrer praktischen Vorzüge, worunter vor allem die stabile Überdeckung größerer Spannweiten hervorragt, gewinnt sie im Hellenismus zusehends an Verbreitung. Der Bogen ist eine Ingenieurtechnik und kommt schon aus diesem Grunde einem bestimmten Zug hellenistischer Bautätigkeit entgegen. Allerdings verfahren die altgriechischen Kernlandschaften wie Attika oder die Peloponnes bei der Rezeption dieser neuen Möglichkeit zögerlicher als die 'jungen' Regionen Nordwestgriechenlands und Makedoniens oder als die aufgeschlosseneren Griechen Westkleinasiens; nur spricht sich darin nicht die Ablehnung von etwas Fremdem aus, sondern vielmehr die aus wohlbekannter konservativer Grundhaltung entspringende Reserviertheit gegenüber allen Neuerungen.

Die ästhetische Entwicklung des Bogen- und Gewölbemotivs braucht uns an dieser Stelle nicht zu beschäftigen, vielmehr sei das Augenmerk auf eine technisch bedingte Eigentümlichkeit besonders früher Bögen gelenkt. In einem Keilsteinbogen tritt bekanntlich eine Spannung auf, die zunächst für den Zusammenhalt der Konstruktion sorgt. Dabei entstehen Kräfte, die zum Teil als Schub auf die Seite wirken. Es ist daher stets erforderlich, diesen Seitenschub abzufangen bzw. abzuleiten. Die technisch einfachste Art des Auffangens mittels eines genügend starken Widerlagers ist nun die einzige, die von den Griechen verwendet wurde; und zwar errichteten sie anfänglich nicht eigens dafür vorgesehene Widerlager, sondern nutzten gleichsam 'natürlich' vorhandene aus.

Damit war die Anwendung von Bogen und Gewölben aus Keilsteinen auf zwei eng umschriebene Baubereiche begrenzt. Sie konnten erstens als Tordeckung im Mauerverlauf, insbesondere in Wehrmauern, auftreten; dort nahmen die anschließenden Mauerstrecken und Kurtinen mühelos den Seitenschub auf. Zweitens konnten sie in allen unterirdischen Bauten angebracht werden, wo die seitlichen Erdmassen denselben Zweck auf das vollkommenste erfüllten. Diese unterirdischen Bauten lassen sich grob in zwei Klassen scheiden, nämlich in Gräber sowie in Substruktionen, unter welch letztere auch Kanäle, Brücken u. dgl. zu rechnen sind.

Daß die Griechen über lange Zeit hin Bögen und Gewölbe aus technischen Gründen ausschließlich an Mauertoren, Gräbern und Substruktionen verwendeten, hatte die Konsequenz, daß sie sich daran gewöhnten, jenes Motiv mit eben diesen Baugattungen in Verbindung zu sehen und – nach dem Gesetz der konstanten Koexistenz – bald auch inhaltlich mit ihnen zu assoziieren. Das Bogenmotiv konnte also späterhin die unterschiedlichen Bedeutungen 'Tor', 'Grab' sowie 'Substruktion' tragen und wurde in dieser Funktion, oft abgekürzt, auch tatsächlich eingesetzt. Diese semantische Definition einer Kunstform ist nicht zuletzt deshalb so interessant, weil sie bis zu ihren technisch kausalen Wurzeln zurückzuverfolgen ist. Darüber hinaus bietet sie ein lehrreiches Beispiel für die fehlende Eindeutigkeit eines derartigen 'Zeichens'; die in ihm enthaltene Information ist nur aus dem Kontext bzw. aus der jeweiligen Situation der Architektur heraus auflösbar.

Die technisch einfache Ableitung des Seitenschubs darf nicht zu dem irrigen Schluß verführen, die hellenistische Gewölbearchitektur sei primitiv gewesen. Vielmehr wird im einzelnen mit durchaus komplizierten Bauformen experimentiert. Es kommen neben dem halbzylindrischen Rundbogen der Spitz- und Flachbogen sowie der scheitrechte Bogen vor; es werden schräge und ansteigende Gewölbe, anstoßende, abknickende und durchdringende Tonnen und schließlich sogar Kreuzgratgewölbe gebildet. Spätestens im 2. Jh. v. Chr. sind auch Halbkuppeln bekannt gewesen.

Hier sei noch die Bemerkung gestattet, daß wir es in diesem Kapitel über die Konstruktionstechnik natürlich nur mit der Steinarchitektur zu tun hatten, auf deren Zeugnis im wesentlichen auch unsere Kenntnis über den hellenistischen Gewölbebau beruht. Ihre Denkmäler erhielten sich eben besser. Inwieweit etwa das Gewölbemotiv an sich von der hellenistischen Architektur in vergänglichem Material gestaltet worden ist – vielleicht früher oder reicher –, entzieht sich jeder wirklichen Beurteilung.

Vergängliche Architekturen

Unser summarischer Überblick über wichtigere bzw. neue Baumaterialien und Techniken der hellenistischen Architektur soll nicht ohne den Hinweis auf ein Phänomen abgeschlossen werden, das mittelbar an diesen Problemkreis grenzt. Wir meinen die Tatsache, daß gerade im Hellenismus Architekturen errichtet wurden, die absichtlich nur auf eine kurze Lebensdauer berechnet waren, ephemere Fest- und Gelegenheitsbauten. Ihre Grundbestandteile waren vergängliche Materialien, Holz vor allem; die Ausstattung, auf die alles ankam, zeigte dagegen oft höchsten Prunk, Verwendung kostbarer Steinsorten, Metalle, Glas, feinster Gewebe. Der Scheiterhaufen für Alexanders Freund Hephaistion ist das früheste überlieferte Beispiel; eine ausführliche antike Beschreibung existiert vom Festzelt Ptolemaios' II.; noch die temporären Theaterbauten im spätrepublikanischen Rom, unter denen die Anlage des Scaurus durch beinahe unglaubwürdige Nachrichten ihres Reichtums hervorsticht, setzen diese Tradition einer Baukunst fort, die im Dienste fürstlicher Festespracht steht und ganz auf die Wirkung des Tages abgestellt ist. Die ungewöhnliche, aber dem Zweck adäquate 'Leichtbauweise' war nicht monumental; sie konnte dafür um so phantastischer sein und nahm vielleicht manches vorweg, was die solide Steinarchitektur erst im Späthellenismus mit ihren schwerfälligeren Mitteln zu realisieren trachtete. Der Leichtbauweise ephemerer Festbauten verwandt ist schließlich noch die 'Architekturgattung' reich ausgestatteter Luxus- bzw. Vergnügungsschiffe, wie sie einzelne hellenistische Herrscher für sich bauen ließen. Literarisch bekannt sind das Prachtschiff Hierons II. von Syrakus sowie das Nilschiff, die Thalamegos IV. Ptolemaios. Erhalten hat sich von dieser vergänglichen Architektur verständlicherweise nichts.

C. DIE FORMENWELT DER HELLENISTISCHEN ARCHITEKTUR

I. Urbanistik

Was hellenistische Städteplanung und hellenistisches Stadtbild ausmacht, ist nur zum Teil spezifisch hellenistisch. Bestimmende Eigenschaften wie z. B. das rechtwinklige Straßensystem wurden lange vorher entwickelt, charakterisieren aber auch noch den Hellenismus und müssen deshalb im folgenden zur Sprache kommen. Häufig bedeutet hellenistischer Städtebau nicht mehr, als daß erprobte urbanistische Vorstellungen jetzt in weitestem Umfang realisiert und sogar kleinere Städte mit den differenzierten architektonischen Einrichtungen versehen werden, welche sich die führenden Zentren schon während der Klassik zugelegt hatten. Dieser quantitative Aspekt ist durchaus typisch hellenistisch.

Auf ein qualitatives Problem sei bereits an dieser Stelle nachdrücklich verwiesen, da es bei der späteren Einzelbehandlung leicht in den Hintergrund treten könnte. Der Unterschied zwischen 'normaler' Stadt und 'Weltstadt' muß während des Hellenismus eine scharfe, teilweise gegensätzliche Ausprägung erfahren haben. Faßbar ist diese aber meist nur in der literarischen Überlieferung, da die monumentalen Reste der hellenistischen Weltstädte wegen langen Nachlebens gering und wegen moderner Überbauung nur unzureichend untersucht sind. Die Tatsache des Unterschieds ist jedoch in Anschlag zu bringen, wenn Nachrichten etwa über Alexandria scheinbar in gleichem Atemzug mit solchen über vielfach weit besser erforschte Land- und selbst Großstädte mitgeteilt werden. Zu den Weltstädten des Hellenismus sei hier nur noch so viel bemerkt, daß sie in vielen Zügen, in der Vervollkommnung 'weltstädtischer' Annehmlichkeiten das fortsetzen, was vorher in der ersten griechischen

Stadt, der das Beiwort Weltstadt gebührte, angelegt worden war, im Athen der perikleischen und spätklassischen Zeit.

Die monumentalen Zeugnisse, die für eine Beurteilung hellenistischer Urbanistik zur Verfügung stehen, lassen sich der Hauptsache nach in zwei Klassen unterteilen, je nachdem, ob sich die baulichen Aktivitäten in neugegründeten oder in alten Städten abspielten. In letzterem Fall konnte es sich bloß um Ergänzungen vorhandener Bausubstanz oder höchstens um die partielle Restrukturierung von Zonen handeln, die bislang einer anspruchsvolleren Bebauung ermangelten; zumal in sogenannten gewachsenen Städten schränkte dabei die notwendige Rücksichtnahme auf das Gegebene die Möglichkeiten freien urbanistischen Gestaltens mehr oder weniger ein.

Stadtneugründungen fanden in der Zeit Alexanders und der Diadochen in großer Anzahl statt; allein die beiden ersten Seleukiden sollen mehr als 100 Städte angelegt haben. Vielfach handelte es sich dabei um Maßnahmen, griechische Siedler und griechische Siedlungsstrukturen in den jüngst eroberten Ländern zu etablieren. Von allen diesen Städten ist verschwindend wenig auf uns gekommen und das Wenige ist oft auch ziemlich insignifikant für die höhere Urbanistik. Eine Siedlung wie Dura-Europos am mittleren Euphrat bietet außer dem alltäglichen orthogonalen Straßensystem, der zentralen freien Marktfläche und der Tatsache ihrer Befestigung nichts Bemerkenswertes. Besondere architektonische Ansprüche wurden in diesem nur strategisch wichtigen Posten an einer Karawanenstraße nicht berücksichtigt. Bedeutsamere Erkenntnisse liefern griechische Städte, die von Diadochen infolge vorhergehender Zerstörung oder durch Verlegung bzw. Zusammensiedlung älterer Orte 'neu' gegründet wurden: Sikyon, Ephesos, Kassandria, Demetrias usf. – wobei etwa die zwei letztgenannten Beispiele zu der besonderen Gruppe jener Städte rechnen, die zu Residenzen bestimmt waren wie Alexandria bei Ägypten und Antiochia am Orontes. Eine eigene Gruppe bilden ferner die Städte, die nach der timoleonteischen Stabilisierung Siziliens dort seit den 30er Jahren des 4. Jh. v. Chr. entstanden und ausgebaut wurden, meist 'Neugründungen' anstelle früherer, damals verfallener Siedlungen; sie entwikkeln bald bestimmte regionale Eigenarten. Auch nach der Zeit Alexanders und seiner Nachfolger werden gelegentlich noch Städte neu angelegt, wenn die politischen Umstände es erforderten. So werden die Orte, die als Eleutherolakonen vom spartanischen Staat absplitterten, erst nach 195 v. Chr. städtisches Gesicht im griechischen Sinn erhalten haben. Ein weiteres Beispiel ist Neu-Pleuron in Ätolien; die ältere Stadt war im späteren 3. Jh. von einem Demetrios zerstört worden.

Neben den Neugründungen der eigentlich hellenistischen Zeit können in gewisser Weise noch solche Städte als hellenistisch angesprochen werden, die zwar in der vorhergehenden Periode gegründet worden waren, ihren wirklichen Ausbau aber erst seit dem späteren 4. Jh. v. Chr. erfuhren. Besonders in der ersten Hälfte des 4. Jh. waren z. T. im Gefolge politischer Ereignisse in der Peloponnes, im nordwestgriechischen Raum und an der kleinasiatischen Westküste viele Neugründungen, Umsiedlungen und Synoikismen erfolgt, die erst allmählich zu Städten auch im architektonischen Bild heranwuchsen. Das gilt selbst für Städte, die schon im 5. Jh. (neu) entstanden waren. Milet oder das 408 v. Chr. gegründete Rhodos sind nach ihren (vorrömischen) Überresten im wesentlichen 'hellenistische' Städte, ebenso etwa die makedonische Hauptstadt Pella, deren Aufschwung mit dem Rückstrom der Perserbeute zuammenfällt. Diese älteren Stadtanlagen besaßen allesamt bereits das orthogonale Straßensystem, das wie gesagt auch noch für die hellenistische Zeit verbindlich blieb. Von daher unterscheiden sie sich also nicht von Neugründungen der Diadochen. Im übrigen nahm eine Gründung an sich zunächst außer dem durch die Stadtmauern bestimmten Gesamtumfang nicht viel vorweg.

Daß der Stadtmauerbau eine der ersten Maßnahmen bei jeder Gründung war, ist einsichtig. Eine schöne Schilderung, wie er als Gemeinschaftsaufgabe in Angriff genommen wurde, gibt Pausanias 4,27,7 anläßlich der Neugründung von Messene am Ithomeberg. Im kleinasiatischen Kolophon ist eine junge Stadtanlage gleichsam in statu nascendi erhalten geblieben, weil seine Einwohner wenig später von Lysimachos in das von ihm neugegründete Ephesos umgesiedelt wurden. Deutlich ist hier zweierlei: Erstens die Größe des Mauerrings, die ganz offenbar darauf berechnet war, erst in Zukunft wirklich ausgefüllt zu werden; diese hoffnungsvolle Zuversicht auf Wachstum scheint für viele Gründungen des 4. Jh. und der hellenistischen Zeit typisch. Zweitens fällt in Kolophon die äußerst bescheidene, ja geradezu provisorische Bauweise der öffentlichen Gebäude, Heiligtümer und Privathäuser auf. Ein solcher Zustand kann erst die großen Möglichkeiten für einen nachträglichen Ausbau verständlich machen.

Im folgenden sollen die wesentlichen Elemente der griechisch-hellenistischen Stadt punktuell einer Betrachtung unterzogen werden.

Stadt und Umland

Die griechische Stadt scheint schon durch die Umwallung, die sie in aller Regel besitzt, deutlich von ihrem Umland geschieden. Doch ist sie mit diesem mannigfaltig verbunden und zu ihm in Beziehung gesetzt. Grundsätzlich muß festgestellt werden, daß es wohl kaum eine Stadt gab, zu deren Gebiet nicht auch einige Dörfer, Weiler und Einzelgehöfte zählten. Für sie bildete die Stadt nicht nur den verwaltungstechnischen, sondern auch den kulturellen Bezugspunkt und bot die erforderlichen wirtschaftlichen und Versorgungseinrichtungen. Die oft verbreitete Vorstellung, daß viele griechische Poleis reine Ackerbürgergemeinden gewesen seien, von denen aus die Bauern des Morgens zur Bestellung der Felder auszogen, um abends in den Schutz der Mauern zurückzukehren, trifft so wohl nirgends und am wenigsten während des Hellenismus zu. Städtische Anlagen erfüllen normalerweise auch städtische Funktionen im weiteren Sinn. Daß griechische Stadtgemeinden darüber hinaus politische Körperschaften besonderer Art sind oder sein können, steht auf einem anderen Blatt.

Stadtlagen

Natürlich bevorzugte Stadtlagen werden auch im Hellenismus mit Vorliebe gewählt, wobei allerdings besondere Vorstellungen über das herrschten, was als bevorzugt zu gelten hatte. Das Denken in großen Dimensionen führte bei königlichen Stadtgründern häufig dazu, daß sie Häfen und sonstige Punkte auswählten, die günstig zu den großen Verkehrswegen oder an wichtigen strategischen Positionen liegen. Dies hat vielen derartigen Gründungen ihr ununterbrochenes Leben bis auf den heutigen Tag gesichert. Im einzelnen fällt auf, daß sich eine gewisse, schon dem älteren Griechen eigene Rücksichtslosigkeit gegenüber Geländeschwierigkeiten im Hellenismus behauptet. Wasserreichtum in Form naher Quellen war zwar wohl geschätzt, wenn er zufällig vorhanden war, spielte aber keineswegs eine ausschlaggebende Rolle bei der Platzwahl. Steilheit und natürliche Unwirtlichkeit zumindest großer Teile des Stadtareals wurden häufig in Kauf genommen. Insgesamt ist auffällig, wie selten hellenistische Städte bequeme Flachlandlagen einnahmen, was in geradem Gegensatz zu dem Brauch steht, den die Römer bei der Errichtung ihrer Kolonien übten. Dies war nicht allein von den geographischen Besonderheiten der Ägäisländer bedingt, sondern mehr noch von einem starken Schutzbedürfnis, das sich durch Berglagen besser befrieden ließ. Das gilt vor allem von 'kleineren' Poleis; man denke an das epirotische Kassope (Abb. 6) in seiner horstartigen Lage über der ambrakischen Bucht (gegründet wohl 1. Hälfte 4. Jh.), oder an Neu-Pleuron, das auf einen hohen Randberg der Ebene hinaufverlegt wurde. In Sikyon verteidigte Demetrios Poliorketes 303 v. Chr. die Verlegung der ehrwürdigen alten Stadt von der Küstenebene hinweg ausdrücklich mit der größeren Sicherheit der neuen Lage – wovon der 'Städtebelagerer' etwas verstanden haben dürfte. In der Tat waren im Gebirge die neuen, wirksamen Belagerungsmaschinen schwer einsetzbar. Daß Städte mit solcher Schutzlage abseits von den Hauptdurchgangswegen zu liegen kamen und dann nur über Stichstraßen zu erreichen waren, soll hier bloß festgestellt werden. Dabei sind aber Orte wie Kassope, Neu-

Pleuron oder gar Sikyon immer noch einigermaßen gut von unten her zugänglich. Daneben gibt es veritable Bergnester, besonders in der Peloponnes und in Ätolien sowie Epirus, zu denen der Aufstieg lang und mühselig war. Keryneia in Achaia, beim heutigen Ort Mamusia, verfügte zu diesem Zweck über einen z.T. aus gerader Felswand ausgehöhlten, fast tunnelartigen Saumtierpfad. Dasselbe Keryneia besaß aber an seiner Agora hoch oben auf dem Berggipfel u.a. auch eine lange, schön geschmückte Stoa. Die extreme Lage des oft wolkenverhangenen Platzes schloß 'städtische' Entwicklung und Ausgestaltung während des Hellenismus also nicht aus.

Kommen wir noch einmal auf den durch bergiges Gelände bedingten Schutz der Städte zurück. In Fortsetzung älterer Tradition wird es im Hellenismus allgemeine Übung, Berge oder Bergrücken, die nicht allzu weit von der Stadt entfernt sind, in deren Befestigung mit einzubeziehen. So entstehen die bekannten 'Landschaftsfestungen' mit ihrem oft viele Kilometer messenden Stadtmauerumfang. Verhältnismäßig einfach ist es noch, wenn ein unmittelbar über der Stadt aufragender Felsberg befestigt wird, mag er von dort aus auch so unzugänglich sein wie in Priene. Bei größeren Städten zieht sich die Wehrmauer aber gerne über die Grate aller irgendwie benachbarten Hügelketten hinweg und umschließt eine ganze Landschaftskammer derart, daß die inmitten gelegene Siedlung nirgends mehr von oben eingesehen werden kann. So hat Demetrios seine Gründung Demetrias in Thessalien (Abb. 8) von 294 v. Chr. und Lysimachos das neue Ephesos ca. 290 v. Chr. konzipiert. Am merkwürdigsten ist aber vielleicht immer noch die relativ kleine Stadt Herakleia am Latmos mit ihrer riesigen Mauer, bei der man sich stets fragt, wer sie je bemannen sollte.

Die antiken Theoretiker, Ärzte voran, haben bei der Wahl von Stadtlagen großes Gewicht auf gesunde Verhältnisse gelegt und ziemlich genaue Vorschriften über die Führung der Straßen im Verhältnis zu den örtlich vorherrschenden Winden und dergleichen Einzelheiten mehr aufgestellt. Wieweit dies in der Praxis berücksichtigt wurde, ist bisher nie recht untersucht worden. Der rationale Zeitgeist des frühen Hellenismus mag aber durchaus dazu geführt haben, daß Stadtgründer nicht nur ihrem gesunden Menschenverstand folgten, sondern darüber hinaus den Rat von Wissenschaftlern einholten.

Die Stadt und ihr 'Glacis'

Jenseits von Mauer und Graben bildete die Umgebung der Tore und der Ausfallstraßen einen Bereich, der gewissermaßen zwischen dem städtischen Weichbild und dem offenen Land vermittelte. Kleine Kultbezirke, Bäder, Gasthöfe und Stallungen hatten sich hier zusammengezogen und galten, wenn man einigen Andeutungen bei Menander folgt, nicht unbedingt als feinster Teil einer Siedlung. Aber auch aufwendigere Bauten fehlten an diesen Stellen nicht; vor dem Arkadischen Tor zu Messene liegen z. B. noch heute unausgegraben die Reste einer wohl hellenistischen Stoa. An den Ausfallstraßen konzentrierten sich jedoch vor allem die Gräber, oft auf lange Strecken vor die Stadt hin. Dies entspricht altem griechischem Brauch, wonach die Denkmäler der Toten den Reisenden und Wanderer direkt ansprechen sollten. Die straßennahen Begräbnisstätten waren dabei die Ehrenplätze in den manchmal weitgedehnten Nekropolen. Wer diese Gräberstraßen stadtwärts durchschritt, gewann hier schon einen tiefen Einblick in die Geschicke der Stadt und ihrer vornehmsten Familien. Man denke nur, was Pausanias 1,36,3 ff. über die Heilige Straße bei Athen berichtet; in unserem Zusammenhang ist dabei bemerkenswert, wie viele hellenistische Gräber er der Erwähnung wert befindet. Das von Harpalos für Pythonike errichtete hält der Schriftsteller sogar für das sehenswerteste aller vorrömischen Grabmonumente in Griechenland. Leider kann die bisherige Ausgrabung des Athener Kerameikos, die nur den Anfang der großen Gräberstraßen berührt, noch keine zureichende Vorstellung von deren ursprünglicher Gesamtwirkung vermitteln. Gräberstraßen und vorstädtische Nekropolen ähnlichen Ranges gab es in vielen größeren hellenistischen Städten. Als besonders eindrucksvolles Beispiel sei hier nur noch die Totenvorstadt bei Knidos erwähnt, die nicht wie sonst oft römische Verunklärungen zeigt.

Bei kleineren Städten war das Gebiet zwischen den Nekropolen entweder Acker- oder Ödland, soweit gebirgiges Terrain herrschte. Abwechslungsreicher gestaltete sich das Vorfeld der Weltstädte. An sie schlossen sich locker gestreute Vorstädte nahe an, Gärten und kunstvolle Parks umgaben sie, wie man das schon im Athen des 5. Jh. fand. Berühmt waren die sich östlich nach Kanopos hinziehenden Vorstädte Alexandrias[15] mit ihren Vergnügungsetablissements. Daphne bei Antiochia war mit seinen Hainen, Wasserfällen und luxuriösen Lokalen von Genießern in aller Welt geschätzt; man nannte die Hauptstadt selbst gerne nach dem Vorort 'Epidaphnios', d. h. bei Daphne gelegen. Echte Reste raffinierter Parkanlagen wurden im Südosten der Stadt Rhodos beim heutigen Rhodini[16] beobachtet: Kern ist eine schmale Waldschlucht mit einem felsigen Plateau an ihrem Rand. In der Schlucht sind Grotten und Höhlen künstlich nachgearbeitet, z. T. mit Bänken u. ä. versehen und einst wohl mit Statuen künstlerisch geschmückt. An der Kante des Plateaus liegen einige vorzügliche Grabdenkmäler (vgl. Taf. 13a); ferner deuten Felseinarbeitungen auf weitere Kleinarchitekturen, Lauben usf. hin. So entstand ein stimmungsvolles Ensemble aus Natur, Zierbauten und Plastik, das ganz unmittelbar an neuzeitliche Parks erinnert. Kunstvoll ausgestattete Nekropolen, Vorstädte und Gartenanlagen gehörten somit zum Außenbild wenigstens der bedeutenderen hellenistischen Städte; sie bildeten eine Zone des Übergangs zwischen dem offenen Land und dem in seinem Mauerring eingegrenzten, eigentlichen Stadtkern.

Stadtbefestigungen [17]

Mit dem Aufkommen einer verbesserten Belagerungstechnik und der Vervollkommnung der Belagerungsmaschinen erfuhren auch die Befestigungswerke eine ganze Reihe von technischen Verbesserungen. Türme und Bastionen wurden gerne rund oder polygonal gestaltet, weil sie damit den Maschinen weniger Angriffsmöglichkeiten boten; sie sollten nicht im Verband mit den Kurtinen stehen, um gleichzeitigen Einsturz zu verhindern usf. In den Mauern wurden Geschützkammern angebracht, wie dies Philon von Byzanz empfiehlt und wie z. B. in Rhodos gut erhalten. Schon die oft gezackte oder gebrochene Mauerführung diente dazu, den Angriff zu erschweren. Die hellenistische Südmauer von Milet besaß schräg zum Gesamtverlauf angeordnete Kurtinenabschnitte von nicht mehr als 60 m Länge, die jeweils mit einem Turm und einer durch diesen geschützten Ausfallpforte endeten. Viele gedeckte, z. T. zusätzlich durch Vorwerke abgesicherte Ausfallpforten sind überhaupt ein wesentlich hellenistischer Fortschritt des städtischen Fortifikationswesens. Mit diesen Andeutungen zur rein poliorketischen Seite der Befestigungen mag es hiermit sein Bewenden haben. Eine Bemerkung verdienen vielleicht noch die Hafenbefestigungen der Seestädte. In die Mauern einbezogene, abschließbare 'Kriegs'häfen für die Flotte errichten nicht nur die großen Seemächte wie Rhodos oder Alexandria, sondern auch kleinere Staaten wie Knidos oder Velia. In der Regel läßt die Mauer nur eine schmale, gelegentlich durch Türme geschützte Durchfahrt; im Innern besaßen die geschlossenen Hafenbecken nicht immer Befestigungen, zumal hier meist Docks und Schiffshäuser lagen. Dem Handelsverkehr dienten offene, d. h. nicht durch Mauern gegen die See abgesperrte Häfen. Vorbild für solche hellenistischen Anlagen war zweifellos der Piräus, die alte Seefestung Athens.

Eine besondere Rolle spielen Quermauern (Diateichisma) und Forts innerhalb der Stadtbefestigung; sie sind zwar ebenfalls keine hellenistische Erfindung, kommen jetzt aber doch anscheinend häufiger vor als früher. So zeigen viele peloponnesische Kleinstädte noch eine innere Mauer, die offenbar als innere Verteidigungslinie gedacht war, wenn der Feind etwa in den tieferen Teil der Siedlung bereits eingedrungen sein sollte. In Antiochia am Orontes verfügte jedes der vier, angeblich nacheinander entstandenen Stadtviertel über eine eigene Umwallung innerhalb des gemeinsamen Befestigungsringes. Die Gipfel der über die Städte aufragenden und in den Mauerring einbezogenen Berge erhielten jetzt sehr häufig gesonderte Forts, in denen die manchmal weit vom Stadtzentrum dislozierte Wachgarnison eine sichere Basis fand. Man spricht hier gerne von Akropolen, sollte aber wegen des meist rein militärischen Charakters derartige Anlagen den Ausdruck Burg oder Bergfort bevorzugen. Insgesamt bezeugen die Diateichismata und 'Akra' die starke Bedrohung, denen städtisches Leben im Hellenismus ausgesetzt war.

Der hauptsächliche Mauerring war in vielen hellenistischen Städten über seine fortifikatorische Funktion hinaus ein imposantes Monument. Nach dem schon im 5. Jh. v. Chr. ausgebildeten System (Athen!) kam – in flacher Lage – zunächst der Graben, darauf die Vormauer (Proteichisma) eventuell mit einzelnen höheren Vorwerken, hinter dem Zwinger endlich die eigentliche, hohe Stadtmauer mit ihren Türmen. Hatte man sich im frühen 4. Jh. in Athen noch mit einer Mauer aus Lehmziegeln über dem Steinsockel begnügt, entstanden seither vielerorts gänzlich aus Stein gebaute Befestigungen. Wie schon bei einigen frühen Vorläufern (z. B. Samos, Phokäa) entsprach man damit weniger einer praktischen Notwendigkeit; Steinmauern sind nicht widerstandsfähiger als Lehmziegelmauern, deren vorzügliche Eigenschaften noch Philon hervorhebt. Hier geht es eben auch und vor allem um Repräsentation; steinerne Stadtmauern machen einen festeren, einen trutzigeren Eindruck. Wie sehr darauf in hellenistischen Städten hingearbeitet wurde, ist noch an vielen Orten zu empfinden; greifen wir nur exemplarisch die massigen Befestigungen von Assos (Taf. 1a) heraus oder die in ihrem bewußt derben Polygonalmauerwerk beeindruckenden frühhellenistischen Mauern von Oiniadai (Taf. 1b), die beide besonders gut erhalten sind. Bei einem derartigen Anblick wird klar, daß Stadtmauern eine genuin urbanistische Bedeutung haben. Sie sind gleichsam die Schale und feste Haut des Stadtkörpers, der durch sie Grenze und damit Gestalt erhält, anstatt sich amorph zu verlieren.

Schon Aristoteles hatte dies gesehen und den Mauerkranz als Schutz sowie zugleich als 'Kosmos', als Zierde der Städte bezeichnet. Im Hellenismus wird der schmückende Charakter der Befestigungen ganz wörtlich genommen; und sie werden selbst architektonisch geschmückt. Den Toren als der 'Visitenkarte' der Städte gilt besondere Aufmerksamkeit. Flankierende Türme werden offenbar erst jetzt symmetrisch zu seiten des Tores komponiert – ein in der altorientalischen Baukunst lange bekanntes Motiv, das aber zumindest im griechischen Mutterland bisher nicht eingesetzt wurde. Hervorhebung verdient ferner die runde, halbrunde oder parabelförmige Grundrißbildung von Torhöfen, wie sie in monumentaler Größe in Messene, Philippi, Perge, Sillyon, Side, Apameia/Orontes und im sizilischen Tyndaris begegnen, aber kleiner sogar in den peloponnesischen Städten Mantinea und Stymphalos existierten [18]: Eine eigenwillige Kunstform markierte den Ein- bzw. Austrittspunkt der Stadt. Auch die Torrahmen selbst erhalten gelegentlich Schmuckformen: Das Heilige Tor von Milet besaß z.B. Pilaster und Archivolte (Abb. 70a); an einem Westtor von Abdera war die Umrahmung durch pyramidenförmig zugespitzte Diamantrustika ausgezeichnet. Neben den Toren wurden Türme zum Gegenstand architektonischer Verzierung und erhielten an ihrem fenstergeöffneten Obergeschoß etwa Blendordnungen aus Pilastern, Gebälk u. dgl.; erinnert sei an die Befestigung des 3. Jh. in Paestum sowie an einen restaurierten, späthellenistischen Turm von Pompeji.

Solche Stadtmauern waren der Stolz der Bewohner; ihr Verfall bezeichnet die Selbstaufgabe eines städtischen Gemeinwesens; ihre zwangsweise Schleifung, die Entfestigung durch Feindeshand kam einer Exekution gleich.

Ingenieurbauten

Es seien an dieser Stelle nur solche Ingenieurbauten behandelt, die für das tatsächliche Stadtbild relevant sind, also z.B. weder auf die Wasserversorgung – gut erforscht ist die hellenistische Druckwasserleitung von Pergamon – noch auf einfache Kanalisationen. Immerhin soll erwähnt werden, daß man nach einer von starken Regenfällen ausgelösten Überschwemmungskatastrophe in Rhodos die Entwässerungskanäle in großem Maßstab erneuerte. Einer dieser hochhellenistischen Kanäle wurde kürzlich in Hafennähe aufgedeckt; er war hier mit Quadern gemauert, mannstief, breit, ungedeckt und mit zwei 'Trottoirs' auf seiner Sohle versehen. Eine flach gewölbte Keilsteinbrücke oder steinerner Steg überspannt diesen wohl meist trockenen Kanal in der Straße Rho 39[19]. Daß derartige Installationen in gewissem Rahmen stadtbildprägend waren, kann schwerlich geleugnet werden.

Kanäle anderer Art sind Landdurchstiche zum Zwecke der Schiffahrt. Schon Xerxes hatte den Athos durch einen Kanal abtrennen lassen. In der Alexanderzeit werden derartige Projekte wiederaufgegriffen, und besonders den König selbst scheint ihre naturbezwingende Großartigkeit fasziniert zu haben. Nach Plinius (N.H. 5,116) erwog der Makedone, die ionische Halbinsel westlich von Smyrna, bei Teos, mit einem Kanal zu durchstechen. Realiter verwirklicht wurden entsprechende Maßnahmen in kleinerem Umfang und meist in urbanistischem Kontext. Alexandria [15] besaß ausgebaute Kanäle, die einigen der ursprünglich vielen Wasserarme zwischen Mareotis-See und Meer entsprachen. Die Durchtrennung des Isthmos von Knidos gehört wahrscheinlich auch erst in hellenistische Zeit. Dieser kurze Kanal, der den nördlichen Kriegshafen mit dem offenen Südhafen verbindet, lag mitten in der Siedlung und muß zusammen mit seinen begleitenden Befestigungswerken eine Zierde der Stadt gewesen sein. In Kassandreia, Kassanders Neugründung von 307 v. Chr. auf dem Boden des alten Poteideia, geht der moderne Kanal, der die westlichste Halbinsel der Chalkidike an ihrem Isthmus vom Festland abtrennt, auf die von Strabo erwähnte hellenistische Anlage zurück, die vielleicht mit der nördlichen Grenzlinie der Stadt zusammenfiel.

Durch Wasser geführte Straßendämme können als 'Umkehrung' von Kanälen angesehen werden. Gegen das belagerte Tyros ließ Alexander d. Gr. einen solchen Damm vortreiben, was vielleicht die poliorketische Herkunft so mancher hellenistischer Ingenieurleistung ins richtige Licht setzen kann. Urbanistisch sind vor allem zwei Projekte von Straßendämmen bemerkenswert. Nach den Aussagen von Plinius und Pausanias, die man nicht bezweifeln sollte, wurde die dem Festland vorgelagerte

Insel mit der Stadt Klazomenai – wieder auf Initiative Alexanders – durch einen Damm an das Ufer angeschlossen. Reste dieser gut 10 m breiten Anlage sind noch heute kenntlich. Berühmtheit erlangte aber vor allem das Heptastadion, das Alexandria mit der vorgelagerten Insel Pharos verband und zugleich die beiden großen Häfen der Stadt voneinander schied [15]. Dieser Damm, der vielleicht im Zusammenhang mit dem Bau des Leuchtturms stand und in das erste Viertel des 3. Jh. datiert, wies eine Länge von etwa einem Kilometer und eine Breite von 30 Metern oder mehr auf. Zwei Brücken durchbrachen ihn, die die Verbindung der Häfen herstellten.

Über die Form der alexandrinischen Brücken ist weiter nichts bekannt. Gewölbte, steinerne Flußbrücken sind jedoch aus dem Hochhellenismus bezeugt. Zwei mächtige Bögen sind in Antiochia erhalten; sie überspannen den Wildbach Parmenios [20]. Vor der südöstlichen Stadtgrenze des antiken Rhodos, offenbar genau außerhalb der alten Stadtmauern, ist noch heute eine weitgespannte, ebenfalls zweibogige Steinbrücke in Benutzung, die nach allen Anzeichen gleichzeitig mit der Erneuerung der Befestigungen nach dem Erdbeben 227 v. Chr. sein muß (Taf. 2b). Es handelt sich hier um das wohl eindrucksvollste vorrömische Brückenmonument überhaupt, das als solches noch nie richtig gewürdigt worden ist. Seit wenigen Jahrzehnten ist schließlich die Straßenbrücke Porta Rosa in Velia (Taf. 2a) bekannt, auf die wir schon im Kapitel über die neuen Werkstofftechniken hingewiesen haben. Ein steiler Bergrücken trennt die Nordstadt Velias von der größeren Südstadt; der einzige Verbindungsweg führte ursprünglich über einen schwach ausgeprägten, hochgelegenen Sattel. Am Ende des 4. Jh. wurde nun an dieser Stelle die Straße ungefähr um 10 m tiefer gelegt, indem man einen Durchstich durch den Berg führte. Freilich trug der Grat einen bequemen Verbindungsweg von der Akropolis an seiner Westspitze bis zu dem Bergmassiv, das die Stadtanlage im Osten beherrschte; darüber hinaus verlief auf ihm ein Diateichisma. Beides sollte durch den Einschnitt möglichst nicht unterbrochen werden, weshalb dieser eben durch die Porta Rosa überbrückt wurde. Velia besitzt damit vielleicht die älteste Straßenkreuzung auf zwei Niveaus.

Kanal- und Dammbauten, Flußbrücken und Straßenüberführungen dienten in erster Linie praktischen Bedürfnissen. Mit ihrer Einbindung in bzw. an das städtische Weichbild werden sie aber zugleich Elemente der urbanen Ästhetik, wozu ihr großer Maßstab und ihre Aufwendigkeit nicht wenig beitrugen. In ihrer technischen Kühnheit und in ihrer Weltoffenheit mögen sie nicht weniger Wahrzeichen des Stadtcharakters geworden sein als die Golden Gate Bridge für San Francisco o. ä.

Stadtplan [21]

Wie schon mehrfach bemerkt, wird die innere Gliederung der hellenistischen Stadtanlagen durch die Anwendung des Systems sich rechtwinklig schneidender Straßen bestimmt. Die in den Kolonialstädten bis weit in archaische Zeit hinaufreichende Vorgeschichte dieses Konzepts kann hier nicht behandelt werden. Es stand vielleicht ursprünglich mit dem Ziel in Zusammenhang, ein gleichmäßiges Grundstücksraster zu erhalten – was übrigens nicht mit der Verteilung gleichgroßer Grundstücke an alle Siedler verwechselt werden darf. Nicht um Maßgleichheit des Besitzes ging es anscheinend, sondern um Gleichheit der Bemessungsgrundlage. Für die späteren Griechen war der orthogonale Stadtplan mit dem Namen des Hippodamos von Milet verbunden, der als Theoretiker und Praktiker im 5. Jh. v. Chr. wirkte. Seine Mitarbeit wird heute im allgemeinen nur bei der Anlage des Piräus und der athenischen Kolonie Thurioi in Unteritalien zugegeben. Was seine Verdienste im einzelnen waren, die ihm geradezu den Rang des Erfinders dieses Systems eintrugen, ist uns im Grunde nicht kenntlich; man hat an eine gewisse Funktionalisierung gedacht: Unterscheidung breiter Durchgangs- und Prozessionsstraßen von Nebenstraßen, Trennung der Agora von Handelsmärkten u. dgl. Jedenfalls sind solche Differenzierungen, die rechtwinkligen archaischen Städten vielleicht noch fehlten, in Anlagen des 4. Jh. vorhanden und verstärken sich während des Hellenismus.

Aristoteles (Pol. 1330b) nennt das 'hippodamische' System

praktischer und schöner als unregelmäßige Stadtformen, deren Verwinkeltheit er nur bei Straßenkämpfen einen Vorzug einräumt. Die praktischen Qualitäten gerader Straßen sind an sich einsichtig, auch wenn hier hinzugefügt werden muß, daß die Griechen diese Straßen ohne Rücksicht auf geländebedingte Schwierigkeiten zu legen pflegten. Das bedeutet, daß die Straßen steil bergauf und hangab führen konnten, was zumindest nicht unbedingt bequem war. Bemerkenswerter ist das ästhetische Argument der Schönheit, weil es Einblick in urbanistische Schönheitsvorstellungen überhaupt gewährt. Es ist ja ganz offenbar, daß hier Ordnung, die rational nachvollziehbare Geordnetheit als ästhetischer Wert gesetzt wird. Das 'Stadtbildhafte' wird wenigstens an dieser Stelle nicht in Betracht gezogen, wenn es die Griechen auch keineswegs aus dem Auge verloren, wie die Monumente lehren. Dennoch muß ein guter Teil der Faszination, die der orthogonale Stadtplan ausübte, auf seinem abstrakt-geistigen Charakter, auf der Systematik als solcher und um ihrer selbst willen beruht haben.

Spätklassische und hellenistische Stadtgründungen wenden also in aller Regel diesen rechtwinkligen Stadtplan an, in dem dann in zentraler Lage zwei oder mehr Blöcke für den Hauptplatz ausgespart werden und in den sich die verstreuten Heiligtümer fügen. Unregelmäßig ist nur die Umgrenzung, wenn es das Gelände erfordert. Ausnahmen von der Regel sind selten und besonders begründet. Ein bekanntes Beispiel ist Pergamon, das aber nicht eigentlich als gegründete Stadt angesprochen werden kann. Anfänglich nicht mehr als eine Burg auf steilem Berggipfel, wächst der Burgflecken nach und nach zur Hauptstadt des attalidischen Staates heran. Als die Fürsten zur Monumentalisierung ihrer Residenz schritten, war am Stadtplan nichts mehr zu ändern. Orthogonal organisierte Städte darf man sich übrigens nicht als uniforme Einheiten vorstellen. Den Bewohnern erschienen sie durchaus gegliedert und aus Stadtvierteln zusammengesetzt, wie die gelegentlich erhaltenen Eigennamen von Quartieren bezeugen. In Antiochia, wo die Viertel besondere Ummauerung aufweisen, ist diese Einstellung ganz natürlich; aber auch in Alexandria [15] herrscht sie und wird dort sogar administrativ durchgeführt. Die Hauptstadt der Ptolemäer war in fünf Stadtviertel unterteilt, die man urkundlich ganz abstrakt mit dem ersten Buchstaben des Alphabets von A bis E bezeichnete.

Plätze und Straßen

Größere hellenistische Städte besitzen oft zwei oder drei öffentliche Plätze mit architektonischer Ausgestaltung. In Pergamon liegt die 'Untere Agora' unmittelbar hinter dem Stadttor, die 'Obere Agora' bereits oberhalb der Wohnstadt; in Milet liegen Plätze an den Häfen und im Stadtzentrum; Ephesos verfügte wohl von Anfang an neben der hafennahen 'Agora' der Unterstadt über einen Platz im Sattel zwischen Panayir und Bülbül Dagh. Funktional ist zwischen Kauf- bzw. Handelsmärkten, eigentlichen Marktplätzen, und sogenannten Staatsmärkten zu unterscheiden, an denen sich die staatliche Verwaltung, die Rechtspflege und der Kapitalverkehr abspielten. Diese Agora soll nach Aristoteles auch der Muße der Staatsbürger, sprich ihrer politischen Willensbildung dienen, was später natürlich nur in Freistädten in Betracht kam. Wenn in Demetrias (Abb. 8) [57] inschriftlich eine Hiera Agora, eine Heilige Agora, bezeugt ist, mag man darin einen Hinweis auf die politische Entleerung der Agora in einer monarchischen Residenzstadt erblicken. Doch gibt es zu denken, daß auch andernorts Plätze existieren, die praktisch keine administrativen Nutzbauten o. ä., dafür aber gegebenenfalls ein kleines Heiligtum besitzen. Sie sind, wie in Kamiros auf Rhodos, meist mit einer Unzahl hierher geweihter Porträtstatuen angefüllt. Sie scheinen eine Art Mittelding zwischen Agora und Heiligtum gewesen zu sein – nicht ganz profan öffentlich und nicht völlig sakral, aber doch von beiden so viel, daß man sich je nach Bedarf darauf berufen konnte. Dies mag eine hellenistische Neuerung gewesen sein.

Außer den echten Plätzen sind weitere freie Flächen in hellenistischen Großstädten überliefert; in Alexandria [15] wird anläßlich von Volksaufläufen und Straßenkämpfen gelegentlich von Eurychoriai bzw. Areae gesprochen, die man sich einfach als ausgesparte, nicht gestaltete Gebiete innerhalb der Stadt zu denken haben wird. Sie mögen sonst für Jahrmärkte, Feste u. dgl. verwendet worden sein, stellten sicher aber auch so etwas wie eine städtische Bodenreserve dar. Wenn in späterer Zeit größere öffentliche Bauten angelegt wurden, mag man auf diese Eurychoriai zurückgegriffen haben; erinnert sei etwa an das hochhellenistische Stadion von Milet. Selten dürften daneben innerstädtische Gärten gewesen sein, wie sie in Alexandria am Dikasterion nahe dem Zentrum existierten; man denke jedoch auch an den Zypressenhain auf der Akropolis von Phlius (Paus. 2,13,3) und Vergleichbares.

Bei den Straßen ist die grundsätzliche Unterscheidung zwischen breiten Längsstraßen, den Plateiai, und schmaleren Querstraßen, Stenopoi o. ä., bereits alt. Es kommt auch vor, daß eine Hauptstraße aus dem rechtwinkligen Gesamtsystem herausfällt und entsprechend einer älteren oder bequemeren Trassenführung schräg durch das orthogonale Raster schneidet. Dies begegnet schon im Olynth des 5. Jh. und kehrt etwa bei der Kuretenstraße in Ephesos wieder. Die Differenzierung der breiten Hauptstraßen nimmt im Hellenismus anscheinend zu. Bereits in dem kleinen Priene ist dies fühlbar (Abb. 3). Die Westtorstraße, die zur Agora führt, war voller Läden und Werkstätten, eine Geschäftsstraße; die ihr parallele Theaterstraße bot das Bild einer stillen Wohnstraße mit vornehmen Häusern. Wichtig sind vor allem wieder die Nachrichten über Alexandria[15]. Dort waren eine mittlere Längsstraße sowie eine Querstraße durch ihre unverhältnismäßige Breite von vornherein ausgezeichnet. Sie bildeten ein sonst ganz ungewöhnliches Achsenkreuz, in dessen Schnittpunkt das berühmte Mesonpedion und in dessen Nähe die Agora sowie das große Gymnasion lagen. Diese Sektionierung und zugleich Zentrierung einer Stadt mittels Straßenachsen war dem hippodamischen Plan eigentlich fremd. Die Straße als solche muß dabei nicht mehr nur als Verbindungsweg empfunden worden sein, sondern als eigener Wert; die Schönheit der alexandrinischen Boulevards findet daher auch das hohe Lob der antiken Schriftsteller.

Inwieweit Ähnliches in anderen hellenistischen Städten vorhanden war, ist deshalb so schwer zu beurteilen, weil überall in den östlichen Großstädten während der römischen Kaiserzeit (vor allem im 2. Jh. n. Chr.) prunkhafte Säulenstraßen errichtet wurden, die mögliche hellenistische Vorgänger ausgelöscht haben müssen. Einige Beobachtungen weisen jedoch darauf hin, daß im Hellenismus häufiger einzelne Straßenzüge durch Überbreite bevorzugt waren und daß vielleicht sogar schon die Säulenstraße vorrömisch ist. Für letzteres Motiv gibt inschriftlich eine Nachricht aus Antiochia einen grundsätzlichen Terminus ante quem, wonach ein Bildnis des Kaisers Tiberius (14–37 n. Chr.) an einer Säule des Dromos angebracht wurde. Damals bestand also in der Hauptstadt Syriens schon eine solche Säulenhallenstraße. Auffällig ist ferner, daß in dem keineswegs führenden Paestum die Straße zwischen Hafentor und Forum nicht nur eine überbreite Fahrbahn besitzt, sondern auch über sehr breite 'Gehsteige' verfügt, die nach den Resten in Wirklichkeit mit Säulen verstellt waren. Die an die Lauben angrenzenden Häuser stammen z. T. spätestens aus dem 2. Jh. v. Chr. wie anscheinend auch die Säulenfragmente. Straßenbreite und begleitende Säulenreihen reichen in Paestum also jedenfalls in den Hochhellenismus hinauf und werden dort nicht erfunden worden sein. Hellenistischen Ursprung könnte man auch für die Straße in Ephesos vermuten, die von der unteren Agora zum Hafen führt und heute auf 170 m als breiter Straßenplatz ausgebaut erscheint. Wenn das Westtor der Agora, das die bestehende Straßenbreite voraussetzt, in seinem Ursprung wirklich noch späthellenistisch ist, rückt die Anlage der Straße zeitlich entsprechend höher.

Die Existenz von hervorgehobenen Straßenachsen im Hellenismus, eine Frage von offenbarster urbanistischer Bedeutung, muß die Forschung in Zukunft verstärkt beschäftigen. Ein zweites Problem ist im Grunde ihre architektonische, d. h. vielleicht monumentale Ausgestaltung. Neben Säulenhallen kommen hierfür Memorialdenkmäler in Betracht. Der eigentümliche Typus einer Straße, an deren Rändern sich Denkmäler zur Erinnerung an besondere Leistungen reihen, war zuerst bei der Tripodenstraße im spätklassischen Athen verwirklicht worden. Daß dies kein Unikum blieb, lehrt wieder einmal Ephesos mit der Arterie von Marmor- und Kuretenstraße: Die sie begleitenden, denkmalartigen Kleinarchitekturen – darunter mehrere Ehrengrabmäler – gehören wenigstens zum Teil noch der hellenistischen Zeit an.

Das Motiv breiter, ausgeschmückter Straßen bzw. Straßenachsen dürfte als eigenständiges Element der Stadtbaukunst eine hellenistische Entwicklung sein. Im Unterschied zu außerstädtischen heiligen oder Prozessionsstraßen, die z. B. schon früher Denkmälerausstattung besaßen, wird die Straße seither Gegenstand bzw. Träger großer profaner Architektur im städtischen Weichbild; bald kann sie gleichrangig neben den architektonisch gestalteten öffentlichen Platz treten. Dieser war die ältere Idee, die die Griechen zur abendländischen Urbanistik beitrugen: Seine kunstmäßige Ausbildung erfährt im Hellenismus einen ersten Kulminationspunkt. Die Idee der Straße wird damals anfänglich gefaßt; eine erste künstlerische Blüte erreichte sie dann wie gesagt in der römischen Kaiserzeit.

Öffentliche Bauten

Pausanias 10, 4, 1 bezweifelt bei der Erwähnung von Panopeis in Phokis, ob man einen Ort als Stadt bezeichnen dürfe, der weder Amtsgebäude noch ein Gymnasion, noch ein Theater, noch eine Agora besitzt. Er nennt damit Einrichtungen, die in griechischen Augen einer Siedlung erst städtischen Charakter verleihen. Der Gesichtspunkt ist zunächst ein rein funktionaler, doch entbehrt die Bemerkung auch nicht einer Relevanz für die Stadtbaukunst. Heiligtümer und öffentliche Bauten bzw. Baukomplexe bilden nun einmal wegen ihrer oft würdigen, d. h. künstlerischen Ausgestaltung architektonische Monumente, die das Stadtbild insgesamt oder abschnittweise beherrschen. Das gilt auch dann, wenn sie wie viele Peristylbauten und nicht wenige heilige Bezirke nach einwärts gekehrt sind und äußerlich im wesentlichen nur als massive Baublöcke in Erscheinung treten.

Ursprünglich dominierten Tempel, vor allem große Peripteroi, das Bild griechischer Städte. Sie ragten über die anderen Gebäude und über die Privathäuser schon durch ihre bloße Höhe hinweg. Zudem waren sie oft auf natürlichen Erhebungen erbaut oder, wo diese nicht auszureichen schienen, durch künstliche Terrassen hervorgehoben. Man kann die Beispiele wahllos herausgreifen: Alt-Smyrna und Athen, Paestum und Selinunt, Agrigent oder Alt-Ägina illustrieren diesen Sachverhalt. Bei genauerer Betrachtung wird dabei auffallen, wie bedeutsam oft die 'Fernwirkung' der frühen Tempel war, d. h., sie bestimmten insbesondere die Stadtansichten. Noch Priene erweist sich seiner Planung nach in dieser Hinsicht als 'ältere' griechische Stadt, wo das Athenaion auf dem mächtigen Klotz seines Terrassensockels in der Siedlung thront und weit über das Land blickt. 'Hellenistische' Städte kennen dies normalerweise nicht mehr, wenn man von einigen, lokal eng begrenzten Ausnahmen absieht.

Weder Kassope (Abb. 6) noch Neu-Pleuron besaßen überhaupt Peripteroi; auch Milet oder Ephesos haben bisher keine Reste von großen Säulentempeln in beherrschender Lage gezeitigt, was wohl der Feststellung ihres Fehlens gleichkommt. Kein irgendwie an sich bedeutender Tempelbau existierte in der Attalidenresidenz Pergamon vor dem Trajaneum. Prinzipiell hat der Tempel seine stadtbeherrschende und die Stadtansicht auf die Ferne hin prägende Rolle mit dem späten 4. Jh. v. Chr. verloren. Heiligtumsanlagen, also vorzüglich Stoen und Peristylkomplexe, ersetzen diese Wirkung nur teilweise; sie sind entweder 'innerstädtischer' als die alten Peripteroi oder äußerlich kaum von öffentlichen Profanbauten zu unterscheiden. Hierhin gehört etwa die so dominante hellenistische Akropolis von Lindos.

Ohne auf Einzelheiten der baulichen Gestalt einzugehen – die später behandelt wird –, seien im Anschluß an Pausanias hier einige der öffentlichen Bauten genannt, die im Hellenismus urbanistisches Gewicht erhielten. Zum Komplex der Agora mit ihren Stoen gehören mittelbar die Amtsgebäude der Exekutive und Legislative, das Prytaneion, Ekklesiasterion oder Buleuterion sowie verschiedene 'Syssitien', wie Aristoteles die Büros einzelner Behörden nach dem Brauch des gemeinsamen Mahlzeitens von Amtskollegen nennt; sie sind archäologisch als Klinenzimmer an Stoen, als 'Banketthäuser' u. dgl. faßbar. Neben Theatern – nicht zu vergessen Odeia, als Räume für bestimmte Aufführrungen – und Gymnasien, in denen die körperliche und auch geistige Erziehung der männlichen Jugend stattfand, sind vor allem auch Gerichtsstätten, Dikasteria, sowie etwaige angeschlossene Gefängnisse beachtenswert. Architektonisch sind diese Dikasteria außer in Athen noch nicht recht kenntlich geworden, aber wohl nur deshalb, weil sich die Wissenschaft deren allgemeine und zentrale Bedeutung im bürgerlichen Leben nie wirklich bewußt gemacht hat. Großen Aufwand zumindest in räumlicher Hinsicht erforderten schließlich die staatlichen Magazingebäude verschiedener Art, Getreidespeicher, Zeughäuser u. dgl. Hellenistische Herbergen haben oft einen Zuschnitt, daß man sie als städtisch und öffentlich ansehen wird. Eine weniger offizielle Stufe bezeichnen bereits die Bäder[10], die trotz öffentlicher Nutzung in den Städten häufig in Privathand gewesen und entsprechend bescheidener gebaut worden sind; in Heiligtümern (Asklepieia!) und in den großen Wettkampfstätten lag der Fall anders. Zu den Bauten, die im Innern der Städte seltener Aufnahme fanden, zählen Stadien und Hippodrome, weil sie einen allzu großen Platzbedarf hatten. Immerhin verfügten aber Kos, Priene (Abb. 3) oder Milet über ein Stadion, und aus Alexandria wird ein Hippodrom überliefert.

In alten und gewachsenen Städten sind die großen Tempel, die heiligen Bezirke und die städtischen Bauten über das ganze Areal verstreut, wie es die jeweiligen Bedingungen bei ihrer Gründung ergaben oder erlaubten. Nur die Amtsgebäude im strengen Sinn, die Syssitien der Behörden und die Gerichte konzentrieren sich natürlicherweise um den offiziellen Staatsmarkt. Wie sehr man aber selbst davon abweichen konnte, lehrt das klassische Athen. Noch in Priene sind die wichtigen öffentlichen Gebäude über den größeren Teil des Stadtgebietes gewissermaßen gleichmäßig verteilt; Theater und unteres Gymnasium liegen fast an entgegengesetzten Punkten der Siedlung.

Im Hellenismus geht die Tendenz dahin, die Staatsbauten sowie die für die Öffentlichkeit maßgebenden Heiligtümer in enger Nachbarschaft zueinander zu gruppieren. Wenn wir griechisches Raisonnieren richtig einschätzen, waren dafür in erster Linie funktionale Gesichtspunkte maßgebend; die hauptsächlichen öffentlichen Anlagen sollten so liegen, daß sie untereinander für den Bürger schnell erreichbar waren und mithin eine Art öffentlichen Bereich der Siedlung konstituierten. Im Blick auf die ästhetische Seite der Urbanistik folgte daraus aber notwendig, daß sich viele der architektonisch bedeutenden Bauwerke nach und nach in einem eng umschriebenen Bereich (um den Staatsplatz herum) sammelten und zusammenfanden. Es entstand, was man in Italien heute das 'Centro monumentale' der Stadt nennt. Anstelle vieler anderer Beispiele sei hier nur auf Sikyon hingewiesen; obwohl diese von Demetrios Poliorketes neu gegründete Stadt nur unvollständig ausgegraben ist, wissen wir schon, daß in nächster Nähe der Agora mit Tempelbau, Stoa und Buleuterion das große Gymnasium, das Theater und ein Stadion liegen.

Basileia

Der königliche Palast bzw. der Palastbezirk ist ein Element, das mit der Ausbreitung der monarchischen Staatsform im Hellenismus eine erhöhte Bedeutung für die Urbanistik gewinnt. Wir verwenden für den Palastbezirk im umfassenden Sinn den Begriff Basileia, entsprechend dem lateinischen Regia, womit zugleich dessen quasi konstitutioneller Charakter im Unterschied zu Zwingburgen griechischer Stadttyrannen zum Ausdruck gebracht werden soll. Deren Gestalt ist übrigens so gut wie unbekannt, wenn man einmal von der wenig bezeichnenden Akropolenfestung in Larisa am Hermos absieht; es ist daher schwer zu beurteilen, ob etwa Residenzen wie die des großen Dionys in Syrakus auf die spätere Entwicklung einen Einfluß ausgeübt haben.

Da wir auch keine Vorstellung von den vorhellenistischen Palästen der Makedonenkönige in Aigai und Pella haben, bildet Halikarnass die erste 'protohellenistische' Fürstenstadt, von der wenigstens ein gewisser Eindruck zu gewinnen ist. Der praktisch unabhängige, karische Dynast Maussolos ließ sie seit ca. 367 v. Chr. auf dem Platz der alten dorischen Kolonie errichten. Sein Palast lag auf dem Felsvorsprung, der die langgezogene Bucht in zwei Häfen teilt. Im Zentrum der Siedlung, wohl nahe der Agora und also in einiger Entfernung vom Palast, erhob sich das Maussoleion, der Grabbau des Herrschers, in einem eigenen Bezirk. Dieses Grab ist in alter griechischer Tradition als Kultplatz des zu vergöttlichenden Gründers, des Heros Ktistes, zu verstehen, der stets Anspruch darauf hatte, auf bzw. an der Agora beigesetzt und verehrt zu werden. Wenn wir es recht sehen, manifestiert sich der monarchische Gedanke in Halikarnass also in zwei getrennten Formen: Der Palast ist der faktische Wohnbereich des Fürsten; seine gesellschaftliche Stellung wird auf Polisweise durch das Heroon im Stadtzentrum vorgetragen, mögen Größe und Pracht des Maussoleions auch darauf hinzeigen, daß der Inhaber mit mehr als bürgerlichen Maßstäben gemessen werden muß.

Der zeitweise von Makedonien abhängige Fürst der thrakischen Odrysen, Seuthes III., gründete im späten 4. Jh. v. Chr. nahe der modernen bulgarischen Stadt Kazanlak ein Residenzstädtchen von nicht mehr als ungefähr 200 × 250 m Ausdehnung (Abb. 7). Es besaß ein orthogonales Straßensystem samt kleiner Agora; in der Nordecke der Stadtbefestigung liegt ein eigens ummauerter und mit Türmen versehener Bezirk mit dem 'Palast'gebäude. Beachtenswert ist in Seuthopolis nicht nur die fortifikatorische Abtrennung, sondern auch die Randlage des Residenzbereichs. Bereits ins spätere 3. Jh. v. Chr. führen die bekanntgewordenen Basileien von Pella und Demetrias. In Pella ist der gewaltige Wohn- und Repräsentationspalast auf der westlichen der beiden die Stadt im Norden begrenzenden Anhöhen festgestellt. An ihn scheint im Osten unmittelbar das große Theater der Stadt angeschlossen zu haben, das damit als Institution gewissermaßen unter die Aufsicht des Königs geriet. In Demetrias (Abb. 8)[57] nahm der Palastbereich niedre Hügel im besonders ausgesetzten Süden des Stadtareals ein; der bisher ausgegrabene eine Peristylbau war gegen die Stadt befestigt und mit Türmen versehen. An ihn schloß sich im Osten der freie Platz einer Hiera Agora an, die als Vorfeld der Basileia in weiterem Sinn zu dieser selbst zu rechnen ist. Über die am großen Hafen der Stadt gelegene Basileia Alexandrias[15] wissen wir durch literarische Nachrichten recht gut Bescheid; sie umfaßte eine große Anzahl verschiedener Anlagen: die Wohnpaläste mit dem Repräsentationstrakt des Megiston Peristylon, Gärten, Heiligtümer, das Museion mit der Bibliothek, das Zeughaus der Hoplothek und etwa ein Maiandros genanntes Bauwerk, ferner vor allem das Sema, das Grab Alexanders d. Gr. sowie die Gräber der ptolemäischen Könige. Diese Heroa waren hier also anders als in Halikarnass der Basileia inkorporiert. Mit dem Palastbereich verbunden war auch das Theater, wie u. a. Caesar berichtet, der dieses während der Kämpfe in Alexandria als Zitadelle benutzte. Die Syrinx, eine wohl doppelstöckige Halle, stellte ursprünglich die unmittelbare Beziehung zwischen dem Palast und dem Theater her und war vielleicht der Zugang von dort zur königlichen Loge. Der reichhaltige Ausbau der alexandrinischen Basileia muß im wesentlichen im 3. Jh. v. Chr. erfolgt sein; ungewiß ist, wie stark sich der Palastbezirk den eigentlichen städtischen Zentren, der Agora und dem großen Gymnasion, genähert hatte. Möglicherweise berührten sie sich sogar.

Das eindrucksvollste, weil vollständigste Bild einer Basileia bietet heute die Burg von Pergamon, wie sie in der ersten Hälfte des 2. Jh. v. Chr. ausgebaut wurde (Abb. 9). Im innersten befestigten Bezirk auf dem Gipfel liegen Speicherbauten, die Kaserne, Gärten, näher zum Burgtor im Osten die eher bescheidenen Peristylhäuser mit den fürstlichen Appartements, ihnen gegenüber im Westen der hallengesäumte Athenabezirk mit dem Annex der Bibliothek. Unmittelbar vor und unter der Burg lagen der Peristylbau des Heroons für den Königskult, das Zeusheiligtum mit dem Altar, das Theater und die Agora.

Es braucht nicht weiter ausgeführt zu werden, daß die Konzentration dieser Bauanlagen ein Programm enthält. Der König ist nicht nur Hüter der Heiligtümer und der Religion; er stellt sich direkt (Heroon) wie indirekt (Zeusaltar) in sakraler Form dar; das Athenaheiligtum ersetzt ihm geradezu den ansonsten fehlenden Ehrenhof des Palastes. Der König schützt Kultur und Wissenschaft (Theater, Bibliothek); von ihm geht die Ordnung in Verwaltung und Wirtschaft aus (Agora). Wie sich in den Freistädten die öffentlichen Bauten an einem monumentalen Zentrum konzentrieren, hat in Königsstädten die Basileia die Tendenz, die wichtigen Einrichtungen an sich zu ziehen bzw. zu inkorporieren. Damit wird sie auch architektonisch und urbanistisch zum Herz der Stadt, rechtmäßiger oder eben konstitutioneller Ausdruck für die Gewaltverteilung in der Monarchie. Dabei ist es übrigens belanglos, wenn der Palastbezirk häufig nicht im Stadtzentrum liegt, sondern entweder zuhöchst auf dem Gipfel wie in Pergamon oder aber am Stadtrand. Letztere Lage hat zum einen den Vorzug, daß sich der Fürst eine Seite gleichsam frei hält und nicht gänzlich von der Stadt umzingelt ist, zum andern demonstriert sie augenfällig die besondere Schutzfunktion, die der Fürst für seine Untertanen dadurch wahrnimmt, daß er einen hervorragenden Teil des Verteidigungsringes innehat.

Das Besondere an der hellenistischen Basileia – deren komplizierte Vervollkommnung sicher das Ergebnis einer längeren Entwicklung war – ist die Tatsache, daß ihr die Einzelelemente zum größten Teil aus der städtischen Polistradition zugewachsen sind, ursprünglich 'städtisch' und nicht 'monarchisch' in welcher Weise auch immer waren. Vielleicht hat auch deshalb der Palast die Stadt als solche nicht erdrückt, die Siedlung nicht zu einem bloßen Anhängsel des königlichen Hauses erniedrigt. Der städtische Organismus konnte zeitweise sein Zentrum in den Palastbereich verlegen, sein Auflösen hatte dies nicht zur Folge.

Die Schönheit der Städte

Griechische Bezeugungen zur Stadtbaukunst betonen das funktional Sinnvolle und das Nützliche, das tatsächlich auch bei der Betrachtung der monumentalen Überreste als ein führender Gesichtspunkt deutlich geworden sein dürfte. Dabei erscheint die Grenze zwischen dem Zweckmäßigen und dem Schönen beinahe fließend, so wie in der griechischen Philosophie oft der Unterschied zwischen dem Schönen und dem Guten. Anerkennung fanden die richtige Anlage und die möglichst systematische Geordnetheit der Städte, ferner die angemessene Ausstattung mit Bauten, die das Gebührliche in würdiger Weise berücksichtigten usf. Nur selten klingt in antiker Literatur ein freieres Gefühl für urbanistische Schönheiten an, wenn etwa die Herrlichkeit der Marmorbauten Athens apostrophiert wird oder – vielleicht und bescheiden genug – wenn Vitruv seinen Eindruck von Halikarnass mit dem Bild der Theatermuschel wiedergibt.

Die Wirkungen von städtischen Panoramen, Prospekten und Blickfängen wurden aber doch auch empfunden, wofür der stärkste Beweis darin liegt, daß man dergleichen vor allem im Hellenismus gelegentlich absichtsvoll suchte und förderte. An dieser Stelle sei nur das Wichtigste kurz hervorgehoben.

Wieder einmal ist es eine literarische Nachricht über Alexandria [15], die uns ein extremes Beispiel zur Kenntnis bringt. Im Stadtzentrum erhob sich das Paneion, ein künstlicher Berg, zu dessen Gipfel ein spiralförmiger Weg hinaufführte, um von dort oben den Blick auf die Stadt genießen zu können: Alexandria als Tableau aus der Vogelperspektive. Einer gleichartigen Intention muß übrigens schon der sogenannte Siebensesselplatz am Musenhügel zu Athen gedient haben (noch 5. Jh. v. Chr.?), der nichts anderes als eine Sitzanlage mit Ausblick auf malerische Teile der Stadt, auf den Hafen und den Saronischen Golf gewesen sein wird. Was in Athen nett zugerichtet und in Alexandria raffiniert hochstilisiert war, konnte man in den meisten der bergigen griechischen Städte schon dann haben, wenn man auf den Burgberg o. ä. stieg, die Aufsicht des Stadtinnern. Alexandria lehrt nur, wie wichtig man so etwas nahm.

Die Stadtansicht, der Stadtprospekt von außen, ist als Gegenstand ästhetischen Genusses mittelbar zu fassen. Besonders in einigen Hafenstädten weist die Anordnung des Theaters, die Komposition der Terrassen etc. darauf hin, daß die Schönheit eines solchen Anblicks nicht bloß gesehen wurde – was ja selbstverständlich ist –, sondern auch bewußte Förderung erfuhr; erinnert sei nur an die eindrucksvollen Seeseiten von Ephesos oder Knidos. Höchst prospekthaften Charakter besaß auch die lange Stoa in Kamiros, die oberhalb der Geländemuschel, in die sich die Siedlung einbettet, den Grat in ganzer Breite einnahm und das Bild abschloß. Nachweisbar ist endlich die Bedeutung, die man dem Ausblick aus der Stadt auf die Umgebung zumaß. Die talseitigen Stoen hellenistischer Agorai in Kleinasien [24] besitzen in ihrer Rückwand häufig Fensteröffnungen, die den Blick auf das nähere und fernere Land freigeben. Wenn angesichts der Fenster kürzlich versucht wurde, ein besonderes Landschaftsbewußtsein von gleichsam bildhaft gerahmten Panorama-Ausschnitten zu postulieren, verkennt dies völlig die technischen und typologischen Zusammenhänge sowie die reale Erscheinung dieser Panoramen. Kennzeichnend sind vielleicht die Agorai von Kassope (Abb. 6) und Neu-Pleuron (Abb. 17). Jeweils eine Langseite besitzt dort überhaupt keine Bebauung, sondern öffnet sich zur Gänze auf die tief unter der Stadt liegende Ebene mit ihren im Grün und Blau verschwimmenden Konturen. Man könnte sagen, daß der Kern der sonst dicht verstellten Stadt an den Rand der Ferne und der Weite angeschlossen erscheint.

Eine eigentümliche Verfestigung von Panoramen ist es, wenn bestimmte Stellen im Gelände außerhalb der Stadt durch einzelne Baudenkmäler zusätzlich markiert werden, die als Bezugspunkte und Blickfang wirken. So stehen der Akropolis von Lindos die Grabbauten des Archokrates jenseits des Isthmos und des Ajos Milianos jenseits der nördlichen Hafeneinfahrt auf dem gleichnamigen Vorgebirge in einem das Blickfeld übergreifenden Spannungsverhältnis gegenüber. Hier ist es nun allerdings schon nicht mehr bloß ein fernes Panorama, vielmehr eine architektonische und auf diese Weise mit der Stadt zusammengebundene Landschaftsperspektive.

Der Stadtkörper als betrachtenswerte Gesamtkomposition, die Beziehung zwischen Stadtbild und zugeordneter Umgebung als Ästhetikum – solche Gedanken sind griechischer Urbanistik gewiß nie völlig fremd gewesen. Hellenistische Städte lassen jedoch gelegentlich erkennen, daß dies nunmehr auf eine höhere Stufe der Bewußtheit und sogar Konzeptionalität gehoben war, wie sie in der europäischen Baukunst vielleicht erst die Neuzeit übertroffen hat.

Eine ähnliche Steigerung erfuhr im Hellenismus aber auch das kleine, urbanistische Detail, der effektvolle Blickfang innerhalb des Weichbildes, wobei nicht von der Wirkung der großen Monumentalbauten die Rede ist. Was gemeint ist, zeigt schon das athenische Pompeion um 400 v. Chr. (Abb. 2a). Sein tempelförmiges Propylon ist so weit aus der Gebäudeachse zur Seite herausgerückt, daß es von der Straße, die auf einen Ausschnitt der Gebäudefront zuführte, voll einsehbar war, ohne versteckt und überschnitten zu sein. Es handelt sich um eine visuelle Attraktion im kleinen, die nicht mit dem Problem ausgebildeter Straßenfluchten verwechselt werden kann, wovon wir vorhin sprachen. Als Blickfang werden im Hellenismus bezeichnend gesetzte Denkmalbauten an Straßenecken (Ephesos) oder ähnlichen Stellen – man denke etwa auch an die beiden hellenistischen Löwenbilder am milesischen Nordhafen! –, Torbauten (Ephesos, Pergamon), aber ganz bescheiden auch bloß hübsch gebildete Straßenbrünnchen (Priene) genutzt. Nicht nur die Eingänge von Privathäusern erhalten oft architektonischen Schmuck, an ihren Fronten treten zusätzlich künstlerische Details wie rahmende Pilaster, Galerien, Halbsäulenstellungen und betonte Einzelfenster auf, ohne daß man dabei gleich von Fassaden sprechen sollte, deren Anfänge freilich auch in hellenistische Zeit zurückreichen. Im früh verschütteten Pompeji sind solche Artigkeiten der späthellenistischen Zeit noch häufiger erhalten, die andernorts meist nur aus unscheinbaren Resten rekonstruiert werden können.

Für uns bieten die mannigfachen größeren und kleineren Blickfänge und Schmuckpartien im städtischen Weichbild einen Anhaltspunkt, daß man auch bei der inneren Ausgestaltung der Siedlungen Schönheitsvorstellungen verfolgte, die nicht allein mit Begriffen wie Zweckmäßigkeit und Angemessenheit abgedeckt werden. Wenn wir dabei von den privaten Leistungen absehen, wird auch klar, daß ein bewußtes, öffentliches Interesse an dieser Art von Stadtverschönerung bestand.

Bei den hellenistischen Griechen gab es einerseits literarische Theorien der Urbanistik (wie der Architektur), die in Begriffen von Funktionalität, Systematik u. ä. arbeiten: Danach war z. B. eine Stadt wie Athen als 'häßlich' zu qualifizieren, was der vitalen Bewunderung ihrer Schönheit freilich keinen Abbruch tat. Daneben existierte eine gleichsam praktische Schönheitsvorstellung von Urbanistik, die nicht weniger bewußt um Resultate rang. Sie bezog sich – sozusagen mit gesundem Kunstverstand – auf die verschiedensten Bereiche des Formalen im engeren Sinn sowie auf das ästhetische Aussehen und Erscheinungsbild der Städte im allgemeinen und deckte damit auch jenen breiten Sektor emotionaler Forderungen ab, dessen Bedeutung für die Urbanistik uns vielleicht erst während der letzten Generation wieder wirklich klargeworden ist. Realiter schlossen sich Theorie und Praxis im Hellenismus offenbar nicht aus, noch traten sie zueinander in Widerspruch, sondern ergänzten sich. So wurde das Kunstwerk Stadt bei aller Rationalität reizvoll und konnte trotz seiner gelegentlichen ästhetischen Raffinessen gemütlich zweckhaft bleiben.

II. Gebäudekomplexe: Plätze und Heiligtümer

Heilige Bezirke und öffentliche städtische Platzanlagen haben gemeinsam, daß die Summe ihrer Einzelbauten eine höhere bauliche Einheit ergibt oder ergeben kann. Dieses Faktum wird im Hellenismus verstärkt als bewußtes kompositorisches Problem behandelt, wobei die Tendenz eindeutig zu immer genauerer Bezugnahme und Anpassung der Bestandteile geht. Formen und Mittel sind im Fall der Agorai und der Heiligtümer oft recht ähnlich, was nicht zuletzt darin begründet ist, daß hier wie dort vielfach die gleichen Bauten und Bautypen Verwendung finden. Darin spricht sich eine gewisse funktionelle Übereinstimmung aus: Die Staatsplätze entbehren nie ganz des sakralen Elements; und zumindest die selbständigeren Heiligtümer sind so etwas wie Poleis ohne ständiges Habitat. Ihre administrativen und kulturellen Institutionen werden weithin von den Mustern des Gemeindestaates geprägt, so daß die Angleichung der architektonischen Erscheinung von dieser Seite her nicht wundernimmt.

Agora [23]

In seiner Beschreibung der Stadt Elis stellt Pausanias 6,24,2 fest, daß der dortige Staatsmarkt nicht in 'ionischer' Weise angelegt sei, 'sondern nach der älteren Art, mit Säulenhallen, die voneinander entfernt stehen, und mit Straßen dazwischen'. Diese gerne zitierte Stelle zeigt immerhin so viel, daß man im späteren Altertum von einer Entwicklung der Agora-Gestaltung wußte; gründlichere Einsicht können jedoch nur die Monumente geben. Bleiben wir zunächst bei Elis, dessen Agora wesentlich im 5. Jh. v. Chr. entstand (Abb. 10). Wie die Ausgrabung lehrt, handelt es sich offenbar um eine weite offene Fläche mit unscharfen Grenzen; auf ihr erhoben sich in lockerer Gruppierung an verschiedenen Stellen Gebäude – u. a. Oikoi, ummauerte Temene, zwei Stoen. Sie ist gewissermaßen nur ein frei gelassener Bezirk, auf dem verstreut Bauwerke stehen. Man denkt unwillkürlich an die unbebauten Zonen in der Stadtmitte solcher Orte wie Paestum/Poseidonia oder Metapont, auf denen die städtischen Tempel, Amtslokale u. ä. untergebracht wurden. Bedeutsam ist vor allem, daß es sich hierbei nicht um Plätze im engeren Sinn handelt, zu deren Idee das Eingefaßtsein, die Umrandung gehört. Die klassische Agora von Elis folgt damit allerdings einer für ihre Epoche schon altertümlichen 'Kompositionsweise'.

Die sizilische Kolonialstadt Megara Hyblaia besaß nämlich bereits in der hocharchaischen Epoche eine fortschrittlichere Agora. Zwei Seiten der – übrigens keineswegs rechtwinkligen – Fläche waren von Hallen begrenzt, eine dritte Seite wies eine Reihung von Tempeln auf, während im Westen eine mehr oder weniger einheitliche Häuserflucht abschloß. So geriet der Zwischenraum durch regelrechte Umrandung als eigentlicher Platz. In Athen ging man seit dem frühen 5. Jh. in eben dieselbe Richtung. Das ursprünglich 'frei gelassene' Marktareal erhielt in der Südstoa I sowie in der Bunten und der Hermenhalle im Norden wenigstens partiell architektonisch verfestigte Ränder, nachdem auf der Westseite schon mit der Stoa Basileia und den Bauten bis hin zur Tholos so etwas wie eine schwache Grenzlinie des 'Platzes' geschaffen war.

Halten wir fest: Die ältere griechische Agora ist ein freies Areal inmitten der Stadt, auf dessen Fläche die wichtigen sakralen und öffentlichen Bauten errichtet werden. Hierin zeigt sich engste Verwandtschaft zum heiligen Bezirk, dem Temenos der

Frühzeit. Der Gedanke des eigentlichen Platzes, der umgrenzten und umfaßten Zwischenfläche, wird zwar schon früh gefaßt, setzt sich aber offenbar nur allmählich durch: Von den alten Städten des Mutterlandes ist es vielleicht das erst kürzlich völlig zerstörte Athen, welches im frühen 5. Jh. den Schritt tat (Abb. 11).

Seit der Spätklassik und vor allem im Hellenismus wird diese Tendenz jedoch vorherrschend. Selbst in kleineren Orten entstehen nunmehr Agorai, die insbesondere durch Hallenbauten an den Rändern wenigstens partiell zu 'Plätzen' wurden. Erwähnt sei das arkadische Orchomenos (Abb. 12a) in der Gestalt des 4. Jh., dem etwa Kolophon an die Seite gestellt werden kann (Abb. 13). Die zwei Agorai gleichen sich äußerlich darin, daß sie auf einer Terrasse liegen, unter der sich auf tieferem Niveau die Plattform für ein Heiligtum befindet. Jeweils zwei Seiten der Agora sind mit größeren Hallen oder hallenartigen Bauten besetzt und abgegrenzt. Dabei hat die Platzfläche keine völlig regelmäßige, rechteckige Gestalt. Schließlich sei in diesem Zusammenhang noch die Agora von Morgantina auf Sizilien erwähnt, die seit dem Frühhellenismus mit ausnehmend langen, offenen und geschlossenen Hallenbauten gerahmt wurde. In anderen Punkten, wie besonders in der relativ dichten Besetzung der inneren Fläche mit großen Temene und der 'Schautreppe', weist sie dabei noch altertümliche Züge auf; auch sind die Begrenzungslinien nur recht annähernd regelmäßig.

Die Regelmäßigkeit als wichtiges Element für die zukünftige Entwicklung ist ein Beitrag des orthogonalen, 'hippodamischen' Plansystems. Das Prinzip, einige Häuserblöcke für die Agora auszusparen, gibt den Gedanken der Rahmung vor, mag diese zunächst auch nur in den Häuserfluchten jenseits der seitlichen Straßen bestehen. Schon das im 5. Jh. gegründete Olynth zeigt diese Anlage, wobei nur im Norden des Platzes eine durchgehende Halle so etwas wie einen monumentaleren Abschluß gebildet zu haben scheint.

In der Folgezeit geht die Tendenz dahin, die Randbebauung ringsum durch bedeutendere Gebäude offiziellen Charakters zu konsolidieren. Die schon erwähnte Konzentration öffentlicher

Bauten an und um die Agora kommt also auch einem künstlerischen Bedürfnis entgegen. Einige Beispiele mögen dies belegen.

In dem 303 v. Chr. gegründeten Sikyon wird die allein besser bekannte Südseite der weiten Agora durch die bündige Reihung einer großgefaßten Halle und eines hypostylen Gebäudes, des Buleuterions, bestimmt (Abb. 16a). Im Westen folgt rechtwinklig, vielleicht jenseits einer Straße o. dgl., die etwas jüngere Baumasse des Gymnasions. Ganz in der Nähe lag übrigens das Theater, über dessen 'Anschluß' an den Staatsmarkt noch keine genaueren Angaben gemacht werden können. Reihung von Gebäuden an den Randlinien des Platzes zeigt auch Megalopolis (Abb. 15), wobei hier Säulenhallen das Bild beherrschen, die erst nach und nach errichtet wurden. Auch in Kassope erfolgte der Ausbau der Agora nur allmählich (Abb. 6), indem Hallen auf den Rändern der freien Fläche entstanden, während im Osten die eher unregelmäßige, durch das sog. kleine Theater gegebene Begrenzung beibehalten wurde. Es war also nicht so, daß man die Häuser oder Ladenreihen, die ursprünglich den Platz säumten, niederriß und durch monumentale Anlagen ersetzte; vielmehr nahm man eine Verkleinerung der Platzfläche selbst in Kauf – die Nordhalle aus dem 3. Jh. wurde aber in Kassope immerhin etwas in die entlanglaufende Durchgangsstraße hinausgeschoben, um den Raumverlust zu beschränken. Neu-Pleuron (Abb. 17) war eine Gründung des späten 3. Jh. und erhielt damals wohl auch die noch heute sichtbare Gestaltung seiner Agora. Wie bereits gesagt, öffnete sich deren westliche Langseite auf die Ebene, die östliche war dagegen in voller Länge von einer Halle besetzt; im Norden erhob sich vielleicht eine Ladenreihe, im Süden jedoch ein Peristylbau, vermutlich das Prytaneion, das zum Platz hin mit einem vortretenden Propylon ausgestattet war. Interessant ist, daß sich hinter der Osthalle und auf merklich tieferem Niveau eine weitere schmale Terrasse erstreckte, an deren Nordende ein Quadratbau – wohl das Buleuterion – stand, während sich im Süden neben dem Prytaneion ein nicht mehr identifizierbarer, großer Langbau anfügte. Faktisch bildet die Ostterrasse eine Art Nebenplatz an der Agora, wenn es auch nicht sicher ist, daß dies in Neu-Pleuron das Ergebnis bewußten künstlerischen Wollens war.

Rechtwinklige Anordnung und lineare Reihung von Gebäuden bestimmen den Charakter der hellenistischen Agora. Wichtig ist hier die Feststellung, daß zunächst je individuelle Einzelbauten Verwendung fanden, die durch unterschiedliche Höhen, durch Wechsel zwischen Säulenstellungen und Wänden, durch Risalite und Propyla eine Vielzahl von verschiedenen Akzenten setzten.

Einzelne Regionen entwickelten dabei besondere Gebäudetypen, die den Gesamteindruck dortiger Agorai eigentümlich prägen. Das trifft etwa auf die sogenannten Marktgebäude in kleinasiatischen Städten zu. Ein zwei- oder dreigeschossiger Hallenbau ist in der Regel an der Talseite, selten an der Bergseite (Knidos, Ephesos[96a]) des Platzes so angeordnet, daß bloß das obere Stockwerk auf dessen Niveau liegt, während die unteren Geschosse an den Hang angelehnt sind und nur nach außen Front bilden[24]. Vertreter dieses Bautyps, der in seinen Souterrains Speicherräume, Zeuglager u. dgl. aufnehmen konnte, sind z. B. aus Assos (Abb. 12b), Aigai (Abb. 36), aus Pergamon am Obermarkt, aus Priene, Alinda (Taf. 4b), Aspendos und Selge[25] bekannt. Solche Marktgebäude, deren Entstehung ganz praktisch durch die Geländebedingungen gefördert wurde, binden gleichwohl den Platzkomplex auf hervorragende Weise in das Stadtbild ein und geben ihm gewissermaßen eine sonst ungewöhnliche 'Außenansicht'. Auf Sizilien scheint eine lokale Sonderform durch die hochhellenistischen Agorai von Solunt und Heloros[26] (Abb. 16b) bezeugt zu sein. In beiden Städten liegen die Plätze auf Terrassen im Hang; ihre Bergseite wird von der üblichen langen Stoa eingenommen, die jedoch an ihren Enden auf die Schmalseiten des Platzes umbiegt, so daß man sich vage an Flügelrisalitstoen erinnert fühlt. Doch unterschieden sich die 'Risalite' in ihrer Gestalt offenbar nicht nur gegenüber der Mittelhalle, sondern wohl auch untereinander, indem sie teilweise geschlossen waren; überdies war ihre jeweilige Längenerstreckung nicht gleich. Immerhin wurde mit diesen dreizügigen Hallenbauten, die das Ergebnis der Verschmelzung mehrerer Bauten an der Agora sein dürften, hinsichtlich der Höhe eine Vereinheitlichung der Randbebauung bewerkstelligt, die über die eine Langseite deutlich hinausgriff.

Konsequenter wurde die Vereinheitlichung der Agorabebauung im ionischen Bereich Kleinasiens aufgegriffen. Tendenzen, die dort wohl schon ins 3. Jh. v. Chr. zurückreichen, führen schnell zu einer wirklichen Verdrängung der aus Einzelbauten komponierten Platzgestaltung.

In Priene (Abb. 14) scheint die Agora ursprünglich, d. h. im Frühhellenismus, nur eine einzige bedeutendere Halle (mit Souterrain) besessen zu haben, die vielleicht nicht einmal die ganze Länge der talwärts gewandten Südseite einnahm. Späterhin wurde sie verlängert und über die ganze West- und Ostseite bis zur Hauptstraße fortgesetzt, jenseits deren sich im späten 2. Jh. die große Orophernes-Stoa hinter einer über Stufen zugänglichen Esplanade erhob. So entstand auf drei Seiten des Platzes eine völlig einheitliche Rahmung durch gleiche Säulenstellungen, während die Säulenstellung der vierten, nördlichen Seite auch nur noch quantitativ hervorgehoben war, ohne qualitativ vom übrigen unterschieden zu sein. Ganz ähnlich scheint sich im Späthellenismus (?) der Südmarkt von Milet (Abb. 4) dargestellt zu haben; gegenüber der von Antiochos I. gestifteten Osthalle entstanden zwei gleichartige, symmetrisch hakenförmige Hallen, die die weite Platzfläche so umgaben, daß nur in der Mitte der Westseite sowie unmittelbar vor der Antiochos-Stoa Öffnungen für Straßenmündungen frei blieben. Daß die Straßen tendenziell auf den Platz ‘mündeten’, d. h. auf ihn zu und nicht durch ihn hindurchführten, beweisen Torbauten, die in Milet am Nordost- und in Priene am Osteingang erbaut wurden (Abb. 70 b).

Der Platz gewinnt damit den Charakter eines (weiten) Hofes. Ein besonders einleuchtendes Beispiel für dieses Konzept bietet der Staatsmarkt von Magnesia/Mäander (Abb. 18), dessen Neustrukturierung vielleicht in den Jahren um 200 v. Chr. begann. Nur vor der Stoa seiner südlichen Schmalseite führt eine Straße vorbei, die übrigen Seiten des riesigen Platzes sind geschlossen. Gleichartige Säulenfronten fassen die Agora regelmäßig ein;

selbst der in der Ostseite gelegene Durchgang zum Artemisheiligtum ist nur so schwach bezeichnet, daß der fortlaufende Rhythmus kaum gestört sein konnte. Hinter den Stoenfronten des Nordens und Westens sind Kammerreihen angebunden, deren Räume unterschiedliche Größe und Funktion hatten, als Kult-, Ehren- und Sitzräume, aber wohl auch als Büros, Wechselstuben u. dgl. Hinter der Südhalle liegt genau in der Platzachse ein durch die Größe hervorgehobener, geöffneter Raum, wahrscheinlich das Agoranomion, der Sitz der Marktbehörde; daneben befindet sich der Durchgang zu einem von wichtigen Zimmern umgebenen Peristyl, in dem man das Prytaneion erkennen darf. Die öffentlichen Institutionen sind also quasi als Anhängsel hinter die einheitlich wirkenden Fronten der Platzseiten angegliedert.

Vereinheitlichung und Art des Raumanschlusses zeigen deutlich, daß die Platzgestaltung hier weitgehend unter den Primat des Peristylgedankens geraten ist, der so etwas wie die Ultima ratio des Altertums wurde, wenn es um die Rahmung unbedachter Flächen samt Anbauten ging. In reiner Form, d. h. unter endgültiger Ausschaltung von Straßendurchgängen, tritt das Peristyl etwa an der unteren Agora zu Pergamon oder an der Agora der Italiker auf Delos (Abb. 19a) in Erscheinung – Anlagen, die in der Tat mehr Höfe als Plätze sind. Für das spätere Altertum war der Schritt zum Peristylmotiv in der Platzarchitektur jedenfalls von einer Bedeutung, die kaum überschätzt werden kann.

Die Idee des architektonisierten, monumental gerahmten Platzes hatte im Hellenismus eine bedeutende Steigerung erfahren; die Einführung des Peristyls, die letztlich dem Ordnungsgedanken zum Sieg über das künstlerische 'Komponieren' von Bauten, Baumassen und Perspektiven verhalf, mag man vielleicht wegen seiner Monotonie bedauern. Man muß hier aber einen eigentümlichen ästhetischen Zug aller griechischen Plätze in Rechnung stellen, der dies wenigstens z. T. erklärt: Die Randbebauung war normalerweise eingeschossig, d. h. die Höhendimension war gegenüber der oft sehr beträchtlichen Flächendimension eindeutig unterentwickelt. Die Plätze müssen vom Eindruck der Weite auf Kosten einer 'geschlossenen' Wirkung bestimmt gewesen sein, und das nicht nur für moderne Augen. Die Rahmung der Agorai durch 'monumentale' Bauten stellt bei den gegebenen historischen Voraussetzungen, d.h. angesichts der realen Voraussetzungslosigkeit in der Platzbaukunst, einen ersten Schritt dar; das Peristyl ist dann ein Versuch zur Zusammenfassung, da ja das Mittel des Stockwerkbaus von den Griechen nur zögerlich angewandt wurde (ein seltenes Beispiel ist die Attalos-Stoa in Athen (Taf. 3b, Abb. 11). Vielleicht ist es aber ganz bezeichnend, daß gerade auch die völlig peristylen Agorai von Delos (Abb. 19a. b) und Pergamon zweigeschossige Stoen erhielten.

Ein letztes Wort noch zur Möglichkeit, Plätze aneinanderzureihen. Das Phänomen wurde in Neu-Pleuron schon angedeutet. Ausgeprägt und beabsichtigt scheint es etwa in Milet in dem weiten Gebiet zwischen Löwenhafen, Nord- und Südmarkt (Abb. 4. 5) vorzuliegen. Eine kleinere Variante bedeutet die Errichtung der Mittelstoa auf der Athener Agora (Abb. 11), durch die ein Nebenplatz halbwegs abgetrennt wurde – auf etwaige funktionale Ursachen brauchen wir hier nicht einzugehen. Der Gedanke der Abfolge von Platzflächen, Hofflächen, lockerer und fester Zwischenbebauung, dieser multiplizierte und gestaffelte Wechsel zwischen Lichtflächen und gedeckten Zonen war zumindest ansatzweise eine hellenistische Erfindung, die im Rom der Kaiserzeit zu höchster Raffinesse gesteigert wurde.

Hieron

Entsprechend unserer Zielsetzung, die Komposition von Gebäudekomplexen zu behandeln, bleiben in diesem Abschnitt einzelne Tempel sowie kleine haus- und hofartige Heiligtümer außer Betracht, auch wenn letztere im Hellenismus eine sehr charakteristische Rolle spielen. Bei komplexeren heiligen Bezirken sind grundsätzliche Unterschiede zwischen innerstädtischen, vorstädtischen und allein gelegenen Hiera im Auge zu behalten, ohne daß darauf später extra hingewiesen werden soll. Extramurale Heiligtümer haben in der Regel mehr räumliche

Freiheit und sind demnach oft weiträumiger als jene; auch nehmen sie Bauten auf, für die in der Stadt einfach kein Platz war (Stadion, Hippodrom). 'Selbständige' Heiligtümer bedürfen darüber hinaus Nutzbauten, die sonst schon in einer Siedlung zur Verfügung stehen, wobei eine panhellenische Bedeutung zusätzlich Erfordernisse mit sich bringt.

Die lockere Komposition herkömmlicher griechischer Heiligtümer muß hier nicht ausführlich beschrieben werden. Es handelt sich um Bezirke – den älteren Agorai nicht ganz unähnlich –, in denen die Stellung der Monumente zueinander scheinbar willkürlich und ohne Ordnung ist; der tatsächliche Zusammenhalt folgt aus einer Art Ausgewogenheit zwischen den plastischen Körpern, mehr ein Gruppieren als ein Komponieren. Strengere Bezugnahmen sind selten (aber z. B. Heraion von Argos) oder nur ansatzweise vorhanden.

Auch während des Hellenismus weist eine größere Zahl von Heiligtümern diese freie Organisationsform auf, insbesondere natürlich die in eine ältere Zeit zurückreichenden und entsprechend vorgeprägten Kultstätten, aber auch Plätze, die sich baulich erst im späteren 4. und 3. Jh. v. Chr. entwickelt hatten. Erinnert sei dabei an das Asklepieion von Gortys, das Artemision von Lusoi (Abb. 23), das Zeusheiligtum auf dem Lykaion; neben diesen arkadischen Beispielen läßt z. B. auch Dodona in Epirus in dem bloßen Nebeneinander verschiedener Bauten noch keine straffere Ordnung erkennen. Die großen alten Heiligtümer erfahren seit dem 4. Jh. eine reichliche Ausstattung mit solideren Nutz- und profanen Zierbauten, die freilich das Wesen der Anlagen nur oberflächlich tangieren. Man denke an die Gebäude, die sich nach und nach um das Temenos zu Olympia herumlegen (Abb. 20). In Delphi werden zwei Hallen erbaut, die östlich und westlich in ganzer Länge über das Temenos hinausspringen; in Delos (Abb. 21) versieht u. a. die Antigonos-Stoa den engeren Bezirk mit einer rahmenden 'Schauwand' im Norden, wie schon etwas früher die Echohalle der olympischen Altis einen architektonischen Ostabschluß geben sollte. Unleugbar wird der Platzcharakter des Bezirks stärker hervorgehoben. In Delphi und Delos, in Epidauros und andernorts füllen sich die Bezirke allmählich mit Pfeilerdenkmälern, Exedren, Scholen und ähnlichen, typisch hellenistischen Kleinarchitekturen, die zwar das Erscheinungsbild, aber nicht das Ordnungssystem ändern. Ein recht bezeichnendes Heiligtum stellt das Asklepieion von Epidauros[27] dar (Abb. 24), das in der Spätklassik aufgeblüht und zum guten Teil noch im Frühhellenismus ausgestaltet worden war. Um den sakralen Kern gruppieren sich locker eine Menge 'moderner' Gebäude, wobei ein Bestreben zur Einbettung in die Landschaft fühlbar wird, das über die seit jeher geübte Berücksichtigung des Geländes hinausgeht. In gewisser Weise spielen Geländeformationen und landschaftliche 'Zwischenräume' hier offenbar eine erhöhte Rolle. Eine Sonderstellung nimmt in dieser Hinsicht das wesentlich frühhellenistische Kabirenheiligtum von Samothrake ein (Abb. 25). Sein sakrales Zentrum mit den Kultbauten lag wie versteckt in einer Schlucht. Über dieser wurden auf den einfassenden Höhen prospektartig Bauten errichtet, die das topographische Relief betonen und mit seinen Reizen spielen – die Westhalle, die beiden Marmorbauten auf dem Nordhügel. Jenseits des Ostkammes erhob sich eine Gruppe von Eingangsgebäuden, deren Lage besondere Raffinesse zeigt. Sie war vom Hieron aus kaum oder doch nur ganz unvollständig sichtbar, wie auch dieses von dort nicht richtig eingesehen werden konnte, sondern sich bestenfalls durch die Dächer und die genannten Rahmenbauten indirekt verriet. Im Zusammenwirken von gegebener Landschaftsformation und deren Architektonisierung entstehen Blickfänge und vor allem Überraschungseffekte, die höchst bewußt aufgesucht erscheinen. Vergleichbar ist die weit hinausgeschobene Stellung des kostbaren Propylons in Epidauros, das dem Ankommenden wie ein Präludium entgegentrat, während das übrige Heiligtum noch weitgehend hinter einer Geländeschwelle verborgen gewesen sein muß. Gleichsam eine Antwort und Lösung stellt in Epidauros das Theater dar, das nach Durchschreiten des verwirrenden Bezirks von seinen oberen Rängen die zusammenfassende und alles erklärende Vogelperspektive auf Hieron und weiteres Gelände erlaubte. Man könnte in diesen Fällen von einem Architektonisieren des Landschaftlichen an der Landschaft sprechen, das in dieser Weise erst im Frühhellenismus begegnet. Selbst bei kleinen, rustikalen Kultplätzen ist es wirksam, in der ovalen Gipfelbekrönung des Turkovuni um 300 v. Chr. ebenso wie in der stufenförmigen Pyramidenanlage des schlichten Heiligtums von Trapuria im 3. Jh. (Abb. 22b), um nur zwei attische Denkmäler zu nennen.

Bedeutungsvoller für die Gestaltung 'eigentlich' hellenistischer Heiligtümer wurden aber einesteils der konsequente Einsatz eines bestimmten Mittels, andernteils die verstärkte Durchführung eines künstlerischen Prinzips: Das Mittel war die Stoa [34]; das Prinzip ist die Inbezugsetzung der Bauten nach Achsen, Fluchten und rechten Winkeln.

Von der Rolle nachträglicher Hallenbauten in alten Heiligtümern und von ihrer Bedeutung als einseitige Auffangperspektiven in Olympia oder Delos war bereits die Rede. Einen ungetrübten frühhellenistischen Entwurf zeigt dagegen das Osttemenos des Athener Asklepieions (Abb. 2b) am Südhang der Akropolis, dessen Ausbau in den 30er Jahren des 4. Jh. begann. Die an den Bergfels gelehnte, durch ihre Doppelstöckigkeit besonders mächtige, freilich nur 50 m messende Halle bestimmte die Disposition des ganzen Bezirkes, der sich (idealiter) als Rechteck vor ihr erstreckt. Das parallele Tempelchen vor ihrem Westende kommt als Baumasse nicht mehr groß in Betracht. Der Heilige Bezirk ist nur eine orthogonal begrenzte Esplanade vor der Hallenfront mit einigen denkmalartigen Kleinbauten. Weit weniger streng organisiert erscheinen demgegenüber Hiera wie das des Apollon Maleatas von Epidauros (Abb. 26a) um 300 v. Chr. oder das der Despoina in Lykosura aus dem Hochhellenismus (Abb. 26b). In der parallelen Führung des (relativ kleinen) Tempels mit einer talseitigen Stoa – wobei das eine Hallenende mit der Tempelfront fluchtet – folgen sie überdies Vorläufern, die noch in spätarchaische Zeit zurückreichen (Brauron, 1. Anlage). Immerhin bezeugen sie, daß strengere Bezugnahme im Hellenismus vermehrt und selbst in remoten Gegenden geschätzt wurde und daß das Kompositionsmotiv 'Stoa' dabei einen Hauptakzent zugebilligt erhielt. In Lykosura wäre noch auf die rechteckige Begrenzung des Tempelvorplatzes hinzuweisen, die man durch die Anlage einer bergseitigen Schautreppe bewerkstelligte, wie denn dieses Motiv im Hellenismus gelegentlich aufgegriffen wird (vgl. Demeterheiligtum Pergamon; Aphroditeheiligtum Knidos).

Nur mit einem einzigen Satz seien hier kleinere Gebäudekomplexe angemerkt, die ohne Benutzung des Hallenbaus dennoch eine rigorose Bezugnahme von Gebäuden zueinander zeigen. Die peinlich genaue Fluchtung vor- und hintereinander stehender Bauten und Bezirke in Psophis [28], Kleonai [29] oder Rhodotopi [30] eröffnet Aspekte, die bei der zukünftigen Entwicklung hellenistischer Bauorganisation (die genannten Denkmäler dürften frühhellenistisch sein) nicht zu vergessen sind: Axialität, Fluchtung, Parallelität und Orthogonalität erweisen sich als tiefe Anliegen der Zeit.

Zunächst entwickelt freilich die Säulenhalle an sich, auch ohne merkbare Berücksichtigung jedes strengeren Ordnungsprinzips, eine übergreifende organisierende Kraft, die es zu verfolgen gilt – sei es, daß jetzt die Stoa durch das Zurücktreten des Tempels der einzige größere Kunstbau überhaupt in einem Hieron ist, sei es, daß sie durch ihre bloße Größe zum dominierenden Faktor wird. Schon in einfacheren Heiligtümern des späten 4. Jh. – z. B. Abai [31] (Abb. 22a) und Oita – ist ersteres der Fall, ohne daß dies eine neue Ordnungsvorstellung implizierte. Eine solche zeichnet sich aber ab, wenn ausnehmend lange Stoen die heiligen Bezirke oder deren Vorfeld gleichsam in die Länge dehnen. Das Musenheiligtum von Thespiae (Abb. 27a) möge diesen Unterschied gegenüber Abai, Oita, aber auch Athen im Grundsatz veranschaulichen. Erstmals erprobt wurde die Wirkung solcher Längshallen bereits um 360 v. Chr. (?) im Amphiareion von Oropos, wo man dem engeren Kultplatz mit Tempel und Altar entlang des Zuwegs eine 110 m messende Stoa vorschaltete. Ähnlich entstand bei Kalydon längs des Zugangswegs zum alten Artemision auf dem Hügelgrat eine größere Stoa im 3. Jh. (Abb. 33b), deren Ausdehnung und Fassadenhaftigkeit durch die Ausnutzung der Geländesituation noch wirkungsvoller gewesen sein muß. Der in Oropos eingetretene Vorgang wiederholt sich im Späthellenismus beim Poseidonion von Tenos (Abb. 27b), freilich in anderen Dimensionen, da die Stoa hier mehr als 175 m Länge maß. Der an ihr entlangziehende Zugang – oder sollte man sagen: der heilige Bezirk? – mündete im Westen auf dem Kultplatz, den Tempel, Podiumaltar (Abb. 72) und Brunnenhausexedra (Abb. 39) wie Kleinodien schmückten. Bei diesen ist 'Kleinheit' übrigens ebenso ernst zu nehmen wie 'Kostbarkeit'; wirkliche Architektur ist auf Tenos in erster Linie die lange Halle, deren Flucht den Bezirk als ganzen dominiert.

Die Längshallen der genannten Heiligtümer bewirken eine gewisse Vereinheitlichung, genauer: durch ihre Riesendimensionen erscheinen andere Gebäude ihnen bloß bei- oder sogar untergeordnet. Sie dominieren das Bild, wie wir es ausdrückten. Da sie aber nicht nur lange, sondern vor allem eben auch längs laufende Hallen sind, besitzen sie eine Richtungsgebundenheit, die nicht bloß zufällig die Vorstellung von Zugangs- bzw. Prozessionsstraßen ins Gedächtnis ruft. In der Tat dürfte ein derartiger Gedanke bei ihrer Errichtung meist mittelbar Pate gestanden haben.

Dieser Eindruck verschärft sich, wenn Längshallen nicht nur einseitig, sondern auf beiden Seiten angelegt werden. Schon Kalaureia zeigt einen zaghaften Versuch in dieser Richtung. Im späten 4. Jh. ergänzte man die im Poseidonion vorhandenen, kurzen Stoen durch Zufügung neuer Hallen so, daß wenigstens der vordere Teil des dortigen Hierons so etwas wie eine zweiseitige, längsgerichtete Rahmung erhielt. Nur blieb diese Lösung wegen der vorgegebenen Unregelmäßigkeiten und der Kleinheit der Bauten ganz unvollständig. Erst dem ätolischen Bundesheiligtum von Thermos war es vorbehalten, diese Idee zu verwirklichen (Abb. 28). Zwei lange, 173 m bzw. 163 m messende Hallen begleiten die Verbindung zwischen dem Tempel im Norden und dem Versammlungsgebäude im Süden, das sein Propylon dem Dromos quasi entgegenschiebt. Die Stoen stehen sich, wenngleich zueinander versetzt, parallel in einem Abstand von circa 20 m gegenüber; sie wurden u. E. im späten 3. Jh. angelegt. In der Straffheit der Durchorganisation geht dieser Gebäudekomplex über Thespiae, Tenos und Kalydon, in seinen ästhetischen Effekten über das athenische Asklepieion oder Lykosura weit hinaus. Der schmal und lang gespannte, bipolare 'Binnenraum' von Thermos mit seinen Blickfängen an den Endpunkten ist wohl eine der großartigsten Kompositionen, die dem Hellenismus auf der Grundlage individueller Einzelbauten gelungen sind.

Im Zusammenhang mit der straßenartigen Gestaltung großer, extraurbaner Bezirke ist es bemerkenswert, daß in einem Fall tatsächlich auch einmal eine normale innerstädtische Straße mit gleichen Mitteln in ein Hieron verwandelt wurde. Dies geschah in der ersten Querstraße oberhalb des sog. kleinen Theaters zu Kassope (Abb. 29). Am Straßenende, direkt über dem Steilabfall, ist das Fundament eines abschließenden Tempelchens erhalten, auf welches eine circa 34 m lange, die Westseite der Straße einnehmende Pfeilerstoa zuführte. Eine Reihe von Stützsteinen im Halleninnern bezeugt übrigens wohl die einstige Existenz einer hölzernen Sitzbank, von der aus die Honoratioren bequem den Geschehnissen im Heiligtum, d. h. auf der zum Hieron gewordenen Straße beiwohnen konnten. Das Motiv des längshallengesäumten Heiligtums von straßenartigem Charakter wurde in Kassope gewissermaßen in die Stadt zurückgeholt und urbanistisch integriert.

Wir kommen nunmehr zu einer speziellen Organisationsform von hellenistischen Heiligtümern, bei der das Terrassenmotiv eine bedeutsame, neue Rolle zugewiesen erhielt. Als solche sind Terrassen alter Bestandteil der griechischen Architektur; sie waren in dem bergigen Gelände nötig, um genügend große Flächen oder Plattformen zu errichten. In der Regel waren die so geschaffenen Terrassenflächen hangparallel organisiert und bildeten mehr oder weniger autonome Bezirke, die man seitlich umging und betrat. Hellenistisch ist es, die Terrasse quer zum Zugang zu stellen bzw. diesen lotrecht auf die Terrasse zu und durch sie hindurchzuleiten, wie dies nur ansatzweise – und mit Hilfe einer die ganze Breite einnehmenden Treppenanlage – z. B. im unteren Abschnitt des argivischen Heraions vorgebildet war. Die Terrasse oder die Terrassen werden somit zu einem eigenständigen Prospektmotiv, das sich dem Besucher entgegenstellt und ihm die Dimension des Höhenanstiegs künstlerisch verdeutlicht. In dem Maß, wie es bei einem alten, prinzipiell anders strukturierten Bezirk möglich war, drücken diesen Gedanken schon die beiden erwähnten Seitenhallen in Delphi aus. Schärfer ausgeprägt, wenngleich in schlichter Form tritt das Motiv im Demeterheiligtum von Eretria aus dem 3. Jh. entgegen. Ein gedrungener Oikos und zwei seitliche Flügelbauten, wohl Stoen, wenden sich talwärts; der Oikos ist über eine Freitreppe zugänglich. Die ganze Anlage steht mit ihrer Front quer zu Fallinie.

Nur kurz sei auf die Terrassenabfolge des Asklepieions von Kos eingegangen (Taf. 44), dessen Entwurf in den Frühhellenismus um 300 v. Chr. gehört. Drei terrassierte Plätze liegen, nicht genau parallel, über- und hintereinander; der Aufgang erfolgte jeweils mittig über große Freitreppen, die hier schon im 3. Jh. als Kunstmotiv eingesetzt waren. Die Mittelterrasse ist die schmalste. Auf ihr erheben sich gleichwohl die zentralen Bauten des Heiligtums: Tempelchen, Altar, eine diesem zugeordnete Exedra sowie ein zweizimmriges Pastashaus als Prytaneion o. ä. Die Gruppierung dieser Kleinbauten an der Stelle der Treppenansätze wirkt locker und spielerisch; typisch frühhellenistisch ist an ihnen neben ihrer Feinheit eigentlich nur ihr ungewöhnliches Größenverhältnis, d. h. die Zierlichkeit des Naos gegenüber den relativ vergrößerten Nebenbauten. Die obere und die untere Terrasse besaßen dagegen jeweils eine dreiseitige Hallenrahmung, weshalb man sie zusammengenommen mit einem geteilten Peristyl vergleichen könnte, dessen Hälften auseinandergezogen und auf verschiedenen Niveaus vor und hinter dem Hauptplatz angeordnet sind. Trotz der faktischen Unregelmäßigkeiten ist hier eine Zusammenfassung des ganzen Komplexes bei gleichzeitiger Ausnutzung des Motivs der Niveaudifferenz erreicht. Der späthellenistische (?) Einbau eines axialen Peripteros auf der oberen Terrasse fügte dem eher 'konzentrischen' Bezirk eine ursprünglich so nicht geplante Richtungsgebundenheit hinzu.

Konsequenter als in Kos ist das Terrassenmotiv am Athenaheiligtum von Lindos angewandt worden (Abb. 30, Taf. 45a). Seine Durchführung erfolgt wesentlich mit dem Instrumentarium der Stoa. Zuunterst befindet sich eine teilweise über Gewölbesubstruktionen vorgezogene Terrasse, die man auf einer axial eingeschnittenen Treppe erreicht. Der Vorplatz wird auf seiner südlichen Rückseite von einer langen Stoa begrenzt, die auf beiden Seiten mit vier Joch tiefen Flügelrisaliten nach vorne greift. Von hinten schiebt sich lotrecht eine Freitreppe so in die Mittelhalle hinein, daß sie bis zur frontalen Säulenstellung reicht. Die Säulen der neun zentralen Joche tragen also kein Hallendach, sondern nur das Gebälk (Taf. 3a). Als Baukörper ist diese Stoa gesprengt, auch wenn der mittlere Säulenzug die Behauptung einer durchlaufenden Front aufrechterhält. Tatsächlich ist die Wirkung dieser Säulenstellung mehr die eines vorhangartigen Gatters vor der Freitreppe. Diese steigt zur oberen Terrasse, auf der sich die sogenannten Propyläen erheben, eine kürzere und enger gestellte Risalitstoa. Die Freitreppe endet genau in der Flucht des Frontstylobats der Risalite, so daß sich zwischen ihr und der Mittelhalle noch einmal ein seichter Vorplatz ergibt – noch vor dem innersten Heiligtum mit der Möglichkeit des Rückblicks über die gesprengte untere Stoa hinweg bis hin zu dem architektonisch markierten Vorgebirg von Agios Milianos, gleichzeitig schon halb eingerahmt von den Propyläen: eine Stelle des Übergangs, ein transitorischer Raum, der zumindest in der antiken Baukunst seinesgleichen sucht. Es sei noch darauf hingewiesen, daß das Gebälk der unteren Stoa auf der Höhe der Krepis der Propyläen abschließt. Die Verzahnung der unteren und oberen Stoa ist also nicht nur im Grundriß (u.a. vermittels der Treppe), sondern auch im Aufriß aufs feinste durchgespielt. Zweifellos handelt es sich bei ihnen noch um Einzelbauten, doch wird man zögern, sie als autonom zu bezeichnen; ja, es ist mehr als bloße Bezugnahme und Abstimmung, vielmehr bereits eine aus einem Guß bestehende Interdependenz. – Hinter den Propyläen wird die streng symmetrisch knüpfende Anordnung der Bauten aufgegeben, indem der Tempel selbst nach Südosten verschoben, wenn auch achsparallel zu den übrigen Bauten steht. Für das wirkliche Verständnis des Heiligtums ist es allerdings nötig, den Sachverhalt andersherum auszudrücken: Der Tempel erhebt sich an altgeheiligt unverrückbarem Ort; seine Achse gibt die Ausrichtung der übrigen Bauten vor, konnte aber nicht zur Symmetrieachse der ganzen Anlage werden, weil der Burgfels im

Südosten neben dem Felsabbruch nicht mehr genügend Platz bot. Vielleicht hätte es für die oberen Propyläen gerade noch gereicht, wenn man sie einige Meter nach Nordosten vorgeschoben hätte, was ja möglich gewesen wäre. Keinesfalls war aber die lange untere Stoa auf der Mittellinie des Tempels unterzubringen. So entschloß man sich, die Symmetrieachse des Komplexes gegenüber dem Tempel nach Nordwesten zu verschieben. Dies bedeutet erstens, daß die Einheit der Frontwirkung der hallengestaltigen Doppelterrasse wichtiger schien als ihre Verbindung mit dem Tempel; zweitens geht daraus und aus dem oben Gesagten eindeutig hervor, daß der gesamten Anlage ein einheitliches Konzept zugrunde lag. Die untere Stoa ist nicht hundert Jahre später 'angestückt' worden, wie man unverständlicherweise oft liest; auch an den Einzelformen der Hallen rechtfertigt nach unserer Überprüfung nichts eine so weite Trennung. Der Gesamtentwurf und die Ausführung sind vor dem Hochhellenismus anzusetzen, nach der allgemeinen Geschichte des Heiligtums und der Stadt wohl um 300 v. Chr. Das Athenaheiligtum von Lindos ist der reinste Vertreter eines straff organisierten Gebäudekomplexes, in dem nur drei architektonische Mittel Verwendung finden: Terrasse, Halle, Freitreppe. Der Reichtum der damit erzielten Effekte, zu denen freilich noch die Wirkung der Landschaft hinzutritt, entzieht sich schlechthin jeder prosaischen Beschreibung; er wird von keinem anderen hellenistischen Bau übertroffen, von kaum einem erreicht.

Künstlerisch eher bescheiden wirkt gegenüber Lindos das späthellenistische Terrassenheiligtum der syrischen Götter auf Delos (Abb. 31b). Immerhin ist es in sich axial geordnet, wenngleich der Eingang als solcher seitlich liegt. Am bedeutsamsten ist die Inkorporierung einer Theatermuschel an hervorragender Stelle, d. h. in der Achse, womit dieses Motiv auch ästhetisch aufgewertet wurde. Sein unmittelbarer Zweck war wahrscheinlich ein kultischer, wie in vielen anderen griechischen Heiligtümern auch. Man denke an das Kabirion, an das Theater am messenischen Asklepieion (Abb. 32) [33], dessen überlieferter Name 'Deikterion' (Vorzeigeort) die zeremonielle Funktion angibt, aber auch an andere Theater, die Tempeln nahe zugeordnet waren: vielleicht axial in Kardamaina auf Kos, verschwenkt beim Naos des Apollon Erethimios [32] auf Rhodos in der Nähe von Jalysos. Die Einfügung des Koilons in eine Terrassenanlage, wo es zugleich eine raffiniertere Form von Treppe bildet, ist besonders für eine Anzahl späthellenistischer Heiligtümer in Italien kennzeichnend geworden. Genannt sei von ihnen hier nur Palestrina (Taf. 45b), wo schmale Terrassen, Stoen, Blendstoen, ein Hallenplatz und eben eine Cavea kombiniert sind, wo ein komplizierter Wechsel terrassenparalleler und lotrecht einschneidender Aufgänge herrscht usf. Palestrina, das geradezu eine – allerdings rigoros systematisierte – Anhäufung modernster hellenistischer Formen und Motive darstellt, bedeutet auch das Nonplusultra des Terrassenheiligtums in dem hier geschilderten Sinn.

Es war im vorhergehenden schon mehrfach von Hallenplätzen die Rede. In der Tat machen sich im Hellenismus in vielen Hiera ähnliche Tendenzen geltend wie in den Agorai. Der Bezirk wird als Platzfläche aufgefaßt, möglichst rechtwinklig begrenzt und auf zwei oder mehr Seiten von Stoen rahmend gefaßt. Die Stellung des Tempels zu diesem Platz und der Rahmung kann scheinbar willkürlich sein wie im Athenaheiligtum von Pergamon (Abb. 9); in Wahrheit spiegelt sich darin die Tatsache, daß der Tempel älter ist und der Platz später nach Maßgabe der verfügbaren Fläche 'für sich' gestaltet wurde. Wichtiger sind für unsere Überlegungen Fälle, in denen das Verhältnis von Hallenplatz und Tempel ein bestimmtes oder doch potentiell ein solches ist. Seit dem frühesten Hellenismus begegnen Heiligtümer, in denen der (meist kleine) Tempel nach hinten gerückt ist, während sich der (regelmäßige) Bezirk insbesondere vor ihm erstreckt; die Rückwand des Tempels markiert dann etwa die rückwärtige Grenze des Hierons. Wenn auch nicht unbedingt von Anfang geplant, ergibt es sich, daß die beiden Langseiten des Bezirks mit Stoen ausgestattet werden, die also parallel mit den Langseiten des Tempels verlaufen. Da sie häufig ungleichzeitig sind, können sie im Aussehen differieren; da außerdem etwa für eine der Seitenhallen ursprünglich kein Platz vorgesehen war, rückt sie nun näher an den Tempel heran als die andere, so daß dieser keineswegs schön mittig steht. Insgesamt entstehen aber doch Anlagen, die man als hallengesäumte Vorplätze am Tempel bezeichnen muß. Die folgenden Beispiele stammen nach Gründung und Ausführung alle noch aus dem 3. Jh. v. Chr.: Korinth, Asklepieion an der Lerna; Priene, Zeusheiligtum an Agora (Abb. 14); Delos, Hieron der Agathe Tyche (Abb. 31a), ursprünglich vielleicht 'Philadelpheion', d. h. Heiligtum für Arsinoe († 270 v. Chr.) und Ptolemeios II. – enge Annäherung der Seitenstoen und Anbau von Räumen an die Tempelcella führen dazu, daß hier nur mehr die Front des Naos am Ende des gangartigen Hofs sichtbar war. Als westliches Beispiel sei schließlich das Heiligtum des Zeus Meilichios bei Selinunt angeführt, das vor 272 v. Chr. entstanden sein muß.

Ebenfalls noch in die erste Hälfte des 3. Jh. gehört das Heiligtum von Mamurt Kale in der Nähe von Pergamon; zwei nicht ganz gleich lange, hakenförmige Baiten oder geschlossene Hallenbauten schließen sich so an den Tempel der Göttermutter an, daß er sich genau im Zentrum der Rückseite befindet und daß seine Front in einer Flucht mit den Fronten der nebenstehenden Kammerecken liegt. Die Tempelfront wird also gewissermaßen ein Element der Platzrahmung, freilich das zentrale. Das Verhältnis zwischen dem Kultbau und dem verbreiterten Platz strebt einer neuen Organisation entgegen. Einen Schritt weiter geht der Bezirk, der im 3./2. Jh. v. Chr. im Westteil des milesischen Nordmarkts entstand (Abb. 4. 5). Dort wurde vor dem Prytaneion und dem quadratischen Peristyl ein eigener Platz ausgegrenzt, der nach vorne (Osten) durch eine Mauer mit zentralem Propylon abgeschlossen war. Die anderen drei Seiten dieses querrechteckigen Platzes umgaben einfache Hallen, nur in der Mitte der gegenüberliegenden Langseite ragt die viersäulige giebelgeschmückte Vorhalle einer Kultkammer um ein Joch aus der Hallenflucht hervor, zusätzlich betont durch anschließende, kurze Stücke geschlossener Wände. Die letzte Stufe dieser Entwicklung zeigen der Bezirk des Zeustempels von Dodona, wie er vielleicht schon in der ersten Hälfte des 3. Jh. erstmals ausgeführt und am Ende des 3. Jh. noch einmal bereichert wurde, sowie das Zeusheiligtum am Südrand der Agora von Megalopolis (Abb. 15). Es bedarf keiner weiteren Worte, daß in beiden Fällen das Peristylmotiv die Gestaltung des Platzes erobert hat – in Dodona hängt die Unterdrückung der Osthalle nur von der Existenz der Orakeleiche ab.

Am vollständigsten ist die Verwirklichung in Megalopolis: streng axiale Anordnung des Propylons, des Altars und des Naos, das Naos selbst weitgehend in die zweischiffigen Hallen (und eine zusätzlich hinterlegte Kammerreihe) zurückgenommen – und mit der Giebelfassade gerade so weit hinausragend, daß der kleine Hof von ihr unmißverständlich dominiert wird. Der Tempel ist gänzlich in das Peristyl integriert, ursprünglich selbständige und dem Wesen nach verschiedene 'Bautypen' – insbesondere der autonome Baukörper des Tempels und der binnenräumliche Säulenhallenhof –, bruchlos miteinander verschmolzen, wobei hier sogar noch eine geometrisch klare, d. h. einfach rechteckige Außengestalt erzielt wurde. Unter allen, z. T. großartigen und effektvoll reichen Lösungen des Hellenismus, heilige Bezirke vereinheitlichend zu organisieren, ist Megalopolis wohl das architektonisch reifste Beispiel, das uns erhalten blieb. Leider hat man seine Entstehungszeit niemals zuverlässig bestimmt; es mag jedoch hochhellenistisch sein und in die Jahre um 200 v. Chr. gehören.

Neben der Ausbildung des voll integrierten Peristylheiligtums, dessen Wurzeln weit ins 3. Jh. zurückreichen, verzichtet eine andere Richtung darauf, den Tempel in die Säulenhallen einzubinden. Er wird 'nur' freistehend in der Achse des gleichmäßigen Hallenplatzes oder Hallenhofes angeordnet. Die bisher bekannten Beispiele stammen aus dem früheren 2. Jh. v. Chr., was nicht zufällig mit einer damaligen schwachen Renaissance des autonomen, peripteralen Tempels in weiteren Bereichen der hellenistischen Welt zusammenhängen mag: Wir erwähnen noch einmal die obere Terrasse des koischen Asklepieions (Taf. 44) und etwa auch das Heiligtum von Minturnae in Italien trotz gewisser Unregelmäßigkeiten; hier ist übrigens bemerkenswert, daß die rahmenden (dorischen) Hallen auf einem fast mannshohen Sockel standen und sich darin dem Tempel anglichen, der natürlich dem bodenständigen Typ des Podiumtempels angehörte. Die reichste Ausprägung dieser besonderen Art von Peristylheiligtümern zeigt allerdings das Asklepieion von Messene (Abb. 32) auf der Peloponnes (spätestens 2. Viertel 2. Jh.) [33]. Ein monumentaler Durchgang führt axial in den Hallenhof mit dem zentralen Tempel; hinter den Hallen schließen sich das theaterartige Deikterion, ein als Synhedrion bezeichneter Versammlungssaal, Exedren, Räume für Ehrenstatuen, Brunnenkammern sowie im Norden eine höher gelegene Gruppe langer Säle, wohl Koimeterien (Schlafsäle) an. In der Angliederung unterschiedlichster Bauten an den Säulenhof erweist sich in Messene die zusammenfassende Potenz des Peristylgedankens. Daß die Mitte des Hofes von einem Tempel, einem Peripteros zumal, besetzt ist, gibt dem Peristylmotiv (wie auch in Kos) darüber hinaus eine besondere und offenbar neue ästhetische Funktion. Das peristyle antwortet dem peripteralen Motiv, mit dem außen um einen Bau gestellten Säulenkranz korrespondiert nunmehr der einwärts gewandte Säulenring des umgebenden Hofes quasi als echohafte Umkehrung. Dies verbindet die zwei gegensätzlichen Grundprinzipien des autonomen 'Außenbaus' und der Binnenarchitektur ohne Verletzung eines von beiden wie bei den integrierten Peristylhiera. In Wahrheit hat freilich auch in Messene der Tempel mehr von seiner Autonomie eingebüßt als das Peristyl von seinem eigensten Charakter, wenn man beide auf dem Hintergrund ihrer älteren Geschichte betrachtet. Es sei nur noch hinzugefügt, daß der verbindende Ausgleich zwischen Peristyl und (reduziertem) Peripteros nicht zum geringsten durch das je gleiche Mittel der Säule ermöglicht wurde. Wie stark diese 'peristyl-peripterale' Lösung in die späte Antike hineingewirkt hat, muß hier nicht mehr ausgeführt werden.

Die bewußt systematische und nicht – wo dies denn möglich gewesen wäre – historische Übersicht insbesondere über die Gestaltung heiliger Bezirke sollte so viel gezeigt haben, daß während des Hellenismus auf diesem Sektor keine Entwicklung existierte, die formal einheitlich war. Mit der Vorgabe, die Gebäudemengen straffer zu organisieren, d. h. aufeinander in rationaler Weise zu beziehen, wurden nach Mitteln und Ordnungsprinzipien verschiedene Wege gleichzeitig beschritten und lange Zeit hindurch nebeneinander verfolgt. Ja, das Mittel konnte als solches ein tieferes künstlerisches Prinzip ersetzen: man erinnere sich der Längshallen und ihrer strukturierenden Bedeutung, bei denen bestenfalls der Dimensionierung, die gelegentlich alles andere überwältigt, der Rang eines 'Prinzips' zukommt. Es ist wichtig für das Verständnis der hellenistischen Kunst, daß eine Vielzahl 'moderner' Gliederungsformen erprobt wurde, ohne daß eine von ihnen bald das Übergewicht erlangte. Das Bild ist weniger verwirrend als vielmehr reichhaltig. Erst vom Ausgang der hellenistischen Epoche her ist zu erkennen, daß den – verschiedenen – peristylen Platzgestaltungen die Zukunft letztlich in den Heiligtümern ebenso wie in den Agorai gehören sollte.

Die folgende Aussage ist demnach sicher nicht falsch, indem sie nämlich in idealer Rekonstruktion die (eine) Hauptlinie der Entwicklung unter Berücksichtigung der Voraussetzungen und der späteren Wirkung erfaßt; doch müssen wir uns hüten, in ihr das einzig Gültige der hellenistischen Zeit zu sehen und darüber die anderen Manifestationen, die vielleicht 'vertanen' Möglichkeiten dieser hochbewegten Epoche zu übersehen: Ursprünglich standen Bauten eines bestimmten öffentlichen oder sakralen Komplexes im und auf dem dafür vorgesehenen Bezirk; später erhoben sie sich am Bezirk, d. h. um den betreffenden Platz herum; endlich wurden die meisten Gebäudeeinheiten hinter den formal verselbständigten Platzrand zurück- und abgedrängt, so daß hofartige Anlagen resultieren. Mag durchaus sein, daß die systematische Folgerichtigkeit dieser Linie tatsächlich ihr gutes Teil zum Ausscheiden andersartiger Ansätze und Prinzipien (Terrassen!) beigetragen hat: dies wäre nicht unantik gedacht und gefühlt.

III. Bautypen und Gebäudegattungen

Die Stoa [34] *und Verwandtes*

Grundlagen: Unter dem Begriff Stoa seien im folgenden nur solche Säulenhallen subsumiert, die erstens eine deutlich größere

Erstreckung in der Länge als in der Tiefe aufweisen und die zweitens auf einer ihrer langen Seiten mittels Stützenstellung geöffnet sind. Geschlossene, auf der Schmalseite geöffnete oder nur durch Türen zugängliche Langhallen bleiben also unberücksichtigt; diesen Leschen, Baiten und Skeuotheken fehlt ein wesentlicher Zug der Stoa im obigen Sinn. Abgetrennt seien hier einstweilen auch die Peristyle, die genetisch und formal zwar aufs engste mit der Stoa zusammenhängen, aber doch eine neue, übergeordnete Einheit bilden, die gesondert zu besprechen ist.

Der alte, bereits in vorhellenistischer Zeit reich ausgebildete Bautyp der Stoa gewinnt in unserer Periode schon rein quantitativ eine besondere Bedeutung; seine qualitative Rolle etwa bei der Gestaltung von Plätzen und Temene klang in den vorigen Kapiteln an. Die vielseitige Verwendbarkeit der Stoa bei gleichzeitig hoher Anpassungsfähigkeit kam den speziellen Bedürfnissen des nachklassischen Bauwesens zuinnerst entgegen. So konnten Stoen – neben ihrer vielleicht primären Funktion von wettergeschützten Wandelgängen – als Amts- und Speiselokal eines Beamten oder einer Behörde dienen (z. B. Athen, Stoa Basileia; Südstoa I), als Kaufhalle meist wohl edlerer Produkte ('Myropolis' in Megalopolis für Salben u. dgl.: Paus. 8, 30, 7), als Börse und Standort der Wechsler, aber auch als museumsähnliches Ausstellungsgebäude (Samothrake, Hall of Votive Gifts; Sikyon: Paus. 2, 10, 2). Die unterschiedliche Zweckbestimmung beeinflußte die tatsächliche Konzeption der jeweiligen Halle, das eigentlichste Wesen der Stoa berührt sie wenig.

Der Charakter der Stoa wird vielmehr zum einen von der grundsätzlich einseitigen, fassadenhaften Ausrichtung der Halle bestimmt. Ihre Rückwand ist in der Regel wahrhaft Hinterseite und bedeutet künstlerisch nichts. In der Tat wenden sich Stoen stets einer vor ihnen liegenden Fläche zu, sind einem Platz oder seltener einer Straße zugeordnet. Insofern sind sie wenn schon nicht unselbständig, so doch an sich genommen gewissermaßen unvollständig und jedenfalls von ihrem Vorfeld abhängig. Ein weiteres kommt hinzu. Die Länge einer Stoa ergibt sich nicht aus irgendwelchen inneren Gesetzmäßigkeiten, sondern beruht auf praktischen bzw. ökonomischen Gegebenheiten. Die Flucht der

Säulen und Joche gleicht ja einem potentiell unendlichen Rapport. Die Enden der Stützenstellung wirken daher im Prinzip wie beliebig gesetzt, die Front wie ein zufälliger Ausschnitt aus diesem unendlichen Rapport.

Den besten Eindruck des hier geschilderten Sachverhalts vermittelt heute wohl die rekonstruierte Attalos-Stoa zu Athen, die einzig stehende Stoa 'des Altertums'. An ihr kommt übrigens noch eine andere Eigenschaft der Stoenarchitektur gut zur Anschauung: Die Reihung unzähliger Säulen beraubt diese selbst weitgehend ihres Stützencharakters, d. h., sie werden weniger als vertikale, tragende Bauglieder empfunden denn als horizontale und horizontal ablesbare Wiederholung des immer gleichen Motivs. Mögen die oft ausnehmend langen hellenistischen Stoen (z. B. Thermos, Tenos, Abb. 28. 27b) diese Wirkung auch überspitzen, immanent muß sie von Anfang an vorhanden gewesen sein. Die Stoa könnte damit für die 'Entmaterialisierung' der Bauglieder, die im Hellenismus durchgängige Tendenz wird, geradezu Wegweiser und Katalysator gewesen sein.

Es ist unbestritten, daß es vor allem in klassischer Zeit nicht an Versuchen gefehlt hat, den schwach definierten Typus der Stoa 'körperlicher' zu gestalten und ihm größere Autonomie zu verleihen. Auf diese Lösungen, denen meist doch etwas Äußerliches anhaftet, ist zurückzukommen. Insgesamt bleibt die Stoa als architektonischer Typus gewissermaßen instabil, was sich zum Beispiel deutlich in der Tatsache ausdrückt, daß eine verbindliche Proportionierung nie erfolgte. Ein offenes System von Grundregeln gestattete vielmehr die größte Variationsbreite der einzelnen Verwirklichungen; zweifellos liegt darin aber auch das Geheimnis des Erfolges, den die Stoa in Spätklassik und Hellenismus hatte.

Zu der wählbaren 'Grundausstattung' der Säulenhallen gehört die Zahl der Schiffe. Handelt es sich um zwei Schiffe, pflegt die innere Säulenstellung meist die doppelte Jochweite der äußeren zu zeigen. Es bürgert sich dabei ein, daß die äußeren Säulen der dorischen, die inneren etwa der ionischen Ordnung angehören. Einfache, einschiffige Hallen sind im Hellenismus selten; sie treten aber öfters zusammen mit einer Kammerreihe an der Rückseite auf. Dieser Gedanke der rückwärtigen Kammerzeile wurde erstmals schon an der zweischiffigen Südstoa I im Athen des frühen 5. Jh. verwirklicht und findet im Hellenismus weiteste Verbreitung. Die Südhalle der Agora von Priene ist ausnahmsweise nur im Mittelstück zweischiffig, während zu seiten das hintere Schiff von Kammern eingenommen wird, tatsächlich bildet die Kammerreihe so etwas wie ein zusätzliches, geschlossenes 'Schiff' an den Stoen. Echte dreischiffige Stoen, d. h. solche mit drei Stützenstellungen vor der Rückwand, bleiben dagegen rar. Auf ein mögliches klassisches Beispiel in Elis folgt im Hellenismus noch die Philipps-Stoa zu Megalopolis (Abb. 15, 33a). Ob hier ein besonderer Verwendungszweck dahinterstand (Gerichtslokal?) oder ob die Vermehrung der Schiffe bloß imponieren sollte, ist unbekannt. Künstlerisch dürften dreischiffige Hallen zwiespältig gewirkt haben, wobei wir davon ausgehen, daß die Deckenhöhe aller Schiffe gleich gewesen sein wird. Ihre beträchtliche Tiefe gibt dem 'Innenraum' ein stärkeres Gewicht, während andererseits durch die vollständige Öffnung der Längsfront von einem wirklichen Innenraum doch nicht die Rede sein kann und der Charakter einer gedeckten Platzumrandung bestehenbleibt. Eine fruchtbare Auseinandersetzung mit diesem Widerspruch scheint im Griechischen nicht stattgefunden zu haben; vielleicht trifft es aber zu, daß die Italiker aus diesem Ansatz heraus die Marktbasilika entwickelten, wie die noch hochhellenistische Basilika von Palestrina vermuten läßt. Der Weg geht dabei über die unterschiedliche Gestaltung der Schiffe, deren mittleres als Innenraum ausgebaut wird.

Eine Merkwürdigkeit stellt die Kombination zweier normaler, aber Rücken an Rücken gebauter Hallen dar. Diese janusgesichtigen Bauwerke beziehen sich meist auf zwei benachbarte Plätze oder Straßen, wie etwa in Delos, wo die Philippshalle (kurz vor 200 v. Chr.) die Prozessionsstraße des Heiligtums säumt, ihr wenig später erfolgter Westanbau sich zum Hafenkai wendet (vgl. Abb. 21). Ein gleiches zeigt die lange Stoa des Poseidonions auf Tenos (Abb. 27b). Ähnlich scheint die vielleicht noch im 5. Jh. datierende Südstoa von Elis auf zwei getrennte Abschnitte des Agorabereichs bezogen. Gleichwohl wird man bei dieser – wie Tenos oder auch Molykreion (frühhellenistisch) in einem Zuge errichteten – Doppelhalle nicht ganz den Eindruck los, daß mehr als bloße Erfüllung von praktischen Bedürfnissen beabsichtigt war. Die spiegelbildliche Verdoppelung löst den Gesamtbau in gewisser Weise aus seiner streng einseitigen Orientierung. Aber nicht nur die 'blinden', d.h. aus einfachen Mauern bestehenden Seitenwände zeigen dabei gleichwohl an, daß die Stoa ein Typus ohne tatsächlichen 'Baukern' ist. Die eleganteste und reifste Lösung einer Doppelhalle überwindet dann selbst diese Schwierigkeit; wir meinen die Mittelstoa der Athener Agora aus dem 2. Jh. v. Chr. (Abb. 11). Auch ihre Hallen gehören jede für sich zu einem besonderen Abschnitt des Platzes bzw. wird durch die Mittelstoa ein südlicher Nebenplatz aus der Gesamtfläche ausgegrenzt. Nun laufen bei dieser Halle die Säulen auch um die Schmalseiten herum, so daß sich zunächst eine peripterale Stützenstellung ergibt. Die somit nicht bis zu den Schmalseiten langende, mittlere Trennwand ist zudem in eine weitere Säulenstellung umgebildet, deren Joche von nicht bis oben reichenden Scherwänden verstellt waren und sogar noch drei Türdurchgänge aufwiesen. Die doppelten Hallen kommunizieren also miteinander, schließen sich zu einem einzigen, luftigen, pavillonartigen Bau zusammen. Ein Grundproblem des Hallentyps, seine mangelnde Allseitigkeit, ist hier unter Einsatz des 'modernen' Scherwandmotivs für ein einziges Mal aus der Welt geschafft.

Ganz aus dem Nichts kam auch diese Schöpfung nicht. Um das zu ermessen, sei eine knappe Systematik der möglichen Frontgestaltungen von Stoen gegeben, die dem entwerfenden Architekten zur Verfügung standen. Die einfachste und bis in späteste Zeit stets wiederholte Form ist die Anordnung der Säulen in antis, d.h., die Seitenwände reichen bis zur Front und enden hier in Anten. Daneben erfreut sich – vielleicht erst seit der Spätklassik – die prostyle Anordnung größerer Beliebtheit, bei der die Säulen ein oder mehrere Joche weit auf die Schmalseiten umbiegen. Die großen Hallen im Hieron von Samothrake und auf der Agora von Sikyon bieten für diese freundlichere, offenere Gestaltung zwei schöne frühhellenistische Beispiele (Abb. 25.

16a). Seit dem gleichen 4. Jh. wurde die Säulenstellung an einigen Bauten aber bereits weiter herumgeführt und bis zur Rückwand verlängert: Süd- und Südost-Stoa von Olympia (Taf. 46a), später Südhalle von Thermos (Abb. 28). Es ist möglich, daß man auf diese Weise versuchte, über die Jochweite oder Säulenzahl eine gleichsam gesetzmäßige, rationale Beziehung zwischen Länge und Tiefe der Stoa zu erreichen. Jedenfalls konnte der Architekt der Athener Mittelstoa hier die Anregung für seine Lösung hergezogen haben. Warum dieser Gedanke im ganzen wenig Erfolg hatte – wie denn auch die Athener Stoa offenbar keine Nachfolge erfuhr –, ist nur zu vermuten. Wahrscheinlich stand dem baukünstlerischen Gewinn ein empfindlicher Verlust an Nutzwert entgegen. Diese sehr offenen Hallen müssen bei ungünstiger Witterung überaus zugig und ungemütlich gewesen sein und damit ihren eigentlichen Zweck als Schutzdach verfehlt haben.

Im Zusammenhang mit den Frontlösungen soll als letztes noch die Verwendung von Zungenmauern an den Enden der Fassade genannt werden. Wie die Anordnung in antis geht sie in älteste Zeiten zurück (Nordwest-Stoa des Heraions von Argos); im Hellenismus ist sie auf dem Festland weit verbreitet und vor allem in dem von peloponnesischer Architektur geprägten ätolisch-böotisch-epirotischen Raum vorherrschend. Diese Zungenmauern sind auf beiden Seiten gleich lang; sie rahmen damit die Stützenreihung symmetrisch und verfestigen die, wie gesagt, an sich undefinierten Fassadenenden. Einen hübschen Einfall bedeutet es, wenn sie an der delischen Philipps-Stoa im oberen Teil der Wand durch rein dekorative Parastadenfenster aufgelockert werden. Nicht mit den Zungenmauern zu verwechseln sind Scherwände, wie sie besonders im ionischen Bereich auftreten und dort ebenfalls gerne an den Enden der Hallenfront Platz finden (vgl. Thasos, Priene, Milet). Da sie aber fast stets asymmetrisch sind, wird deutlich, daß ihr Zweck ein ausschließlich praktischer gewesen sein muß. Sie schirmen bestimmte Stellen der Stoa zusätzlich ab, wo es denn nötig ist, ohne daß die Säulenhalle selbst eine Unterbrechung erlitte. Diese Annehmlichkeit wurde bei den 'peloponnesischen' Zungenmauern sicher auch gerne mit in Kauf genommen, nur daß sie eben in erster Linie auf künstlerischen Wünschen zu beruhen scheinen. – Übrigens entfalten die aus praktischen Gründen in Hallen eingerichteten Scherwände indirekt durchaus eine künstlerische Wirkung. Zumindest gestatteten sie eine häufigere Erprobung des zunächst noch ungewohnten Motivs, so daß es dann etwa an der Athener Mittelstoa mit der angedeuteten Meisterschaft für rein ästhetische Belange eingesetzt werden konnte.

Von den Frontstützen der Stoen war bislang nur ganz summarisch die Rede, und das zu Recht. Ihr Hauptmerkmal ist die Gleichförmigkeit, seien sie nun dorischer oder ionischer Ordnung. Die Lust zur Variation, ja zum Widerspruch, die dem beginnenden Hellenismus innewohnt, hat aber selbst hier gelegentlich zu charakteristischen Abweichungen geführt. An einigen Orten werden die Säulen durch das eigentlich rangniedrigere Motiv des Pfeilers ersetzt, was dortigen lokalen Vorlieben und schwererer Mentalität entsprach. Die Doppelhalle von Molykreion besaß quadratische, eine wohl ebenfalls frühhellenistische Stoa zu Agrinion schmalrechteckige Pfeiler. Die Halle des Straßenheiligtums von Kassope (Abb. 29) verwendete oblonge, an den Kanten zum Achteck abgefaste Pfeiler wie das örtliche 'Katagogion'. Kühner scheint die Lösung des Nordbaus von Korinth (noch 4. Jh.?) gewesen zu sein; an ihm waren wohl Säulen und rechteckige Pfeiler alternierend aufgestellt. Gesichert ist der Wechsel zwischen je zwei Säulen und einem quadratischen Pfeiler an einer Stoa in Alt-Andros aus dem 3. Jh. In Andros und Korinth wird die Einförmigkeit der Säulenreihung bewußt und sogar etwas gewaltsam durchbrochen, der unendliche Rapport ungewöhnlich rhythmisiert. Es geht wohl kaum zu weit, hier von einem fast manieristischen Zug zu sprechen.

Risalitbildung: Die Einführung symmetrischer Flügelrisalite in die Stoenarchitektur stellt einen Eingriff in das ursprüngliche Wesen der Säulenhalle dar, die damit ein anderes Verhältnis zu ihrer Umgebung gewinnt. Die Stoa selbst scheint an den Enden nach vorne umzubiegen, ein Eindruck, den die Giebel über den Flügeln verstärkten. Sie umschließt damit aktiv einen Ausschnitt der freien Fläche, der nunmehr ihr zugehört, statt daß sie passiv an einem Platz entlang liegt. Flügelrisalitstoen besitzen eine gesteigerte, räumlich faßbare Autonomie gegenüber der einfachen Halle, wobei die Kürze des Mitteltrakts zu den wesentlichen Ursachen dieser Wirkung zählt. Diese durchaus klassische Erfindung gehört in das späte 5. Jh. und ist mit der Zeus-Stoa zu Athen verbunden (vgl. Abb. 11). – Dabei ist festzustellen, daß sie kaum mit L-förmigen Stoengrundrissen zusammenhängt, wie diese zur Platzrahmung schon seit frühester Zeit auftreten und auch im Hellenismus weiterleben. Bei diesen Hallen ist der passiv begleitende Bezug zur freien Fläche im Grunde unverändert. Das gilt auch, wenn sie später an zwei Straßen bzw. an einem Platz und einer Straße so liegen, daß sie eine Außenecke bilden (Argos, Agora; Korinth, Nordbau). – Die Stoa mit symmetrischen Flügelrisaliten hat ihre Blüte besonders im 4. Jh. (Thasos; Mantineia; Kalaureia; Athen, Königshalle [Abb. 11]), von wo aus sie zum Vorbild anderer Gebäudegattungen (Theaterbühne, Eingangsbauten) wird. In den Frühhellenismus gehören die riesigen Flügelrisalitstoen des Antigonos Gonatas in Delos (Abb. 21) und die Philipps-Halle von Megalopolis (Abb. 15). An ihnen ist freilich der Mitteltrakt so sehr überlängt, daß die Risalite ihre flächenbeherrschende Funktion gar nicht mehr erfüllen können. Sie sind zu einem Motiv herabgesunken, das durch seinen Vorsprung nur noch der Betonung und Verfestigung des Fassadenendes dient. In diesem Sinn steht ein einziger Eckrisalit auch an der hakenförmigen Halle der delischen Agora aus dem 2. Jh.

Erfahrungen mit den Flügelrisaliten lagen wahrscheinlich der bislang einmaligen Verwendung eines Mittelrisalits an der Südhalle von Olympia (spätes 4. Jh.) zugrunde (Taf. 46a, Abb. 20). Dieser große zentrale Baukörper diente unmittelbar wohl praktischen Zwecken und wird eine Art Ehrentribüne für Honoratioren gewesen sein, die hier den Festzug aus Elis erwarteten. Ästhetisch dominiert er die Ansichtsseite der Stoa, indem er ihr in der Tat eine tempelähnliche Mitte, einen Kern zu geben scheint. Die sechs Säulen seiner Front stehen mit den je 9 Säulen der Seitentrakte und den wiederum sechs Säulen der beiden offenen Schmalseiten in einem einfachen Bezug. Die einzelnen Partien des Gebäudes sind quasi 'logisch' auseinander entwickelt und aufeinander abgestimmt, wie das bei einfachen Stoen nicht gut möglich ist. Damit nimmt der bedeutende Bau in Olympia eine Sonderstellung innerhalb der Hallenbaukunst ein.

Es sei schließlich an dieser Stelle eine Bereicherung der Bauform Stoa erwähnt, die an einigen hellenistischen Hallen Anwendung fand, nämlich die Anfügung von 'Exedren' an der Hallenrückwand. Sie springen als Risalite nach hinten aus, ohne daß sie dort allerdings selbständige Bedeutung hätten. Sie richten sich vielmehr allein auf den überdeckten Hallenraum, den sie nischenartig erweitern. Wie stark ihre ästhetische Wirkung de facto war, ist schwer zu beurteilen. Ihre praktische Funktion mag verschieden gewesen sein; außer als wirkliche Exedren, also Sitzräume, können sie zur Aufstellung von Ehren- oder z. B. Stifterstatuen gedient haben. Das erste kann bei der Philipps-Stoa von Megalopolis, das zweite vielleicht eher bei den beiden apsisförmigen Rücksprüngen zu Kalydon (Abb. 33b) der Fall gewesen sein. Die zentralen Risalitkammern in der Agorahalle von Neu-Pleuron (Abb. 17) und im Heiligtum der syrischen Götter auf Delos (Abb. 31b) könnten vermutungsweise sogar Fenster besessen haben und so etwas wie ein Mirador, ein Aussichtspunkt gewesen sein. Diese hellenistischen Exedrarisalite sind jedenfalls nichts anderes als zugefügte Bestandteile, die den Hallentypus als solchen nicht verändern.

Mehrgeschossigkeit: Zu den frühesten Beispielen kunstmäßiger Stockwerksarchitektur, die im Frühhellenismus des 4. Jh. 'erfunden' wird, gehören auch einige Stoen. Das stimmt ganz gut mit der Notiz des Plinius 36, 83 überein, wonach Sostratos von Knidos, der Architekt des Leuchtturms von Alexandria, die erste 'ambulatio pensilis' eben in Knidos errichtet habe. Zweifelhaft ist freilich, ob das neue Prinzip des Stockwerkbaus ausgerechnet an der normalen Stoa erfunden wurde oder ob es hier nicht eine Übernahme aus der allerdings verwandten Peristylarchitektur darstellt (u. S. 140).

Immerhin handelt es sich bei den älteren doppelgeschossigen

Stoen nicht um ganz freistehende Bauwerke. Die Osthalle des Athener Asklepieions (Abb. 2b) aus dem frühen letzten Drittel des 4. Jh. lehnt sich mit ganzer Rückwand an den abgearbeiteten Akropolisfelsen. Die wenig jüngere Hafenhalle von Perachora ist teilweise in den Hang hineingeschoben. Noch die Athener Eumenes-Stoa benützt eine ältere Arkadenstützmauer als Widerlager für die Rückwand. Freistehende, doppelgeschossige Stoen kennen wir bisher erst aus dem 2. Jh., allen voran die Attalos-Stoa zu Athen (Taf. 3b) aus den Jahren 159–138 v. Chr. Die Hallen am Pergamener Athenaheiligtum (Abb. 9) besitzen L-förmigen Grundriß, wie auch die Halle an der Agora des Deliens (Mitte 2. Jh.), eine vielleicht nicht zufällige Übergangsform zum Peristyl. Ins 2. Jh. dürfte endlich nach den Bauformen auch eine L- oder sogar Π-förmige Stoa in Messene nordwestlich des Asklepieions gehören. Kennzeichnend für alle genannten Bauten ist, daß es sich tatsächlich um zwei Hallengeschosse handelt, die sich beide mittels einer Stützenstellung auf den Platz öffnen. Dabei haben sich nach und nach gewisse Grundregeln der Gestaltung ausgebildet oder sind übernommen worden. Der erste Stock ist niederer als das Erdgeschoß; seine Säulen werden einer zierlicheren Ordnung als der des meist dorischen Untergeschosses entnommen. Nur die Halle des Athener Asklepieions häuft zwei dorische Ordnungen übereinander. Schon Perachora verwendet oben elegante ionische Pfeilerhalbsäulen, die als solche zugleich schmaler als Vollsäulen gebildet werden konnten, ohne die notwendige Tiefe einzubüßen. Die Pergamener Stoen bilden dann eine fein abgestimmte Hierarchie der Ordnungen aus: unten-außen dorisch, unten-innen ionisch, oben-außen ionische Doppelhalbsäulenpfeiler, oben-innen Vollsäulen mit äolisierenden Blattkapitellen.

Neben diesen 'echten' doppelgeschossigen Hallenbauten gibt es eine gewissermaßen 'unechte' Gruppe. Zu ihr rechnen die sogenannten Marktgebäude der kleinasiatischen Städte [24], die sämtlich in den Hang gebaut sind. Ihr Kennzeichen liegt darin, daß die Geschosse nicht aus übereinandergesetzten Stoen bestehen, sondern unten aus weitgehend geschlossenen Kammerfolgen, magazinartigen Langhallen u. dgl. Meist ist nur das obere, an den Platz angrenzende Geschoß eine veritable Stoa, der Bautypen anderer Herkunft als Substruktion gleichsam untergeschoben sind (Abb. 36, Tf. 4b). Wenn man so will, trifft auf diesen Bautyp der merkwürdige Ausdruck ambulatio pensilis, den Plinius gebraucht, besonders gut zu: In der Tat 'schwebt' die Wandelhalle, nämlich über ihren Substruktionen. Gerne würde man wissen, ob ein ehemals dreigeschossiger Hallenbau in Knidos (Taf. 4a) zu diesem Typ rechnete und etwa mit dem Gebäude des Sostratos identisch ist. Leider ist die Gestaltung seiner talseitigen Front, die sich auf die Agora wendet, völlig unbekannt. Die Anlage besteht aus einem einschiffigen Erdgeschoß; der zweischiffige erste Stock greift tiefer in den Berg hinein; der zweite Stock liegt auf gleicher Ebene mit einem schmalen, bergseitig anschließenden Platz und besaß jedenfalls hier – von der Hafenagora aus auf der Rückseite – eine Säulenreihung, also Hallengestalt.

Im Zusammenhang mit Hallenarchitektur über Substruktionen muß hier noch der problematische Komplex des Abatons von Epidauros wenigstens kurz Erwähnung finden (Abb. 35). Es geht dabei um seinen westlichen Trakt, der sich auf einem niederen, souterrainartigen Sockelgeschoß von eigentümlicher Gestaltung über eine Geländeschwelle in tieferes Gelände hinausschiebt. Er gilt gewöhnlich als nachträgliche, vielleicht sogar erst späthellenistische (römische?!) Erweiterung des ursprünglichen, ebenerdigen Osttraktes, der seinerseits nach dem Stil der Bauglieder aus dem 4. Jh. stammen wird. Die Schmuckdetails des pilastergegliederten Sockelbaus lassen in der Tat an nachklassische Entstehung denken. So begegnen dorische Tropfenregulae ohne Triglyphon unter einer Kymationleiste (Taf. 38a) als Gebälkabschluß sonst erst während des 3. Jh. im alexandrinischen Einflußbereich, aber immerhin eben schon in dieser hochhellenistischen Zeit. Spätestens damals müßte denn auch die Erweiterung erfolgt sein, wie die noch überhaupt nicht späthellenistische oder gar römische Handwerklichkeit bezeugt. Nicht verschwiegen sei daneben, daß einige technische Details die Annahme eines späteren Anbaus insgesamt fraglich erscheinen lassen. Der Anschluß zwischen Souterrain und Fundament des ‘älteren’ Osttraktes zeigt so nahtlose Verzahnung (Quaderschichten, Einbindung der Treppe etc.), daß man für das Westende der ‘ursprünglichen’ Stoa völlige Niederlegung und Neuaufbau postulieren müßte, um die Nachträglichkeit des Westtraktes zu retten. So möchte ich es hier offenlassen, ob nicht der Westtrakt des epidaurischen Abatons eher ein Vorläufer mehrgeschossiger hellenistischer ‘Substruktionsstoen’ war.

Verkleidungsfunktion: Die Gleichförmigkeit, ja Einförmigkeit der hallentypischen langen Säulenfassade konnte zu einem Zeitpunkt als Positivum empfunden werden, als kompliziertere Bauten und Bauabfolgen entstanden, die nicht über ein eigenes kunstvolles ‘Gesicht’ verfügten oder deren Nebeneinander aus welchen Gründen auch immer als unharmonisch empfunden wurde. Ihnen konnte man eine Stoa vorschalten, die alles verbarg und versteckte. Dabei kommt ein genuiner Wesenszug unseres Bautyps zum Tragen, von dem bisher noch nicht ausdrücklich die Rede war, obwohl er sich aus der Tatsache der ‘vernachlässigten’ Rückansicht von selbst ergibt. Ihretwegen lassen sich Stoen bedenkenlos an anderes oder Vorhandenes anlehnen, wie schon die Halle der Athener zu Delphi (nach den Perserkriegen) bloß vor die ältere Stützmauer geklebt wurde.

Vor andere Bauten vorgeschaltete Säulenhallen der Spätklassik und des Hellenismus – denn erst seit dieser Zeit stellt sich das Problem – sind nicht mit typimmanenten Vorhallen oder mit bloßen Stützenöffnungen von hypostylen Sälen o. ä. zu verwechseln, auch wenn deren Aufriß gelegentlich dem Aufriß einer Stoenfassade vollständig gleicht (und von letzterer natürlich auch beeinflußt ist!). So rechnet die Pastas vor dem üblichen, zweiräumigen Hestiatorion[22] nicht in unser Gebiet: Wir nennen als Beispiel nur das spätklassische Heroon im Westen der olympischen Altis; der (geöffnete) Korridor gehört hier zum Bautyp und ist keine vorgeschaltete Stoa. Ebensowenig kann man die Front des sog. hypostylen Saales auf Delos (Abb. 54) als Stoa in unserem Sinn bezeichnen; es handelt sich einfach um die im Äußerlichen einer Stoa ähnliche Eingangsseite eines sonst ganz anderen Raumes. Zum Begriff der vorgeschalteten Stoa gehört wesentlich die Existenz eines 'zusätzlichen' Hallenschiffs vor dem eigentlichen Bau.

Strittig könnte etwa die Stellung der philonischen Vorhalle vor dem Telesterion zu Eleusis sein. Sie scheidet aus der Betrachtung nur dann wirklich aus, wenn sie mit einem Giebel versehen und somit als 'Naosfront' bezeichnet war. In Chloi auf Lemnos scheint im 3./2. Jh. eine wirkliche Stoa vor die nackte Wand eines telesterionartigen Baukomplexes gelegt worden zu sein [35].

Eine Zwitterbildung bezeichnet die große, frühhellenistische Südhalle von Korinth (Abb. 34). Dem Grundriß nach möchte man sie zwar zunächst für eine normale zweischiffige Stoa mit angeschlossener Kammerreihe halten. Vergegenwärtigt man sich jedoch, daß die Kammerreihe aus einer Folge kompliziert organisierter, zweigeschossiger Appartements besteht, sieht die Sache anders aus. Man wird entweder sagen müssen, daß eine Hotellerie auf die Gestalt einer Stoa zurechtgestutzt und in sie integriert wurde; oder daß die Stoa einer Reihe von unansehnlichen, zweigeschossigen Appartements gewissermaßen als Säulenvorhang vorgeschaltet wurde. In jedem Fall ist die Stoa nicht mehr das, was sie üblicherweise zu sein pflegt. Der Bau in Korinth muß nach Typus und Gattung zumindest zweideutig heißen. – Diese Art von 'unsauberer' Vermengung hat man übrigens im fortschreitenden Hellenismus zu vermeiden gewußt; in ihr spricht sich die gärende Unausgereiftheit einer architektonischen Krisenepoche in seltener Deutlichkeit aus, da Bautypen und ihre Definition auseinanderklaffen.

Als typische Beispiele vorgeschalteter Stoen erwähnen wir die Komplexe der Buleuterien von Olympia (Abb. 20) und des Metroons an der Agora von Athen (Abb. 11). In Olympia wird vielleicht noch vor der Mitte des 4. Jh. zwischen die beiden alten, leicht unterschiedlichen Apsidenhäusern ein Quadratsaal (?) mit Mittelstütze eingestellt und vor die Front dieser ungleichmäßigen Baugruppe eine einschiffige ionische Halle vereinheitlichend vorgeblendet. Ganz gleichartige Ziele verfolgt die Halle vor dem Athener Metroon im 2. Jh., hinter der die Vorderseiten eines Peristylbaues, eines megaronförmigen Tempels und zweier weiterer Einraumoikoi verschwinden. Hier ist hinzuzusetzen, daß die rückwärtigen Bauten mit Ausnahme des Tempels nicht über repräsentative Vorderseiten verfügten und überdies nach Höhe und Art der Eindachung zusammen etwa wie eine Ansammlung von Lagerschuppen gewirkt haben würden, hätte die vorgeschaltete Stoa nicht für Vereinheitlichung gesorgt. Sie besorgt hier also ein Geschäft, das die Säulenflucht bekanntlich besonders im Peristyl aufs vollendetste erfüllen sollte.

Am Leonidaion in Olympia, das in der Wende zwischen Spätklassik und frühem Hellenismus steht, hatte die ummantelnde Stoa nicht den Sinn, ungereimtes Nebeneinander zu verbergen (Abb. 20). Allenfalls wären die Außenseiten des viereckigen Peristylgebäudes ohne die Hallenverkleidung nackt und schmucklos erschienen. Die um die von Leonides gestiftete Herberge rings umlaufende Stoa bezweckt also in erster Linie Schmuck und repräsentative Erscheinung, faßt wohl auch in einzigartiger Weise einen prinzipiell einwärts gewandten Peristylbau von außen her zusammen. – Gerade in der Frühzeit spielt man die Möglichkeiten junger Bauformen gerne nach allen Richtungen hin aus und sucht sie auch mit traditionellen Vorstellungen zu verbinden, welche hier durch das Prinzip isolierender Allseitigkeit der äußeren Erscheinung vertreten sind. – Zum Leonidaion bemerken wir als merkwürdig nur noch, daß die Ringhalle der zierlichen ionischen Ordnung entnommen wurde, während die innere Hofordnung dorisch war. Das erscheint nach der geltenden Systematik, wonach von außen nach innen, von unten nach oben die derbere Säulenordnung zunächst steht und auf sie die weichere folgt, als 'Fehler' in der Anwendung der architektonischen Hierarchie. Man könnte sich nun mit der – durchaus zutreffenden Feststellung – zufriedengeben, daß der früheste Hellenismus gerne gegen den Strich kämmte und aus einer Umkehrung der Hierarchie bestimmte Reize zog. Doch wäre dies für das Leonidaion wahrscheinlich nur die halbe Wahrheit. Die an sich indiskutable Hierarchie der Ordnungen wird hier vielmehr vielleicht nicht formalisiert nach innen – außen, unten – oben angewandt, sondern sinngemäß. Das Peristyl ist letztlich ja nichts als ein Nutzbau, also kommt ihm das derbe Dorische zu. Die peripterale Ringhalle des Leonidaion hat dagegen als repräsentativer

Außenbau Anteil an den feierlichen Begehungen im Heiligtum; ihr gebührt daher die festlichere, die 'obere' Ordnung der Hierarchie. Diese Intellektualisierung des Formenrepertoires tritt nun nicht nur am Leonidaion auf (vgl. Gymnasium von Sikyon S. 145); sie darf daher als ein eigentümlicher Charakterzug der frühhellenistischen Baukunst wenigstens im Mutterland aufgefaßt werden, wobei diese intellektuelle Interpretation auf die Dauer freilich keine Chance gegenüber den rein formalistischen Tendenzen haben konnte.

Eine ähnliche Funktion wie am Leonidaion erfüllte wohl auch die vorgelegte, zweischiffige Stoa am wenig bekannten Nordostbau des Heiligtums von Epidauros (ungenau Abb. 24), der sog. Portikus des Kotys (etwa 2. Viertel 3. Jh.) [27]. Sie ist freilich nicht peripteral, dafür komplizierter gegliedert und verflochten. Den Kern des Gebäudeganzen macht ein sehr langgezogenes Peristyl aus, das außer im Osten von Kammerreihen umfaßt war. Diese Räume, die sich je in ihrer Ecke auf den Hof öffnen, messen nur eine lichte Weite von 3,20 × 3,20 m. Ihre Gestalt wie auch aufwendige Wasserinstallationen legen die Annahme nahe, der Nordostbau sei eine weitere Herberge neben dem Katagogion im Südosten des Heiligtums gewesen – allerdings gewissermaßen nun eine Klasse bescheidener als dieses. An der langen Südseite des Bauwerks erstreckt sich nun die nach außen geöffnete Halle mit äußerer dorischer und innerer ionischer Säulenstellung. Ein schmaler Durchgang zwischen zwei Kammern vermittelt im Osten die Verbindung zwischen Stoa und Peristyl. Ungefähr, aber nicht genau in der Mitte der Hallenrückwand öffnete sich zur Stoa hin eine rechteckige Exedra-Nische im Verlauf des Kammerntraktes. Sie besaß wohl zwei zwischen Anten angeordnete Frontsäulen. Ihre Tiefe entsprach der der Kammern, ihre lichte Breite belief sich auf knapp 6 m. Vier Bruchstücke einer gebogenen, steinernen Sitzbank bezeugen, daß dieser rückwärtige 'Aussprung' tatsächlich als etwas abgeschlossener Sitzraum an der Halle gedient hat. Bemerkenswert ist, wie das uns schon bekannte Motiv an dieser vorgeschalteten Stoa mit dem Kernbau gleichsam verzahnt wurde, ohne daß in diesem wie in jener irgendwelche Störungen auftraten. Die Südhalle selbst bog nach den spärlichen, schlecht freigelegten Spuren noch auf die westliche Schmalseite des Baukomplexes um, die sich mittels einer höheren Terrasse über dem hier abfallenden Gelände erhob. Vor Ort liegende Gebälkstücke der (äußeren) dorischen Ordnung zeigen dabei eine Stückung und kleinteilige Verschneidung, die es ausschließen, daß sie über einer freien Säulenstellung gesessen haben können. So mag die Stoa auf der Westseite in eine längs geschlossene, zweischiffige Lesche übergegangen sein; auch scheinen hier die ionischen Innenstützen einem anderen Formenrepertoire entnommen als im Süden. – Beim gegenwärtigen Stand der Kenntnisse muß es mit diesen knappen Bemerkungen sein Bewenden haben. Deutlich ist soviel: Die vorgelegte Halle, die als Schmuckfront vor der Anlage 'des Kotys' und zugleich als Rahmung des davorgelegenen Platzes diente und dabei sowohl für die Bewohner der Herberge wie für sonstige Besucher alle Annehmlichkeiten ihres Bautyps bot, ist in viel geringerem Sinn als die anderen erwähnten Stoen 'selbständig'. Sie ist in den Gebäudekomplex wahrhaft integriert; in Epidauros sind damit die immanente Wandlungsfähigkeit und die latente Bereitschaft zur Kombination, die die Stoa auszeichnen, am Außenbau weitgehend genutzt. Wir haben es mit echt hellenistischer Architektur zu tun.

Das Stoenmotiv in anderen Baugattungen: Bei den bisher behandelten Denkmälern griechischer Hallenarchitektur fielen die begrifflichen Kategorien Bautyp und Baugattung im wesentlichen zusammen. Das gilt nicht mehr, wenn der Typus der Stoa in ein anderes architektonisches Genus übertragen oder dort aufgegriffen wird. Brunnenhäuser oder Bühnengebäude sind eben zunächst dies und keine 'Stoa', auch wenn sie die Gestalt einer Säulenhalle erhalten. Ein weiterer Abstraktionsvorgang kann aus dem 'Typus' schließlich das 'Motiv' machen, vielseitig verwendbar und nicht einmal immer, noch endgültig an feste semiotische Konventionen gebunden. Dies alles ist mit der griechischen Stoa geschehen, wozu nicht zuletzt ihre im vorigen Absatz wiederholte, innere Beschaffenheit Anlaß gab.

Brunnenhäuser [36] sind bereits seit recht früher Zeit in Form der Säulenhalle ausgebildet worden, wobei etwa das hintere Schiff – die Interkolumnien durch niedre Mauern geschlossen – das eigentliche Wasserbecken aufnahm, während die Vorhalle ihm und den Benutzern Schatten spendete. Falls ein lebendiger Zulauf fehlte, wurde die Zisterne gern unmittelbar hinter der Gebäuderückwand angelegt. Im Hellenismus erfährt diese Art von Brunnenhalle weiteste Verbreitung; enger Zusammenhang mit eigentlicher Stoenarchitektur blieb gewahrt.

So scheint in Eretria das Brunnenhaus (4. Jh.?) auch auf den Schmalseiten offene Säulenstellungen besessen zu haben und damit eine frühhellenistische Variation der Hallenbaukunst aufzugreifen. Im Poseidonion von Tenos hat der Brunnen die Gestalt einer Risalitstoa, wobei in raffinierter Weise die Becken in den Flügelvorsprüngen angeordnet sind, während im Mitteltrakt eine Exedra bzw. Schola inkorporiert wird (Abb. 39). Das vornehm stilisierte Monument stammt aus dem Hochhellenismus; in der Verschmelzung von (reifen) Bautypen und in der Kontamination dieser mit verschiedenen Funktionen ist es ungeachtet seiner tatsächlichen Kleinheit ein Paradebeispiel hellenistischen Architekturwollens.

Der einfachere Typ des hellenistischen Brunnenhauses ist die gerade und frontale Halle, die häufig wenigstens mit der Rückwand an einen Berg bzw. eine Terrasse gelehnt war und meist sogar auf drei Seiten davon umschlossen wurde. Die Brunnen von Kyrene und Ephesos, von Ialysos auf Rhodos (Taf. 12a) und im Agora-Gymnasium zu Sikyon (Taf. 12b) mögen als beliebige Beispiele genannt sein. Ihr hauptsächlicher formaler Unterschied zur eigentlichen Stoa liegt in ihrer relativ geringen Länge, was auch auf Eretria und Tenos zutrifft. Daneben wird gerne die ‘innere’ Stützenstellung variiert: Pfeiler in Ialysos, Pfeilerhalbsäulen in Sikyon, Wechsel zwischen Wandstücken und Parastadenfenstern an der Peirene von Korinth (3. Jh.). In dieser Verwendung ‘fortschrittlicher’, z.T. auch zweckhaft nützlicher Bauglieder schlägt sich der funktionelle Unterschied zwischen Brunnenhalle und originärer Stoa besonders anschaulich nieder.

Die Bühnenhäuser der Theater (s. auch unten) wurden in der zweiten Hälfte des 4. Jh. unmittelbar nach dem Muster der Säulenhallen konzipiert. Auch nach der Einführung der Doppelstöckigkeit um 300 v. Chr. erinnerte wenigstens das Proskenion des Erdgeschosses noch jahrhundertelang an eine Stoa (vgl. Oropos Taf. 19a). Dies ist ausführlicher im Zusammenhang mit der Baugattung Theater darzustellen.

An den hochklassischen Propyläen des Mnesikles zu Athen (Abb. 1a) war demonstriert worden, daß der Gedanke seitlich vorspringender Baukörper einen speziellen, dem Wesen von Eingangsarchitekturen adäquaten Sinn entfalten konnte, indem der durch sie gebildete Vorplatz den Charakter des Übergangs, des Transitorischen gleichsam verkörperlichte. Diese Erfahrung wurde später immer wieder aufgegriffen[37], wobei sich die Gestaltung im einzelnen an das elegante, weil vereinheitlichende Vorbild der Flügelrisalitstoa anlehnte. So sind die Propyläen von Lindos vollständig als solche gebildet (Abb. 30, Taf. 45a). Das Propylon des sog. Temenos von Samothrake stellt in seiner Kleinheit ein Zitat des gleichen Typs dar. In diese Reihe gehört auch die Vorhalle des delischen Prytaneions aus der Zeit um 300 v. Chr. (Abb. 37. 21), die freilich das Motiv bereichert und variiert. Sie ist zweigeschossig; ihre wenig tiefen Seitenrisalite sind massiv. Noch weiter geht eine Eingangswand in Kamiros (Abb. 38). Auf sie ist das Motiv in Form einer Halbsäulen-Blendarchitektur gleichsam nur projiziert worden. Bei dieser rudimentären Verwirklichung spielt bereits stark ein abstraktes Element, die erfahrungsgemäße Bedeutung des Motivs herein, das hier die Eingangswand zusätzlich als eine solche bezeichnet. Der Bezug geht dabei nicht mehr auf die Baugattung 'Stoa', sondern via innere Struktur auf die Gattung 'Eingangsarchitektur', die das Hallenmotiv absorbiert hatte.

Wahrscheinlich nur mittelbar ist der Zusammenhang zwischen der Hallenarchitektur und einer Form von Grabfassaden, die im Hellenismus in einigen griechischen Kulturprovinzen häufiger begegnet; es handelt sich fast ausschließlich um längere Halbsäulen-Blendfassaden bei Felsgräbern. Immerhin dürfte kaum zu leugnen sein, daß die Gewöhnung an die Säulenfluchten der Stoen zumindest formal diese Scheinarchitekturen beeinflußt hat. In der Kyrenaika [38] dienen die Jochöffnungen zwischen den Säulen der Reihung gleichrangiger Grablegen, wie z. T. auch auf Rhodos (Taf. 13 a). Zwischen die Säulen eingestellte Scheintüren bereichern oft das Aussehen dieser Gräber. Eine mit Halbsäulenordnung und seitlichen Zungenmauern geschmückte, aus Quadern errichtete Grabterrasse hochhellenistischer Zeit wird aus Mamusia in der Peloponnes gemeldet. Das Grab der Scipionen in Rom dürfte nach derartigen griechischen Vorbildern (nach 200 v. Chr.) entworfen worden sein. Die eigentümliche Fassade im Grab Mustafa Pascha 3 zu Alexandria[15] wird dagegen direkte Anregungen aus der Bühnenarchitektur verarbeitet haben.

Fragt man nach diesem Überblick über Stoen und hallenartige Bauten nach der spezifischen Entwicklung, die der Typus im Hellenismus genommen hat, so ist festzustellen, daß eine solche im tieferen Sinne nicht existiert. Einzelne Neuerungen, die es wohl gibt, sind eher Variationen des Themas. Daß z. B. jetzt oft extrem lange Hallen errichtet werden, ändert an der Substanz so gut wie nichts. Sicher kann man die Südhalle in Olympia oder die Mittelstoa in Athen wegen der Reife und Ausgefeiltheit der Lösungen in gewisser Weise 'fortschrittlich' nennen. Gleichwohl stehen sie nicht wirklich in einer Entwicklungslinie, sondern bleiben Sonderfälle, herausragende Einzelleistungen.

Die Bedeutung der Stoenarchitektur für den Hellenismus liegt demnach offenbar nicht im Entwicklungsgedanken, sondern anderswo. Erinnert sei an die Tatsache, daß das Anwendungsspektrum der Stoa auf neue und z. T. recht fremde Aufgabenbereiche ausgedehnt wurde. Die hellenistische Baukunst machte sich die strukturelle Flexibilität des Hallenmotivs zunutze – weil sie offenbar etwas dergleichen brauchte.

Ferner spielt der quantitative Aspekt eine kennzeichnende Rolle. Keine Stadt und kaum ein Heiligtum, die jetzt nicht mit einer oder mehreren Stoen ausgestattet werden. Hallen beginnen, in starkem Maße das Bild zu beherrschen. Dabei muß man sich gegenwärtig halten, daß Stoen zwar der kunstmäßigen Architektur angehören, innerhalb welcher sie aber eher eine niedrigere, profanere Stufe als etwa der Tempelbau o. ä. einnehmen. Ihre Häufigkeit bewirkt demnach eine faktische Zunahme von Kunstarchitektur bei gleichzeitiger relativer Nivellierung. Vor allem in ihrer Masse vertreten die Säulenhallen eine Baukunst, die sozusagen auf einer gehobenen mittleren Ebene rangiert. Sie kann Anspruch nach Verschönerung wie nach vernünftiger Nutzbarkeit im gleichen Atemzug erfüllen.

'Hellenistisch' ist nicht der Typ der Stoa oder seine Entwicklung, sondern Art und Umfang, in dem von ihm Gebrauch gemacht wurde. Nimmt man gar die Peristylarchitektur hinzu, die von der Stoa nicht zu trennen ist, darf die Säulenhalle als Leitmotiv der späteren griechischen Baukunst bezeichnet werden.

Das Peristyl

Typus – Zweckbestimmung: Das Peristyl ist kein einfacher und ursprünglicher, sondern ein abgeleiteter Bautyp, der mit dem 5. Jh. im Prinzip fertig dasteht (o. S. 40). Er verbindet den Gedanken des allseitig geschlossenen Innenhofes mit der Säulenhalle. Förderlich mögen bei diesem Vorgang Eindrücke und Erfahrungen gewesen sein, die man seit archaischer Zeit im winkligen Zusammenfügen zweier gleicher Hallenzüge gesammelt hatte, ohne daß diese L-förmigen Stoen (z. B. Naxierhalle Delos; Stoa C Selinunt) geradezu die Erfindung des Peristyls ausgelöst haben werden. Die den zentralen Hof umgebenden Säulenhallen des Peristyls bilden einen möglichst regelmäßigen, quadratischen oder rechteckigen Grundriß. Cum grano salis wird man auch dann noch von einem Peristyl sprechen, wenn kleinere Unregelmäßigkeiten vorliegen oder wenn etwa sogar eine Seite der Säulen entbehrt, solange nur zutrifft, daß die feste Umgrenzung des Binnenhofes im wesentlichen durch Säulenstellungen bewerkstelligt wird. Anfänglich ist bei vollständigen Peristylen keine Seite irgendwie hervorgehoben; die richtungslose Binnenarchitektur läßt sich vielmehr als konzentrische Anlage um eine leere Mitte beschreiben.

Während die vierseitige Zusammenfügung von Stoen die diesem Bautyp immanente Beliebigkeit der Frontproportionen wenigstens teilweise aufhebt, indem sich notwendig irgendein

Bezug zum 'Hof' einstellt, wirkt eine andere Eigenschaft der Säulenhalle im Peristyl strukturell fort – die ästhetische Indifferenz ihrer Rückansicht. So ist auch das Peristyl nur vom Hofinnern her durch die Hallen wirklich determiniert. Sobald sich an das Peristyl eine mehr oder weniger umfängliche Umbauung anschloß, lag diese qua definitione jenseits des Peristyls, nach 'hinten hinaus', und war wie irgendwelche rückwärtige Anbauten an einer Stoa zu behandeln. Man brauchte also zumindest grundsätzlich weder die Trakte der einzelnen Seiten aufeinander abzustimmen noch mußte man gar für eine zusammenfassende Außenseite sorgen. In der Tat springen bis in späte Zeit Apsiden- und Nischenkörper aus der Außenflucht von Peristylanlagen heraus; insbesondere variiert oft die Breite und die Dachhöhe der angefügten Flügel und Trakte, ja, selbst innerhalb des Traktes einer Seite ist etwa damit zu rechnen, daß er teils ein-, teils zweigeschossig war usf. Dem Wesen nach ist ein peristyler Baukomplex eben kein 'mittig ausgehöhlter' Baukubus wie etwa im italienischen Renaissancepalast, sondern ein Hallenviereck mit Annexen. Der aufgelockerte, ungewollt sicher oft malerische Endeffekt dieser Auffassung kann heute bis zu einem gewissen Grade noch an den Raum- und Dachgruppen um die Höfe der Alhambra von Granada nachempfunden werden, deren Baukonzeption besonders stark in antik-mediterraner Tradition steht. An den griechischen Denkmälern ist dieser charaktertypische Eindruck durch die Zerstörung überall verloren und höchstens unvollständig rekonstruierbar. Es genüge, an die 'fast unlösbaren Schwierigkeiten' zu erinnern, welche die Deutung der verschiedenen überkommenen Ziegeldächer einer und derselben Peristylanlage, nämlich der Palästra von Olympia, dem erfahrenen Bearbeiter bereitete. – Übrigens heißt das bisher Ausgeführte nicht, daß die Außenseiten aller Peristylbauten chaotisch und desorganisiert gewesen wären: Es finden sich vielmehr recht häufig begradigte Grundrißführung und gelegentlich sogar geschmückte Frontseiten. Nur entwickelt sich dies nicht mit gesetzmäßiger Notwendigkeit aus dem Peristylgedanken heraus, sondern bedeutet ihm gegenüber ein Zusätzliches, das besonderer Erklärung bedarf. Darauf kommt es an.

Betrachten wir nun das praktische Verhältnis zwischen Peristylhof und Anbauten, so ist zunächst festzustellen, daß in derartigen Gebäudekomplexen der hallengesäumte Hof zumeist auch funktional ein wesentlicher, wenn nicht der wesentlichste Teil des Ganzen war, am deutlichsten vielleicht in Gymnasien und Palästren. Er kann platzartige Dimensionen annehmen wie etwa im Gymnasium von Kos (Taf. 7b). Reine Peristyle, d.h. Säulenhöfe ohne Annexe bilden daneben die Ausnahme. Erwähnt sei etwa das große frühhellenistische Peristyl im Nordosten der Athener Agora – das als Gerichts‘hof’ diente – sowie ein ‘Tetrastoon’ beim Theater von Lindos, ein anderes hinter dem Theater von Phlius (4. Jh.); die beiden letzteren fungierten offenbar als eine Art Foyer wie später noch das samnitische Große Peristyl am Theater von Pompeji. In den wenigsten Fällen freilich genügte der einfache Säulenhof allein für den vorgesehenen Zweck, und sei es auch nur, weil man einen abgetrennten Sitzungs- sprich Speiseraum für die zuständigen Aufseher sowie einige Abstellkammern als nötig erachtete. Dies läßt sich mit den frühesten uns bekannten Peristylanlagen verfolgen. Der charakteristische Vorzug des Peristyltyps, den wir oben geschildert haben, erlaubte es dabei, daß man je nach Bedarf z.B. nur wenige Räume auf einer oder zwei Seiten anstücken konnte und daß andererseits einer beliebigen Erweiterung kaum Grenzen gesetzt waren. Es nimmt daher weder wunder, daß Peristylanlagen, d.h. Peristylhöfe mit ihren Annexen, individuell sehr verschieden aussehen können, noch daß der Peristylgedanke für die verschiedensten Baugattungen nutzbar gemacht wurde, wo nur immer ein Säulenhof erwünscht oder zumindest nicht völlig überflüssig schien. Diese vielseitige Anwendbarkeit des Peristyls geht zusammen mit einer Eigenschaft, die wir bereits der Stoa als solcher attestierten: es handelt sich um höhere Architektur, die aber wieder nicht so anspruchsvoll ist, daß sie nicht auch zum Schmuck des profanen Nützlichen dienen könnte. Diese beiden Aspekte begründen seit dem 4. Jh. und vor allem im Hellenismus den Siegeszug des Peristyls, das nach der Anzahl der erhaltenen Beispiele geradezu als echt hellenistischer Bautyp gelten darf, auch wenn seine Erfindung um Jahrzehnte zurückliegt.

Eingang fand der Peristylgedanke damals besonders in der öffentlichen Architektur. Dikasteria (Gerichtshöfe), Sport- und Kulturzentren von Gymnasium/Palästra [39] sowie Behördenlokale (z.B. Prytaneia [40]) werden demgemäß organisiert – ebenso die sog. Banketthäuser von Vereinen und in Heiligtümern [22], die sich rein technisch von Prytaneia oft nicht sehr unterscheiden. So dürfte es z.B. schwer zu sagen sein, ob die älteste erhaltene Peristylanlage im argivischen Heraion ein beliebiges Speisehaus oder nicht – wofür manches spricht – exakt das Prytaneion der Heiligtumsverwaltung war. In großen Herbergen ordnen sich nunmehr die Appartements gleichmäßig um das Hallenviereck – Vorläufer des gemütlichen Kervansaray orientalischer Prägung. Aber auch in der höheren Wohn- und in der Palastarchitektur bestimmt das Peristyl bald die Erscheinung; im späteren Hellenismus begegnet es sogar bei eher mittelständischen delischen Wohnhäusern [41]. Früh genug wurde es in Alexandria in den Grabbau übernommen. Schließlich haben wir bereits beschrieben, wie der peristyle Gedanke auf die Gestaltung von öffentlichen und heiligen Plätzen übertragen wurde, wodurch auch diese eine 'zentripetale' Definition erhielten. Zwar ist ein peristyler Platz dem Wesen nach nicht mehr genau dasselbe wie ein peristyler Hof, doch lohnt es nicht, diesen Unterschied hier weiter auszuführen. Halten wir ganz zum Schluß nur noch fest, daß das Peristyl zu denjenigen griechischen Architekturformen zählt, die in unterschiedlicher Anwendung selbst im asiatischen Orient eine seltene Durchsetzungsfähigkeit bewiesen haben (vgl. u. Kap. VI), um damit seine eminent 'hellenistische' Qualität wirklich zu ermessen.

Wir merkten bereits vorhin bei der formalen Charakterisierung des Peristyls an, daß die Anbauten je nach praktischem Bedarf von Bau zu Bau unterschiedlich ausgebildet werden dürfen. Die Aufzählung der überaus vielfältigen Funktionen, denen der Bautypus realiter zugeführt wurde, gibt jetzt vielleicht eine Vorstellung von dem Ausmaß der im Einzelfall zu berücksichtigenden, abweichenden Erfordernisse. Es ist daher durchaus unmöglich, die komplexen Peristylanlagen alle über einen Kamm zu scheren, wenn man in erster Linie auf ihre 'Anbauten' abhöbe.

Diese richten sich in Form und Anordnung nach der unmittelbaren Zweckbestimmung des Gebäudes als Gymnasium, Hotel oder Palast etc. – Eine ganz eindeutige Unterscheidung ist freilich selbst hier nicht immer möglich: Das normalerweise als Gymnasium interpretierte Gebäude südlich der Capito-Thermen in Milet (Abb. 48a) war z.B. eher ein Dikasterion. – Abgesehen davon lassen sich aber doch künstlerische Tendenzen und Regeln der Peristylgestaltung nachweisen, die von der Gebäudegattung und der jeweiligen Funktion weitgehend unabhängig sind. Um sie geht es im folgenden vorwiegend, indem wir die Besprechung der verschiedenartigen, zweckbedingten Anbauten auf spätere Abschnitte verschieben.

Die Hofhallen: Die normale Form eines Peristyls besteht zu allen Zeiten aus einschiffigen, auf sämtlichen Seiten in gleicher Ordnung durchlaufenden, mit einfachem Pultdach gedeckten Portiken. Wenn peristyle Heiligtümer (z.B. Asklepieion Messene [Abb. 32], Zeusheiligtum Megalopolis [Abb. 15]) und Agorai (z.B. Milet [Abb. 4], Magnesia/M. [Abb. 18]) gelegentlich ringsum von zweischiffigen Hallen gerahmt sind, erklärt sich dies aus besonderen praktischen und repräsentativen Erfordernissen und hängt natürlich auch vom Vorbild entsprechender freistehender Stoen in diesen Zusammenhängen ab. Vor dem Hochhellenismus scheinen solche Erweiterungen übrigens nicht aufzutreten.

Auf diesem Hintergrund ist es bemerkenswert, daß schon seit dem Frühhellenismus Tendenzen dahin gehen, die eine Seite des Peristyls auf irgendeine Weise hervorzuheben und dadurch die ursprüngliche Richtungslosigkeit des Typus zu korrigieren. Oft werden verschiedene Mittel kombiniert.

So kann die eine Seite durch Fortführung ihrer Säulenstellung bis zu den Wänden betont werden, wodurch die anschließenden Hallen gleichsam abgeschnitten werden. Dies begegnet mit einer eingestellten Säule an der Nordseite des Nordperistyls im Palais Pella I 1 (Abb. 45a, Tf. 6a); zwei Trennsäulen weist die Osthalle des unteren Hofes im Gymnasium von Sikyon [46] auf (Abb. 41b). Die Anlagen gehören ins ausgehende 4. Jh. bzw. ins

2. Viertel des 3. Jh. Bei dieser Form der Abtrennung ist zu überlegen, ob sie – abgesehen von ihrer ästhetischen Wirkung – nicht sachlich direkter von der Existenz eines nur über die betreffende Halle geführten Oberstockes abhängt.

In Sikyon ist allerdings die Osthalle noch dadurch ausgezeichnet, daß sie sich an ihren Schmalseiten wie mit Alae in die angebauten Kammerfolgen hinein fortsetzt. Dasselbe Motiv erscheint am Gymnasium von Epidauros (frühes 3. Jh., Abb. 34b) sogar zweimal variiert, einmal zu seiten des 'hinteren' Schiffes im Norden und noch einmal neben der Südportikus in Form zweier distyl in antis geöffneten 'Exedren', die zugleich als 'Vorhallen' für einen Klinenraum (im Westen) und ein Vestibül (im Osten) dienen (n. b. die ästhetische und funktionale Ambivalenz der Gebäudeelemente!). Im Peristyl des königlichen Palastes Pella II ist die auch sonst hervorgehobene Nordportikus, hinter der die gewaltigste Speiseraumfolge liegt, schließlich ebenfalls mit seitlichen Alae versehen (Abb. 45b), die im Westen die Gestalt einer apsidalen Exedra besitzt, während im Osten ein seichtes 'Pronaos' vor einer hufeisenförmigen 'Cella' stand. Die rein ästhetische Bedeutung dieser aufwendigen Alae wird noch dadurch gesteigert, daß sie vermutlich als Kulträume oder Kapellen gedient haben und der gesamten Nordportikus eine zusätzliche sakrale Bestimmung vermittelten. Das Alen-Motiv, das in gewisser Weise die eigentlichen Grenzen des Peristyls überschreitet und 'Annexe' einbezieht, ist in Pella II in sehr reifer Ausbildung vorhanden; kaum verändert wurde es noch an herrschaftlichen Villae der Spätantike geschätzt (Piazza Armerina!). Es bewirkt gleichwohl eine mehr interne Hervorhebung der betreffenden Peristylseite.

Mit der Einführung des sog. rhodischen Peristyls ist der Schritt zur endgültigen Ausrichtung des Peristyls erfolgt. Bei ihm ist die Säulenhalle der einen Seite merklich höher – und tiefer – als die der drei übrigen Seiten. Die höhere Halle pflegt im Norden zu liegen, worin sich ein praktischer Zweck der Erfindung verrät. Während beim hohen Sonnenstand des Sommers die Einstrahlung nicht sonderlich lästiger als bei niedrer Portikus war, erhielten die Rückwand und damit die Mauern der anschließenden

Räume im Winter mehr Sonne und Wärme. Dies ist das eine. Das andere ist die Tatsache, daß man bald den Haupteingang der hohen Portikus gegenüber anordnete und hinter diese die Repräsentationsräume gruppierte. So ließ sich das Motiv zur Bezeichnung inhaltlicher Sachverhalte nutzen. Ob sein von Vitruv VI 7,3 überlieferter Name auf rhodischen Ursprung hinweist, ist ungewiß. Die ältesten bisher bekanntgewordenen Beispiele scheinen jedenfalls makedonische Paläste zu sein. Die mit kurvolinearen Alae versehene Nordportikus in Pella II (Abb. 45b) muß nach allen Anzeichen 'rhodisch' gewesen sein; das gleiche läßt sich wohl im sog. 'Anaktoron' von Demetrias erschließen (Abb. 45) [57]. Eine kühne Monumentalisierung erfuhr der Gedanke im sog. Gymnasium (oder Dikasterion) von Milet (Abb. 48a). Angeschlossene Räume finden sich nur hinter der hohen Halle des Peristyls, wobei der mittlere besonders hervorgehoben ist. Ihm axial gegenüber befindet sich der mit einem reichen Propylon geschmückte Eingang. Private Wohnhäuser mit rhodischem Peristyl sind auf Delos gefunden worden [41]; wir erwähnen das Dreizack- (Taf. 5a) und das Maskenhaus. Ein Problem, das so recht nach hellenistischem Geschmack gewesen sein muß, bot das rhodische Peristyl: Die Frage des Anschlusses der niedren an die hohe Portikus. 'Korrekt' zu lösen war es nur unter Einsatz kombinierter Stützenformen, d.h. durch Verbindung verschieden hoher Halbsäulen mit einem Pfeilerkern. Leider ist uns das einzelne der makedonischen Denkmäler unbekannt, wo die entsprechenden Möglichkeiten freilich vorhanden waren. Interessant muß auch das System der Dachanschlüsse und der gegenseitigen Proportionierung gewesen sein. Wenn in Delos das Gebälk der niedren Hallen auf Konsolen anläuft, die in undefinierter Höhe aus den vollrunden Ecksäulen des hohen Traktes hervorragen, dann sehen wir darin eine gewisse Negligenz, die entweder mit der Bescheidenheit der Wohnarchitektur oder mit dem Faktum zusammenhängt, daß die Häuser bereits dem ausgehenden Griechentum angehören.

Einige andere hellenistische Ansätze, die gleichartige Regelmäßigkeit des Peristyls zu durchbrechen, sind nur in geringen Zeugnissen auf uns gekommen, obwohl sie einst häufiger gewesen sein mögen. Erwähnung verdient ein Haus im Sektor AGD von Olbia [42] am Schwarzen Meer. Dessen Peristyl scheint im Verlauf der einen Seitenhalle offenbar ein erhöhtes, vielleicht naiskosförmiges Mittelstück besessen zu haben, ein ganz ungewöhnlicher Blickfang für ein profanes Peristyl. Möglicherweise 'bezeichnete' es den dahinter angeordneten Hauptoikos. Natürlich denkt man dabei an diejenigen Peristylheiligtümer, die den Tempel in die Halle integriert hatten und nur noch als Giebelvorhalle sichtbar werden ließen. In Olbia wäre daraus ein motivisches Zitat geworden.

Im berühmten Palazzo delle Colonne zu Ptolemais in Libyen (Abb. 48b), der wahrscheinlich die Residenz des dortigen alexandrinischen Gouverneurs war, nimmt das Peristyl auf die Anbauten insofern Rücksicht, als die Hallen der Schmalseiten in der Achse beträchtlich erweiterte Joche aufweisen, die den hinter ihnen angeordneten, prunkvollen Oikoi entsprechen bzw. sich auf sie beziehen. Auch sind die Interkolumnien der Langseiten beträchtlich kürzer als die 'Normaljoche' der Schmalseiten. Obwohl der Grundriß des Peristyls gedrungen rechteckig, d. h. praktisch fast quadratisch ist, kommen so auf 6 Säulen an den Schmalseiten 10 niedrigere Säulen an den Langseiten. Dies läuft geradezu auf eine Art optischer Täuschung hinaus, mit der die Front- und Nebenseiten des Peristyls differenziert sind. Außerdem saß auf dem Gebälk der Front – vielleicht nur der einen Seite – eine höchst eigentümliche miniaturhafte Kulissenarchitektur aus rechteckigen und konchenförmigen, gegiebelten Ädikulen und verkröpften Säulen (Abb. 49a), die man zu Unrecht oft für römisch gehalten hat. Sie entstand aber vor 100 v. Chr., wie ihr Stil zeigt. Freilich stellt sie so ziemlich das Äußerste dar, was griechisch-hellenistische Architektur in rein dekorativer Hinsicht und in der Auflösung der Tektonik zu leisten vermochte. Auf letzteres wird zurückzukommen sein. An dieser Stelle interessiert ihre Rolle bei der Umstrukturierung des Peristyls, denn so darf man die Einfügung einer Fassade im strengen Sinn des Wortes wohl bezeichnen. Aus dem richtungslosen, 'konzentrischen' Normalperistyl ist in Ptolemais ein zweipoliger Hoftrakt mit betonter Längsachse geworden. Im Vergleich mit den reifsten Vertretern des rhodischen Peristyls – das hier freilich mittelbar auch Anregungen lieferte – läßt sich sagen, daß die strenge Steigerung Eingang – Hof – hohe Portikus – Hauptraum in dieser Abfolge fehlt. Der Eingang liegt vielmehr an unbezeichnender Stelle der Langseite. Insofern ist Ptolemais mehr Binnenarchitektur, d.h. allein auf das Innere bezogen. Indem man dies ausspricht, wird aber deutlich, daß die Bewegtheit, die Gespanntheit des Binnenhofes noch weit über das hinausgeht, was der rhodische Typ erreicht. Dabei scheint es dann nicht so belangvoll, daß die versteckt verwinkelte Führung des Eingangs im Palazzo delle Colonne möglicherweise faktisch auf den – im halborientalischen Ambiente verstärkten – Wunsch nach größerer Abgeschlossenheit der Wohnarchitektur zurückgeht.

Doppelgeschossigkeit: Zweigeschossige Peristylhallen begegnen seit dem frühen Hellenismus, wie ja damals dieses Motiv überhaupt Aufnahme in die kunstmäßige Architektur gefunden hat. Es ist nicht auszuschließen, daß dem Peristyl bei diesem Vorgang eine besondere Bedeutung zukam. Wir erinnern daran, daß es in der einfacheren Nutzarchitektur schon länger das Stockwerk in schlichter Form gegeben haben muß. Die nach der Zerstörung von Plataiai durch die Thebaner errichtete Herberge besaß einen Oberstock, der rings um den Hof (möglicherweise ein Peristyl) umlief, wie Thukydides III 68 anläßlich der Ereignisse des Jahres 427 v. Chr. berichtet. Ein Hyperoon ist inschriftlich für das Heiligtum von Brauron ca. 420 v. Chr. belegt [4]. Man wird sich das so vorstellen müssen, daß der Oberstock über den angebauten Kammern saß; das Pultdach der Portikus lief an seine Mauer in einiger Höhe über dem Zimmerboden an, so daß etwa noch einfache Fenster mit Blick auf das Peristyl in der Wand angebracht werden konnten. Von hier aus erschiene der Schritt zur Anlage einer zweiten Halle vor dem Obergeschoß, die die untere repetierte, nicht allzu schwierig.

Ein weiterer Anstoß mag aber auch aus Makedonien gekommen sein und sich mit jener latent in der spätklassischen Baukunst vorhandenen Disposition verbunden haben. Wir sind hier allerdings auf Rückschlüsse angewiesen, denen die allgemeine

Beobachtung zugrunde liegt, daß die Makedonen als reiche kulturelle Newcomers des 4. Jh. erstens modernste, auch ausgefallene Kunstformen 'einkauften' bzw. förderten und zweitens wie später die Römer in gleicher Lage versuchten, gewisse spezifische Traditionen und Bedürfnisse in dieses Gewand zu kleiden. Dazu scheint zu gehören, daß man im waldreichen Makedonien ursprünglich mehrgeschossige Holzhäuser baute, die oben umlaufende Balkons und Galerien aufwiesen, wie man das noch in jüngerer Zeit an balkanischen Bauerngehöften beobachten konnte. Eine solche lokale Persistenz von Baugewohnheiten wäre nicht einmalig; sie beruht auf der Tatsache unverändert gleicher Voraussetzungen hinsichtlich Rohmaterial, Klima und Wirtschaftsweise. Wie dem auch sei, die doppelgeschossigen makedonischen Peristyle[43] sind die ältesten, die uns bisher bekannt wurden, und besitzen dabei eine charakteristische Eigentümlichkeit.

Über dem Gebälk der unteren Portikus folgt nicht unmittelbar eine zweite Säulenstellung, sondern zunächst eine kompakte Brüstungs- oder Balustradenzone. Auf ihr sitzen die Stützen der Galerie auf, entweder in durchlaufender Reihung oder durch breitere Wandstücke getrennt. Wir geben hier Abb. 44a eine versuchsweise Wiederherstellung aus dem großen Peristyl des Gebäudekomplexes Pella I $_3$ (Abb. 44b) nach V. Heermann. Die Galeriestützen bestehen aus kombinierten Pfeiler- und Halbsäulenelementen, die bei relativ geringer Höhe und entsprechend zierlicher Proportion der Vorderseite doch gestatteten, die erforderliche Tiefe zu erreichen. Reste solcher Galerien, die nicht immer allseitig das Peristyl umgeben haben müssen, sind in mehreren frühhellenistischen Palastbauten Pellas beobachtet worden. Auf ihre Verwendung an Fassaden ist in Kürze zurückzukommen.

Unter späteren öffentlichen Peristylanlagen, die ausgebildete Doppelgeschossigkeit aufweisen, nimmt die Agora der Italiker auf Delos (Abb. 19b) aus den letzten Jahren des 2. Jh. schon allein wegen ihrer Größe einen besonderen Rang ein. Über den dorischen Vollsäulen des Erdgeschosses erhebt sich der erste Stock mit rechteckigen dorischen Pfeilerparastaden, die die ganze Höhe einnehmen. Sie erinnern an die auf Delos beliebten, pfeilerförmigen Fensterparastaden und lassen darin noch eine Erinnerung an die Eigenart des Obergeschosses im Verhältnis zur unteren Hallenarchitektur nachklingen. Daß die Zweigeschossigkeit dem Platz eine erwünschte stärkere Zusammenfassung gab, wurde bereits erwähnt.

In der privaten Wohnhausarchitektur scheint die Mehrgeschossigkeit manchmal, aber sicher nicht immer auf die Existenz von Wohnungen, die je eine Etage einnahmen, hinzuweisen. Dies dürfte etwa bei dem gut erhaltenen 'Haus des Hermes' auf Delos (2. Jh.) der Fall sein (Taf. 5b). Die Maison des Comédiens, ebenfalls Delos (Abb. 75)[44], besaß im Oberstock eine Brüstung mit umlaufender Galerie von Pfeilerparastaden. Nicht viel vor 200 v. Chr. möchten wir das Peristyl des Hauses von Monte Iato auf Sizilien in seiner rekonstruierbaren Form datieren (Abb. 50)[45], das ein rares westliches Beispiel für Zweigeschossigkeit ist. Es hat unten dorische, oben sizilisch-ionische Vollsäulen, wobei zwischen letzteren scherwandartig Balustradenplatten eingestellt sind. Betrachtet man das sizilische Haus, aber auch das dreigeschossige (!) Peristyl des Hermes-Hauses mit nur vier Stützen je Seite, wird man einer der Privatarchitektur eigenen Enge, ja Schachtartigkeit dieser Peristyle gewahr, die bei (gleich knappen) eingeschossigen Säulenhöfen in dieser Weise natürlich nicht fühlbar wurde. Sie sollte in ihrer ästhetischen Absicht zwar nicht überbewertet werden, da sie zunächst rein ökonomisch bedingt ist. Ihre ästhetische Wirkung, die realiter einer 'Aushöhlung' des Hauskubus gleichkommt, steht vielleicht auf einem anderen Blatt; das vorzügliche Haus von Monte Iato scheint dies sogar schon künstlerisch zu berücksichtigen. Hier bahnt sich vielleicht unmerklich ein Übergang an vom autonomen Peristyl im eingangs geschilderten Sinn zum umsäulten, dem Gesamtgebäude eingeordneten und von ihm abhängigen Innenhof.

Abschließend sei an dieser Stelle auf das alexandrinische Grab Mustafa Pascha 1 aus dem späten 3. Jh. verwiesen (Taf. 11a. b)[15]. Zwar handelt es sich bei diesem Denkmal um eine motivische Übertragung des Peristyls in die Sepulkralbaukunst, wobei in bereits vertrauter Weise Blendarchitektur eingesetzt wird. Auch ist das 'Obergeschoß' nicht wirklich ausgebildet, sondern nur durch eine Wandzone repräsentiert, die mit einer interessanten Lisenenbildung versehen war. Wegen seines relativ vorzüglichen Erhaltungszustandes ermöglicht es aber – ebenso wie z. B. das bescheidener konzipierte Grab Mustafa Pascha 2 (Taf. 10) – leibhaftige Eindrücke der Lichtverhältnisse usw., die an anderen, einst ähnlichen Peristylhöfen wegen der Zerstörung heute nicht mehr wirklich zu gewinnen sind.

Peristylkombinationen: Bloß beiläufig erwähnen wir, daß in einem Gebäudekomplex natürlich mehrere Peristyle nebeneinander liegen konnten, indem sie untereinander durch Gänge (mesauloi) verbunden waren. Vitruv IV 7, 3 bemerkt bei reichen Häusern die Existenz von 'lautiora peristylia' neben den zum täglichen Gebrauch bestimmten. Sie waren kostbar ausgestattet und dienten der Repräsentation, d. h. für Einladungen etc. Erst die Paläste der makedonischen Könige und des makedonischen Adels in Pella, Vergina oder Demetrias haben uns diese Anspielung besser verstehen gelehrt. Wahrscheinlich bezieht sich Vitruv tatsächlich auf solche Beispiele, während in der griechischen Bürgerpolis selbst das Patriziat keine prunkhaften Repräsentationsperistyle errichtete. Eine gute Anschauung bietet vor allem das Adelspalais Pella I_1 mit drei Säulenhöfen – im Norden offenbar das immer noch sehr luxuriöse 'Wohnperistyl', in der Mitte der feierliche Hof und im Süden vermutlich eine Art Wirtschaftstrakt, der zumindest durch seine Größe imponieren konnte (Abb. 45a). Man kann auch an die saisonale Residenz von Vergina (Abb. 43) erinnern usf. Kennzeichnend ist, daß diese Peristyle selbständig bleiben; sie verfügen über eigene Umbauung oder sind doch durch Raumsuiten voneinander getrennt.

Vereinzelt gibt es jedoch im Hellenismus Versuche, den geschlossenen und kontinuierlichen Charakter des Peristyls umzustrukturieren, d. h. entweder durch Verschmelzung zu überschreiten oder durch 'Zerschneiden' und andersartige Wiederzusammenfügung zu sprengen. Überschreitung und Sprengung sind dabei sachlich die beiden Kehrseiten einer einzigen Medaille: Was gemeint ist, sollen zwei Denkmäler veranschaulichen.

In Tebtynis (Fayyum/Ägypten) liegt neben der Prozessionsstraße ein m. W. unpubliziertes, vielleicht öffentliches Gebäude, das eher noch dem 3. als dem 2. Jh. angehören dürfte (Taf. 6b). Sein Peristylhof, der nur auf zwei Seiten von Räumen begleitet wird, nimmt mehr als die Hälfte der gesamten Grundfläche ein; in Wahrheit handelt es sich aber gewissermaßen um anderthalb Peristyle. Der Kern bildet ein normales, quadratisches Peristyl mit fünf Jochen pro Seite; es besitzt ionisch kannelierte Säulen über attischer Basis, die Eckstützen bestehen aus Pfeilern mit angearbeiteten Halbsäulen makedonischer Tradition (vgl. etwa Demetrias, Anaktoron). Die Rückseite der östlichen Halle zeigt nun keine Mauer o. ä., sondern ist mit einer Säulenstellung auf einen Nebenhof geöffnet. Diese hintere Säulenstellung zählt sogar sieben Interkolumnien, also an jedem Ende eines mehr als das Hauptperistyl, und biegt noch mit zwei Jochen nach Osten um. Ihre Eckstützen sind von gleicher Art wie die des Hauptperistyls, die Säulenschäfte aber unkanneliert. Die Ostgrenze dieses 'abgeschnittenen' Nebenperistyls bildet die äußere Umfassungsmauer des Gebäudes. Das völlig Ungewöhnliche und Aufregende dieser Anlage ist die Tatsache, daß sich sozusagen zwischen die beiden Höfe ein gedeckter Säulengang einschiebt, der genetisch nur als Fusion zweier aneinandergelehnter Hallen unter 'Ausfall' ihrer Rückwände (der gemeinsamen Trennwand) zu deuten ist. Das angeschnittene Nebenperistyl verschmilzt dadurch mit dem Haupthof, hinter dessen Oststoa es wie eine helle Raumfolie hindurchleuchtet. Man ist berechtigt, sich diese malerische Wirkung etwa durch entsprechende Bepflanzung des Nebenperistyls noch phantastisch gesteigert zu denken, zumindest ist der Weg dazu an diesem Denkmal vorgezeichnet.

Aufgrund des gut erhaltenen Peristyls von Tebtynis wäre zu überlegen, ob eine ähnliche, stets etwas 'irreale' Durchblicksarchitektur nicht auch in einfacherer Form im Nordosthof von Pella I_3 (Abb. 44b) existierte, was nach den bloßen Fundamenten – und mehr ist leider nicht erhalten – keineswegs ganz ausgeschlossen erschiene.

Die andere Art, das Peristylmotiv aus sich selbst heraus umzustrukturieren, zeigt das Gymnasium an der Agora von Sikyon[46], das nach dem Stil seiner Bauglieder in den späteren peloponnesischen Frühhellenismus und d. h. etwa in das 2. Viertel des 3. Jh. gehört (Abb. 41b, Taf. 12b). Die Verbindung mit der Stiftung des Kleinias, Vaters des Aratos, ist wahrscheinlich nicht haltbar. Hier sind zwei 'abgeschnitten' dreiseitige Peristyle so kombiniert, daß sie sich auf unterschiedlichen, durch eine Terrasse getrennten Niveaus gegeneinander wenden, wobei die Terrassenmauer als architektonische Fassade (mit zentralem Treppentor und symmetrischen Brunnen'exedren') behandelt wurde. Das obere Peristyl, eine einfache Säulenstellung ohne weitere Umbauung, ist dorisch; das untere Peristyl, an dem die erforderlichen Räume liegen, ist ionisch. Die frühhellenistische 'Umkehrung der Hierarchie' (vgl. Leonidaion!) der Ordnungen wird hier inhaltlich durch die Funktion mitbestimmt sein: Die obere Terrasse stellt den simplen Turnplatz dar, das untere Peristyl begreift darüber hinaus die Räumlichkeiten für weitere kulturelle Aktivitäten ein, ist also höheren Ranges. Der offenbar einzige, recht unscheinbare Eingang liegt im Norden des unteren an der Nahtstelle zum oberen Peristyl, zu dem von dort eine Treppe hinaufführt; wir betonen dies deshalb, weil diese Eingangslage wieder einmal den einwärts gekehrten, die Umgebung ausschließenden Charakter des Peristylmotivs selbst bei einem solchen Bau beleuchtet.

Im einzelnen ist vieles am Gymnasium von Sikyon unsicher. Sein Erhaltungszustand ist sehr schlecht und der ursprüngliche Bestand durch zwei radikale Umbauphasen weiter verunklärt. Darüber hinaus ist der Bau weder bei der Ausgrabung noch nachher sorgfältig untersucht und schon gar nicht adäquat bekanntgemacht worden. Wenn wir daher im folgenden ein wenig ausführlicher als sonst sind, hoffen wir auf Verständnis, zumal eine gelegentlich breitere Diskussion der denkbaren Rekonstruktionsmöglichkeiten den geneigten Leser mit dem Wesen hellenistischer Architektur vertrauter machen dürfte.

Der Grundriß (Abb. 41b) gibt für das untere Peristyl den gesicherten Bestand der ersten Phase. Im oberen Peristyl wird anstelle der heute (in einem späten Umbau) erhaltenen, asymmetrischen Südportikus für den Entwurf mit einer symmetrischen Begrenzung gerechnet, die nach einigen Anhaltspunkten vielleicht aus einer geschlossenen Mauer mit Blendordnungen bestand. Diese Annahme bleibt aber hypothetisch. Der Hof des oberen Peristyls ist breiter als der des unteren. Dabei verläuft die Säulenfront seiner Seitenhalle (gesichert im Norden) in der Flucht der Kammerreihe des unteren Peristyls. Wenn dies nicht als bloße Reißbrettspielerei abgetan wird, sondern auch im Aufriß irgendwie zur Geltung kommen sollte, muß vor allem die Anbindung der unteren und der oberen Gebäude aneinander geklärt werden.

Auszugehen ist vom Höhenunterschied der Hofniveaus, der nur 4,35 m beträgt. Nimmt man für die unteren ionischen Säulen die damals verbreitete Proportion von unterem Durchmesser (0,49 m) zu Höhe wie 1:10, also circa 4,90 m an und zählt noch ein Gebälk von einigen 60 cm hinzu, so ergäbe sich, daß die unteren Portiken einen guten Meter höher als die Terrassentrennmauer aufragten und somit irgendwo im unteren Wandteil an die oberen Portiken anliefen. Ein künstlerischer Anschluß wäre unmöglich. Das ist insofern noch problematischer, als die Säulengänge des unteren Peristyls seitlich 6 m weit in die Öffnung des oberen Hofes hineinstehen. Sie wären also von dort aus als Mauerstücke sichtbar gewesen, die man zwar zur Not hinter einer auf der Terrassenmauer durchlaufenden Balustrade hätte verstecken können. Die Giebel ihrer Pultdächer hätten aber in jedem Fall darüber als unschöne, niedre Dreiecke hochgestanden. Diese Lösung mutet sehr stümperhaft an.

Die andere Möglichkeit beruht auf der Annahme einer wesentlich gedrungeneren Säulenproportionierung (etwa 1:8), so daß die gesamte Ordnung nicht höher ragte als bis zur Oberkante der Stufen der oberen Portikus. Abb. 42 zeigt die Möglichkeiten nebeneinander (punktiert: hohe Säulen; schraffiert: Terrassenquerschnitt mit eingestellten Brunnenhäusern). Der Zusammenhang würde noch enger, wenn man über der unteren Halle statt eines Pultdaches eine ebene und als Umgang zu benützende Plattform nach Art der Bühnenlogeia anordnete.

Nun gibt es darüber hinaus Hinweise, daß das untere Peristyl ein Obergeschoß besaß. Im Südosten liegt ein schmaler Raum, der eigentlich nur ein Stiegenhaus gewesen sein kann. Ferner wurden Doppelhalbsäulenpfeiler, eher: Wandstücke mit beidseitig angearbeiteter Halbsäule gefunden, für die im Untergeschoß kaum Platz ist, während sie andererseits an makedonische Fenstergalerien im Stock erinnern. (Das jetzige Sikyon war übrigens eine makedonische Neugründung.) Die Front eines solchen Obergeschosses könnte zumindest bei den Seitenhallen über der Vorderwand der unteren Kammerreihe gesessen haben, also in unmittelbarer Fortsetzung der Flucht der oberen Portikus. Damit wäre die Anbindung der beiden Teilperistyle vorzüglich gelöst, ein echter 'Übergang' geschaffen gewesen.

Noch eine dritte Lösungsvariante sei kurz zur Diskussion gestellt, für die in unserem Befund freilich keine Anhaltspunkte mehr vorliegen: Das obere Peristyl bog an seinen beiden östlichen Enden mit kurzen Risaliten nach Süd bzw. Nord um, die jeweils bis zur Front der unteren Portiken reichten. Die untere Portikus (in niedrer oder eher hoher Form) lief an deren Ostwand mit Pultdach an; das Obergeschoß wird als Fenstergalerie erst über diesem Dach sichtbar. (Dabei wäre dann symmetrische Lage der Südhalle im oberen Peristyl nicht einmal unbedingt erforderlich gewesen, da sie quasi kaschiert würde.)

Für den ursprünglichen Bau kommen u. E. nur Variante 2 oder Variante 3 in Frage. In beiden Fällen wäre die 'Zerschneidung' der Gesamtanlage zwar durchaus in der Differenzierung der Breite und der Ausstattung, auch in der Betonung der Nahtstellen (z. B. durch die erhaltenen Zungenmauern der unteren Hallen als gleichsam 'neutraler' Zonen) markiert; im Übergreifenden blieb der Zusammenschluß aber gleichwohl gewahrt, ohne daß klägliche Mißbildungen unterliefen.

Es wird nun vielleicht einsichtig, warum wir umständlicher beim Gymnasium von Sikyon verweilt haben, stellt es doch unter dem Aspekt der Kombination, Differenzierung und schließlich Anpassung und Zusammenfassung zweier (in sich schon vielgestaltiger) Gebäudebestandteile einen Höhepunkt frühhellenistischer Baukunst dar. Allein die volle Integration des Terrassenmotivs ist einzig, wenn wir einmal von seiner andersartigen Verwendung in Lindos absehen. In Sikyon ist das 'Geländerelief' keine bloße Naturgegebenheit mehr, die es mehr oder weniger geschickt zu nutzen galt – da man sie schon nicht beseitigen konnte; sie scheint vielmehr als bewußt herausgefordertes Motiv. Nur noch so viel sei gesagt, daß das untere Peristyl tendenziell bereits das Motiv des 'versenkten' Hofs impliziert.

Der Reichtum architektonischer Ideen, nicht zuletzt auch die entwicklungsfähigen Ansätze an diesem Bauwerk – wobei gleichgültig ist, ob es realiter Variante 2 oder 3 zeigte – macht ein weiteres deutlich. Bei Architekturen dieser Art kann es nicht mehr eigentlich auf die Systemgerechtigkeit der Bauglieder und -ordnungen ankommen; dieses einzelne und auch Vereinzelbare beginnt, hinter dem Gesamtkonzept weit zurückzutreten. Anders ausgedrückt: Die älteren Ordnungssysteme müssen sich die Einführung adaptierter Formen und selbst gewisse Vergewaltigungen gefallen lassen. Es ist in diesem Zusammenhang bezeichnend, daß in den Brunnen unseres Gymnasiums eine dorische Säule auftritt, die mehr als 12mal (!) so hoch wie ihr Durchmesser ist, auch wenn es sich nur um eine Pfeilerhalbsäule handelt; und daß einige Reste des Triglyphons der oberen Hallen hochrechteckige Metopen aufweisen, die schmaler als die Triglyphen sind (35:38 cm; normale Proportion 3:2!).

Direkte Anschlüsse: In diesem Abschnitt geht es nicht um eine Aufzählung dessen, was mit einem Peristylhof überhaupt verbunden werden konnte; praktisch gibt es, angefangen von Tempeln und Theatern, nichts, das nicht irgendwann einmal in eine Peristylanlage einbezogen worden wäre. Hier geht es vielmehr um einige Besonderheiten engerer Verbindung zwischen Peristylen und Annexen, die auf dem Hintergrund dessen zu betrachten sind, daß das Peristyl im Prinzip an den Hallenrückwänden endet. Doch kennt der Hellenismus Tendenzen, auch diese Grenzen zu überwinden.

Hierher gehört grundsätzlich der uns schon von den Stoen bekannte Anschluß ausbuchtender Nischen bzw. 'Exedren', die als bloße Erweiterungen noch zum Hallenraum gerechnet werden dürfen. Auffällig ist dabei vor allem das häufige Auftreten apsidaler Bildungen; sie scheinen nicht selten sakrale oder wenigstens repräsentative Aufgaben erfüllt zu haben, so z. B. im Palast Pella II (Abb. 45b), im Prytaneion (?) von Neu-Pleuron (Abb. 17; späteres 3. Jh.) sowie im Westen des Heroons von Kalydon (Abb. 47; Anfang 2. Jh?). Die vielen halbrunden oder hufeisenförmigen Nischen der Agora des Italiens auf Delos (Abb. 19) sollten zusammen mit rechteckigen Exedren wohl allesamt Statuenweihungen bzw. Porträts der Stifter aufnehmen; Kleinheit und streckenweise dichte Reihung müssen hier nahezu schon wie eine auflösende 'Wanddekoration' der Peristylgrenzen gewirkt haben.

Größere 'Exedren' wurden gegen die Halle gerne mit zwischen Anten oder Halbsäulen angeordneten Säulen verstellt. Diese reichere Ausstattung begegnet selbst an Privathäusern: z. B. Tyndaris, sog. Casa C[9] und Monte Iato, Peristylhaus[45] (beide 3. Jh.); Delos, Haus an der Fourni-Bucht und Pompeji, Casa del Fauno (beide 2. Hälfte 2. Jh.). Durch die Säulenstellung hindurch hängen diese Exedren zwar mit der Peristylhalle räumlich zusammen, werden aber doch in gewisser Weise als eigenwertig charakterisiert. Umgekehrt werden die Frontwände bestimmter wichtiger Räume an Heiligtümern, Gymnasien oder Palästen durch ähnliche Stützenstellungen mehr oder weniger weit auf die Peristylhallen geöffnet. Es genüge, unter den einfacheren Beispielen hier auf das eben erwähnte Heroon von Kalydon hinzuweisen. Auf der Westseite des messenischen Asklepieions (Abb. 32) reihen sich vier mit je drei Jochen geöffnete Kammern aneinander, in denen z. T. Statuengruppen Aufstellung fanden; die zwei seitlichen Interkolumnien sind dabei durch niedre Scherwände verschlossen, was die bloß mittelbare Zugänglichkeit dieser 'Ausstellungsräume' signalisiert. Einen ähnlichen Charakter als 'Ausstellungsräume' weisen übrigens auch die bisher freigelegten Kammern des Asklepieions von Pheneos auf, das freilich wohl schon ins fortgeschrittene 1. Jh. v. Chr. datiert; es handelt sich hier um etwas wie 'Museumsarchitektur', ein Gedanke, der im Hellenismus offenbar Boden gewinnt (vgl. auch Delos, Italiker-Agora und einzelne Tempel, vgl. im folgenden). In Messene ist ferner der Sitzungssaal des Synhedrions an der Ostseite mit zwei dreijochigen Säulenstellungen, die durch ein mittleres Wandstück rhythmisiert sind, auf das zweischiffige Peristyl bezogen (Taf. 9b). Durchblick und Durchlässigkeit verwischen bei dieser Gestaltung die Grenzen zwischen den Annexen und der Halle, deren Stützenmotiv darüber hinaus an ihrer 'Rückwand' gespiegelt erscheint, wenn auch regelmäßig in einer anderen Ordnung. Gerade die Stützen der Durchlässe geben dabei oft Anlaß zu komplizierter formaler Ausbildung. Pfeilerhalbsäulen (makedonische Paläste von Pella, Vergina usf.: Taf. 9a) und Doppelhalbsäulenpfeiler (Kalydon VII, Messene etc.) sowie – plumper – kurze Wandrelikte mit einwärts gewandten Halbsäulen (Kalydon II; die Form auch im Gymnasium von Sikyon!) erinnern sinnfällig daran, daß sich hier ursprünglich der Gedanke der Maueröffnung mit dem des Säulenmotivs verschneidet. An diesem Platz war schließlich vieles erlaubt: Eine extreme Sonderbildung zeigt das große Gymnasium auf Delos, wo gekoppelte Ovalschäfte Archivolten tragen (Taf. 23b)!

In großem Maßstab wurde das Motiv von Stützenöffnungen in der Hallenrückwand an der olympischen Palästra (Abb. 41a, Taf. 7a. 8b; Ende 3. Jh.) ästhetisch ausgenutzt. Dort sind fast alle Annexräume je nach Größe mit einer 3-, 5-, 6-, 10- und gar 16jochigen ionischen Säulenstellung an die dorischen Peristylhallen angeschlossen. Eingeschaltete Wandstücke mit Anten dürften gerade ausgereicht haben, um die Umbauung als solche abzusetzen und ihre sehr zerbrechlichen Säulenfluchten zu verfestigen. Genau symmetrisch gegliedert ist dabei nur der Nord- und der Südtrakt, wodurch sich auch hier eine latent polare Ausrichtung des 'konzentrischen' Peristyls ergibt, die aber gänzlich aus dem 'Hintergrund' erfolgte. Die angebauten Kammer- und Saalreihen werden in der Tat zum integrierten Hintergrund des Peristylhofes, wobei das Wesentlichste in der heute nicht mehr nachvollziehbaren Führung bzw. dem Wechsel von Licht, Halbschatten, Schatten und Halbdunkel gelegen haben muß. Zusätzliche Aufhellung der Räume bezeugen übrigens zwei wohl zugehörige, bisher unpublizierte Pfeilerparastaden von Fenstern. Es ist höchst beachtenswert, daß in der olympischen Palästra die

Lichtbrechung als eigenständiges Element und doch wohl bewußtes Mittel hellenistischer Architekturkonzeption erschlossen werden kann; man erinnere sich in diesem Zusammenhang an das Peristyl von Tebtynis! Auf das Problem ist zurückzukommen.

Wenden wir unser Augenmerk noch einmal kurz dem seichten Südsaal der olympischen Palästra mit seinen 15 Frontsäulen zu. De facto mag seine schier endlose Geöffnetheit wie ein zweites Schiff der Peristylhalle gewirkt haben. In Delos zeigt dann die Palestre de granit (Mitte 2. Jh.) auf der Westseite scheinbar tatsächlich ein doppeltes Schiff; doch wird man auch hier bald gewahr, daß einfach ein großer Langraum der Umbauung mit Säulen völlig auf die Hofhalle erschlossen ist, wobei selbst kurze Zungenmauern wie in Olympia unterdrückt werden. Aufgrund der beiden relativ späten Beispiele von Delos und Olympia läßt sich vielleicht auch erst die Gestaltung der Nordseite im frühhellenistischen Gymnasium von Epidauros (Abb. 34 b) richtig werten. Dort scheint ein zweites Schiff vorzuliegen, das man für sich genommen als Versuch ansehen müßte, das Peristyl 'auszurichten', was hier an der Eingangsseite freilich keinen rechten ästhetischen Sinn ergibt. Nunmehr wird unter Berücksichtigung des Gesamtgrundrisses jedoch deutlich, daß die innere Stützenreihe nur die Stelle der Umbauungsgrenze einnimmt. Das 'hintere Schiff' verhält sich zur Peristylhalle genetisch nicht anders als die geöffneten Annexe in Olympia bzw. Delos: Die eine Längshälfte der Anbauzone wurde von dieser gleichsam abgetrennt und mittels voller Stützenöffnung praktisch mit der Hofhalle zusammengezogen. Echte Zweischiffigkeit ist das nicht, sondern ein frühes und schönes Beispiel für die typisch hellenistische 'Umwidmung' eines Gebäudeteiles, wodurch dieses einen ambivalenten Charakter annimmt.

Außen und innen: Kunstmäßige Beziehung zwischen dem konstitutiven Kern, dem vierseitigen Hallenhof und dem äußeren Prospekt einer komplexen Peristylanlage ist, wie wir ausgeführt haben, etwas ganz Sekundäres und Beliebiges. Das gilt auch, wenn freistehende Peristylanlagen außen einen geschlossenen rechteckigen oder quadratischen Grundriß bilden. Bezeichnend ist, daß die vier 'Rückwände' in der Regel ungeschmückt bleiben. Auch die peripterale Halle des Leonidaion in Olympia (Abb. 20) ist eine selbständige Zutat und hat als offenbarer Sonderfall die Typologie weiter nicht beeinflußt.

Einen echten Fortschritt bringt dagegen die Übertragung des Stockwerkmotivs auf den Außenbau von peristylen Komplexen, zumal hier ein innerer Zusammenhang mit der Gestaltung des Peristylhofes selbst zu walten scheint. Es ist vielleicht alles andere als zufällig, daß die frühesten derartigen Denkmäler in Makedonien erhalten sind: Die königliche Residenz von Vergina ist zwar schlecht publiziert [47]; die vorhandenen Reste zeigen aber, daß die Ostfront des Palastes im Oberstock eine durchlaufende Brüstung besaß, auf der sich Pfeilerhalbsäulen erhoben. Das Fragment eines steinernen Fensterladens lehrt, daß diese 'makedonische Galerie' wenigstens z. T. Scheinarchitektur war. Gut erhalten ist dasselbe Motiv an der pronaosförmig zurechtgemachten Fassade des etwa gleichzeitigen Grabes von Lefkadia (Taf. 48).

Inwieweit spätere Halbsäulen-Blendfassaden an Peristylanlagen unmittelbar von der frühhellenistischen Architektur Makedoniens abhängen, ist kaum zu entscheiden. Das Motiv der makedonischen Galerie übernehmen sie jedenfalls nicht. Am Palazzo delle Colonne in Ptolemais (Abb. 49b) besaß ein Stück der Langseite zur Straße hin – offenbar über einem souterrainartigen Sockelgeschoß – eine Halbsäulengliederung. Bedeutend ist das Marmorgymnasium von Stratonikeia in Karien etwa aus der Mitte des 2. Jh., das sicher auf einer, vielleicht auf allen vier Außenseiten von einer großen Halbsäulenstellung umlaufen war (Taf. 20b). Sie erhoben sich über einem 'Podium' von abgefasten Polsterquadern und spiegeln damit eine auch in den Innenräumen vorhandene Wandgliederung nach außen.

Dies ist überhaupt der eminente Vorzug solcher Blendarchitekturen als Außen- und Fassadenschmuck von Peristylkomplexen, daß sie ein Wesentliches der Innenorganisation nach außen gleichsam durchscheinen lassen, sichtbar machen, ohne daß die Außenfronten dabei ihren Mauercharakter einbüßten. In diesem

Sinn kann die Halbsäulenfront als die adäquate Kunstform gerade für Peristylbauten gelten. Sie ist freilich nie verbindlich geworden.

Neben solchen doch stets sekundären Frontverzierungen gibt es nun eine Stelle, die das Außen und Innen einer Peristylanlage notwendig miteinander in Verbindung setzt, nämlich der Eingang. Er muß zwar nicht, kann aber sehr wohl kunstvoll gestaltet werden. Eine geläufige Form ist dann bei repräsentativen Monumenten die Zufügung eines Propylonbaus. Die Propyla werden sehr häufig exzentrisch, d. h. ohne tiefere künstlerische Beziehung zum Peristyl angeordnet (z. B. schon am Pompeion/Athen, Abb. 2a; auch Gymnasium von Epidauros Abb. 34b, Heroon von Kalydon Abb. 47 usf.). Auch in den selteneren Fällen, da die Propyla axial liegen (Zeusheiligtum Megalopolis Abb. 15, sog. Gymnasium Milet Abb. 48a etc.), bleibt die Kombination irgendwie äußerlich. Anders verhält es sich, wenn der Durch-Gang selbst Gegenstand der Gestaltung wird. In der einfacheren Form findet sich dies an vornehmen Wohnhäusern und Adelspalais. Der Durchgang bildet nach außen eine breite, häufig offene Vorhalle, das Prothyron, von dem aus der Pferdestall und wohl auch die Kammer des Türwächters zugänglich sind (Vitruv VI 7,1 mit Blick auf etwas schlichtere Beispiele). Es folgt die Türwand, die etwa aus einem großen, selten geöffneten Haupttor und einer engeren alltäglichen Nebenpforte bestehen kann; dahinter führt der Gang auf das Peristyl. Als Beispiele nennen wir die Häuser an der Westmauer von Eretria und insbesondere das Palais Pella I_1 (Abb. 45a), dessen Osteingang zwischen dem Nord- und dem mittleren Peristyl mündet und beide bedient. Der Durchgang – reichere Form – kann ferner im Grundriß die Gestalt eines Propylons annehmen, d. h., vor und hinter der symmetrisch gegliederten Rückwand stehen zwei Säulen o. ä. in antis. Man könnte hier von einem integrierten Propylon sprechen, wobei dieses im Innern stets, an der Außenseite normalerweise die Giebel einbüßt. Das dürfte etwa am Gymnasium von Sikyon geschehen sein (Abb. 41b). Der in jeder Hinsicht exzeptionelle Palast von Vergina dagegen (Abb. 43), der als Eingangshalle eine besonders reich gegliederte, aus der Abfolge der Umbauungszone herausentwickelte Raumflucht sein eigen nannte, mag auch hierbei eine Ausnahme bilden. Ein inzwischen offenbar verlorener Tympanonblock vor der Ostfassade dürfte auf einen Giebel über der Eingangsöffnung hinweisen. Das Prothyron von Vergina läuft darüber hinaus auf die Mitte des Peristyls zu und okkupiert damit eine unverwechselbare Stelle, was nicht dadurch an Bedeutung verliert, wenn man feststellt, daß die Gesamtanlage im übrigen nicht ausgerichtet war. Vergina ist unter den bisher bekannten Denkmälern dasjenige, das die reichste Vermittlung und Bezugnahme zwischen einem Peristyl und dem Äußeren der Gesamtanlage zeigt. Darin wird der makedonische Palast noch nicht einmal von dem doch gewiß prächtigen, propylonähnlichen Durchgang im Osten des späteren messenischen Asklepieions (Abb. 32) erreicht, der ebenfalls axial liegt und direkt auf die Tempelfront zuführt[33].

Hoffläche: Eine besondere Ausgestaltung des eigentlichen Peristylhofs durch ‘Kleinarchitekturen’ begegnet bereits in frühhellenistischen Palästen. Pella I_3 (Abb. 44b) weist einen Trogbrunnen mit pfeilerförmig erhöhtem Wassereinfluß an bezeichnender Stelle vor der Nordhalle auf. Pella I_5 hat die Basisplatte eines unregelmäßig (als Fels oder Figur?) gestalteten Brunnens in scheinbar willkürlicher Lage erhalten [48]. Beide Beispiele datieren um 300 v. Chr. Der in römischer Zeit verbreitete Brauch, Gartenperistyle mit Wasserbecken, Kanälen, Euripoi und künstlichen Inseln auszufüllen, ist aus dem Hellenismus bisher nicht bezeugt.

Der Königspalast Pella II (Abb. 45b) besaß als Hofschmuck immerhin eine halbrunde Exedra. Auf die vermutliche Rolle von Tholoi und Monopteroi im Zentrum von Peristylen kommen wir unter dem Aspekt der Rundbauten zurück.

Durchschnittliche griechische Peristylhöfe zeigten dagegen außer einer etwaigen Pflasterung bei kleinen Gebäuden (aus Stein oder sogar Mosaik z. B. oft auf Delos und aus Ziegeln z. B. in Sizilien und Unteritalien) als Schmuck bestenfalls die putealartige Mündung der Zisterne; ‘Mobiliar’ wie Altärchen und Luterien übergehen wir hier. Für peristyle Heiligtümer und Agorai galten natürlich die Gesetze der Platzgestaltung; sie waren also u. U. mit Statuen, Naiskoi u. ä. angefüllt, was uns an dieser Stelle nicht zu beschäftigen braucht.

Wichtig sind nur die anfangs genannten Indizien für 'Garten'- und Kleinarchitekturen in hellenistischen Bauten besonders Makedoniens. An ihnen kündigt sich eine beginnende ästhetische Neubewertung der Hoffläche an, die ihrem Wesen nach nur neutrale Nutzfläche sein sollte.

Nachdem wir die Prinzipien der Peristylarchitektur und einige der daraus folgenden Konsequenzen betrachtet haben, sei noch einmal wiederholt, daß das Peristyl, abgesehen von seinem gelegentlichen Auftreten als selbständiger 'Bautyp', vor allem als Organisationsmittelpunkt für vielgliedrige Baukomplexe eine geradezu dominierende Rolle in der späteren griechischen Architektur gewann. Da alle möglichen 'Bauwerke' daran angeschlossen werden konnten und da keine satzungsmäßige Notwendigkeit bestand, diese Annexe auch unter sich abzustimmen, läßt sich für die Gesamtanlage in toto kein größerer gemeinsamer Nenner als eben das Peristyl finden, selbst wenn sie dem gleichen Zweck dienten (vgl. z. B. die Gymnasien von Epidauros, Sikyon, Olympia, Priene!).

Geschlossene Hallen- und Saalbauten

Ein- oder zweischiffige, geschlossene Langhallen (Baiten), die im Hellenismus begegnen (z. B. Kolophon [Abb. 13], Morgantina), rechnen zumeist weder funktional noch formal zur höheren Architektur. In den seltensten Fällen (Mamurt Kale?) sollten sie echte Stoen ersetzen; diese schuppenartigen Bauten dienten vielmehr als Speicher und Magazine, als Hoplotheken u. ä. Beachtung verdient der über sechs Insulae laufende, zweischiffige Magazinbau in Milet wegen der kunstvollen Ausgestaltung seiner südlichen Schmalseite (Abb. 51). Über einem Orthostatensockel stehen hier zwischen Anten fünf Halbsäulen, die Pfeilerrücklagen aufwiesen, vor der Wand. Der öffentliche, an sich unschöne Nutzbau erhält dadurch gegen die Hauptstraße hin eine monumentale Dekoration, die übrigens durch ihre reale Tiefe starke Licht-Schatten-Effekte hervorgerufen haben muß. Dies ist wieder ein Beispiel für die Einbeziehung des Elementes Licht in die Architekturkonzeption des Hellenismus. Der milesische Magazinbau gehört vielleicht dem 2. Jh. an. An der Wende zwischen Klassik und Hellenismus steht die Skeuothek des Philon im Piräus, deren Aussehen wir aus einer Inschrift (dem Begleittext des Entwurfes) im allgemeinen kennen. Sie genügt zur Feststellung, daß das athenische Marinezeughaus mit seinen übergiebelten, je von einer Tür durchbrochenen Schmalseiten, mit seinen zwei Reihen von Innenstützen und einer Fenstergalerie im oberen Wandteil ein Kunstbau von repräsentativem Anstrich war. Ähnlich könnte ein hellenistischer Bau nördlich des Hephaisteions an der Athener Agora ausgesehen haben, von dem freilich nur der Grundriß aus den Felseinarbeitungen ersichtlich ist (vgl. Abb. 11). Der Typus der Magazinhallen wird in den kleinasiatischen Marktgebäuden [24] gerne als Geschoß der Substruktion inkorporiert, d. h. seiner freilich nie sehr starken Autonomie entkleidet.

Kurze, dafür verhältnismäßig tiefe, geschlossene, in der Regel zweischiffige Hallen, die in älterer Zeit öfter als freistehende Einzelbauten vorkommen und als Versammlungslokale o. ä. (Leschen) gedient haben werden, spielten im Hellenismus nur noch eine untergeordnete Rolle. Ihre Grundform lebt allerdings in unselbständigen Räumen innerhalb größerer Komplexe fort, wie ein Blick etwa auf das Gymnasium von Epidauros (Abb. 34b) oder das Banketthaus von Troizen (Abb. 40b) veranschaulicht.

Hypostyle Säle: Unter hypostylen Sälen versteht man gedrungen rechteckige bis quadratische Gebäude, deren Dach im Innern von Säulen gestützt wird. Sie werden als Telesterien, als Synhedrien und Buleuterien errichtet. Der Typus reicht wie die Lesche in archaische Zeit zurück. Anfänglich handelt es sich um eine Aneinanderreihung mehrerer Schiffe in Längsrichtung (z. B. Heraion/Argos, Ostbau; peisistratisches Telesterion von

Eleusis). Bald stellt sich aber mit der Verkürzung der Tiefe eine mehr und mehr 'konzentrische' Organisation der Innenstützen ein, die freilich oft noch wie ein Säulenwald das Innere füllen (Odeion des Perikles; perikleisches Telesterion von Eleusis; hyp. Saal an Agora von Argos: 5. Jh.). Da dies die Kommunikation in solchen Sitzungssälen natürlich behinderte, hat man im Thersileion von Megalopolis, dem 'Parlament' der arkadischen 10000, die Stützen ungefähr radial gegen die im vorderen Drittel gelegene Rednertribüne angeordnet. Mag das Ziel 'guter' Sicht damit auch nicht völlig erreicht worden sein – der um die Mitte des 4. Jh. entstandene Bau zeigt den Trend zur Konzentration doch in drastischer Weise. Einen Versuch in anderer Richtung bietet vielleicht der etwa gleichzeitige, allerdings viel kleinere Quadratbau zwischen den beiden alten, apsidalen Buleuterien von Olympia (Abb. 20). War dies wirklich ein gedeckter Saal, wie neuerdings mit einiger Wahrscheinlichkeit vermutet wird, dann trug eine einzige, zentrale Mittelstütze sein pyramidales Dach.

Der Hellenismus verfolgt den Weg weiterer Stützenverringerung. Einesteils werden die Säle so weit verkleinert, daß etwa schon vier auf das Quadrat gestellte Innenstützen das Dach halten konnten; andernteils gestatteten größere relative Spannweiten der Unterzüge eine Verminderung der Säulenzahl, wie sie schon am älteren athenischen Buleuterion (Abb. 11) vorgeprägt erscheint. Hier ist es übrigens ratsam zu betonen, daß alle diese hypostylen Säle einschließlich des genannten Athener Rathauses ebene Böden besaßen. Die Einführung des 'Theaterkoilons', das so viele kleinasiatische Buleuterien bzw. Ekklesiasterien bezeugen, ist ein späterer Zug, auf den wir noch zurückkommen [49]. Hypostyle Säle der beschriebenen Art dienen im Mutterland, vor allem in der Peloponnes und in Nordwestgriechenland (ausnahmsweise auch einmal in Assos [Abb. 12b]), besonders als Rathäuser und Synhedrien. Neben Megalopolis und Olympia seien aus dem Hellenismus Sikyon, Bau E von Epidauros, Thermos (Abb. 28), Neu-Pleuron (Abb. 17; im NO der Agora) sowie das Synhedrion des messenischen Asklepieions (Abb. 32) [33] genannt. Als Telesterion wird dagegen ein Bau des psophischen Heiligtums gedeutet [28]. Ungewiß ist die Bestimmung des Thersilocheions auf Thasos.

Ein Problem der hypostylen Säle muß die Beleuchtungsfrage gewesen sein. Sie war nur zum Teil durch das Licht des Eingangs gelöst. Meist handelt es sich dabei um bloße Toröffnungen. Die einfachste Form scheint Sikyon zu zeigen. Andere Säle haben vor die Türe noch eine geschlossene oder durch Säulen geöffnete Pastas vorgelegt (Athen; Psophis; Epidauros E etc.; vgl. auch die verkleidende Säulenhalle vor dem olympischen Buleuterion Abb. 20). In Thermos und am Thersilocheion von Thasos existiert ein axialer, propylongestaltiger Vorbau. Der sog. 'hypostyle Saal' auf Delos (Abb. 54) besitzt an der Front eine längere Säulenstellung zwischen Mauerzungen, was aber angesichts seiner Größe für die Beleuchtung anscheinend nicht ausreichte; nur beim kleinen Buleuterion von Assos könnte dieselbe Bildung befriedigende Helligkeit gewährt haben. Was man von dem Lichteinfall in das hinter zweischiffige Peristylhallen angeschlossene Synhedrion von Messene zu halten hat (Abb. 32, Taf. 9b), braucht kaum ausgeführt zu werden.

In der Tat finden sich an einigen hypostylen Sälen Spuren oder Reste, die auf zusätzliche, seitlich und/oder oben gelegene Beleuchtungsquellen hinweisen. Vielleicht liegt es nur an der Vergänglichkeit des Baumaterials (Holz und Lehmziegel im Aufbau), daß dies nicht bei der Mehrzahl der erhaltenen Beispiele gelingt. Im folgenden seien drei Bauten ausführlicher besprochen bzw. vorgelegt, die auch über die Beleuchtungsfrage hinaus wichtige Vertreter des hypostylen Bautyps sind.

Sikyon, Buleuterion [50]: Der Bau muß bald nach der Neugründung der Stadt 303 v. Chr. errichtet worden sein (Abb. 16a). Quadratisch im Grundriß, verfügte er über 16 ionische Innensäulen, was eine einfache, aber edle Planfigur ergibt. Man gewinnt ferner noch heute vor den bescheidenen Überresten den Eindruck einer sehr harmonischen Proportionierung der Säulen im Verhältnis zum Kubus des ganzen Innenraumes. Sie sind weder zu stark noch zu dünn; sie stellen den Saal nicht voll, sind aber auch nicht so verloren wie später in dem ebenfalls recht großen Synhedrion von Messene. In Sikyon schließen sie sich dadurch, daß sie gewissermaßen zwei 'Ringe' bilden, als solche zu Reihen zusammen, die den Raum gliedern, während die vier weit getrennten Stützen in Messene höchstens im Dachgebälk sekundär zusammengefaßt sein konnten. Nun zeigt in Sikyon der Boden zwischen den vier inneren Säulen eine wohl ursprüngliche, mit Platten gepflasterte und gerahmte Vertiefung, die von Ferne an ein Impluvium erinnert. Man wird freilich ausschließen dürfen, daß das Dach des Buleuterions über dem Quadrat der Mittelstützen eine entsprechend große Öffnung aufgewiesen habe; die Benutzbarkeit des Gebäudes wäre dadurch auf Schönwettertage beschränkt gewesen, während doch das Winterhalbjahr – und nicht nur dieses – in der Nordpeloponnes viele kühle Regentage kennt. Näher liegt, an eine aufgesetzte Laterne zu denken, wie sie im hypostylen Saal von Delos gesichert ist. Ihre Öffnungen konnten entweder gar nicht oder nur schlecht durch Fensterläden geschlossen werden (es gibt tatsächlich keine Treppe), so daß sich die Anlage eines 'Impluviums' für das schräg hereinsprühende Regenwasser durchaus empfahl. Die Laterne als bedeutende, mittige Lichtquelle muß das Rathaus von Sikyon zu einem wirklichen 'Zentralbau' von großer Vornehmheit gemacht haben. Welches Verständnis von frühhellenistischer Architektur könnten wir haben, wäre nur einmal ein solches Gebäude unversehrt auf uns gekommen!

Das Gebäude E von Epidauros [51] ist bisher sowohl hinsichtlich seiner Funktion wie seiner architektonischen Gestalt stets mißverstanden worden. Wir gehen daher vom Grundriß unserer Abb. 53a aus, wobei die überaus zerstörte und kaum rekonstruierbare Vorhalle ausgespart wurde. (Vermutliche Lage der Westwand des Saales gestrichelt.) Den ersten Schritt zum Verständnis bildet die Beobachtung, daß ein alter Rechteckbau aus der Zeit um 400 v. Chr., unter Beibehaltung seiner unteren Quaderschichten (schwarz; Euthynterie schraffiert. Aus dieser nur im N beim Umbau ein Fußprofil herausgearbeitet entsprechend dem Profil der von Grund neuen Südwand und des Südabschnitts der Ostwand) im Hellenismus so verändert wurde, daß ein nahezu quadratischer Mittelraum entstand, der auf drei Seiten von einem korridorartigen Gang umgeben scheint. Die (weiß belassenen) Zufügungen des Neubaus lassen sich an den Baufugen, ferner durch andere Quadermaße (H 40 cm usf.) sicher erkennen. Im Ergebnis umschließt eine einschalige Außenmauer ein mehr als doppelt so starkes Fundament im Innern. Damit ist die Verteilung der Dachlast angegeben.

Besonders auf der besser erhaltenen Südseite ist nun deutlich, daß der 'Korridor' vom Mittelraum aus nicht direkt zugänglich war: Die undurchbrochene Mauer des Altbaus steht hier bis zu 80 cm hoch über Binnenniveau aus. Außerdem ist der 'Südkorridor' zusätzlich durch Quermauern in Kammern unterteilt, die miteinander nicht durch Türen verbunden waren. Auch im Osten und Norden gibt es keine Anzeichen für niveaugleiche Betretbarkeit der 'Korridore'. Das Rätsel löst sich bei Annahme einer Erdauffüllung, die im Innern der 'Korridore' bis zu einer gewissen Höhe reichte. Diese hat übrigens in der Tat mittelbare Spuren hinterlassen, indem beim Einsturz des Gebäudes die Außenmauern durch sie nach außen gedrückt wurden und bis heute stark überhängen. Die Aufhöhung der Korridore kann andererseits aber auch wieder nicht allzu groß gewesen sein, da man sonst die Substruktion kaum zugeschüttet, sondern vermutlich als zugängliches Souterrain genutzt hätte. Das ergibt ein Maß unter Mannshöhe für die erhöhte Galerie um den Mittelraum.

Für das weitere Verständnis des Saalbaues ist es entscheidend, daß an seiner östlichen Rückwand zwei verschieden große und verschiedenartige Deckgesimse bzw. Gebälke z. T. noch in Sturzlage liegen. Beide gehörten wegen der Abschrägung ihrer Oberseiten und der Existenz von Balkenlöchern zu Dachkonstruktionen; der Bau muß also zwei unterschiedliche Dächer besessen haben. Beide repräsentieren darüber hinaus äußere Ordnungen, wie Eckstücke erweisen. Das kleinere ionische Karnies bekrönte nach Lage und Abmessung (D 43–44 cm) die Außenmauer des Gebäudes und korrespondierte mit deren schon erwähntem Fußprofil. Das komplett bewahrte dorische Gebälk mißt an der Architravunterseite 52 cm, ist also entschieden zu stark für die Außenmauer und daher dem Aufbau über den inneren Fundamenten zuzuordnen.

Für das einzelne verweisen wir auf den Rekonstruktionsversuch des Querschnitts A–B (Abb. 52), wo die erhaltenen Mauern und nachweisbaren Bauglieder punktiert sind. Wenige erläuternde Worte mögen genügen. Der hohe Mitteltrakt muß mit den umlaufenden Emporen durch eine Stützenstellung kommuniziert haben. Diese liegt vor im Rest eines oblongen, an den Kanten zum Achteck abgeschrägten Pfeilers (B 45 cm), der an die Pfeilerformen im Souterrain des Abatons erinnert. Die gesicherte Überhöhung des 'Mittelschiffs' über die Dächer der Emporen gibt u. E. nur Sinn, wenn sie der Aufnahme eines Fenstergadens diente – ein Gedanke, der übrigens auch in anderen Fällen 'doppelter' Dächer (z. B. Leonidaion/Olympia) erwogen werden sollte. Diesen Fenstern können jedoch die Überreste von Pfeilerhalbsäulen – Parastaden mit Scherwandbalustraden nicht zugewiesen werden, da ihre Tiefe von 37 cm allzu schwach für die Wanddicke wäre, die das dorische Gebälk bezeugt. Die Fenster mögen in Form und Material ganz schlicht gewesen sein, sind jedenfalls verloren. Die Parastaden sind dagegen den Außenwänden der Emporen zuzuweisen, die durch diese (verschließbaren) Öffnungen zusätzlich beleuchtet und belüftet werden konnten. Das Fragment eines zarten Profils könnte ihre Standlinie am Außenbau markiert haben. Ein Antenkapitell lehrt, daß die Parastaden nicht durchliefen, sondern von Wandstücken unterbrochen waren, wobei die Details nicht mehr zu ermitteln sind. Hypothetisch bleiben auch die tatsächlichen Höhenmaße der verschiedenen Gebäudeteile; sie sind in Abb. 52 unter Zuhilfenahme der Quaderhöhe des Neubaus nach Analogien kalkuliert und sollen nur der Veranschaulichung dienen. Überhaupt nicht zu entscheiden ist leider die wichtige Frage, ob sich die Emporen über einem sichtbaren Sockel gegen den Mitteltrakt erhoben oder ob von dort Stufenränge (aus Holz oder Erdanschüttung) auf den Umgang hinaufführten (vgl. im folgenden Notion).

Die Datierung des Gebäudes E ergibt sich aus dem Vergleich mit den nahezu identischen dorischen Baugliedern der sog. Kotys-Stoa von Epidauros: etwa 2. Viertel 3. Jh. Nachdem E als Saalbau wiedergewonnen ist, können auch die älteren Deutungen (z. B. Altarhof mit umlaufenden Stallungen für die Opfertiere!) getrost ad acta gelegt werden. Die prominente Lage des Gebäudes im Zentrum des Heiligtums und nächst dem Asklepiostempel läßt nur die Erklärung als Buleuterion/Synhedrion zu, das ja in jedem größeren Hieron zu erwarten ist, in Epidauros bisher aber fehlte.

Architektonisch bedeutet das epidaurische Gebäude einen Höhepunkt hellenistischer Baukunst. Der hohe Mitteltrakt ist geweitet, gedehnt, zu einem wirklichen Saal geworden. Die umlaufenden Außenschiffe sind zu Emporen herabgedrückt, die dem Hauptraum hinterlegt scheinen und von ihm abhängen, ihn nur noch begleiten und rahmen. Ihre mit dem Verlust baulicher 'Eigenständigkeit' erkaufte Unterordnung und Verschmelzung zeigen ein vereinheitlichendes Raumkonzept, das in griechischer Architektur deshalb selten dasteht, weil es eben gerade nicht auf die reine Ausbildung einfacher räumlicher Grundformen hinausläuft, sondern ein kompliziertes Gefüge verschiedener Niveaus und feste Raumgrenzen antastender Durchblicke umfaßt. Hier muß auch die Beleuchtung, die Lichtführung eine Rolle gespielt haben, die in der Wirkung des Fenstergadens und in dem Durchscheinen der unteren Galerien faktisch gar nicht mehr vorstellbar ist. Das Licht als eigenes Element architektonischer Gestaltung, die Verknüpfung unterschiedlicher Bodenniveaus und Deckenhöhen – eine Dynamisierung der Höhendimension –, und die im Durchblick realisierte Transparenz von Annexräumen wurden ansatzweise oder vereinzelt schon an anderen Bauten beobachtet und als echt hellenistische Beiträge zur architektonischen Entwicklung qualifiziert. Im Festsaal des epidaurischen Synhedrions treten diese prinzipiell gleichstrebigen Tendenzen geballt wie sonst kaum je auf. Ein Rückblick auf das nur eine oder anderthalb Generationen ältere Buleuterion von Sikyon kann eine Idee von der Rasanz der baukünstlerischen Entwicklung, dem Entwicklungsschub im frühen Hellenismus vermitteln.

Der sog. hypostyle Saal auf Delos (Abb. 53b, 54), am Nordkai der Hafenbucht gelegen, entstammt den letzten Jahren des 3. Jh.; die von 44 Innensäulen getragene Halle diente vermutlich kommerziellen Zwecken wie das Deigma im Piräus (Mustermesse), als Börse o. ä. Der Bau ist bedeutsam wegen der Reste seiner Laterne, die sich über dem zentralen, von acht Säulen gebildeten Geviert erhob. Die Existenz dieses Motivs in der hellenistischen Architektur ist damit unbezweifelbar nachgewiesen.

Im übrigen verbindet die Halle mit einer breitrechteckigen Erstreckung die für hypostyle Säle typische, konzentrische Struktur der Säulenstellung. Der äußere Säulenring ist hier dorisch; nach ihnen folgt ein Kranz höherer ionischer Säulen unter ansteigender Deckenschräge, der freilich auf den beiden Schmalseiten um je zwei Joche entsprechend der breitrechteckigen Grundform vermehrt ist. Dadurch ergeben sich aber de facto zwei erhöhte Mittelschiffe in Querrichtung, was sich mit dem Prinzip der Konzentrizität durchschneidet und überdies im Zentrum durch die (beide 'Mittelschiffe' überspannende) quadratische Laterne quasi wiederaufgehoben erscheint.

Vergleicht man das gedankliche Konzept dieses hochhellenistischen Hallenbaus mit frühhellenistischen hypostylen Sälen, so wird man zweierlei gewahr: Die Verschleifung der Grundelemente ist gegenüber dort sehr viel weiter gediehen, wodurch eine beträchtliche Gleichförmigkeit der Gesamterscheinung erzielt wurde, die äußerlich – vielleicht nicht zufällig – an die ältest griechische Bestrebung erinnert, einfachste und reine Ideen baulicher Körper und baulicher Räume auszuprägen. Nach dem Verlust der Unschuld, d. h. nach dem frühhellenistischen Zwischenspiel, bedeutet dies in Wahrheit aber, daß die einzelnen Grundbestandteile der Gebäudekomposition eine formale und ästhetische Mehrdeutigkeit erhielten, die nur schwer (und nie gültig) auszubalancieren war. Der gewiß höchst geistvolle 'hypostyle Saal' auf Delos stellt sich demnach als eine in sich gefangene Kompromißarchitektur dar, deren Fortzeugungskraft nicht überschätzt werden sollte. Man ist hier am anderen Ende des Kreises angelangt. Ob der delische Bau oder ihm ähnliche Verwandte auf die Entwicklung der italischen Basilika direkten katalysatorischen Einfluß ausübten, lassen wir – ohne die Möglichkeit ganz auszuschließen – füglich dahingestellt.

Säle mit Koilon: Eine größere Anzahl kleinasiatischer Buleuterien verbinden den Typ des hypostylen Saales mit dem Theatron, dem Zuschauerraum des Theaters. Das Koilonmotiv wirkt dabei so stark und beherrscht den Eindruck so völlig, daß die Innenstützen mehr und mehr an Gewicht verlieren, reduziert werden. Würde man nach der Tatsache gehen, daß geradlinig rechteckige Koila älter als die aus dem Orchestrakreis entwickelten muschelförmigen sind, würden ein Bau in Notion und das Ekklesiasterion von Priene zu den frühen Vertretern rechnen; es ist jedoch zu bedenken, daß die gerade Führung der Stufenränge dem quadratischen oder gedrungen rechteckigen Saaltyp adäquater als ihre gekrümmte Anlage ist und deshalb an dieser Stelle bewahrt worden sein könnte.

Immerhin zeigte das schlecht bekannte Bauwerk von Notion [52] offenbar auch sonst frühe Züge. Die Stützen bilden eine umlaufende Galerie ähnlich wie Epidauros, von der sich die wenigen Stufen deutlich absetzen. In Priene (Abb. 14) besitzen die seitlichen Stufenkeile 10 Sitzreihen; der hintere ist dagegen mit 16 Reihen deutlich höher, so daß auch der rückwärtige Umgang nur über Treppen zu erreichen ist und damit seine Einheit als Gebäudeteil einbüßt. Die ursprünglich nahe an den Wänden angeordneten (später zur Verminderung der Spannweite ins Theatron hinausgerückten) Pfeiler können nur eine mäßige künstlerische Bedeutung besessen haben. Die Datierung der ursprünglichen Bauphase ist unsicher. Für relativ frühe Entstehung spricht außer allgemeinen Erwägungen vielleicht auch die anscheinend wenig gegliederte Außenansicht des z. T. in den Hang eingetieften Bauwerks. Von ihr ist bloß zu erwähnen, daß sie in der Frontmitte zwischen zwei Eingängen eine vorspringende Rechtecknische mit einem Keilstein-Bogenfenster besaß.

Die 'klassische' Gestalt der kleinasiatischen Buleuterien zeigt das zwischen 175 und 164 v. Chr. von Timarchos und Herakleides im Auftrag des Königs Antiochos Epiphanes gestiftete Rathaus von Milet (Abb. 55a, Taf. 47b). Dem Saal ist das etwas über den Halbkreis hinausgehende Koilon so eingeschrieben, daß vorne zwischen den Analemmata und der Gebäudewand noch ein schmaler Gang übrigbleibt. Die 'leeren' Ausschnitte zwischen Kreis und rechteckiger Umgrenzung im rückwärtigen Teil nehmen Treppenhäuser auf, ohne durch sie freilich ausgefüllt zu werden. Vier Säulen trugen das Dach, wovon zwei auf den Analemmata standen und zwei sich im höheren, hinteren Teil der Muschel auf eigenen Postamenten aus den Stufen heraus erhoben. Es darf ruhig ausgesprochen werden, daß hier die Schwierigkeiten, die sich notwendig aus der Verschmelzung von Koilon und hypostylem Saal ergeben, weder hinsichtlich der rückwärtigen Zwickel noch hinsichtlich der Integration der Stützen völlig gemeistert wurden. Auffällig dabei, wie konventionell man in Milet, aber auch in Herakleia/Latmos, Knidos, Alabanda, Termessos und dem einzigen mutterländischen Beispiel von Dodona an der Rechteckgestalt des Außenbaus auch auf der Rückseite festhielt. In Knidos und Dodona beschnitt man, um die leeren Zwickel so klein wie möglich zu halten, dafür sogar lieber das Koilon kräftig an beiden Seiten! Der Vorzug des milesischen Gebäudes liegt denn auch nicht in seiner inneren Organisation als vielmehr in seiner äußeren Gestaltung. Es wird hier nämlich fingiert, daß das Koilon in den hypostylen Saal nicht hineingesetzt – wie es sich genetisch wohl verhält –, sondern ihm als Substruktion gewissermaßen untergeschoben wurde. Bis zur Oberfläche des Stufenbaus bietet sich außen eine kahle Sockelzone dar, die sachlich 'Substruktion' bezeichnet. Darauf- und darübergestülpt ist der eigentliche hypostyle Saal, was sich insbesondere auch darin ausdrückt, daß seine Innensäulen erst auf der idealen Oberfläche des Unterbaus fußen. Der eigentliche Saal, der demnach nur bedingt als Stockwerk angesprochen werden darf, ist mit einer reichen 'Scheinarchitektur' (Halbsäulen außen, Pilaster innen usf.) ausgestattet. Das Ganze hat den Anschein formal-logischer Stringenz, zumal wenn man bedenkt, daß die meist in Hänge gelegten Koila griechischer Theater in der Tat als 'Substruktionsbauten' im weiteren Sinne aufgefaßt werden können. In Wahrheit handelt es sich um eine von außen herangetragene Umdeutung des Bautyps mit der Tendenz, ein kompliziert gewordenes System auf einfache 'klassische' Regeln und Formen (des Baukörpers und des Raumes) zurückzuführen, ein Vorgang, der eine deutlich klassizistische Komponente aufweist. Hat man sich dies einmal klargemacht, wird es auch leichter verständlich, wieso sich bei der Synthese der so verabsolutierten 'Gebäudeteile' Schwierigkeiten ergaben, die in der beschriebenen Weise letztlich unlösbar blieben.

Es sollte festgehalten werden, daß die Ausprägung dieses Gebäudetyps in Kleinasien erfolgte, wo u. a. die dauernde Fortexistenz großer Marmorarchitektur stets zu einer klassizistischeren Gestaltung des Einzelbaus disponierte. Und daß keines der erhaltenen Beispiele vor das frühere 2. Jh., also vor dem Hochhellenismus zu datieren ist.

Was die äußerlich den kleinasiatischen Rathäusern ähnlichen sikeliotischen Odeia des Hellenismus anbelangt, verweisen wir auf den Abschnitt über die Theaterarchitektur. Sie haben mit hypostylen Sälen nichts zu tun.

Theaterarchitektur

Das Studium der griechischen Theaterbaukunst ist von mehreren wissenschaftlichen Disziplinen nicht immer ohne ideologischen Eifer betrieben worden. Vielen Hypothesen, die als Erkenntnisse ausgegeben werden, sieht man es an, daß bei ihnen der Wunsch der Vater des Gedankens war. Dies und die schiere Masse der Meinungen verbieten es, an dieser Stelle auch nur andeutungsweise in eine Diskussion mit der Literatur einzutreten [53]. Wir beschränken uns auf eine etwas vereinfachte Darstellung der architekturgeschichtlichen Fakten, die den jüngsten und z. T. noch unpublizierten Forschungsstand repräsentiert. Zunächst sei aber an die drei Grundbestandteile des antiken Theatergebäudes erinnert, deren Entwicklung für sich bzw. zusammen die Geschichte der Theaterarchitektur bestimmt hat.

Der Zuschauerraum ist das Theatron im eigentlichen Sinn. Vor ihm und z. T. von ihm umschlossen liegt die Orchestra, der Spielplatz des Chores und lange Zeit auch der Einzelschauspieler. Die Skene (wörtl. Zelt) bildet als 'Bühnenhaus' den Hintergrund der Orchestra und diente ursprünglich als Umkleidekabine der Schauspieler, als Kulissenwand usf.; erst später nahm sie auch eine echte 'Bühne' auf.

Theatron und Orchestra: Die ältere Form der Orchestra und des Theatrons war rechteckig und geradlinig, d.h. gerade geführte, ansteigende Sitzränge oder Tribünen umgaben auf drei Seiten den manchmal ziemlich gelängten Spielplatz. Die Einführung der kreisrunden Orchestra und des regelmäßig muschelförmigen Koilons (als Theatron) ist erst in der Spätklassik erfolgt. Das ältest erhaltene Theater dieser Art – und wohl das älteste seines Typs überhaupt – ist das im 2. Viertel des 4. Jh. konzipierte Dionysostheater von Athen. Auf die speziellen Wurzeln dieser Erfindung muß in unserem Zusammenhang nicht eingegangen werden: Das Resultat hatte eine scheinbar so selbstverständliche Allgemeingültigkeit, daß es von nun an allein herrschte. Gegenüber dem Dionysostheater waren Verbesserungen nur noch in Varianten (Steigungswinkel o. ä.) möglich. Seither füllen sich alle griechischen Städte, ja sogar die ländlichen Kleinstädte mit muschelförmigen Theatern, die denn in den Ruinen hellenistischer Städte stets eines der eindrucksvollsten Denkmäler darstellen. Das beruht übrigens auch auf einer charakteristischen Eigenart der Koila. Mit wenigen Ausnahmen sind sie keine 'gebauten Gebäude', sondern in Hänge eingetiefte und mit Sitzstufen abgedeckte Trichter, wobei ggf. die vorspringenden Arme ganz oder teilweise aus angeschütteten Substruktionen bestehen. Es handelt sich also um 'Erdbauten', die sich natürlich gut erhalten.

Die Vorzüge des Koilons und der kreisförmigen Orchestra sind vielfältiger Natur. Ihre Form ist von höchster geometrischer und räumlicher Einfachheit und Klarheit; ihr Hohlkörper stellt sich als (unvollständiger) hohler Konus dar. Im Gegensatz zu den rektolinearen Theatra ist ein ganz neuer Zusammenschluß, ja eine Einheit des Sitzraumes erreicht, die u. a. eine erstaunliche Interkommunikation zwischen den Zuschauern gestatteten. Das alte Ideal eines einen, einheitlichen 'Zuschauerkörpers' ist erst hier architektonisch verwirklicht worden. Kein Wunder, daß die Theater den Poleis seither auch als Stätten der Volksversammlung dienten. Last but not least muß auf die akustischen Möglichkeiten hingewiesen werden, die im Koilon steckten und wohl genutzt wurden, wie Vitruv wußte (V 3–4) und jeder moderne Besucher des Theaters von Epidauros erfahren hat. Dieser frühhellenistische Bau (um oder bald nach 300 v. Chr.; Taf. 18) gilt zu Recht auch formal als besonders harmonisch; mit ihm kann es in der Feinheit der Proportionen und dem Gefühl eigentümlicher Geborgenheit sub divo vielleicht nur noch das gleichzeitige oder wenig frühere Theater von Syrakus aufnehmen, das mit der Wiederherstellung dieses Stadtstaates durch Timoleon zusammengehen dürfte. Diese beiden Koila veredeln das kürzliche Vorbild des athenischen Dionysostheaters, das doch noch Züge von Befangenheit und Unausgewogenheit zeigt, gewissermaßen in reine Kunstform.

Obwohl spätklassischen Ursprungs, muß dem Koilonmotiv des Theatrons schon wegen der puren Quantität eine beträchtliche Bedeutung für die hellenistische Architektur zugemessen werden. Der Fall liegt also ähnlich wie beim sog. hippodamischen Straßensystem. Darüber hinaus ist die kurvolineare Grundgestalt des Koilons die häufigste Verwirklichung eines Prinzips – eben des kurvolinearen Prinzips –, das im Hellenismus zusehends und ganz allgemein (wieder) nach vorne drängt.

Skene: Von den Bühnenzelten der älteren Zeit, d. h. etwa des 5. und früheren 4. Jh., wissen wir bisher nichts durch Anschauung, sondern sind auf Rückschlüsse aus den mehr als vieldeutigen Anspielungen in den Dramen selbst angewiesen.

Einigermaßen bekannt ist der marmorne, frühesthellenistische Skenenbau des athenischen Dionysostheaters, den der Staatsmann Lykurg zwischen 338 und ca. 331 v. Chr. ausführen ließ und der wohl im Jahre 89 v. Chr. bei der Erstürmung Athens durch die Römer unter Sulla niedergebrannt wurde. Diese 'Skene' dürfte nicht viel mehr als eine Flügelrisalitstoa gewesen sein (Abb. 55b). Ihr Mitteltrakt zählte elf Joche; nur das Mittelinterkolumnium war erweitert. Die um vier Joche vorspringenden und vorne fünf Joche breiten Risalite trugen Giebeldächer. Die Bedeckung des Mitteltraktes muß wegen dramaturgischer Notwendigkeiten (Dachszenen!) flach gewesen sein. Der drehbare Geranos (Theaterkran, z. B. für den deus ex machina) saß auf einem Fundament T an der Rückwand der Skenenhalle; seine Reichweite geht recht genau bis zur Stirn der Risalite.

Für die Inszenierung bedeutet die Risalitstoa, daß innerhalb der Skene ein eigener Spielplatz neben dem allgemeineren der Orchestra geschaffen wird: Hier die Auftritte der Götter und z. T. der Protagonisten, dort der dramatisch und dramaturgisch mehr und mehr zurücktretende Chor. Rein formal bewirkt die eingeschossige Flügelrisalitskene eine starke Bezugnahme zwischen Theatron und Bühnenhaus. So wie das Theatron seine Seitenarme nach vorne aussendet, so antwortet ihm andersherum die Skene mit ihren Risaliten, wodurch der unterteilte Spielplatz 'konzentrisch' umfaßt wird. Noch sind Skene und Theatron aber keineswegs gleichwertige Partner der Gesamtgestaltung. Der Säulenbau der Bühne ist vor allem sehr viel niedrer als der Massenbau des Koilons und bewahrt außerdem eine beträchtliche Selbständigkeit, Herauslösbarkeit. Der Ausgleich der unverträglichen Eigenschaften, die weitere Angleichung der Elemente ist das Thema der späteren Theaterarchitektur.

Doppelgeschossigkeit war eine Möglichkeit, das Skenengebäude gegenüber dem Koilon aufzuwerten und den auf der Vorderseite so sehr geöffneten Muschelraum des Theaters stärker zu verschließen – eine Möglichkeit, die mit der Einführung des kunstmäßigen Stockwerkbaus erstmals zu Gebote stand. Das frühhellenistische Bühnenhaus ist in der Tat zweigeschossig (Abb. 57). Das untere Stockwerk besteht aus einer Stützenhalle (bevorzugt werden kombinierte Pfeilerhalbsäulen o. ä.), deren Interkolumnien Bildtafeln (Pinakes) mit einer Art Kulissenmalerei aufnehmen konnten und nur einen bis drei offene Durchgänge behielten (vgl. das gut erhaltene Beispiel in Oropos Taf. 19a). Diese Halle – das Proskenion – war flach gedeckt und trug das Logeion. Hinter dem Logeion erhebt sich der Oberstock in voller Breite des Gebäudes. Seine Front bildete keine kahle Mauer mit einer einzigen kleinen Türe, wie man gemeinhin annimmt, sondern besaß seit dem Frühhellenismus (und nicht erst später) die sogenannten Thyromata, wie die noch aus der

1. Hälfte des 3. Jh. stammenden Bühnenhäuser von Dodona und Kassope (Abb. 56a) sicher bezeugen, ohne daß dagegen bei genauerem Zusehen Priene (Abb. 57), Epidauros u. a. ins Feld geführt werden könnten. Bei den Thyromata handelt es sich um große, bis zum Gesims reichende Wandöffnungen, zwischen denen nur pfeilerartige Mauerstücke stehenbleiben. Ihre Zahl beträgt je nach Größe des Bauwerks drei, fünf oder selten mehr. Sie stehen offenbar in Beziehung mit dem Logeion auf dem Proskenion. Dieses ist eine tatsächliche, erhöhte Bühne; die Thyromata bzw. die durch sie geöffneten Räume des Oberstocks nahmen die ihr zugehörigen Kulissen auf, und es ist angesichts der Raumtiefe zu vermuten, daß es sich dabei nicht mehr bloß um einfache 'Bildtafeln', sondern um illusionistische Kulissenfluchten und -perspektiven drehte. Wer eine solche Raffinesse, die von ferne an italienische Bühnen des Manierismus (Teatro olimpico zu Padua!) erinnert, im Frühhellenismus für zu weitgehend hält, möge an die Überlieferung über ephemere Architekturen denken, die wir o. S. 62 erwähnt haben; nach Werkstoff und im Wesen stehen sie der postulierten Kulissenarchitektur in den Thyromata überaus nahe.

Die bisherigen Ausführungen dürften den Verdacht genährt haben, daß die Doppelgeschossigkeit der hellenistischen Thyromata-Skene mehr als eine bloß ästhetisch-formale Lösung des Problems Koilon – Skene war. Immerhin stellt das neue Bühnenhaus zwei in etwa gleichrangige Spielplätze zur Verfügung, indem das Proskenion den Hintergrund der Orchestra-Bühne bildet und das Logeion eine eigene, davon getrennte Bühne mit zugehörigem Kulissenhintergrund ist. In der Tat ist die sog. Thyromata-Skene eine Kompromißlösung, die sich nur aufgrund damaliger Spielgewohnheiten völlig erklären läßt. Kurz gesagt handelt es sich um das Faktum, daß in den Theatern zwei Arten von Dramen zur Aufführung gelangen sollten: Erstens die älteren Dramen, in denen der Chor eng und unlösbar in den Handlungsfortgang eingebunden war. Diese Reprisen mit ihrem zahlreichen Personal benötigten die Orchestra und spielten vor dem Proskenion. Zweitens zeitgemäße Stücke, in denen der Chor nur noch als Relikt bzw. als akttrennende Einlage vorkam, während sich die Handlung einzig zwischen den Akteuren entwickelte, die denn auch die meiste Zeit allein (d. h. ohne Chor) zu sehen waren. Für diese drei sprechenden Personen – neben wenigen stummen – war aber die 'öffentliche' Orchestra einfach zu weitläufig und groß, zumal das Schauspiel seit dem späten 4. Jh. gerne intimere Themen als in den alten, 'politischen' Chordramen behandelte – man denke an die 'Neue Komödie'. Deren Hauptvertreter Menander († 291 v. Chr.) schrieb freilich noch für die lykurgische Skene Athens, wie E. Pöhlmann nachgewiesen hat; dabei mußte wohl der innere Spielplatz zwischen den Risaliten den privaten Lebensraum der Darsteller versinnbildlichen. Bei Theaterneubauten erreichte der analytisch-klassifizierende Geist des Frühhellenismus eine schärfere Scheidung der Gattungen: Die 'Kammerspiele' wurden nach oben aufs Logeion verlegt, wo sie auf angemessenem Flächenumfang und vor zeitgemäß reicher Kulissenillustration spielten, während die Erhöhung zugleich eine bühnenwirksame Verfremdung ihrer im Stoff begründeten Alltäglichkeit ergab. Mit diesen Andeutungen zur Verbindung von Baugestalt und Zweck, d. h. Bühnenspielpraxis, mag es hier genug sein.

Nachzutragen sind einige formale Dinge. Die Ausbildung von Risaliten erübrigte sich an den zweigeschossigen Thyromata-Skenen, da sie durch ihre Höhe an sich bereits eine wirksamere Korrespondenz zum Koilon verwirklichten. Gleichwohl treten besonders an sehr frühen Beispielen noch Spuren der Risalite an den Proskenionenden auf, so in Epidauros oder Sikyon um 300 v. Chr. Es handelt sich dabei gewissermaßen um Scheinrisalite, die selten auch nur ein Joch im Vorsprung bilden, sondern gegenüber der Front bloß um ein zusätzliches Pfeiler-Wand-Element o. dgl. vorkragen. Neben dem richtigen Empfinden, daß dadurch das Bühnengebäude zu seinen Seiten hin stabilisiert und beendet wird, spricht sich hierin vor allem die Macht der Tradition aus. Eine Neuerung bedeutet demgegenüber die Einführung von Parodostoren. – Parodoi sind die Zugänge zur Orchestra zwischen den Enden des Koilons und der Skene. – Epidauros (Taf. 23a) zeigt hier zierliche, in den Proportionen charakteristisch hellenistische Gebilde, die zu einer näheren Anbindung von Skene und Koilonbauwerk führen, auch wenn sie in Epidauros noch an künstlerisch unbezeichnender Stelle des Parodosganges liegen.

Eigene Wege der Bühnenarchitektur beschritten im Hellenismus die Kolonialgriechen Siziliens. Zwar übernahmen sie den Gedanken des Stockwerkbaus, hielten aber zugleich stärker am Risalitmotiv fest, das sie freilich in die oberen Geschosse verwiesen. Die gerade Front des Proskenions im Untergeschoß besaß anscheinend häufig feste Scherwände zwischen den Halbsäulen. Erst darüber erhob sich der eigentliche Skenenbau aus breitem Mitteltrakt und seitlichen Risaliten, der meist zwei Stockwerke besessen zu haben scheint; in Tyndaris ist das Obergeschoß durch eine geschlossene, mit verkröpften Pilastern geschmückte Attikazone ersetzt. Thyromata kommen nicht vor; dafür ist die Hauptfassade mit Halbsäulenordnungen versehen und besitzt Türen zum Logeion. Die Risalite waren oft pavillonartige Säulenbauten; ihre Stirn konnte nach innen schräg verlaufen, wie z. B. in Segesta. Maßgebend für diesen Theatertyp scheint der Bau Hierons II. in Syrakus bald nach der Mitte des 3. Jh. gewesen zu sein. Noch in den Hochhellenismus gehören ferner Segesta, Solunt, Tyndaris (Abb. 58), Morgantina I sowie vielleicht Akrai und Monte Iato I, die mit Variationen im Detail das Grundmuster wiederholen. Aus dem späteren 2. Jh. sind auch im samnitischen Mittelitalien Theater dieses Typs erhalten: Pompeji I, Pietrabbondante, Sarno I.

Das sikeliotische Bühnenhaus besitzt in seinen Stockwerken einen weitgehend geschlossenen Bühnenraum, den man geradezu als Bühnenkasten bezeichnen kann. Dies, die besondere Höhe sowie etwa auch die stirnseitige Abschrägung der Risalite ergeben eine besondere Korrespondenz der Skene zum Koilonraum, die offenbar intendiert war. In ganz anderem Maß als in den ägäischen Theatern schließt sich das Bühnengebäude an die Zuschauermuschel an und diese nach außen ab. Skene und Koilon beginnen hier zusammenzuwachsen, was sicher die Entwicklung des römischen Theaters beeinflußt hat. Hinzu kommt, daß die Parodoi, sei es durch geringe Breite, sei es durch umknickende Führung, die Bestandteile weniger stark als im Mutterland trennen. Zumindest bei den späten Beispielen sind die Parodoi dann in ganzer Länge überdacht und öffnen sich als gedeckte Gänge mit großen Türen auf die Orchestra: Die bauliche Verbindung der Skene mit dem Koilon ist faktisch hergestellt, auch wenn die Umfassungsmauer des Theatrons noch nicht in gleicher Höhe an die Wand des Bühnenhauses anläuft wie in den römischen Theatern der Kaiserzeit.

Sosehr dies alles in die Zukunft weist, ist im Hinblick auf die Thyromata des Ostens doch nicht zu übersehen, daß die mehrgeschossige steinerne Prunk- und Imponierfassade der Sikelioten der Inszenierung einen geringeren Bewegungsspielraum gewährte. Illusionistische Kulisseneffekte konnten vor der dominierenden Repräsentationsarchitektur nicht entfaltet werden. Hierin drückt sich wohl ein anderes Verhältnis zum 'Theater' aus, eine andere Gewohnheit des sizilischen Bühnenspiels und Dramas, von dem wir aber leider so gut wie nichts wissen.

Nur mit wenigen Worten sei hier auf eine andere hellenistische Erfindung der Sikelioten, auf das sog. gedeckte Theater, eingegangen, das äußerlich an kleinasiatische Buleuterien erinnert. Das älteste und bestbekannte Beispiel befindet sich im sizilischen Akrai in nächster Nähe des großen Theaters. In den gedrungen rechteckigen, fast quadratischen Bau war um die Orchestra, die weniger als einen Halbkreis umfaßt, ein Koilon eingefügt; unmittelbar an das Koilon schloß ein niederes Bühnenpodium an, das ungefähr ein Drittel der Grundfläche des Gesamtbaus einnahm. Gleichartig stellt sich ein Odeum in Solunt dar. Bezeichnend ist hier wie dort die Kleinheit des Ganzen, die freitragende Überdachung gestaltet. Es handelt sich um Auditorien mit Bühne, aber ohne Bühnenhaus. Für die Entwicklung der latinischen Theaterarchitektur mögen sie deshalb von Belang gewesen sein, weil sie als Muster gelten konnten, auf welchem Wege die bauliche Substanz des Bestandteiles Skene immer weiter zu reduzieren war – auch wenn die hellenistischen Odeia Siziliens gar nicht von einem Bühnenhaus ausgegangen waren. Bekannt war den Römern dieser Typ, wie das bald nach 80 v. Chr. errichtete Theatrum tectum von Pompeji lehrt.

Die hellenistische Theaterarchitektur der Sikelioten entfernt sich weit von der Typologie, die in den zentralen Ländern des Griechentums gebräuchlich war; man würde sie als provinziell abtun können, wenn sie nicht offenbar von den Römern z. T. rezipiert worden wäre und dadurch für die fernere Architekturgeschichte eine beträchtliche Bedeutung erlangt hätte. Wesenhaft hellenistisch ist allerdings – abgesehen von den abweichenden Ergebnissen der Typologie – auch an ihr die Zusammenfügung verschiedenartiger, ja heterogener Elemente.

Daß die prunkvolle Repräsentationsfassade sikeliotischer Theater auf die ostmediterrane Architektur nicht zurückgewirkt habe, wäre beim gegenwärtigen Forschungsstand allerdings eine verfrühte und allzu apodiktische Behauptung. Schon das theaterähnliche, alexandrinische Grab Mustafa Pascha 3 hat eigentlich nur sikeliotische Reminiszenzen, wenn es denn überhaupt als theaterähnlich qualifiziert werden darf.

Viel aufregender ist allerdings ein Typ späthellenistischer Bühnenhäuser des Ostens, der erst in den letzten Jahren beobachtet wurde. Da bisher alle Beispiele unpubliziert sind, kann man noch nicht einmal sagen, daß er schon bekannt sei. Wir müssen uns mit Andeutungen begnügen: Das Proskenion bleibt etwa in der üblichen Form bestehen. Anstelle des Geschosses mit den Thyromata ragt hinter dem Logeion jedoch eine architektonische Schmuckwand auf, die wenigstens in Halikarnassos (Taf. 19b, Abb. 56b) in sich zweigeschossig war. Sie besitzt unten drei (bis fünf?) Türen in Nischen. Halbsäulen, Ädikulen, verkröpfte Säulen und Gebälke scheinen zu ihrer Ausstattung zu gehören. Im Fundament besitzt diese Szenenfrontwand eine beträchtliche Dicke von 2 m oder mehr, was der Bewegtheit im Aufbau angemessen ist. In Halikarnass weisen die reichlich erhaltenen Reste des Aufbaus nach dem Stil ihrer Dekoration auf ein Entstehungsdatum im späteren 2. Jh. v. Chr.; ungefähr gleichzeitig scheint die stärker zerstörte Skene des böotischen Orchomenos gewesen zu sein. Man denke daran, daß Pompeius das erste steinerne Theater Roms 61–55 v. Chr. nach dem Vorbild des Theaters von Mytilene konzipiert haben soll: Sowenig wir auch von der ursprünglichen Gestalt des Pompeius-Theaters wissen (nämlich fast nichts), – eine älter-hellenistische Thyromata-Skene wird es schwerlich besessen haben, wie die folgende, davon abhängige Geschichte der römischen Theaterarchitektur beweist. Sollte es nicht vielmehr von jener letzten griechischen Stufe der Skenenfrontwand abhängen, die wir eben andeuteten? Tatsächlich liegen in dem so gut wie völlig zerstörten Theater von Mytilene/Lesbos noch einige Bauglieder, die zu einer derartigen, späthellenistischen 'scaenae frons' gehört haben können!

Ob der Gedanke petrifizierter Prunkfassaden in den östlichen Theatern direkt von Sizilien angeregt – und dann natürlich nach lokalen Wandgliederungssystemen ausgestaltet wurde; oder ob es sich um eine unabhängige Parallelerscheinung handelt, die mit einer Veränderung des Geschmacks in ähnlicher Richtung zusammengeht, muß einstweilen unentschieden bleiben. Gleichfalls die hochinteressante Frage, ob sich Vitruv mit seinem 'theatrum graecum' nicht eben auf diesen späten ägäischen Typ bezieht: – auf die Thyromata-Skene hebt er jedenfalls nicht ab! Hier dürften noch Überraschungen zu erwarten sein.

Die hellenistische Theaterarchitektur und insbesondere ihr einzig noch wandlungsfähiges Element Skene – nachdem Koilon und Orchestra in der Spätklassik nun einmal eine kanonische Gestalt erhielten – ist ein hervorragendes Beispiel für funktionale und formale Vielschichtigkeit. Adaption an und Berücksichtigung von genau definierten Moden der Regie und Inszenierung – auch wenn diese uns nicht immer genau überliefert sind – hinterlassen ebenso ihre Spuren wie formalästhetische Bedürfnisse; man denke nur an die Möglichkeit des Kulissenspiels in den Thyromata, das die Satzungen der Architektur bzw. des Bühnenhauses als autonomen Gebäudes negiert und sprengt – bis sich dann von architektonischer Seite her wieder eine Verfestigung, aber zugleich Erstarrung in Gestalt versteinerter Prunkfassaden durchsetzt. Es ist vielleicht nicht unbezeichnend, daß sich letztlich die Architektur als Form durchsetzt; der Ausblick auf die römische Zukunft öffnet dafür die Augen: Völlig geschlossene, zusammenhängende und in sich großartige Bauten werden massenhaft errichtet, da 'Theater' als Drama nur noch ein dürftiges Nachleben fristete.

Das Rundbaumotiv

Der Rundbau ist aufs Ganze gesehen ein Außenseiter in der griechischen Architektur, in deren Kanon er sich nicht leicht einfügt. Wenn wir ihm trotzdem schon an dieser Stelle einen eigenen Abschnitt widmen, dann deshalb, weil der Hellenismus auch mit dieser Form in bezeichnender Weise experimentiert und sie schließlich familiär macht. Abgesehen sei zunächst von inkorporierten Rundräumen und das Augenmerk auf mehr oder weniger selbständige Rundbauten gelenkt [54].

Nach einigen Vorläufern beginnt die stärkere Hinwendung zum Rundbau im Grunde mit den Tholoi der späteren Klassik (Delphi, Epidauros). An der Wende zum Hellenismus errichtet der makedonische König in Olympia das nach ihm benannte Philippeion (Abb. 20) als 'Schatzhaus' für die Standbilder der Dynastie. Wie die beiden älteren Tholoi ist der Bau peripteral; die Säulen der Peristase sind freilich der zierlichen ionischen Ordnung entnommen. Der Schmuck des Innenraumes besteht aus korinthischen Halbsäulen über einer brüstungsartigen Sokkelzone; mit dieser Blendarchitektur wird das Motiv der 'makedonischen Galerie' geschickt anstelle der Rundbank samt aufgehenden Halbsäulen (Delphi) gesetzt. Die spätklassischen Tholoi sind sowohl auf Außen- wie auf Innenwirkung hin konzipiert. Dabei ist der Innenraum, die Cella, stets reicher und kostbarer ausgestattet, doch wird dieser Effekt in gewisser Weise wieder durch Enge oder Dunkelheit relativiert. Die Cellae sind, vielleicht mit Ausnahme von Epidauros, eher Schreine als Räume, die man sehr gut ohne einzutreten von der Türe her überblicken und würdigen konnte. Der scheinbar so naheliegende Gedanke eines Zentralraumes ist künstlerisch nicht wirklich verfolgt und ausgenutzt; er muß griechischen Grundvorstellungen widerstrebt haben.

Aus dem späteren Hellenismus sind peripterale Tholoi nur selten überliefert. Ein reichlich provinzielles Beispiel aus dem südrussischen Myrmekeion ist eigentlich nur durch seine Lage im Zentrum eines Peristyls bemerkenswert. Ähnliches hat man jüngst für einen kleinen, säulenlosen Rundbau in Paros angenommen, dessen Reste im fränkischen Kastro verbaut sind. Die Tholos wird hier Mittelpunkt und Blickfang einer Hoffläche. In dieser Rolle scheint sie öfter eingesetzt worden zu sein, wobei die Größe gerne verringert und der denkmalartigen Kleinarchitektur angenähert wurde oder geradezu ein kleiner Monopteros an ihre Stelle trat, wie ihn schon der Athener Lysikrates im Jahre 334 v. Chr. für seinen Memorialbau an der Tripodenstraße (Taf. 29a) [69] verwendete. Für die baldachinartige Verkürzung des Tholosmotivs und seine Nutzung als Blickfang liegen – neben dem allerdings noch ganz autonomen Lysikratesmonument – nur indirekte Zeugnisse vor. Erinnert sei an die 'Tholos' der Aphrodite auf dem Nilschiff Ptolemaios' IV. (Athen. V 204 D 39), an späthellenistische Wandmalereien des sog. II. Stils und an die Grabfassade el-Hasne (Taf. 30b) in Petra. Diese Reflexe beleuchten einen Entwicklungsstrang, auf dem das Rundbaumotiv letztlich zu einem verbreiteten Dekorationselement gerät (man vgl. die 'tholorum rotunda tecta' in Vitruv VII 5,5).

In der großen Architektur nimmt der wohl frühhellenistische Sakralbau an der Agora von Stymphalos, in dem man ein Heroon vermuten darf, einen besonderen Rang ein (Abb. 59a). Ein Rundbau ist hier mit einem prostylen Tempel zusammengefaßt; man fühlt sich an das Pantheon in Rom und seine Verwandten erinnert, doch ist in Stymphalos nicht bloß eine Vorhalle vor die Rotunde vorgeschaltet; die beiden Bestandteile haben vielmehr in etwa gleiches Gewicht. Um so erstaunlicher ist die fast nahtlose Verschmelzung der so unterschiedlichen Bautypen. Wie aus einem Guß fügt sich der Rundsaal adytonartig an den Tempel an. Mögen auch semantische Erwägungen bei der Einführung des Motivs mitgewirkt haben, ganz unverkennbar ist doch die formale Absicht, komplizierte Elemente in ausgefallener Weise zu kombinieren. In dieser Hinsicht ist Stymphalos ein Paradebeispiel hellenistischer Bestrebungen.

Der Rundbau, den die Königin Arsinoe 289–281 v. Chr. in Samothrake errichten ließ, steht in der schütteren Tradition von Tholoi als Versammlungsbauten (Prytaneion von Athen!). Mit über 20 m Durchmesser (an den Außenwänden) wird er dieser seiner Funktion auch durchaus gerecht. Bemerkenswert ist seine Höhe von etwa 12 m, in deren oberen Drittel eine Parastadengalerie umlief (Abb. 60) [55]. Die Stützen bildeten nach außen schlichte Pfeiler, nach innen korinthische Halbsäulen; die Öffnungen zwischen ihnen waren nicht nur durch niedre, reliefierte Brüstungsplatten, sondern darüber zumeist noch durch dünne Marmorscherwände vollständig geschlossen. Es ist möglich, daß wenigstens einige der Öffnungen reale Fenster aufnahmen. Dennoch ist die Galerie vor allem ein monumentales Schmuckmotiv, das sich zwar vielleicht von wirklichen Fenstergalerien ableitet, die unter der Decke von Räumen umliefen. Praktisch erfüllt die vertikale Gliederung der Wand in Sockel und 'Stützengeschoß' aber keinen rechten Zweck. Ästhetisch macht sie dagegen die ungewöhnliche, absolute und relative Höhe der Rotunde erträglich, wobei hierin sowie in den formalen Details der Einfluß des echten Stockwerkbaus nicht ganz auszuschließen ist. Leider fällt es sehr schwer, eine Vorstellung von der Wirkung des (stützenlosen) Innenraumes zu gewinnen. Ob in diesem, immerhin auf makedonische und nicht auf griechische Auftraggeber zurückgehenden Gebäude eine Ahnung von 'Zentralbau' gegenwärtig war? Man möchte auch gerne wissen, ob sich die öfter geäußerte Annahme bestätigt, daß die Decke die Form einer (hölzernen) Kuppel besaß. Sicher gehörte das Arsinoeion zu den merkwürdigsten Prachtbauten des Frühhellenismus, die uns bekanntgeworden sind. Vieles mischt sich in ihm: die Anwendung eines doch immerhin ausgefallenen Grundrißtyps, die (moderne) turm- oder schachtähnliche Höhenproportion, das 'klassische' edle Material und die in mancher Hinsicht geradezu 'klassizistische' Säulendekoration. In der Tat charakterisiert der Begriff 'klassizistisch' vielleicht am schnellsten, wenngleich nicht vollständig das Wesen dieser Rotunde – und lenkt damit das Augenmerk auf eine Tendenz, die zumindest der Marmorarchitektur schon im Frühhellenismus beigemischt erscheint.

Zum Abschluß erwähnen wir hier ein Bauwerk, bei dem es sich zwar nicht wie bisher um eine Tholos, sondern um ein Hofgebäude handelt; doch ist es so ausschließlich von der Kreisform geprägt, daß es nur unter dem Kapitel der Rundbauten und nicht etwa unter den Peristylen anzuführen ist. Pella VI (Abb. 59b) ist ein frühhellenistischer Bau um 300 v. Chr. von im einzelnen ungewisser Bestimmung [56]. Den Kern bildete ein runder Hof mit umlaufender Stützenstellung; an ihn schlossen sich drei kleine, gedeckte Rundräume an, die nach Ausweis ihrer Fußbodengestaltung wohl Speisezimmer waren. Die Extravaganz der Plangestalt steht in griechischer Architektur ohne Beispiel da. Man würde gerne wissen, wie sich dieses Konglomerat von Rundbauten mit der Umgebung vertrug, wie es in sie eingebettet war. Insgesamt gewinnt man den Eindruck, daß Auftraggeber oder Architekt eine fast manische, 'wissenschaftliche' Vorliebe für den Zirkelschlag hegten; und wieder wird man von ferne an kaiserzeitlich-römische Architekturen mit ihren Zirkelspielereien erinnert (z. B. Teatro marittimo der Villa Hadriana).

Noch viel weiter als Pella VI mag gerade in dieser Hinsicht das Tychaion von Alexandria gegangen sein, das uns nur durch eine Rede des Libanius (4. Jh. n. Chr.!) unzureichend überliefert ist: ein runder Innenbau mit hemikyklischen, säulenverstellten Exedren, auf dessen Spitze (?) ein Bildnis Ptolemaios' I. stand, während sich in ihm eine allegorische Gruppe mit Alexander und der von Fortuna bekränzten Erde (Ge) befand. Diese Statuenausstattung ließe auf frühhellenistische Entstehung des Tempels schließen – wenn Libanius uns zuverlässig berichtet.

Der Überblick über die hellenistischen Rundbauten mag diese zunächst recht disparat erscheinen lassen, indem das Grundmotiv in sehr verschiedener Gestalt und Ausbildung auftritt. Wichtig ist, daß das Prinzip Rundbau nunmehr erstens in der Baukunst wirkliches Heimatrecht gewinnt und zweitens nach vielen Richtungen hin erprobt wird. Nicht umsonst haben wir gelegentlich auf römische Architektur vorausverwiesen: Der vorzügliche Rang, den in ihr der Rundbau einnimmt, wäre ohne die Experimente des Hellenismus nicht möglich gewesen.

Tempelarchitektur und Verwandtes

Ringhallentempel: Der große, peripterale Tempel verliert im Frühhellenismus viel, ja Entscheidendes von seiner alten Bedeutung; und zwar gilt das sowohl hinsichtlich seiner ästhetischen und formalen Führungsrolle in der Architektur wie auch rein statistisch. Freilich muß diese Aussage regional etwas differenziert werden.

In den westlichen Kolonialgebieten entstehen praktisch keine Peripteroi mehr, nachdem im Zuge der timeleonteischen Erneuerung einige klassische Tempel auf Sizilien noch einmal restauriert worden waren (z. B. der sog. Dioskurentempel in Agrigent vom Triglyphon aufwärts). – Die Etrusker, Römer und Samniten setzen dagegen den Bau großer Tempel fort und finden für ihren einheimischen Typ vielleicht erst jetzt die monumentale Ausprägung; es handelt sich dabei aber strenggenommen weder um Peripteroi noch überhaupt um 'griechische' Tempel, so stark die Beeinflussung früher auch gewesen war. – Das ganze griechische Festland einschließlich Makedoniens und Epirus' sowie die ägäischen Inseln weisen im Hellenismus kaum noch große und fast gar keine Ringhallentempel auf. Eine Ausnahme findet sich etwa in Demetrias [57]. Ob etwa das nur im Fundament erhaltene und bisher nicht bearbeitete Heiligtum des Zeus Ammon bei Kallithea/Chalkidike ein Peripteros war (um 300 v. Chr.), ist angesichts der Reste von Pfeilerhalbsäulen u. ä. eher zu bezweifeln. Der eigentümliche Miniaturperipteros des lakonischen Heiligtums von Kournò wird sinngemäß an einer anderen Stelle abzuhandeln sein. Einen klassizistisch-eklektischen Spätling stellt der Tempel im Asklepieion von Messene (Abb. 32) dar, über dessen architekturgeschichtliche Bedeutung kein weiteres Wort verloren zu werden braucht. Ebenso ist der Poseidontempel auf Tenos zu beurteilen (2. Hälfte 2. Jh.; vgl. Abb. 27). Die von Antiochos Epiphanes in der 1. Hälfte des 2. Jh. gestifteten Olympieia zu Athen und Lebadeia sind Fremdlinge in ihrer Zeit und Umwelt, archaisierender Ausfluß königlicher Griechenlandbegeisterung und bei aller Pracht höchstens in Details (korinthische Kapitelle in Athen; Apsis in Lebadeia [58], wo genau?), doch keineswegs in der Gesamtkonzeption echt hellenistisch. Dieser Rückgang großer Tempelarchitektur läßt sich nicht allein aus der Tatsache erklären, daß es in Griechenland damals eben ausreichend viele Ringhallentempel gegeben habe. Zum einen entbehrten jüngere Städte solche durchaus noch; zum anderen hört der Tempelbau an sich ja keineswegs auf. Darauf ist in Kürze zurückzukommen.

Die Verhältnisse Altgriechenlands und Makedoniens finden sich – nach unserem heutigen Wissen – mutatis mutandis auch in den hellenistischen Ostreichen wieder, die auf dem Boden des ehemaligen Perserreiches entstanden waren. Zwar mußten in den dortigen, neugegründeten Hauptstädten natürlich griechische (oder gräzisierte) Kulte eingerichtet werden. Ein veritabler, früh- oder mittelhellenistischer Ringhallentempel ist aber bisher nur aus Seleukeia/Pieria bekannt geworden. In der Regel scheinen hier andere, zumeist doch irgendwie einheimisch beeinflußte Typen bevorzugt worden zu sein. So ist der lange für peripteral gehaltene Tempel im persischen Kangavar nach jüngeren Forschungen, deren Kenntnis ich K. Parlasca verdanke, von breitrechteckiger Gestalt und fällt damit aus der griechischen Tempelarchitektur heraus. Freilich wird es auch an unserem unzureichenden Wissensstand liegen, daß Ringhallentempel im hellenistischen Osten bisher so gut wie völlig fehlen: In den makedonischen Hochburgen Syriens wären eigentlich Beispiele zu erwarten, wohl auch in Alexandria. Nur dürften sie zahlenmäßig nie besonders hervorgestochen haben.

Eine Ausnahme innerhalb des bisher gezeichneten Bildes bietet allein das westliche Kleinasien, wofür vielfältige Gründe geltend zu machen sind. Hier war erst während der Spätklassik eine Renaissance des großen ionischen Tempelbaus erfolgt, der die alten lokalen Formen in neuer 'klassischer' Weise kanonisierte. Bedeutsamstes Denkmal ist dabei der Athenatempel zu Priene, den Pytheos entwarf. Dieser, aber etwa auch der Neubau des Artemision zu Ephesos (auf archaischem Grundriß, jedoch mit spätklassischer Rationalität und Proportionierung) [59] waren im Frühhellenismus noch nicht vollendet. Ihr langsamer, manchmal unterbrochener, aber doch nie eingestellter Weiterbau konnte beispielhaft für andere Projekte werden. Ferner wird Kleinasien von nun an das eigentliche Land der Marmorarchitektur, die durch Konvention untrennbar mit einer 'klassischen Aura' besetzt war und insofern auch 'klassischer' Typologie verbunden blieb. Man sollte schließlich nicht vergessen, daß die politischen Verhältnisse des 5. und z. T. des 4. Jh. einer großen Bautätigkeit in den kleinasiatischen Griechenstädten überhaupt ungünstig gewesen waren. Vormals bedeutende Denkmäler konnten nach der Perserzerstörung nur provisorisch restauriert werden usf. Es herrschte also ein tatsächlicher Nachholbedarf, was den Anschluß an die gesamtgriechische Klassik anbetraf. Mit dem mählichen Zerfall und der endgültigen Zerschlagung des Perserreichs gewann Westanatolien dann die (wirtschaftliche) Möglichkeit, diesen Nachholbedarf zu befriedigen.

'Einfache' Peripteroi in diesem Sinn sind etwa der unter Lysimachos gestiftete Tempel von Ilion (Troja), zu dessen Entstehung noch Alexander-Erinnerungen beigetragen haben mögen, sowie der einfache, nie völlig ausgearbeitete Tempel der Athena auf der Burg von Pergamon. Sie bringen wenig oder nichts Neues.

Bedeutsamer ist der wohl gegen 300 v. Chr. begonnene Neubau des Apollonions zu Didyma [60] bei Milet (Abb. 61 a. b, Tab. 14 b). Das Grundkonzept – ein hypäthraler Hof samt Allerheiligstem innerhalb einer dipteralen (also zweireihigen) Peristasis – scheint dem archaischen Vorgängerbau entlehnt. Die Dimensionen werden freilich geradezu ins Kolossalische gesteigert: Dies ist nicht eigentlich hellenistisch, sondern vielmehr bloß typisch kleinasiatisch und hat auch etwas mit dem genannten 'Nachholbedarf' zu tun. 'Modern' (nach dem Vorbild des jüngeren ephesischen Artemision) ist dagegen die Erhöhung der umlaufenden Krepis auf 7 Stufen von zusammen weit über 3 m Höhe. Der Hofboden innerhalb der 'Cella' liegt dagegen noch tiefer als das Fußniveau der äußeren Krepis, und die Innenwände der Cella, die Hofwände, veranschaulichen dieses Faktum dadurch, daß sie erst über einem glatten Sockel – der der Einsenkung in den Stufenbau bezeichnen soll – mit einer kräftigen, gebälkgekrönten Pilastergliederung ansetzen. Eine wirkliche Höhenkorrespondenz zwischen Außenbau und Hofwandsockel ist dabei nicht durchgeführt; es handelt sich also nicht um eine real bauliche Interdependenz. Der Kern des tempelartigen Bauwerks setzt sich zusammen aus einem 'Pronaos', einem 'Zweisäulensaal' und eben dem Hof, an dessen rückwärtigem Ende sich ein kostbar geschmückter Naiskos mit dem Kultbild erhob. Der Hof selbst war 'adyton', d. h. dem gemeinen Vulgus unzugänglich – was bei einem Orakelheiligtum immerhin einsichtig erscheint. Bemerkenswert ist nun die Interkommunikation des Außenbaus und der drei Bestandteile des Gebäudekerns. Das Pronaos ordnet sich ganz der Peristasis zu und liegt auf ihrer Ebene; die Schwelle der auf das Pronaos geöffneten 'Cellatür' (des Zweisäulensaales) erhebt sich aber fast anderthalb Meter darüber, war also von hier unbetretbar. Dafür führen zwei seitliche, tunnelartige Gewölbe(!)gänge vom Pronaos schräg zur Hoffläche hinab. Und nur vom Hof kann man umkehrend über eine gewaltige Freitreppe in den Zweisäulensaal zurückgelangen und dessen 'Erscheinungstür' zum Pronaos von innen erreichen. Diese Freitreppe, die bis zum Niveau des Zweisäulensaales führt, bestimmte im übrigen die Höhe des Hofwandsockels (s. o.). Einen wichtigen Akzent bedeutet schließlich die Gestaltung der Hofwand oberhalb der Freitreppe; hier befinden sich nämlich nicht mehr Pilaster wie auf den anderen Hofseiten, sondern zwei korinthische Halbsäulen zu seiten des inneren Tores zum Zweisäulensaal. Es ist eine entgegen der Eingangsseite des Gesamtgebäudes zurückgewendete Fassadenarchitektur, die als solche sogar unter griechischen Schein- und Blendarchitekturen (was sie ja letztlich ist) ihresgleichen sucht. Ihr Sinn besteht natürlich darin, die gewissermaßen motorische Richtungsumkehr innerhalb der Baumasse ad oculos zu demonstrieren.

Ästhetisch erweist sich der von einem 'dipteralen Ringhallentempel' umschlossene Gebäudekern des Didymaions demnach nicht mehr als geschlossene Einheit – wofür die Einfügung eines hypäthralen Hofes als solche noch das wenigste ausmacht. Niveauunterschiede auf mehreren Ebenen, Richtungsumkehr mit eigenwertigen Fassaden und Akzenten wurzeln in einer 'Zusammengesetztheit' der Bestandteile, die nur durch eine geschmeidige Architekturdekoration – genau so muß man hier nämlich die 'Bauglieder' (Krepis, Sockel, Pilaster, Halbsäulen, Gebälk) nennen – zusammengehalten bzw. zusammengeklebt sind: Das Didymaion besitzt äußerlich und in seinen quasi herauslösbaren Prospekten eine scheinbare Autarkie alter Prägung; in Wahrheit rumort es im Innern dieses seltsam zwitterhaften Prachtbaus ... Daß sich bei jener formalen Konzeption aufs stärkste rituelle Rücksichten aussprachen, leidet gar keine Frage – bloß fanden sie im Frühhellenismus eben auch die angedeuteten architektonischen Möglichkeiten zur Verwirklichung.

Trotzdem müssen wir an dieser Stelle noch einige Worte über die religiöse Absicht des didymäischen Orakelgebäudes sagen. Unmeßbare (schräge!) Tunnel, verschleierte Höhenunterschiede, ein völliger Richtungswechsel sind Maßnahmen der Desorientierung. Eine vergleichbare, eher verstärkte Mystifikation finden wir etwa zur selben Zeit noch einmal im sog. Totenorakel am Acheron: religiöse Architektur als rational geplantes Verwirrspiel! Wir werden nicht fehlgehen, darin eine Antwort der Repräsentanten (und Nutznießer) der Götterreligion auf den verbreiteten Agnostizismus der frühhellenistischen Zeit zu erkennen. Damals konnte nur das raffinierteste Szenario eigenes Selbstbewußtsein und die Wundergläubigkeit von Zweiflern sicherstellen; und man lernte die Mittel eben von den Gegnern.

Sehr viel simpler als das Didymaion ist der zweite frühhellenistische Riesentempel Kleinasiens. Zwar ist die Gründung des Artemisions von Sardeis bis heute nicht zuverlässig bestimmt – vielleicht rückt sie schon in die Alexanderzeit zurück – fertiggestellt wurde es ebensowenig wie das Didymaion. Wir heben von Sardeis nur einen einzigen Zug hervor: Anstelle zweier rings umlaufender Säulenstellungen bildete man die Peristase an den Langseiten so, daß die innere Säulenreihe entfiel, der Abstand zwischen äußerer Säulenreihe und Cellawand aber so groß wie im Falle zweier Säulenstellungen verblieb. Man nennt diese Lösung mit einem antiken Wort 'pseudodipteral'. Ob dies in Sardeis von Anfang an so geplant war oder ob die pseudodipteralen Längsptera eine spätere Entwurfskorrektur darstellen, die unter dem Einfluß jüngerer hochhellenistischer Tempelkonzeptionen erfolgte, muß offenbleiben.

Festzustellen ist, daß die großen spätklassisch-frühhellenistischen Marmortempel Kleinasiens im 3. Jh. nicht recht vorankamen (Priene, Didyma, Sardeis), soweit sie nicht schon im 4. Jh. vollendet worden waren (Artemision von Ephesos). Zweitens wurden seit dem beginnenden 3. Jh. zunächst keine neuen Großprojekte mehr angefangen. Insofern nimmt also Kleinasien an dem gemeingriechischen Rückgang der großen Tempelarchitektur während des früheren Hellenismus doch auch teil.

Einen wirklichen Umschwung bedeutet dagegen das 2. Jh., seit dem überall in westanatolischen Städten und Heiligtümern aufwendige Marmortempel begonnen und dank großzügiger, d. h. oft nachlässigerer Steinmetzarbeit auch zügig fertiggestellt wurden. Viele dieser Tempel zeigen eine besondere Form, die wohl auf das Wirken des Architekten und Architekturtheoretikers Hermogenes aus Alabanda (Karien) zurückgeht. Seine Bedeutung ist aus Vitruvs Überlieferung kenntlich; dagegen ist seine genauere Zeitstellung bis heute stark umstritten. Neuerdings scheint die lange verfochtene Spätdatierung um 130 v. Chr. wieder – und u. E. zu Recht – einem früheren Ansatz zu weichen: Beginn seines Wirkens um 200 v. Chr. oder bald danach.

Der Artemistempel von Magnesia am Mäander (Abb. 62a. b) wird als Werk des Hermogenes bezeugt. Es handelt sich um einen ionischen Pseudodipteros von 8:15 Säulen; anders als in Sardeis ist die zwei Joche tiefe Ringhalle auf allen vier Seiten, also auch auf den Fronten herumgeführt. Dies darf als Erfindung des Hermogenes gelten. Weitere charakteristische Züge sind die Übernahme einer vielstufigen Krepis, die unmittelbar vor der letzten Stufe des Stylobats einen breiteren, plattformartigen Auftritt bildet; die Erweiterung des Mitteljochs der Front (5,25 m) gegenüber den Normaljochen (3,94 m) und die Einführung attisch-ionischer Detailformen anstelle der landesüblichen. So erhält der Tempel auch einen umlaufenden, figürlich dekorierten Fries zwischen Architrav und Geison. Die Außenseiten der Cella zeigen in Höhe der Antenkapitelle ein bekrönendes Rankenband. Überhaupt ist auf die Überfülle von Schmuckdetails an den Säulenbasen, am Mauerfuß, an der Orthostatenabdeckschicht usf. hinzuweisen. Hier wird ganz deutlich auf die Dekorationsart des 'reichen Stils' zwischen Erechtheion und Tholos von Epidauros zurückgegriffen, doch fehlt die dortige Kostbarkeit der Ausführung. Die Vergröberung kommt allerdings einer Versachlichung gleich, die bei den ganz anderen absoluten Dimensionen des Artemisions auch nur erwünscht sein konnte. Die Cella besteht aus Pronaos, Sekos und Opisthodom, wobei auffällt, daß das Pronaos länger als der von 6 Innensäulen getragene Kultbildraum ist. Die Seitenjoche der in antis angeordneten Frontsäulen von Pronaos und Opisthodom sind durch halbhohe, reich bekrönte Scherwände versperrt.

Abhängigkeit von Magnesia bzw. Hermogenes lassen mehrere Pseudodipteroi erkennen, die alle noch dem 2. Jh. v. Chr. (etwa 2. Drittel) angehören und die wir nur ganz kurz erwähnen wollen. Der Hermogenes-Schüler Menesthes baute für Alabanda einen Apollontempel (8:13 Säulen; Erweiterung der drei mittleren Frontjoche; kein Opisthodom); ein Säulenschaft, der nur zu drei Vierteln kanneliert ist, kann in seiner Funktion nicht mehr genau bestimmt werden, weist aber auf Scherwände oder ähnliche Mauerverbindung hin. Das Hekateion von Lagina (besonders kurz mit 8:11 Säulen; kein Opisthodom) besitzt an der Peristase korinthische Säulen, während die Pronaossäulen in Umkehrung der Hierarchie ionisch waren. Genannt sei schließlich der später an Augustus und Roma überschriebene Tempel von Ankara (8:15 Säulen; prostyles Pronaos; Säulen des Opisthodoms in antis), von dem die Cella weitgehend, die Peristase aber nur in Fundamentspuren erhalten ist. Noch in römischer Zeit wurden übrigens in Kleinasien 'hermogeneische' Marmortempel gegründet; hier genüge der Hinweis auf den Tempel von Aizanoi.

Die eigentümlichste Wirkung des hermogeneischen Pseudodipteros, der letzten originellen Schöpfung griechischer Tempelarchitektur, muß in dem Verhältnis von Peristase bzw. Ringhalle zum Cella-Körper gelegen haben. Die luftige Ausweitung der Ptera, d. h. ihre Leerung von der inneren Säulenreihe, gibt ihnen eine neue Bedeutung. Die (oft weit geöffnete) Cella erscheint wie unter- oder eingestellt in ein baldachinartiges Rechteck. Nicht mehr entwickeln sich die Säulen als Begleitung und körperhafte Fortsetzung des Naos, sondern die Peristase ist das Wesentliche, die Cella ihr bloßer 'kultbildhaltiger' Kern. Gegen diese Bewertung spricht bloß scheinbar die Vergrößerung der mittleren Frontjoche, die man als Ausdruck und Ausfluß der Cella verstehen könnte; in Wahrheit übernimmt die Peristase damit eine Bedeutungsqualität, die im althergebrachten Tempelkörper eben nur der Cella selbst zusteht. Wenn in Magnesia Pronaos und Opisthodom durch Scherwände größerenteils abgeschlossen werden, so lehrt diese gleichsam nachträgliche Maßnahme, daß die Gefahr eines 'Aufgehens' der Cella im Ringhallenbaldachin tatsächlich empfunden wurde. An dem übermäßig kurzen, sich dem Quadrat nähernden Tempel von Lagina muß der Eindruck eines Säulenkioskes (mit 'Kern') kaum mehr zu vermeiden gewesen sein (vgl. hierzu im Miniaturformat Kournò, u. S. 195). Ein wesentliches und eigenständiges Gestaltungsmittel wird an den Pseudodipteroi Licht und Schatten gewesen sein. Unschwer vorzustellen sind die reichen Helligkeitsnuancen in den breiten Ptera vor der Folie der Cellawände einerseits und andererseits in den duftigen Bereichen an den Gebäudeecken und an den Fronten, in den weitgehend unverstellten An-, Durch- und Ausblikken des Pseudodipteros.

Wir haben das Wiederaufblühen großer Tempelarchitektur in Kleinasien des 2. Jh. mit der Darstellung der hermogeneischen Schöpfung eingeleitet, weil sie wie gesagt noch einmal eine originelle typologische Leistung darstellt. Der Vollständigkeit halber ist jedoch festzustellen, daß daneben eine ganze Anzahl 'normaler', d. h. von klassischen Vorbildern abhängiger Monumente entstanden, die von Plan und Auffassung her kaum Interesse beanspruchen, sondern höchstens in Details des Formenrepertoires. Hierher gehören z. B. Bauten wie die Tempel von Mylasa und Kastabos [61] (mit korinthischer Ordnung), das Smintheion in der Troas [92], die Tempel im Letoon von Xanthos oder der des Apollon Chresterios bei Aigai, den in einer schon späteren Zeit (46 v. Chr.?) P. Servilius Isauricus weihte. Dorisch ist der vielleicht erst in der Kaiserzeit vollendete Orakeltempel (mit

Hypogäum) zu Klaros, sowie der ins mittlere 2. Jh. datierte, zweite Tempel des koischen Asklepieions (Scherwandschranken im Pronaos!). Insgesamt bezeugen diese und andere Tempel den Beginn und auch schon den Durchbruch einer klassizistischen Haltung, die in Kleinasien noch weit in die römische Kaiserzeit hineinreicht (Tempel von Euromos, Teos; bei letzterem, der literarisch mit dem Namen des Hermogenes verbunden wird, habe ich mehrfach vergeblich nach Resten hellenistischer Bauglieder gesucht: Der erhaltene Bau ist durch und durch kaiserzeitlich). Bedeutsam ist die späthellenistische Tempelarchitektur Kleinasiens wohl vor allem deshalb geworden, weil die Römer beim Marmorausbau ihrer Stadt in augusteischer Zeit vor allem von dorther geschultes Personal – und vielleicht auch Ideen – rekrutieren konnten.

Die Problematik des herkömmlichen Peripteraltempels für die hellenistische Baukunst war seine zum Kanon gewordene Starrheit und die in seiner Autarkie begründete Unmöglichkeit der Kombination. Seine äußere Form schien (und war) fest gegossen und kaum veränderlich. Einige Bewegung in sie gebracht zu haben – aber eben auch nicht mehr als das –, war das Verdienst des Hermogenes. Eine wirkliche Sprengung von innen her war wohl nicht durchführbar; das Didymaion blieb hier ein Einzelfall, der auf der besonderen und unwiederholbaren Situation dieses Orakelgebäudes beruhte. Merkwürdigerweise erfuhren die spätklassischen Tendenzen zur binnenräumlichen Aufwertung der Cella durch Blendarchitekturen (z. B. Bassai, Tegea) im Hellenismus gar keine Fortsetzung, wenn man einmal vom Tempel L in Epidauros (im folgenden) absieht und nicht die Hofwände von Didyma als Ausläufer dieses Ansatzes ansehen will. Im 2. Jh. ist das alles schon wieder völlig zurückgenommen, was etwa bei Hermogenes wegen der 'Reduktion' der Cella auch nicht wundernimmt. Erst das augusteische Rom scheint diesen Gedanken aufgegriffen und – unter Anlehnung an Kulissenarchitektur – ins Großartige gesteigert zu haben (Tempel des Apollo Sosianus). So ist der Peripteraltempel dem Hellenismus zwar nicht unbekannt; und in Einzelfällen zeigen Peripteroi durchaus die Einwirkung 'hellenistischer' Tendenzen. Zu einem führenden Bautyp, der die tiefsten Bestrebungen der Zeit ausdrücken oder gar vorantreiben konnte, reichte es jedoch nicht mehr.

Kleine Naoi – Naiskoi: Statistisch ist die typisch hellenistische Form des Gotteshauses die von kleineren und selbst kleinsten Antentempel und Prostyloi. Unter ihnen überwiegen anscheinend wiederum die einfachen Antentempel mit nur zwei Frontsäulen. Als Beispiel stehe hier der restaurierte Isistempel auf Delos (Taf. 15). Bezeichnend für lokale Vorlieben ist die Verwendung rechteckiger Pfeiler anstelle der Säulen (z. B. im Naiskos Lambda von Dodona). Die prostylen Kapellen sind meist tetrastyl (Ausnahme etwa der hexastyle Tempel der Despoina zu Lykosura, Abb. 26b, 2. Viertel 2. Jh.) und zeigen nur relativ selten ein Umbiegen der Säulenstellung auf die Langseiten. Der Tempel des Zeus Sosipolis in Magnesia (Abb. 18) war an der Front prostyl; sein Opisthodom verfügte über zwei Säulen in antis. Man hat diese Anomalie mit der Annahme eines Nebenkultes im rückwärtigen Raum zu erklären gesucht (vgl. Cella des dortigen Artemistempels!). An der Front geschlossene Megarontempel oder Oikoi sind weniger häufig, kommen aber vor. Sie waren gelegentlich mit einer Blendarchitektur von Halbsäulen versehen, so daß man sie als Pseudoantentempel oder Pseudoprostyloi bezeichnen könnte. Derartige Reste haben sich etwa auf Ägina [62] erhalten. Das Pythion im kretischen Gortyn [63] erhielt während der ersten Hälfte des 2. Jh. eine Vorhalle mit sechs Halbsäulen; das mittlere Interkolumnium nahm die Türe auf; in den vier restlichen Interkolumnien lehnten sich halbhohe Pfeiler (für Inschriften) als veritable 'Bauglieder' an die Wand. Diese Durchbrechung der Illusion ist zwar provinziell, die Verwendung von Blendarchitektur als solcher entspricht aber durchaus hellenistischem Gebrauch.

Den bedeutendsten Versuch in diese Richtung stellt der Tempel L nahe dem Asklepieion von Epidauros dar (Abb. 63 [27]. Auch dieser ionische Prostylos, der noch aus dem beginnenden 3. Jh. stammt, ist klein; in der Stylobatschicht mißt er nur 13,56 : 7,42 m. Die Vorhalle biegt mit einer Säule auf die Langseiten um; dann folgen an der Cellamauer jedoch fünf eingebundene Halb- bzw. Dreiviertelsäulen; solche finden sich auch an der Rückseite. Das Motiv umlaufender Ringhallen erscheint hier also auf die Cellawand projiziert. Mit dem Mittel der Blendarchitektur entstand in Epidauros der früheste bekannte Pseudoperipteros, ein Typ, den die Römer im 1. Jh. v. Chr. mehrfach aufgreifen sollten (Maison carré von Nîmes!). Im Hellenismus ist der Tempel L bislang einzigartig, wenn nicht ein kleiner Naiskos bei Hagios Phokas auf Rhodos [64] als abgekürztes Zitat eines Pseudoperipteros gelten darf. Diese Kapelle in Gestalt eines geschlossenen Megarons besaß an ihren Ecken – und nur dort – je eine Dreiviertelsäule, wie eine letzte Anspielung auf eine allseits umlaufende Peristasis. Der Pseudoperipteros des Frühhellenismus, am besten oder einzig vertreten von Tempel L, stellt jedenfalls einen Kompromiß zwischen neuen Auffassungen und dem stark nachwirkenden Eindruck der bislang üblichen, peripteralen Tempelarchitektur dar; er ist eine im tiefsten Sinn hellenistische, dabei aber geradezu schon wieder 'kanonische' Lösung. Gerade im Hinblick auf letzteres bleibt es stets etwas verwunderlich, warum der neue Tempeltyp zunächst gar keinen Erfolg gehabt zu haben scheint. – Nur im Vorübergehenden sei übrigens noch darauf aufmerksam gemacht, daß das Cella-Innere von Tempel L mit Vollsäulen ausgestattet war, die direkt an die Rück- und Seitenwände angeschoben waren; auch dies Motiv haben die Römer des 1. Jh. gelegentlich in ähnlicher Form aufgegriffen.

Wir halten an dieser Stelle unserer Betrachtungen kurz inne. Mit Ausnahme einiger Denkmäler, die ohne das Folgende nicht verständlich wären, haben wir das 'Material' griechischer Tempelarchitektur im Grundsätzlichen vorgeführt und auf charakteristische Eigentümlichkeiten einzelner Bauten hingewiesen. Um eine bloße Aufzählung vor allem der schlichten Naiskoi konnte es nicht gehen, sie wäre mühsam und in dem vorgegebenen Rahmen außerdem müßig.

Es stellt sich vielmehr jetzt unumgänglich die Frage nach den Gründen, welche die Griechen des Hellenismus, d. h. die Griechen Griechenlands, veranlaßten, ihre Gotteshäuser überwiegend klein auszulegen, nachdem in der Archaik und Klassik gerade der Tempel zum Inbegriff großer griechischer Architektur geworden war. – Die kleinasiatischen Peripteroi lassen wir nach dem bereits Gesagten als klassizistische Rückgriffe einmal weitgehend außer acht. – An sich sind Antenhäuser und prostyle Gebäude in der Funktion von Tempeln ja nichts Neues; sie begegnen sehr wohl durchgehend seit der griechischen Frühzeit. Neu ist, daß man sich auch für wichtigste Kulte allein mit ihnen begnügte. Man denke etwa nur an den alten und für lange Zeit einzigen Tempel (um 300 v. Chr.) im Asklepieion von Kos, das in frühhellenistischer Zeit aufzublühen beginnt; er wird uns gleich noch beschäftigen. Man denke aber auch an die bereits mehrfach angesprochene Tatsache, daß hellenistische Städte überhaupt auf große Tempel verzichteten und sich mit Kapellen der soeben geschilderten Art begnügt haben. Diese Kapellen gleichen in ihrer Wirkung oft den 'Schatzhäusern', welche die Poleis früher in den großen Heiligtümern stifteten, und nicht selten wirken sie sogar geringer. Die Tempel(chen) von Dodona reihen sich im 3. Jh. nicht viel anders nebeneinander als im 6./5. Jh. die Schatzhäuser am Rande der olympischen Altis. Und doch obwaltet hier ein evidenter Rangunterschied. Dieser Vergleich ist lehrreich.

Wenn man zur Erklärung dieses Phänomens einfach auf die 'entgötterte Zeit' hinwiese, scheint das angesichts der wirklichen kultischen Sachverhalte eine Floskel, die mehr als nichtssagend, nämlich verfälschend ist. Im vorigen Kapitel haben wir hinsichtlich des peripteralen Tempels auf ein ästhetisches Moment abgehoben. Wir halten auch weiter daran fest, daß Starrheit und Inkompatibilität diesem Bautyp im Hellenismus nur noch eine verminderte Chance einräumten. Doch erklärt das allein nicht den radikalen Übergang zur ädikula- und kapellenartigen Kleinarchitektur auf dem sakralen Sektor, zumal diese selbst in ihrer Typologie keineswegs 'modern' war.

Vielleicht liegt des Rätsels Lösung eher darin, daß man Sinn und praktischen Zweck der großen Säulenhallentempel nicht mehr einsah. Anders ausgedrückt: Bei einer nüchtern-rationalen Funktionsanalyse – und eine solche würde ja mit dem Geist des

Frühhellenismus völlig übereinstimmen – mußte man herausfinden, daß weder die Größe noch die Ringhallen einen praktischen Zweck und Nutzen erfüllten. Die Größe deshalb nicht, weil der griechische Tempel bekanntlich kein Haus für die Gemeinde, sondern für den Gott, d. h. sein Kultbild war, dessen relative Kleinheit (von wenigen Ausnahmen abgesehen) meist in einem 'praktischen' Mißverhältnis zum Sekos stand. Über den Nutzwert der Ringhallen braucht schon deswegen nicht weiter diskutiert zu werden, weil sie de facto nie einen besaßen (ihre gelegentliche Rolle als Schutzdächer für kostbare Votive und Urkunden ist deutlich sekundär). Statuarische Autarkie und Monumentalität, die den alten Peripteros auszeichnen, sind der hellenistischen Baukunst jedoch kein Wert mehr. Daß wir uns mit diesen Vermutungen auf dem richtigen Weg befinden, dürfte die Stelle Vitruv III 3, 9 unterstreichen, die auf den kleinasiatischen Klassizismus des 2. Jh. und speziell auf Hermogenes zurückgeht. Die Existenz von Ringhallen wird hier zwiefach begründet. Einmal sollen sie den Anblick des Tempels mit 'auctoritas' versehen, ihn also imposant erscheinen lassen, klassizistische Annäherung an den klassischen Sachverhalt. Zum anderen dienen sie bei plötzlichem Platzregen dazu, daß sich die Menschenmassen unterstellen und mit Bequemlichkeit aufhalten können. Man muß die ganze Banalität dieser Begründung erst einmal auskosten, um zu ermessen, wie krampfhaft sogar noch 'reaktionäre' Köpfe im Hellenismus des 2. Jh. nach einer praktisch-funktionalen Rechtfertigung der Peristase suchten. Offenbar wurde eine solche verlangt; und das heißt eben, daß diese Denkrichtung den Maßstab für den Tempelbau setzte bzw. im 3. Jh. gesetzt hatte.

Was nun die Funktionsgerechtigkeit anbetrifft, haben die Typen des Antentempels und des Prostylos einige Vorzüge. Dabei ist eingeschlossen, daß zur Funktion des Tempels durchaus auch würdige Erscheinung gerechnet werden darf: Sie konnte durch äußerste Feinheit und/oder Reichtum der Ausarbeitung und des Ornaments hinzugetan werden. Mit Recht nennt G. Roux den Tempel L von Epidauros ein Juwel; ein Kleinod ist auch der alte Asklepiostempel von Kos mit seinen delikaten ionischen Frontsäulen aus leuchtend weißem Marmor und dem unglaublich scharflinigen, geradezu wie elektrisch geladenen Mauerwerk der Cella (Taf. 14a); das Athenaion von Lindos ersetzt das, was ihm an architektonischer Kostbarkeit (Abb. 30) mangelt, durch den künstlerischen Reichtum der Cella – ihr Inneres war vollständig vertäfelt und wahrscheinlich mit Gemälden geschmückt; usf.

Unter modern hellenistischen Voraussetzungen muß aber vor allem die immanent frontale Ausrichtung der nichtperipteralen Naoi ein Vorzug gewesen sein. Sie verdeutlicht die polare Beziehung zwischen Altar und Tempel und damit zwischen Gemeinde-Kult und (Sinn-)Bild des Kultinhabers, des Gottes. Vermutlich wurde der alten Form der prostylen und Antenvorhalle schon im Frühhellenismus diese (neue Um-)Deutung abgewonnen. Die Einbindung, das Eintauchen von Tempeln in die Randbebauung komplexer Heiligtümer (o. S. 110) beruht auf gleicher Tendenz. Die gegiebelte Säulenvorhalle an sich bezeichnet nicht nur zureichend, sondern sogar mit starker Symbolik die pragmatische Richtungsführung.

Dem Wesen und der Konvention nach sind kleinere Prostyloi und Antenbauten Gehäuse für das in ihrer Cella Aufzubewahrende. Als Tempel sind sie bzw. ihre Cellen demnach Gehäuse für die Kultbilder und sonst nichts. Genau das ist aber, hellenistisch-funktional gesehen, ihre vornehmste Aufgabe. In der Hochklassik gab es Versuche, das Kultbild durch Steigerung ins Überdimensionale an die vorgegebene Größe der Cella anzupassen (direkt beim phidiasischen Zeus in Olympia, weniger direkt und bereits mit einer Rückkoppelung auf die Architektur im Parthenon); ob diese Maßnahme zu einem Effekt der Harmonie oder der Gewaltsamkeit geführt hat, ist auch den größten Verehrern des Bildhauers Phidias in neuerer Zeit stets etwas zweifelhaft geblieben. Was soll man nämlich schon (mangels sinnlicher Anschauung) mit dem antiken Satz anfangen, der sitzende Zeus in Olympia hätte, sich aufrichtend, das Dach des Tempels durchstoßen?! In den hellenistischen Tempeln scheint dagegen eine objektive Relation zwischen Kultbild(-gruppe) und Kultbildgehäuse hergestellt. Die Größe dieses Gehäuses ist demnach in Höhe, Breite und Tiefe auf die Statuen abgestimmt. Sie haben in der Cella genügend Platz für ihre 'reale' Ausbreitung, verlieren sich aber auch nicht darin. Für den Frühhellenismus sei wieder auf den älteren Asklepiostempel in Kos verwiesen; fürs 2. Jh. mag die Kultgruppe des Damophon im Despoina-Tempel zu Lykosura (Abb. 26b) erwähnt sein. In beiden Fällen stehen die (Basen der) Kultbilder nahe oder unmittelbar an der Cellarückwand – und dominieren den Raum vor sich. Man kann diese hellenistischen Tempelcellen ohne weiteres mit den Statuenexedren der großen Peristylanlagen vergleichen (Messene, Abb. 32, Pheneos, Delos, Abb. 19), um damit ihr Wesentliches genauer zu erfassen: Der Raum wird zu einer Begleiterscheinung seines Inhalts. Gedanklich liegt hierin zweifellos eine spezifische Leistung des Hellenismus, auch wenn sie sinnlich nicht immer und unbedingt befriedigt haben sollte.

Statuenschreine: An dieser Stelle lassen wir zwei Tempel folgen, bei denen der vorerwähnte Gesichtspunkt gewissermaßen ins Aktive verkehrt wurde. Der Gedanke, daß die Architektur die Statue begleite, ist bei ihnen auf den ganzen 'Tempel' und nicht nur auf die Cella übertragen. Das Gehäuse wird insgesamt zu einem Kultbildschrein, der die Präsentation der Statue unterstützt. Was wir damit meinen, lehrt vielleicht am besten die Kapelle der Artemis Laphria [65] in Messene aus der 1. Hälfte des 2. Jh. (Abb. 64). Die Statue, ein Werk des damals hochangesehenen Bildhauers Damophon, war etwa in das Zentrum der annähernd quadratischen, 8:9 m messenden Cella plaziert und damit faktisch in den Mittelpunkt gerückt. Das Pronaos wurde durch eine sehr komplizierte Architektur nach außen abgesondert; der Entdecker LeBas hat davon im frühen 19. Jh. noch mehr gesehen. Im allgemeinen bestätigt das wenige, heute noch Erhaltene die Rekonstruktion von LeBas (ein von uns vor Ort beobachtetes Mauerende mit Halbsäule, das LeBas nicht verwendet, könnte bestenfalls auf eine noch kompliziertere Ausbildung der Vorhalle hinweisen). Die schmuckvolle Absperrung des normalerweise geöffneten Pronaos zeigt jedenfalls, daß das hergebrachte Verhältnis zwischen Vorraum und Sekos aufgehoben ist. Der ganze Bau zentriert sich um die Statue und das Pronaos ist nur noch reiches, architektonisches Präludium des eigentlich erwarteten Augenschmauses. Das Tempelgehäuse als Ganzes wird hier musealer Ausstellungsbau, der die Statue inszeniert. Die Negation des herkömmlichen, stets klassisch geprägten Tempelbegriffs ist unübersehbar.

In etwas anderer Form vertritt der größere Tempel von Kournò [65] nahe Kap Tainaron (Abb. 65, 66a) denselben Gedanken (2. Jh. v. Chr.). Es ist ein 'Peripteros' von 6 : 7 Säulen (!), der im Stylobat nur knapp 8 auf knapp 10 m mißt. Von wirklichen Ringhallentempeln unterscheidet ihn außerdem die 'Cella', die aus nur einem, fast quadratischen Zimmer mit einer einfachen Türe besteht, dem Kultbildgehäuse; die Eckstützen waren merkwürdigerweise Pfeilerhalbsäulen, wobei die Pfeilerseite je zur Front gekehrt wurde. An diesem Statuenkiosk ist das Motiv des Säulenringes bestenfalls noch ein Zitat nach peripteralen Großtempeln; die Wirkung ist ganz die eines baldachinartigen Denkmals, das die Statue kostbar umgibt.

Dabei waren sowohl das messenische Laphrion wie Kournò ihrer Bestimmung nach veritable Tempel und nicht etwa Ausstellungsbauten in der Art der athenischen Choregenmonumente des 4. Jh. (Lysikratesdenkmal); gleichwohl entsprechen sie diesen im Charakter. In diesem Zusammenhang erinnern wir an die Aufstellung der knidischen Aphrodite des Praxiteles, die zwar erst Lukian im 2. Jh. n. Chr. überliefert. Auch legen kürzliche Ausgrabungen die Möglichkeit nahe, daß der von Lukian besichtigte Tempel selbst aus dem (frühen) 2. Jh. n. Chr. stammt. Doch vollendet sich hier die in Messene und Kournò angetroffene Entwicklung – und die Ausstellung der Statue in Knidos mag in ihrer Art älter als der aktuelle Tempelbau sein. Damals konnte man jedenfalls im Innern der Tholos (von nahe der Türe aus?) die Vorderseite der Statue betrachten, während Schranken das seitliche Herumgehen verhinderten. Um in den Genuß der Rückansicht zu kommen, existierte auf der Cellarückseite aber extra ein Fenster, das der Kustode auf Wunsch öffnete. Das ist Schaustellung – und die Architektur nur noch ihr Medium. Die Umkehr gegenüber der ursprünglich griechischen, körperhaft autarken Tempelarchitektur könnte nicht schärfer bezeichnet sein.

Kombinierte Tempelbauten: Schon in älterer Zeit gab es gelegentlich Tempel mit mehr oder weniger beträchtlichen 'Anbauten', zusammengesetzte Gebäude, die der gängigen Typologie nicht zu subsumieren sind. Bekanntestes Beispiel ist wohl das Erechtheion auf der Athener Akropolis, dessen seltsame Gestalt, wie meist in solchen Fällen, auf kultischen Sonderrücksichten beruhte. Ein schönes hellenistisches Beispiel haben wir bereits unter den Rundbauten betrachtet: das 'Heroon' von Stymphalos (Abb. 49a).

Wir übergehen hier bloß unregelmäßige, architektonisch unbedeutende Tempel, wie sie im Hellenismus besonders im Kult orientalischer Gottheiten häufiger auftreten (z. B. Iseion von Eretria; Sarapieion C von Delos) und lenken die Aufmerksamkeit sofort auf den höchst eigentümlichen Tempel von Lusoi (Abb. 23). Der Kernbau ist ein langgestreckter, tetrastyler Doppelantentempel mit tiefem Opisthodom. Kräftig vorspringende Zungenmauern (mit Halbsäulenenden?) im Innern des Sekos erinnern an peloponnesische Vorbilder wie das olympische Heraion und Bassai; ihnen entsprechen auf den Außenwänden des Kernbaus kürzere Pfeilervorlagen. Die Kultbildbasis war weit gegen die Mitte der rechteckigen Cella vorgerückt. Die Hauptsache ist aber, daß der Kernbau auf beiden Langseiten von schmalen, nur im Fundament erhaltenen Gängen oder Sälen begleitet war, die jeweils kurz hinter den Anten herausspringen und nur durch je eine Türe in der Mitte der Cellaseitenwand zugänglich waren. Es ist nach den wenigen erhaltenen Resten denkbar, daß kurzstämmige Säulengalerien unter der Decke dieser Seitenräume umliefen. Der relativ kostbar, nämlich in Marmor ausgeführte Bau gehört u. E. ins 2. Jh.

Da wir vom Kult der Artemis Hemeresia in Lusoi Genaueres nicht wissen, ist es unmöglich, die merkwürdige Gestalt des Tempels funktional zu erklären. Nur so viel steht zu vermuten, daß mit dem eigentlichen Gotteshaus Räume anderer, wahrscheinlich praktischer Nutzung unmittelbar verbunden worden waren (kultische Begehungen o. ä.?). Unter baugeschichtlichen Aspekten ist neben dem Faktum der Zusammengesetztheit an sich vor allem auf die strikte Axialsymmetrie des Ensembles hinzuweisen, in der wir künstlerische Absicht zu sehen haben. Sie faßt den kombinierten Bau äußerlich wieder zusammen.

Tempelartige Gebäude: In diesem Abschnitt mögen zwei Bauwerke gesonderte Erwähnung finden, die sich von außen wie große Tempelbauten ausgenommen haben müssen, ohne es ihrer Bestimmung nach zu sein.

Das sog. Hieron von Samothrake (Abb. 67a, 25) war der Versammlungsraum der Mysten, das Kultlokal der Mysterien im Kabirenheiligtum. Die Gründung dieses fast 40 m langen und etwa 13 m breiten Gebäudes mit 'Cella' und 3 Joch tiefer, prostyler Vorhalle geht noch ins spätere 4. Jh. zurück; der Saal selbst wurde damals vollendet. Die achtsäulige, übergiebelte Vorhalle soll dagegen erst circa 175 Jahre später erbaut worden sein; ich gestehe, daß ich die Gründe der Ausgräber für diese Annahme bisher nicht als zwingend ansehen kann und möchte zu bedenken geben, ob ihre Entstehung nicht vielleicht noch im 1. Drittel des 3. Jh. erfolgt sein könnte. Doch muß uns dies hier nicht weiter beschäftigen, da die 'Tempelfront' jedenfalls in dieser oder einer ähnlichen Form von Anfang an geplant war. Es gibt keinen Zweifel, daß für den Sakralbau des Hierons der Typus des Tempels motivisch Pate gestanden hat; zumindest sollte auf ihn als das Höchste aller Sakralarchitektur bedeutsam angespielt werden. Immerhin ist dann nicht das – hier freilich auch völlig unpraktische – Motiv des Peripteros gewählt worden, so daß dem feingebildeten Auge des spätklassischen Betrachters ein Unterschied schon merkbar werden konnte. Der Unterschied manifestierte sich im übrigen deutlich im Saal, der eine geschmückte Innenarchitektur darstellt. Der Wandstuck zeigt unter der Decke eine durchlaufende Scheingalerie kleiner Halbsäulchen. Vor allem aber endet der Saal hinten in einer segmentförmigen, in den rechteckigen Außenbau eingestellten Apsis. Hier wirken sicher zunächst hochaltertümliche Traditionen apsidaler Speisehäuser herein, doch ist die monumentale Form in

Samothrake mehr als eine semantische Reminiszenz, vielmehr ein ästhetisches Gestaltungsmittel, um einem simplen Rechteckraum Ziel, Richtung und von dorther Geschlossenheit zu vermitteln. Daß die 'Fortschrittlichkeit' dieser Lösung wiederum auf makedonische Auftraggeber zurückgehen dürfte, sei hervorgehoben.

Formale Ähnlichkeit in der äußeren Erscheinung zeigte das sog. Stiermonument in Delos, ebenfalls ein Gebäude mit prostyler Vorhalle und langgestrecktem, cellaartigem Hauptbau (Abb. 67b). Freilich laufen die Proportionen von knapp 70 m Länge zu nur etwas weniger als 9 m Breite auf eine ganz extreme Längung des Bauwerks hinaus. Auch dieses Gebäude ist gegen Ende des 4. Jh. errichtet worden. Im einzelnen ist an ihm fast noch alles rätselhaft: Nach der Vorhalle folgt ein etwa 48 m langer, gangartiger Saal, den auf allen vier Seiten niedre marmorne Bankette umgeben, so daß in der Mitte so etwas wie ein flaches 'Bassin' (ca. 45:4,30 m) entsteht. Man hat vermutet, daß hier ein wirkliches Schlacht- oder Flaggschiff als Weihung eines der großen frühhellenistischen Admirale aufgestellt war; ob dies nach den Abmessungen überhaupt möglich ist, müssen andere beurteilen. Die Längswände waren durch eingebundene sowie freistehende Pfeiler gegliedert, die wahrscheinlich erst in einiger Höhe ansetzten (vgl. das zum Arsinoeion von Samothrake Gesagte, o. S. 178); das einzelne ist noch unerforscht. Am Ende dieser langen Halle erhob sich eine Stützenstellung mit zwei Pfeilerhalbsäulen – aus den Pfeilerkapitellen wachsen Stierprotome, woher der Spitzname des Bauwerks –, die den Durchgang in einen letzten Raum vermittelte, in dem sich eine lange, nach hinten trapezförmig zulaufende Basis bzw. deren Fundament erhalten hat. Die Front der Basis entspricht in ihrer Breite übrigens genau der Öffnung zwischen den Pfeilerhalbsäulen; was auch immer auf ihr stand (angesichts ihrer Form könnte man an ein Schiffsheck denken), sollte also durch jene hindurch sichtbar werden und angeschaut sein. So eindeutig dieser architektonische Befund ist, so schwierig wird die Vorstellung, wenn unmittelbar davor in der langen Halle realiter ein komplettes Schlachtschiff aufgestellt war! Wir stehen daher einer solchen Annahme, für die offenbar auch notwendige technische Vorrichtungen nicht nachgewiesen werden konnten, äußerst skeptisch gegenüber. Das heißt freilich nicht, daß die Identifikation des Monument aux Taureaux mit dem inschriftlich bezeugten Neorion ('Schiffsgebäude') aufgegeben werden müßte, das sehr wohl ein Votivbau anläßlich eines erfolgreichen Seekrieges gewesen sein kann. Nur erfüllt ein Schiffsheck (gegebenenfalls mit Götterstatuen und Allegorien) am Ende der Perspektive diesen Zweck vollkommen, und in der Langhalle mögen sonstwelche Zeichen und Trophäen Platz gefunden haben. Ja, es würde frühhellenistischem Denken wohl sogar durchaus gemäß sein, daß die Längung des Bauwerks selbst symbolisch auf 'Schiff' Bezug nahm. Hält man an der unbestreitbaren Tatsache fest, daß das eigentliche Ziel des Gebäudeinneren am Ende seiner architektonisch gestalteten Perspektive hervorgehoben war, ergeben sich noch engere konzeptionelle Übereinstimmungen mit dem Apsidensaal des Hierons von Samothrake, als vom äußeren Erscheinungsbild her zu vermuten wäre.

Diese beiden Großbauten kleiden sich weitgehend in das äußere Gewand der hohen Tempelarchitektur, während sie im Innern – gemäß ihrer tatsächlichen Funktion als Mysterienhaus bzw. Schatzhaus – eine architektonische Bewegung entwickeln, welche die echte Tempelcella im Hellenismus nicht mitmachen konnte, weil sie dafür der rational begründbaren, funktionalen Voraussetzungen entbehrte (vgl. dazu voriges Kapitel). Beiden Gebäuden stand das tempelartige Kleid wohl an, da sie zweifellos eminent sakraler Natur waren; gleichwohl sollte betont werden, daß die Tempelform hier wesentlich als bloßes 'Motiv' (zur Abstraktion des 'Motivs' o. S. 128) im Sinn einer Bezeichnung allgemein sakraler Funktion auftritt. Im Falle des samothrakischen Hierons und des delischen Stiermonuments erhält diese Aussage ihr besonderes Gewicht aber erst durch deren absolutes, tempelmäßiges Format; dies ist nun doch noch etwas anderes als die seit archaischer Zeit geläufigen, kleinen Thesauroi im Typus von Tempeln (vgl. zuletzt an der Wende von Spätklassik zum Hellenismus das Nikiasdenkmal in Athen; bereits denkmalartiger als Nordostmonument im thasischen Dionysion, Taf. 26b).

Gräber mit Tempelfassaden: In Randgebieten der griechischen Zivilisation (z. B. Lykien) ist das Motiv der Tempelfront bereits früh auf Felsfassadengräber übertragen worden. Zweifellos hat bei diesem Vorgang die semantische Komponente jenes einprägsamsten Aspekts des Tempels eine wesentliche Rolle gespielt. Die gesäulte Giebelfront steht für Tempel und bezeichnet das Grab als den Platz Vergöttlichter.

Im beginnenden Hellenismus wird das Motiv von den Makedonen aufgenommen [66]. Häufig blenden sie der überwölbten, eigentlichen Grabkammer eine Tempelfassade von mehr oder weniger anspruchsvoller Form vor. Was die Erwähnung dieser Blendarchitekturen schon an dieser Stelle rechtfertigt, ist, daß uns die absichtlich zugeschütteten und deshalb wohlerhaltenen Bauten ein anschaulicher Ersatz für die zerstörten bzw. nur im Fundament erhaltenen Naoi und Naiskoi der Epoche sein können, an denen ja ebenfalls gelegentlich 'Scheinarchitekturen' auftreten. Wir weisen etwa auf das noble, vielleicht fürstliche Grab von Vergina mit seiner ionischen Halbsäulenfront hin (Taf. 16).

Die tetrastyle Fassade des Grabes von Langada endet seitlich mit Viertelsäulen an parastadenförmige Anten usf. Das gut erhaltene ionische Grab von Hagios Athanasios (Taf. 17) besaß dagegen wieder vier normale Halbsäulen; merkwürdig ist jedoch, daß die beiden mittleren Säulen, zwischen denen sich die Türe öffnet, sich gleichsam in Vertretung der fehlenden seitlichen Türgewände leicht nach einwärts neigen (man beachte auch den unvermittelt an die Säulenschäfte angeschlossenen Türsturz). Es ist deutlich, daß die Satzungen der Säulenordnung hier nicht mehr respektiert werden – vielleicht weniger aus Provinzialität heraus als aus einem tiefen Gefühl für die tatsächliche Scheinhaftigkeit der Blendarchitektur, die ein solches Umspringen mit den Prinzipien der Tektonik zu erlauben schien. Trotzdem bleibt das Ergebnis ein ästhetisches Kuriosum. Das viel kleinere dorische Grab bei Hagios Athanasios hat nur zwei Halbsäulen an den Enden der Türwand (die ein Gebälk mit 7 Triglyphen tragen), so daß eine Art Pseudo-Ädikula entsteht. Die große Grabfassade von Lefkadia (Taf. 48) stellt unter den

Giebel gar eine zweistöckige Blendarchitektur: Die Tempelfront wird durch den Ausschnitt aus einer viel 'reicheren' Palastfassade (Vergina!) oder durch einen Torbau (vgl. Zeus-Hera-Tor von Thasos, im folgenden) substituiert, ohne daß die Anspielung auf den Tempel (Giebel) unterlassen würde. Diese wenigen Beispiele mögen genügen, um die große Flexibilität des Tempelmotivs an makedonischen Grabfassaden zu umreißen. Es scheint übrigens, daß alle tempelförmigen Gräber Makedoniens aus dem Frühhellenismus stammen und nicht über das erste Viertel oder Drittel des 3. Jh. hinabreichen und charakteristische Repräsentanten der Experimentierfreude sind, die gerade in dieser Zeit für die Architektur (vor allem des festländischen Griechenlands) bezeichnend ist.

Propyla

Die zwei wesentlichsten Entwicklungsschritte in der Geschichte des Propylontyps sind vorhellenistisch: erstens die Ausgestaltung der Torhalle durch übergiebelte Säulenfronten (prostyl oder in antis) nach dem Vorbild des Tempels; zweitens der Anschluß solcher Propyla an größere Gebäudekomplexe von z. T. schon etwas profaner Natur (Pompeion/Athen). Der Beitrag des Hellenismus beschränkt sich auf dekorative Bereicherung und formale Variation des Vorgegebenen. Vielleicht sollte noch die große Anzahl hellenistischer Propylonbauten genannt werden als Beweis dafür, daß das kunstvolle Torgebäude nunmehr und vielleicht erst jetzt geläufiges, architektonisches Allgemeingut wird. Man könnte sogar so weit gehen zu sagen, daß Eingänge ohne eine auch noch so geringe architektonische Ausgestaltung den höheren Ansprüchen der Zeit nicht mehr genügten, soweit es sich um irgendwie öffentliche Gebäude handelte – mochte man sich in einfachen Fällen auch mit einem bloßen Dächlein über vorspringenden Mauerzungen zu seiten des Türdurchlasses begnügen. Selbst diese 'urtümlichste' Form eines Torgebäudes ist im Hellenismus jedenfalls häufiger bezeugt als in älterer Zeit. Privathäuser verfügen über eine solche Auszeichnung allerdings noch nicht (einzige Ausnahme vielleicht ein

Haus Olbia, Sektor NGF [42]); ihnen kommt als Höchstes das offene Prothyron oder Vestibulum zu.

Unter den freistehenden Propylonbauten des Hellenismus übergehen wir die große Masse derer, die einfach nur die geläufige Form des amphiprostylen und Doppelantengebäudes ohne weitere Besonderheiten aufweist. Nicht nur wegen seiner Pracht verdient aber das Propylon Erwähnung, das Ptolemaios II. 285–281 v. Chr. in Samothrake stiftete. Dieser aus zwei sechssäulig prostylen Prodomoi ('äußere' Osthalle ionisch, 'innere' Westhalle korinthisch!) zusammengesetzte Bau (Abb. 25) ist vor allem wegen seiner Lage bemerkenswert. Er erhob sich vor der Holzbrücke, die über eine Bachschlucht zum Heiligtum führte, auf einer eigenen Substruktion. Durch diese führte ein überwölbter Kanal, der bei hoher Wasserführung dem zusätzlichen Abfluß der Wassermassen dienen sollte. Der klotzige Unterbau mit dem kunstvollen Bogentor und die kostbar aufgehende marmorne Säulenarchitektur müssen zweifellos als künstlerische Einheit gesehen werden, in der die Idee des Brükkentores mit seinen sich kreuzenden Durchleitungsbewegungen verwirklicht war (vgl. den gleichen Gedanken im Gewand der reinen Zweckarchitektur in Velia, Taf. 2a). Sein Effekt als Präludium, als theatralische Ouvertüre kann vollständig freilich nur in Zusammenschau mit der großartigen landschaftlichen Gesamtsituation erahnt werden.

Erwähnt seien schließlich zwei Propyla aus der Peloponnes, an denen die Türwand verkümmert ist. Schon die großen Nordpropyläen von Epidauros (Abb. 69a) [27] bilden im Innern de facto einen vierseitigen korinthischen Säulensaal, bei dem die konzeptionelle Herkunft (zwischen die ionisch prostylen Prodomoi eingefügter, dreischiffiger Raum) angesichts der nur kurzen Trennwandrelikte bedeutungsmäßig zurückgetreten sein muß gegenüber dem unmittelbaren Eindruck freier Durchlässigkeit. Am Propylon des olympischen Gymnasiums (Abb. 69b) ist die Durchlässigkeit noch weiter gesteigert, indem der (korinthische) Bau nicht mehr als eine dreischiffige Passage mit prostylen Fronten darstellt. Je eine Halbsäule in der Mitte der Längswände ist hier tatsächlich kaum mehr als eine typologische

Reminiszenz, mögen die beiden auch die Stelle des Türgatters bezeichnen. Das epidaurische Propylon entstand bald nach 300 v. Chr., das olympische mehr als 100 Jahre später. Beide vertreten eine offenbar speziell peloponnesische Entwicklung, die durchaus als ein wirklicher Fortschritt zu bezeichnen ist: Die genetisch bedingte 'Zusammengesetztheit' des Propylontyps wird überwunden durch eine innerliche Vereinheitlichung im Sinne einer durchgehenden Torhalle. Darin spiegelt sich wieder einmal die besondere, sozusagen konsequente Progressivität der hellenistisch-peloponnesischen Architektur, die diese Kunstprovinz (etwa neben Makedonien) zu einer geistig führenden in ihrer Epoche machte. Dies wird vor allem im Vergleich mit der lange Zeit viel weniger dynamischen Architektur Kleinasiens einsichtig.

Noch ein letztes Wort zu den Säulenordnungen. Im Hellenismus ist an Propyla – wie an den soeben erwähnten Beispielen – gerne das reichere Ionische oder gar Korinthische angewandt (in Milet z. B. Propylon des Buleuterions oder des sog. Gymnsiums: Taf. 47b, Abb. 48a), während nach allerstrengstem Maßstab 'außen' am Eingang vielleicht das schlichteste Dorische gefordert werden dürfte. Propyla folgen dabei aber wohl ihrem eigenen Gesetz als Auftakt und erste Verdichtung des Folgenden; ihnen eignete Portalcharakter in dem uns vertrauten, neuzeitlichen Verständnis.

Säulenvorhallen vor Sälen oder Gebäudekomplexen – 'angefügte' Propyla – haben wir schon mehrfach im Vorübergehen gestreift. Der Kuriosität halber (Pfeiler statt Säulen) sei an das Heroon von Kalydon (Abb. 47) und an das vermutliche Prytaneion von Neu-Pleuron erinnert (Abb. 17). Eine engere Verbindung mit der Gesamterscheinung des Gebäudes müssen die symmetrisch angeordneten Säulenvorhallen der hypostylen Säle auf Thasos und in Thermos entfaltet haben (vgl. Abb. 28), ohne daß dieser ästhetisch fruchtbare Gedanke allzu intensiv weiterverfolgt worden wäre. Es hätte sich immerhin die Verschmelzung mit dem Motiv des Mittelrisalits angeboten.

Eine Sonderbildung stellt das Propylon des frühhellenistischen Gymnasiums von Epidauros (Abb. 34b) dar, das freilich asymmetrisch an der Gebäudeaußenseite (nahe einer herausspringenden Nische wie z. B. in Kalydon) liegt. Es handelt sich um einen auf hohem Stufenbau stehenden, ringsum offenen Pavillon von sechs Säulen in der Breite (mittleres Joch erweitert?) und vier Säulen in der Tiefe, der durch einen drei Joch breiten, kurzen Halssteg mit der Gymnasiummauer bzw. mit dessen Türe verbunden war. Dieses merkwürdige, gleichsam halb losgelöste 'Propylon' ist in seinen Einzelheiten leider noch nicht genügend erforscht (Giebel auf seiner breiten oder kurzen Seite? Überdeckung des Halsganges?). Da wir bisher keine Parallele zu ihm kennen, läßt sich auch schwer beurteilen, welche architekturgeschichtlichen Tendenzen diese Lösung verkörperte.

Ein zweites Unikum liegt im Propylon des Athenabezirks auf der Burg von Pergamon vor (Abb. 9 Taf. 24), doch ist es leichter erklärbar. Die prostyle Säulenvorhalle ist zweigeschossig; das Stockwerk zeigt die üblichen, hier reich reliefierten Balustraden zwischen den ionischen Säulen. Mit seinem bekrönenden Giebel konnte dieser Bau im Pergamonmuseum zu Berlin wieder vollständig aufgerichtet werden. In ihm dringt das Innere des Heiligen Bezirks, d. h. die zweigeschossige Halle, gleichsam sichtbar nach außen. Da das Athenaheiligtum im übrigen wohl so etwas wie der cour d'honneur des königlichen Palastes von Pergamon war – der sonst über keinen repräsentativen Hof verfügte –, könnte das Obergeschoß des Propylons zugleich eine Art Repräsentations- und Proklamationsloge des Fürsten gewesen sein, doch ist diese Vermutung nicht beweisbar. Abgesehen von der typisch hellenistischen Doppelgeschossigkeit bietet unser Bau kein besonderes entwicklungsgeschichtliches Interesse.

Die Beispiele integrierter Propyla wurden schon früher besprochen (o. S. 153); bei ihnen handelt es sich um Gebäudeteile von der Grundrißfigur gewöhnlicher Torbauten – also einer Türwand mit vorderem und rückwärtigem, säulengeöffnetem Prodomos –, die insbesondere bei Peristylanlagen in die Umbauung eingepaßt sind (Gymnasium von Sikyon, Abb. 41b; Asklepieion von Messene, Abb. 32). Am Palast von Vergina schlossen wir nicht aus, daß diese propylonartige Passage nicht wenigstens auf der Gebeäudeaußenseite durch einen Giebel ausgezeichnet war. Gleiches nehmen die Ausgräber auch bei dem bereits flüchtig erwähnten Haus des Sektors NGF in Olbia an. Nach den vorangegangenen Ausführungen dürfte der Anspruch deutlich geworden sein, der in einer solchen Bildung Ausdruck fände. Die Integration des Propylons unter weitestgehendem Verlust von dessen körperhafter Eigenständigkeit ist als solche jedenfalls eine Tatsache, die unsere höchste Aufmerksamkeit beansprucht. Es geht hier nicht nur um die Adaptionsfähigkeit eines traditionellen Bautyps, sondern vielmehr auch um das Vermögen, Außenerscheinung, innere (teilweise semantisch besetzte) Raumaufteilung bzw. Grundrißfigur auseinanderzunehmen und diese 'Bestandteile' je nach Bedarf einzeln wieder anzusetzen. Die Rede ist von der analytischen Grundeinstellung hellenistischer Baukunst.

Altargebäude

Ein in Ionien seit archaischer Zeit beheimateter Typus von Altargebäuden [67] wurde während des Hellenismus in Kleinasien und auf den Inseln mehrfach aufgegriffen; im bekannten Zeusaltar von Pergamon erfuhr er seine reichste Steigerung. Die einfachere Gestalt zeigt das Altargebäude des Poseidonheiligtums auf Tenos aus dem späteren 2. Jh. (Abb. 72). Es besteht aus einem massiven, gut mannshohen Sockel für den Altarbezirk; eine breite, seitlich von Wangenmauern eingefaßte Freitreppe führt an seiner Westseite empor. Der erhöhte Altarbezirk wird von Temenosmauern umgeben, die auch ein Stück weit auf die Front umbiegen (in Tenos durch Werkstücke gesichert); der eigentliche Altartisch stand im Innern dieses Gevierts und war vermutlich nicht sehr groß. Man muß also wirklich von einem Altargebäude statt von einem Altar sprechen.

Der Pergamonaltar (Taf. 46b) zeigt die gleichen Grundbestandteile – Sockel unter dem Altarhof, Mauerumfassung des Bezirks, Freitreppe –, nur ist hier alles größer und prächtiger. Dabei sehen wir unter unserem baugeschichtlichen Vorzeichen von dem berühmten Sockelfries ab. Insbesondere ist die Umfassung des Bezirks auf der Außenseite durch eine umlaufende Säulenstellung bereichert, die so nahe vor einer an die Mauer angelehnten Bank steht, daß sich kein begehbarer Umgang ergab. Das Stoenmotiv ist hier demnach Schmuck. Mauer und peripterale Säulenstellung erstrecken sich auch auf die Treppenwangen hinaus und bilden ihrer Breite wegen – immerhin 4 Säulen an den Stirnen – veritable Risalite, zwischen denen der Durchgang in den Hof erfolgte. Es ist ganz unbezweifelbar, daß Eingangsbauten in Gestalt von Flügelrisalitstoen (z. B. Lindos) für dieses Motiv Pate gestanden haben. Das Pergamener Altargebäude ist ja schon fast ein Heiligtum für sich; der Hof wird daher mit einer eigenen Eingangsarchitektur ausgezeichnet. Tatsächlich war der Hof auch noch als kleines Peristyl mit Doppelhalbsäulenpfeilern gebildet. Auf das (vergrößerte) Grundmuster des gesockelten, ionischen Altarbezirks wurden also weitere, an sich selbständige und für sich allein ein Heiligtum charakterisierende Gebäudeelemente aufgepfropft. Ihre relative Kleinheit (Peristyl) bzw. 'Funktionslosigkeit' (peripterale Stoa) verhinderten dabei, daß sie durch ihr Eigengewicht die Einheit des Ganzen sprengten. Erst diese praktische 'Entwertung' von Bautypen zu Motiven, die allerdings noch Sinnträger waren, ließ die in Pergamon vollzogene Inokulation in einem Maße gelingen, daß kaum mehr kritische Stellen übrigblieben und es einiger architekturgeschichtlicher Analytik bedarf, um die Quellen wieder zu sondern.

Die im Pergamener Altargebäude gefundene Lösung (Erbauung unter Eumenes II. ab circa 190/80 v. Chr. und nie ganz vollendet) beeinflußt offenbar ihrerseits wieder, gleichsam als typologisches Vorbild, kleinere Altarbauten in Magnesia, Priene und Kos (Umbau des Altars im Asklepieion). Freilich sind die chronologischen Verhältnisse und damit die Abhängigkeit noch nicht völlig ausdiskutiert. Daß neben dem 'Pergamontyp' auch die schlichtere Form weiterlebte, hat bereits Tenos gelehrt. Auf eine andere schlichte Variante des 2. Jh. sei wenigstens hingewiesen: Der leider ganz unzureichend bekannte Dionysosaltar von Kos (Taf. 26a) weist einen breitrechteckigen Sockel von 13,19 : 8,63 m auf, der nur wenig über einen halben Meter hoch war. Eine verhältnismäßig schmale Rampe (5,50 m) führt auf seiner westlichen Breitseite zu einer Öffnung in der Mauer empor, die das Geviert wie üblich umschloß. Der eigentliche Altartisch scheint hier jedoch die größere rückwärtige Hälfte des Altarhofes vollständig und in ganzer Breite eingenommen zu haben. Vielleicht lehnt sich der Dionysosaltar an den älteren koischen Asklepiosaltar an, den die Praxitelessöhne um 300 v. Chr. mit vielbewunderten Bildwerken (Außenseite der Umfassungsmauer?) geschmückt hatten.

Außerhalb des im engeren Sinne ionischen oder ionisch beeinflußten Bereichs entstanden im Hellenismus keine Altargebäude. – Nur eine einigermaßen mißglückte Kuriosität stellt der fast 200 m lange Altar Hierons II. in Syrakus dar: Bei seiner Länge mußte der Altartisch auch eine größere Höhe als üblich erhalten, und so erhöhte man den Antritt podiumartig, wobei zwei einschneidende Treppenstiegen an den Enden zur Prothysisplattform emporführten. Das Ganze bleibt trotzdem ein ins Maßlose vergrößerter Altartisch. – Der Erfolg des östlichen Altargebäudes muß außer auf der lebendigen Tradition auf einem ästhetischen Faktor beruht haben, der dem Geschmack der Zeit entgegenkam. Wir vermuten ihn im Sockelmotiv, das als ein gewisses Äquivalent zum echten Stockwerkbau angesehen werden konnte (vgl. z. B. Buleuterion von Milet, Taf. 47b; auch das von kleinasiatischen Werkleuten gebaute Arsinoeion von Samothrake, Abb. 60) oder zumindest ähnliche Dienste leistete und dem Wunsch nach Differenzierung von Niveaus entgegenkam (vgl. Didymaion, Abb. 61 a. b).

Klein- und Memorialarchitektur

Die Verbindung von denkmalartigen Statuenweihungen mit einzelnen architektonischen Elementen ist bei den Griechen seit alters her üblich gewesen. Man denke an Statuen auf freistehenden Einzelsäulen; auch die mehrstufige archaische Statuenbasis ist letztlich mit der Krepis zusammen zu sehen usf. Dies wird in einigen anscheinend typisch hellenistischen Denkmalgattungen weitergeführt.

Wir denken etwa an die besonders in Delphi überkommenen sog. Zweisäulenmonumente (vgl. Taf. 31 a). Indem hier (im 3. Jh.) zwei Säulen mit einem Gebälk(-ausschnitt) verbunden werden, auf dem sich die Statuen erheben, ist freilich ein Mehr an Architektur gegenüber früher eingebracht. Dies ist nicht nur quantitativ, sondern ganz deutlich auch qualitativ zu verstehen. Das 'Ptolemaierweihgeschenk' in Olympia, eine Stiftung des Admirals Kallikrates für Ptolemaios II. und Arsinoe, läßt sich trotz aller Unterschiede anschließen. Auf den Enden eines sehr gelängten, niederen Sockelbaus oder Bathrons – in dessen Front mittig eine kleine halbrunde Sitzbank eingelassen war – standen die Marmorsäulen (kleinasiatischer Handwerksarbeit) mit den Statuen der Geschwisterkönige. Hier ist eben das Bathron der zusammenfassende, in sich architektonisch gehaltene 'Verbindungsbau' zwischen den fernen, exaltierenden Säulen.

Pfeilerdenkmäler in ähnlich erhebender Funktion kommen anscheinend erst seit dem 2. Jh. vor: in Delphi die des Königs Prusias von Bithynien (Taf. 25a) und des Makedonen Perseus, das später sein Überwinder Aemilius Paullus usurpierte, in Athen die Attalidenpfeiler vor den Propyläen der Akropolis (sog. Pfeiler des Agrippa) und auf der Agora. Praktisch-funktional begründet sich ihr Auftreten wohl damit, daß sich die späten Herrscher gerne als Reiter oder gar in Viergespannen darstellen ließen und daß dafür Pfeiler mehr Fläche bieten konnten als Säulen, wenn denn schon eine niedere Basis als zuwenig schmeichelhaft erschien. Das sollte aber nicht davon ablenken, daß die Pfeilerdenkmäler architektonisch gesehen massive 'Bauwerke' sind, mit Mauerfuß, Orthostatenzone, 'Wand' und Bekrönung.

Selbst niedere Statuenbasen gewinnen seit dem 4. Jh. ihre seither übliche, der Architektur entlehnte Form, wobei anzumerken ist, daß 'niedrig' hier nur in Relation zu den Säulen und Pfeilern verstanden werden darf. Im Verhältnis zu den früheren Statuenbasen zeichnen sie sich durch nicht geringe Vergrößerung der Höhendimension aus. Sie bestehen jetzt aus einer oder mehreren Stufen (= Krepis), einem Fußprofil (= Mauerfuß), dem Basiskörper (= Orthostatenzone) und dem Deckprofil (= Epikranitis), sind also gänzlich architektonisiert, sind Kleinarchitekturen.

Ein besonders anschauliches Beispiel für diesen Sachverhalt sind die freistehenden Exedren (Taf. 25b), die im Hellenismus eine noch junge Baugattung darstellen (Verselbständigung wohl erst 2. Hälfte 4. Jh.) und doch nach und nach die Plätze in Heiligtümern und Agorai auffüllen, wobei sie z. T. in Kombination mit Basen u. ä. wirkungsvolle Reihen und Rahmungen bilden, die aufeinander abgestimmt werden (eines der schönsten Beispiele für solch bewußte Bezugnahme nördlich vor dem Asklepiostempel von Epidauros). Im Grund sind die hellenistischen Exedren nur steinerne Bänke; meist dient die Rückenlehne jedoch zugleich als Standplatz für die Statuen des Stifters (und seiner Familie), weshalb es auch noch offen ist, ob der neue Bautyp als Erweiterung einer Statuenbasis durch eine Sitzbank oder aber als ursprüngliche Sitzbank verstanden werden muß, an die nachträglich eine Statuenbasis angeschlossen wurde. Exedren zeigen im Grundriß ein vorn offenes Rechteck, häufiger aber eine hemizyklische oder segmentförmige Figur. Die Konstruktionstechnik des Aufbaus erweist große regional – selten auch funktional – bedingte Unterschiede. Gleichwohl gilt im allgemeinen, daß Exedren nicht bloß steingewordene, sondern vielmehr ins Architektonische transponierte Möbel sind, die man am besten mit baulicher Terminologie (wie oben die Basen) beschreiben kann.

Unter einem pragmatischen Aspekt sind die Exedren eine überaus charakteristische Baugattung des Hellenismus, gewissermaßen die eigentlich bürgerliche oder 'mittelständische' Votivarchitektur. Ihre Kosten sind – auch wenn sie manchmal zierlich geschmückt werden – erschwinglich; trotzdem dienen sie der Selbstdarstellung und womöglich sogar der Selbstbeweihräucherung; schließlich bieten sie unleugbar eine Annehmlichkeit, eine Bequemlichkeit in hübscher Weise. In der Tat läßt sich schwer eine gelungenere äußere Form für Unterhaltung oder ernsthafteres Gespräch in kleinen Gruppen denken als eben die hemizyklischen Exedren.

Eine architektonisch aufwendigere Gestalt weisen 'gedeckte Exedren', sog. Scholen auf. Das älteste Beispiel scheint im attischen Dionysò noch aus der Spätklassik zu stammen. Mit Frontsäulen versehen waren die Scholen in Lusoi (Abb. 23) und auf dem Lykaion (zumindest letztere wohl frühhellenistisch), beide in Heiligtümern. Das einzig bekannte kleinasiatische Beispiel in Knidos lag dagegen unmittelbar an einer Hauptstraße im Stadtinnern. Verwendung von Pfeilern und Scherwänden sowie rechteckiger Grundriß zeichnen die ins spätere 4. Jh. gehörige Schola des Aristarchos in Epidauros [27] aus; usf. Bei allen diesen Kleinbauten handelt es sich scheinbar um verselbständigte Exedranischen, wie sie sonst als Anschlußräume in Peristylen o. ä. auftreten, nur daß die freistehenden Scholae nach bisheriger Kenntnis älter als die eingebundenen zu sein scheinen. Die Integration einer freistehend gedachten Schola in das Motiv der Flügelrisalitstoa zeigt das Brunnenhaus von Tenos (Abb. 39). Selbständige Scholen kommen etwa zur selben Zeit wie einfache, ungedeckte Exedren auf; ein Zusammenhang der beiden Erfindungen liegt nahe, ohne daß direkte Abhängigkeit der einen von der anderen angenommen werden müßte.

Mit den Scholen ist der weitere Bereich autonomer Kleinbauten betreten, die zumeist – wie manche Scholen auch – denkmalartiger Charakter hatten. Eine erste Blüte und Massierung bedeutete die Zeit der spätesten Klassik und des beginnenden Hellenismus in Athen. Wir meinen die choregischen Denkmäler. Sie sind zum Teil nur kleine oder verkleinerte Gebäude, wie das sog. Nikiasmonument ein kleiner prostyler Tempel ist. Andere folgen mehr den besonderen Gattungsprinzipien der Denkmalsarchitektur. So ist das Hauptelement des Lysikratesdenkmals von 335/34 v. Chr. (Taf. 29a) [69] zwar der Monopteros, gleichsam eine verkleinerte Tholos, in der die zur Erinnerung des Sieges gestiftete Statue Aufstellung fand. – Die Schließung der Interkolumnien durch Scherwände ist eine Planänderung aus statischen Besorgnissen. – Doch wurde das Rundtempelchen auf ein hohes marmornes Podest, auf einen Sockel gesetzt, der einfach dank seiner Höhe die denkmalartige Gesamtwirkung dieses nicht 'nutzbaren', d. h. jedenfalls nicht begehbaren Bauwerks entscheidend beeinflußt. Bezeichnend auch das starke Vorwiegen figürlichen und pflanzlichen Schmucks im Bereich des Daches (Akroter!); eine solche überquellende Bekrönung steht eher einer Stele o. ä. als einem Gebäude an. In dieser bewußten und dabei verständigen Mischung von Gattungsgesetzen, in dem Aufeinandertürmen verschiedener Bestandteile und speziell im Motiv des Sockelbaus, selbst in dem Rekurs auf das Gestaltungsmittel der Scherwände erweist sich das frühhellenistische Wesen des Lysikratesmonuments, in dem die Ursprünge der neuen Gattung Memorialarchitektur zwar noch kenntlich und auseinanderzudividieren sind, das aber bei aller Kompliziertheit gleichwohl bereits eine vollendet reife Lösung repräsentiert.

Sehr viel schlichter ist die generative Struktur eines choregischen Gebäudes auf Thasos (Taf. 26b). Immerhin ist der Podiumsockel unter der prostylen, tempelähnlichen Statuenhalle ein Element echter 'Denkmalarchitektur'; im übrigen ist zu bedenken, daß wir uns hier in der Provinz befinden.

Auf das athenische Thrasyllosmonument von 320/19 v. Chr. gehen wir an dieser Stelle nicht weiter ein, es kann in mancher Hinsicht mit der Aristarchos-Schola von Epidauros verglichen werden. Ein Wort sei aber noch zum sog. Xenokles-Monument (333 oder 307 v. Chr.) gesagt, das später einmal in die Ostparodos des Dionysostheaters versetzt wurde, wo seine Reste bis heute stehen. Es ist nach dem Modell spätklassischer Weihreliefs konzipiert: Seitliche, ionische Pfeiler von 65 cm Breite rahmten ein Mittelfeld, das im unteren Teil eine Orthostatensockelzone von 59 cm Tiefe zeigte (Höhe 95 cm); der größere obere Teil muß aus einer dünnen Rückwand und davor einer Eintiefung zur Aufnahme eines Reliefs oder eines Gemäldes bestanden haben. An das Gebälk sind in Relief die Antefixe eines Scheindaches ausgearbeitet. Anstelle einer Verkleinerung zeigt dieser Memorialbau also die Vergrößerung seines Vorbildes; aus dem architektonisierten 'Bildrahmen' der Weihreliefs wird ein veritables Bauwerk mit 4,32 m Breite und an die 5 m Höhe entwickelt, die Anten oder Seitenpfeiler sind z. B. tatsächlich vollgültige Bauglieder, die genausogut an einem Tempel oder Palast praktische Anwendung hätten erfahren können.

Nachdem in Athen seit etwa 300 v. Chr. (?) die Errichtung der Choregendenkmäler endet, ist die weitere Entwicklung memorialer Kleinarchitektur einigermaßen dunkel. Ihre Fortexistenz bezeugen z. B. mehrere, meist dürftig erhaltene und zum größeren Teil noch nicht untersuchte Reste in Ephesos (so längs der Marmor- und Kuretenstraße). Eigens erwähnt sei nur der späthellenistische 'Rundbau auf dem Panayir Dag'. Über einem niederen, viereckigen Polsterquaderpodest erhob sich der zweigeschossige Rundbau mit dorischen Halbsäulen unten, mit einem Ring ionischer Vollsäulen nahe um den massiven Kern im Oberstock. Das Ganze wirkt wie eine vereinheitlichte Weiterentwicklung von Vorstufen in der Art des Lysikratesdenkmals. Wichtig ist in unserem Zusammenhang dabei vor allem, daß der Grabungsbefund einer Deutung des ephesischen Rundbaus als Grab widerrät: Im späteren Hellenismus und vor allem in römischer Zeit, aus der Denkmalsbauten dieser und ähnlicher Form erneut in großer Zahl überliefert sind, scheint sich nämlich die Grenze zwischen reiner und speziell sepulkraler Memorialarchitektur verwischt zu haben. Die meisten dieser denkmalartigen Kleinbauten sind jetzt zugleich reale Grabmonumente oder wenigstens Kenotaphe. Diese geringe Trennschärfe der beiden Gattungen liegt natürlich in ihrer engen inneren Wesensverwandtschaft begründet, was hier mit dem Begriff 'Memorialarchitektur' bereits angedeutet sein sollte; sie gilt nicht erst seit dem späteren Hellenismus.

Grabarchitektur

Aussehen und Typen der Gräber differierten nicht nur zeitlich und regional, sondern auch individuell aufs Äußerste. Wir können davon in diesem Abschnitt noch nicht einmal ein Kompendium geben, sondern nur auf das eine oder andere, das uns unter übergeordneten Gesichtspunkten wichtig erscheint, hinweisen. Schlichte, architektonisch weniger signifikante Grabformen und Grabzeichen bleiben dabei außer Betracht; darunter rechnen etwa die rhodischen Grabanlagen mit ihren Reihen überwölbter Grabkammern an Höfen bzw. an Terrassen, die imposanten knidischen Grabbezirke usf. Grabfassaden in Form von (Blend-) Stoen und Tempelfronten wurden bei Behandlung der zugrundeliegenden Bautypen bereits genannt, ebenso peristyle Grabanlagen.

Fassadengräber: Zu diesem Typus tragen wir insbesondere ein höchst bedeutsames Felsmonument bei Selce [71] im heutigen Albanien nach. Seine mit ionischen Halbsäulen geschmückte Front zeigt in der Mitte eine tiefe, hemizyklische Einziehung zwischen den Seitenstücken (Taf. 13 b). Der weitere formale und vielleicht auch inhaltliche Zusammenhang mit Scholen und Exedren ist klar; doch handelt es sich hier realiter eher um eine konkav einwärts gekrümmte Blendstoa. Dieses Grab dürfte um oder bald nach 300 v. Chr. gemeißelt worden sein. Es ist das erste Beispiel der antiken Architektur, wo eine große konkave Form als Fassadenmotiv auftritt. Doppelstöckigkeit wies dagegen die Tomba Lagrasta im apulischen Canosa aus dem 3./2. Jh. auf. Anders als in Lefkadia (Taf. 48) handelt es sich um eine ziemlich schmale Ädikula am Ende eines offenen, ungedeckten, gangartigen Dromos, an dessen Seiten ebenfalls Grabkammern anschlossen (vgl. auch Taf. 27b). Die Ädikula von Canosa war eine Prospekt-, eine 'Blickfangarchitektur'.

An dieser Stelle sei das Augenmerk wenigstens kurz auf die Felsgräber von Petra gelenkt, die allerdings in ihren frühesten relevanten Beispielen wie der el-Hasne (Taf. 30 b) schon ganz ans Ende des Hellenismus gehören. Doppelgeschossigkeit, Ädikulen und Monopteroi, z. T. auch konkave Motive (ed-Der) etc. zeigen in diesen Scheinfassaden das Eindringen einer Art von 'Kulissenarchitektur', die als Ganzes möglicherweise mit der spätesten Entwicklung des griechischen Bühnenbaus und mit dem römischen Theater zusammengeht. Das einzelne reicht zumeist sehr wohl bereits in den vollen Hellenismus zurück; vielleicht waren ähnliche Kombinationen wie in Petra damals auch schon an ephemeren Bauten und in Stuck vorgebildet (vgl. Ptolemais, Palazzo delle Colonne, Abb. 49 a).

Monopteroi: Die Erwähnung von Monopteroi in den späten peträischen Blendfassaden nehmen wir zum Anlaß, auf ein bisher noch singuläres Monument des griechischen Festlandes hinzuweisen. In Michalitsi bei Nikopolis [73] fand sich ein freistehender Grabmonopteros aus dem ausgehenden 4. Jh., der bezeugt, daß dieser Bautyp schon früh in die Sepulkralarchitektur Aufnahme gefunden hat. Die Besonderheit des westgriechischen Gebäudes ist sein ellipsoider Grundriß (3,20 : 2,40 m; Kegeldach aus einem Stein, wie an der Monopteros des Lysiskratesdenkmals!), ein eigentümlich frühhellenistischer Manierismus.

Tumulusgräber erhalten im Hellenismus gelegentlich eine monumentale Architekturdekoration. Am einfachsten ist die Bildung des Grabes von Hagios Milianos bei Lindos/Rhodos (Taf. 27a). Der runde Sockelbau unter dem geschichteten 'Hügel' besticht nur durch sein feines Mauerwerk, das mit zunächst groben Polygonalsteinen direkt aus dem lebendigen Felsgrund aufwächst und nach oben zu immer regelmäßiger wird; den Abschluß bildet ein derbes Profil. Der große, weitgehend aus anstehendem Fels gearbeitete Tumulus im Südosten von Rhodos-Stadt – das sog. Bartholomäus-Grab – ist ausnahmsweise viereckig. Seinen Sockel ziert ein Ring dorischer Halbsäulen über dreistufiger Krepis; das Gebälk war extra gearbeitet. Ob dieser im griechischen Bereich sonst einzigartige Grabtypus etwa für einen Ausländer gedacht war, entzieht sich unserer Kenntnis. Zwei mächtige numidische Tumuli mit halbsäulengeschmückten Sokkelgeschossen sind in Algerien erhalten [74]; der ältere von Medracen wird der 1. Hälfte des 2. Jh., die Kbur-er-Rumia bei Tipasa der 1. Hälfte des 1. Jh. zugeschrieben. Sie haben lokale Vorgänger von kunstloser Gestalt; ihre Detailformen zeigen einen etwas verwilderten Stil und sind durch die Punier bzw. Karthago vermittelt. Es handelt sich nicht um griechisch-hellenistische Bauten, sondern um Architektur hellenistischer Randkulturen (wie im Grunde auch bei den Felsgräbern von Petra), die hier aber nicht nur wegen des formal ähnlichen rhodischen Beispiels Platz finden durfte, sondern auch wegen ihres doch weitgehend 'griechisch' empfundenen Aufbaus.

Turmgräber: Unter dem Sammelbegriff 'Turmgräber' fassen wir der Kürze halber eine Anzahl hoher Grabgebäude zusammen, die ihr Entstehen verschiedenen Wurzeln und Einflüssen verdanken, wovon hier nur ganz summarisch die Rede sein kann. Turmgräber kommen im griechischen Mutterland und auf den Inseln anscheinend nicht vor, sondern beschränken sich auf griechische oder stark gräzisierte Randgebiete. Das lykisch-karische Maussoleion von Halikarnass (2. Viertel 4. Jh.) spielt als Vorbild eine gewisse Rolle, wie es denn im Frühhellenismus der korinthische Prachtbau von Belevi [75] bei Ephesos geradezu noch einmal imitierte. Auch ein Mausoleum in Ptolemais/Libyen [38] hängt davon näher ab. Kennzeichen des Maussoleiontyps sind der hohe Sockelbau, darauf ein Säulenring um eine 'Cella', und als Dach wohl eine Stufenpyramide.

In reineres Griechisch 'zurückübersetzt' erscheint diese Anregung an einem Grabdenkmal (des 2. Jh.) bei Didyma, das als ta Marmara bekannt ist (Taf. 47a) [76]. Auf relativ niederem Sokkelgeschoß mit Grabkammer erhebt sich ein (gegiebelter) 'Peripteraltempel' von 4:6 Säulen, dessen Besonderheit darin liegt, daß die Cellamauern unmittelbar an die dorischen Vollsäulen anschließen, oder diese an jene herangerückt wurden. Wenn damit – anders als bei einer in diesem Fall 'normalen' Halbsäulenordnung möglich – eine stärkere Schattenwirkung beabsichtigt wurde, so sei an das etwa gleichzeitige Magazingebäude des benachbarten Milet erinnert, wo ein gleicher Effekt durch eingebundene Pfeilerhalbsäulen an der Südfassade erreicht ist (Abb. 51). Ta Marmara ist ein erneuter Beleg für die Verwendung von Licht als selbständigem Gestaltungsmittel in der hellenistischen Baukunst.

Kommen wir zu den 'Turmgräbern' im strengeren Wortsinn zurück, von denen einige in der Tat Türme nachahmen (z. B. Uzunca Burc in Südanatolien; Gasr Stillu bei Kyrene), wobei ein gewisser Einfluß des alexandrinischen Pharos manchmal gegeben erscheint (z. B. Turm von Taposiris).

Eine Sondergruppe bilden die 'punischen' Turmmausoleen des Westens (Abb. 74) [74], in denen die genannten Anregungen sich überschneidend zusammenfließen. Ihrerseits scheinen sie dann wieder – unter nochmaligem Rückgriff auf den kleinasiatischen Maussoleiontyp und auf Vorbilder von Art des Lysikratesdenkmals – eine römische, in der späten Republik und der frühen Kaiserzeit sehr verbreitete Form von Grabbau erzeugt oder zumindest wesentlich befördert zu haben. Die eigentliche Wurzel dieser zwei- oder dreigeschossigen, manchmal pfeilerartigen Turmbauten liegt aber in einem Grabtyp aus der syrisch-palästinensischen Heimat der Punier, in der ägyptisierenden (Grab-)Kapelle, die sich vor allem durch die mächtige, bekrönende Hohlkehle auszeichnet. Es ist aufschlußreich, daß auch die meisten punisch-numidischen Grabtürme trotz ansonsten hellenistischer Ausgestaltung diese ägyptische Hohlkehle an irgendeiner Stelle beibehalten (vgl. auch den numidischen Tumulus von Medracen!) – was nicht 'alexandrinischen' Einfluß darstellt, sondern auf das Ägyptisieren des letztlich phönizischen Ursprungs zurückgeht.

Vielleicht ist es angemessen, vor Betrachtung der punischen Grabmonumente die hellenistische Umformung des Grundtyps in der Levante kurz zu streifen. Auch hier wird der Baukubus der Kapelle mit griechischen Blendordnungen versehen – mit Halbsäulen bzw. Pfeilerhalbsäulen an den Ecken usf. (Grab Beni Hezir im Kedrontal bei Jerusalem; Haurath-Grab bei Suweida; Grab 9 in Bab-es-Sik von Petra). Eine 'Aufstockung' zeigt das sog. Absalomgrab im Kedrontal: am Kubus ionische Halbsäulen, dorisches Gebälk, ägyptische Hohlkehle; darauf ein niederes Podest, das einen kurzen Zylinder trägt, aus dem ein geschweift kegelförmiges Spitzdach hoch aufsteigt. Das Absalomgrab sollte spätestens dem 1. Jh. v. Chr. angehören.

Im punisch-numidischen Westen sind sehr viel ältere Grabtürme bekanntgeworden: Das früheste – und noch recht 'sikeliotische' – Monument ist wahrscheinlich das sog. Therons-Grab von Agrigent; wenn es in den phöniko-punischen Kontext gehört, wie auch hier angenommen, muß es vor oder jedenfalls nicht lange nach der Eroberung Karthagisch-Siziliens durch die Römer, d. h. nicht nach dem 2. Drittel des 3. Jh. erbaut sein. – Auszuscheiden ist übrigens das in diesem Zusammenhang gerne erwähnte Oratorio di Falaride von Agrigent; bei ihm handelt es sich um einen prostylen Podiumtempel des 3. Jh., dessen sepulkrale Bestimmung zweifelhaft, wenn nicht völlig unwahrscheinlich ist. – Ins 2. Jh. gehören die ebenfalls quadratischen Türme von Dougga/Tunesien (über Stufenbau drei, stets verschmälerte, 'Geschosse'; darüber stumpfes Pyramidendach; akroterartiger Figurenschmuck an 2. u. 3. Geschoß: Taf. 30a) und es-Sumaa/Algerien (über Stufenbau zwei Geschosse; Dach obeliskenförmig zugespitzt). Das jeweils zweite oder Hauptgeschoß ist mit einer Halbsäulenordnung versehen, die in Sumaa sogar Giebel auf allen vier Seiten trägt.

Allerhöchste Aufmerksamkeit verdienen schließlich die Turmmausoleen im algerischen Siga und im libyschen Sabratha (beide wohl hochhellenistisch, um 200 v. Chr. bzw. 1. Hälfte 2. Jh. angesetzt) wegen der Einbeziehung konkaver Grundformen in die Gestaltung. Sabratha ist aus einem Dreieck entwickelt, dessen Seiten einwärts gekrümmt sind. Die Ecken des Hauptgeschosses über dem Stufenbau werden von plumpen ionischen Säulen eingenommen; in den Nischen sind Scheintüren angedeutet; darüber erhebt sich ein figurengeschmückter 'Obelisk' aus 'Pfeilerschaft' und Spitzpyramide, dessen drei Ansichtsflächen die konkave Krümmung mitvollziehen. An dem beträchtlich größeren Monument von Siga sind die Ecken der dreieckigen Grundfigur gewissermaßen abgekantet, so daß sich zwischen den drei tiefen Nischen, die die Seiten des Dreiecks einnehmen, gerade kurze Stirnflächen ergeben. Auf Säulen- und Figurenschmuck ist so gut wie vollständig verzichtet, so daß die architektonische Idee des Konkaven in dieser massiven Bauweise unverschleiert zur Wirkung kommt. Direkte Vorbilder dieser barocken Grabmonumente sind nicht bekannt. Der Hinweis auf ähnlich gekrümmte Dreifußbasen, wie sie in Griechenland seit dem 5. Jh. begegnen, kann jedoch trotz des unvergleichbaren Formats die Struktur der punisch-numidischen Bauten beleuchten: Sie sind weder Scheinarchitekturen noch eigentlich 'Gebäude', sondern 'Denkmäler' über dem Grab oder den Gräbern; die Gesetze dieser Gattung gewähren einen größeren formalen Spielraum, wie wir ihn eben von Pfeilern und anderen Basen her kennen. Obwohl die extravaganten Bildungen im Maghreb daher 'korrekt' im griechischen Sinn und in gewisser Hinsicht eine Erfüllung typisch hellenistischen Stilempfindens (Kurvolinearität!) sind, bleibt es doch bezeichnend, daß dieser immerhin kühne Schritt nicht von den konservativen Altgriechen, sondern von Fremden vollzogen wurde, die freilich weitgehend akkulturiert waren.

Ähnliche kulturelle Verhältnisse bei den italischen Völkern dürften die Übernahme des repräsentativen, mehrgeschossigen Grabturmes auf die Apenninhalbinsel begünstigt haben. Das La Conocchia genannte Monument bei Capua (Taf. 29b) ist dafür eindrucksvolles Zeugnis. Über dem kräftigen Sockel erhebt sich das quadratische, konkav geschwungene Hauptgeschoß, bereichert durch Ädikula- und Blendarkadenmotive, die Ecken als Rundpfeiler mit ehemals spitzkegelförmiger Bekrönung gebildet (ein altes italisches Grabzeichen, hier als Motiv zitiert). Das oberste Geschoß bildet ein Tholosmotiv, das sowohl formal wie inhaltlich stärker als die 'Pyramidenspitze' auf Griechisches anspielt. Es genüge, an das Juliergrabmal von St. Rémy zu erinnern, um zu ermessen, wie fruchtbar dieser Gedanke bald werden sollte. Es ist legitim, den Memorialbau von Capua dem des Lysikrates in Athen gegenüberzustellen, um die Entwicklung dieser Architekturgattung zwischen Früh- und Späthellenismus zu beleuchten. Die umstrittene Datierung der Conocchia ergibt sich dabei aus der Art des Mauerwerks (wie an den ersten Bauten der römischen Kolonie in Pompeji, 80–70 v. Chr.) und besonders aus den Resten einer Stuckdekoration des späten I. oder frühen II. pompejanischen Stiles: nicht später als 2. Viertel 1. Jh.

Grabkammern: Bei der Besprechung hellenistischer Grabarchitektur gebührt den Grabkammern, soweit sie künstlerische Ambitionen verraten, unbedingt ein Absatz, obwohl sie als Raumschöpfungen ebensogut in unserem nächsten Hauptabschnitt Platz finden könnten. Es geht dabei vor allem um überwölbte Grabräume, wie sie zunächst seit der zweiten Hälfte des 4. Jh. in Makedonien Brauch werden [66], um sich dann mit der Ausdehnung makedonischen Einflusses auch anderswo auszubreiten. Die aus Quadern erbauten, mit einem echten Tonnengewölbe versehenen Gräber wurden entweder in die Erde versenkt oder nachträglich mit einem Erdtumulus überdeckt. Sie sind jedenfalls 'unterirdisch'. Rein konstruktiv erleichterte dies die Anlage der Gewölbe, deren seitlicher Schub durch die Erdmassen aufgefangen wurde. Die Bevorzugung des Gewölbemotivs dürfte aber von Anfang an auch eine 'Bedeutung' ausdrücken, die bislang mit 'chthonisch' nur allgemein und unzureichend umschrieben werden kann. Die makedonischen Grabgewölbe besaßen an ihrer Schmalseite eine tempelförmige Fassade (s. oben, Taf. 48) oder waren dort über einen gewölbten Dromos zugänglich. In Mittel- und Südwestgriechenland findet sich der Dromos stets auf der Breitseite (z. B. Kassope, Stratos, Leontion/Kalydon, Eretria).

Der höhere Anspruch dieser Grabkammern wird zunächst durch ihre oft beachtenswerte Größe, darüber hinaus durch ihre reiche Ausstattung bewiesen: Marmornes Mobiliar (z. B. Klinensarkophage, Marmorthron in Palatitza), Wandmalereien, Stuckdekoration (z. B. einfacher I. Stil in Kassope; Brüstungszone samt Pilastern in Form einer 'makedonischen Galerie' im großen Grab von Lefkadia). Sehr viele der makedonischen Gräber schalten vor die eigentliche Grabkammer (Thalamos) eine pronaosartige, seichte Vorhalle (Prothalamos), das Tempelmotiv der Fassade sozusagen auf den Grundriß übertragend. Dabei gibt es schon im Frühhellenismus Lösungen, die über bloße Raumaddition hinaus die Idee der Raumdifferenzierung verwirklichen: In Lefkadia ein hohes Gewölbe im Prothalamos, ein niedrigeres im Thalamos als Gegensatz zwischen Deckenhöhe und Raumvolumen. In Dion-Malathria ist der Prothalamos erstens breiter als der Thalamos, zweitens (im Gegensatz auch zur Fassade) mit ionischen Halbsäulen (in den Ecken gekoppelte Viertelsäulen!) ausgestattet und besitzt drittens eine Flachdecke mit starken Unterzugbalken, während den Thalamos, den Wandteppiche imitierende Malereien schmückten, ein Tonnengewölbe überspannte.

Solche wohlerhaltenen makedonischen Gräber können – wenn auch verkürzt – einen Eindruck von den Möglichkeiten und Raffinessen geben, die die große hellenistische Baukunst bereits besaß und die wegen der starken Zerstörung von Palästen etc. dort meist nicht mehr sicher nachweisbar ist.

Auf makedonische Einflüsse dürfte letztlich auch das Hypogäum (Taf. 27b) in Canosa/Apulien zurückgehen [72], dessen Front ebenfalls vorgeblendete Halbsäulen aufwies. Die Decke des Prothalamos zeigt im Relief die Angabe von Sparrenwerk, der Thalamos besitzt ein paraboloides Gewölbe (Taf. 28b).

Alexandrinische Grabkammern [15] stellen in der Regel keine Raumschöpfungen von höherem künstlerischem Rang dar (das eindrucksvolle Alabastergrab im armenischen Friedhof bezieht seine ganze Wirkung aus der pharaonischen Kostbarkeit der monolithen Alabasterwände und -decke!), obzwar sie häufig flach segmentförmig geschnittene 'Gewölbe' tragen. Diese Form des 'alexandrinischen' Gewölbes basiert auf ägyptischen Vorbildern und ersetzt hier das echte 'makedonische' Gewölbe; es kann mit dem Motiv von Sonnensegeln bemalt sein – was vielleicht einesteils einen gewissen Einblick in die Herkunft dieser Gewölbeform (Schutzdächer aus gebogenen Schilfstangen und vergänglichen Materialien) erlaubt, andernteils eine redundante Bezeichnung für 'Decke' ist.

In einer Hinsicht haben alexandrinische Gräber allerdings eine Besonderheit überliefert. In der Nekropole von Hadra tauchen bereits im Frühhellenismus kleinere Rundkammern auf, in deren Wänden die Lokuli (Schächte für Einzelbestattungen) angebracht waren. In der komplizierten, aus dem Fels ausgehöhlten Grabanlage von Mex/Abu Wardian steigert sich dieser Bautyp dann ins Monumentale. In streng symmetrischer Anordnung folgen in jenem außerordentlichen Bauwerk (Abb. 73 a) auf ein Pfeilerperistyl (mit Nebenkammern für Lokuli) ein rechteckiger, alexandrinisch gewölber Vorsaal (wieder mit seitlichen Nebengelassen), von dem aus man durch eine 'Türwand' (breite Mitteltür mit Giebel versehen) den Rundraum betritt, von dem noch drei trikonchenähnliche Grabkammern abgehen; d. h., jede der angeschlossenen Grabkammern besitzt links, rechts und an der Rückseite eine Klinennische (mit 'Ädikulafassade') für je eine Bestattung. Der Rundsaal trägt über den oft durchbrochenen, relativ niederen Wänden eine Kuppel, die weniger als Halbkugelgröße hat. Diese ist nächst vergleichbar mit einem soeben bekanntgewordenen Felskuppelgrab in Hagia Triada auf Rhodos (Abb. 73 b) [77].

Die Datierung des Grabes von Mex ist umstritten; zumeist wird es in die frühere römische Kaiserzeit gesetzt. Adriani hat zuletzt wieder eine späthellenistische Datierung zu begründen versucht, und wir haben bei unserem von Hassuna Abu Rida vermittelten Besuch des Denkmals nichts gefunden, was dem widerspräche. Vielmehr halten auch wir es für das wahrscheinlichste, daß die Anlage ins 1. Jh. – vermutlich vor 30 v. Chr. – gehört. Trifft dies zu, ist die Bedeutung des Grabes für die Geschichte der Architektur besonders unter dem Aspekt der Steigerung in der Raumabfolge kaum zu überschätzen. An dieser Stelle geht es uns freilich nur um die auch sonst bezeugte Kreisgestalt der 'Grabkammer' – in Mex ein veritabler Kuppelsaal.

Kehren wir von hier aus noch einmal zu dem einfachen alexandrinischen Segmentgewölbe zurück, das während des Hellenismus auch im politisch befreundeten Rhodos Eingang gefunden hat. Exemplarisch erwähnt sei die auch in anderem Zusammenhang interessante Grabanlage Ratzikli beim Dorf Asguru [78]: Ein in den Fels eingetiefter Hof mit Halbsäulenblendarchitektur (nur auf einer Seite), in deren Mitte sich der Eingang in die relativ große, 'alexandrinisch' gewölbte Grabkammer öffnet. Vor deren Rückwand (Taf. 28 a) stand einst eine hohe und tiefe Bank, die die Grablegen enthielt. Über ihr sind auf der Rückwand aus dem Felsen Reliefabbildungen von Stelen ausgemeißelt; in natura wäre das Abschlußbild des Raumes für sich allein ein vollgültiges Grab samt Grabzeichen. Was wir schon mehrfach beobachteten, die Anhäufung sepulkraler Motive und Bautypen, zeigt das Asguru-Grab in besonderer Massierung: Gräberhof, Fassadengrab, Grabkammer – jede Form für sich 'Grabarchitektur'; die Darstellung des Grabprospektes im Hintergrund wiederholt das Gemeinte noch einmal auf einer intellektuellen Ebene, sozusagen mit den Mitteln eines ikonischen Zeichens.

Hellenistische Sepulkralarchitektur ist trotz ihrer eindeutigen Zweckbestimmung von hierher formal nur ganz schwach determiniert. Das praktische Erfordernis, die Leiche endgültig unterzubringen, wird unter verschiedensten Formen befriedigt; und auch der Wunsch, einen würdigen baulichen Rahmen für Beisetzungsriten und Gedenkfeiern zu schaffen, führte nicht zu einer typologischen Einengung. Praktische Nutzbarkeit ist also kein relevanter Gesichtspunkt für die baukünstlerische Seite unserer Gräber. Indem diese weithin dem Bedürfnis dienen sollten, Erinnerung zu verewigen (zur Ehre der Verstorbenen und zum Frommen der Nachkommen, Verwandten, Erben), griff man auf alle möglichen repräsentativen, architektonischen Vorbilder zurück und nutzte sie zu denkmalartiger Darstellung. – Es sei hier aber einmal erwähnt, daß im Mutterland solcher Grabluxus selten blieb und etwa den Athenern derartige Selbstdarstellung seit 317 v. Chr. überhaupt durch Gesetz verboten war.

Bedeutungshaltigkeit ist nicht allen hellenistischen Grabtypen eigen. Immerhin sollten Formen der Sakralarchitektur (makedonische Tempelfassaden usf.) wohl über das Gegenständliche hinaus Sachverhalte wie Heroisierung, Vergöttlichung des Toten bedeuten oder doch assoziieren. Merkwürdig selten scheint das Grab als 'Haus' des Verstorbenen gebildet, d. h. unter Bezugnahme auf die Wohnarchitektur. Die in Lefkadia substituierte Palastfassade ist dafür nur ein mageres, vielleicht rein ästhetisch zu erklärendes Beispiel; unmittelbarer mag der Gedanke hinter den alexandrinischen Peristylgräbern stehen. In der Südnekropole von Rhodos-Stadt existiert schließlich ein Grab, dessen Felsfassade mit Eckpilaster, Türe etc. die Außenseite eines normalen Wohnhauses größengleich imitiert bzw. abbildet [78a]. Ob hier eine tiefere Analogie zwischen diesseitiger und jenseitiger Behausung ausgedrückt werden sollte, wage ich angesichts des 'diesseitigen' Gesamtbildes hellenistischer Sepulkralarchitektur allerdings dahinzustellen.

Die 'Bedeutung' hellenistischer Grabtypen ist aber meist weder metaphorisch noch analogisch, d. h. auf anderes hinweisend, sondern konventionell definiert; durch (anfangs regionale) Wiederholung prägt sich eine bestimmte Bauform, ein bestimmter Typus als 'sepulkral' ein. Genaugenommen müßte man sagen, daß der Typus, die Form oft *auch* sepulkral verwendet wurde, neben anderen Anwendungsbereichen. Nach einiger Zeit können sie dann freilich im entsprechenden Kontext 'Grab' bedeuten oder auf diesen Begriff anspielen. Diese semantische 'Anreicherung' von Architekturmustern scheint ein originär hellenistischer Zug, den man über die obigen Andeutungen hinaus gerade an den Grabbauten noch weiter ausführen könnte. Wir begnügen uns hier mit der einschränkenden Feststellung, daß konventionell definierte Bedeutungen relativ schwach haften; von da aus wird die Häufung solcher Bedeutungsträger an hellenistischen Gräbern leichter verständlich. Sie sollen sich in ihrer Aussage ('Dieser Bau hat als Grab zu gelten') gegenseitig bestätigen und verstärken.

Wohnhäuser

Obwohl sich während des Hellenismus die Tendenz zum Peristylhaus in der Wohnarchitektur verstärkt, wurden weiterhin viele andere Formen von Hofhäusern errichtet, die nur auf einer oder zwei Seiten Säulenstellungen besaßen oder auf sie auch ganz verzichteten. Dies war nur z. T. eine Frage der finanziellen Mittel, z. T. wirken lokale Traditionen nach; es fehlt hier an Platz, den verschiedenen, stark differenzierten 'Typen' nachzugehen [79].

Am Hof bzw. Peristyl pflegt in der Regel ein besonders großer Raum zu liegen, der etwa noch durch breitere Türöffnung oder gar Stützenstellung am Eingang ausgezeichnet ist. Es handelt sich gewissermaßen um die Keimzelle des Hauses; in alter Zeit war dieser Oikos das Haus selbst. Im Hellenismus dient er meistens als Hauptaufenthaltsraum, in reicheren Häusern als Andron, d. h. als Empfangs-, Speise- und Repräsentationssaal des Hausherrn für seine Freunde und Bekannten. Oikos und Hofraum bleiben die Grundbestandteile des griechischen Wohnhauses, die die wichtigsten Funktionen abdecken. Darum scharen sich Zimmer in beliebiger Anzahl, je nach dem Vermögen und dem Anspruch des einzelnen; es können auch zwei Oikoi geplant werden, die dann meist unterschiedliche Form aufweisen und die Funktionen des Hauptaufenthalts und des Androns teilen. Die Anlage zweier Höfe bedeutet häufig eine Aufgliederung des Hauses in einen intimen Wohntrakt der Familie (Gynaikonitis) und eine offizielle Andronitis. Doch kommt dies in der bürgerlichen Wohnarchitektur eher selten vor. Gelegentlich finden sich zusätzlich kleine 'Einliegerwohnungen' mit separatem Eingang, die für Gäste gedacht waren, usf. Insgesamt bieten hellenistische Häuser das Bild einer reicheren, funktional differenzierten Wohnkultur. Und mehr hierin als in der architektonischen Ausbildung liegt auch der Reiz, den das Studium der Masse durchschnittlicher Wohnhäuser gewährt.

Griechische Wohnhäuser sind im allgemeinen 'ebenerdig', auch wenn ein bescheidener Oberstock wahrscheinlich öfter vorhanden war, als man gemeinhin annimmt. – Keller bilden übrigens eine seltene Ausnahme: In Rhodos-Stadt waren sie allerdings ziemlich zahlreich (Weinkeller?); auf die Unterkellerung des Nordtraktes der Häuser von Mesambra (im heutigen Bulgarien) sei aufmerksam gemacht [80], es scheint sich um sog. Winterkeller (Winterwohnräume) zu handeln. – Kunstmäßiger Stockwerkbau ist anfänglich vor allem im 'balkanischen' Makedonien bezeugt. Eine Sonderstellung beanspruchen zwei- bis dreigeschossige Häuser der westgriechischen Bergländer. Sie erheben sich auf kleiner Grundfläche, was ihnen zusammen mit ihrem abweisenden Äußeren einen turmähnlichen Charakter gibt. In Ammotopos sind solche Ruinen bis in große Höhe erhalten [79]; auch in Neu-Pleuron nehmen wir diesen Haustyp an. Das Siedlungsbild mag an neuzeitliche Griechendörfer des Pelion erinnert haben, wie sie von Reisenden des frühen 19. Jh. (z. B. Dodwell) gezeichnet wurden. Mehrgeschossige Mehrfamilienhäuser, wie wir sie schon für Delos gestreift haben [41], sind demgegenüber etwas anderes; ihr Aufkommen resultiert aus der drangvollen Enge (groß-)städtischen Zusammenlebens. Besonders die Weltstadt Alexandria war schon in vorrömischer Zeit für ihre hohen, aus Mörtelmauerwerk bestehenden Wohnhäuser bekannt. In Rom hat Crassus im frühen 1. Jh. mit dem Bau solcher Mietskasernen sein Geld gemacht. Im gemütlicheren Ambiente der ägäischen Welt wurde diese Art des Kondominiums stets möglichst vermieden.

Eigentliche Türme sind ein Element der Wohnarchitektur, das bereits im 5. und vor allem im 4. Jh. z. B. auf attischen Landgütern weit verbreitet war. Rund oder eckig erheben sie sich am Hof bzw. aus dem Wohntrakt und dienen während Gefahrenmomenten als letztes Refugium, sonst sicher auch als weithin sichtbarer Schmuck des Gehöftes. Im Hellenismus nimmt der Wohnturm eine zwiefache Entwicklung. Vor allem auf den Inseln wird das ganze 'Gehöft' in ihm, der entsprechend an Größe zunimmt (Siphnos, Kea usf.), untergebracht. Dies ist zweifellos Folge des Schutzbedürfnisses der 'landlords' in einer durch Auswanderung entvölkerten und damit der Seeräuberei ausgesetzten Umwelt. Zum anderen wird das Turmmotiv als luxuriöses Wohnelement in die städtische Haus- und Palastarchitektur integriert. Ein Turm an einer Ecke der Anlage, mit luftig geöffnetem Obergeschoß, dient dem Genuß des kühlenden Windhauchs, erlaubt reizvollen Überblick über die Stadt und ist zugleich, von außen gesehen, ein anspruchsvolles Wahrzeichen des Hauses: Die ältesten Beispiele für dieses Motiv sind wahrscheinlich in Makedonien in Pella I_3 (N-W-Ecke), später im Palast Pella II (ebenfalls im N-W) nachweisbar (Abb. 44 b, 45 b). Ob die vier Ecktürme des sog. Anaktorons von Demetrias [57] rein fortifikatorisch gebildet waren oder auch 'zivile' Bequemlichkeiten enthielten, sei dahingestellt (Abb. 46). Die beste Vorstellung eines integrierten Wohnturmes mit Aussichtsloggia vermittelt bisher die Rekonstruktion der Maison des Comédiens auf Delos aus dem 2. Jh. v. Chr. (Abb. 75) [44]. Sehr verbreitet waren solche Türme ferner im alexandrinischen Bereich. Ein Tonmodell im Museum von Alexandria (Inv. Nr. 25753) zeigt, wie über dem Turmkörper aus Lehmziegeln eine säulengeöffnete Loggia sitzt, die von einem Giebeldach bekrönt ist; geraffte Vorhänge spannen sich in den Fenstern. Wenn sich Augustus in seinem Palast auf dem Palatin später ein Turmzimmer errichten ließ und es ein 'Syracusanum' nannte, glauben wir hierin ein Indiz für die Vermutung zu sehen, daß dieses reizvolle Motiv auch im griechischen Sizilien Verbreitung gefunden hatte, obschon dort bisher monumentale Zeugnisse fehlten. Die Nachricht über das Syracusanum des Augustus mag übrigens die Entstehung von

Turmloggien auf barocken Palästen Roms angeregt haben, die heute – neben den Zeugnissen antiker Wandmalerei – noch die nächste Anschauung des Motivs im städtischen Weichbild geben können.

Die Turmloggia öffnet das im Normalfall nach außen hin abgeschlossene griechische Haus wenigstens in gewisser Weise auf die Umgebung. An makedonischen (!) Palästen finden sich jedoch Elemente, die in dieser Hinsicht viel weiter gehen. So nahm in Vergina ein offener, dorischer Säulengang die Nordseite des Gebäudekomplexes ein (Abb. 43) [47]; er stand auf einer hohen Terrassenmauer und erlaubte den Blick, über die Dächer der hangab gelegenen Siedlung hinaus, auf die meist im Dunst verschwimmende makedonische Schwemmlandebene. Ähnlich offen war wahrscheinlich die Südseite des königlichen Palastes Pella II gestaltet, durch die der Stadtprospekt, die damals noch vorhandene Meeresbucht und wieder die Schwemmlandebene aus der Ferne gleichsam in das Gebäude hineinwuchsen. Hier deutet sich eine Bezugnahme auf Landschaftliches im engeren Sinn an, die zur Villenarchitektur überzuleiten scheint.

In der Tat hatten offenbar gerade die Makedonen diesen Schritt zur naturnahen Villenarchitektur bereits im späten 4. Jh. vollzogen, während die eigentlichen Griechen ihre Landhäuser wohl weiter als geschlossene Gehöfte oder sogar als blockhaft befestigte Wehrbauten auslegten (z. B. in Metaphiò/Thessalien [81], bei Potamia auf Thasos). Der makedonische Palast von Kopanos [82] ist noch kaum ausgegraben und deshalb schwer zu beurteilen; eine vorspringende Substruktion scheint auf einen Mittelrisalit in der Ostseite hinzuweisen, der wie ein Belvedere vom Berghang aus über der Ebene stand. Beim heutigen Naoussa [83] sind Reste der sog. Schule des Aristoteles freigelegt worden, die vielleicht wirklich zu jenem Palast von Mieza gehören, in dem nach der Überlieferung Alexander einige Jahre lang von dem Philosophen erzogen wurde. Auf halbem Hang ist dort der Fels glatt abgearbeitet, um als Rückwand einer Säulenhalle zu dienen, die auf einen fast tropisch bewachsenen Grund schaut, in dem eine starke Quelle sprudelt. Eine künstlich erweiterte Naturgrotte geht von der Seite dieser Halle ab, wobei selbst der extra eingesetzte 'Türsturz' ihres Eingangs als asymmetrischer Bogen bewußt unregelmäßig, also 'natürlich' gestaltet wurde. Nicht nur Naturnähe, sondern geradezu Naturverbundenheit spricht aus den wenigen Überbleibseln von Naoussa, deren Hauptbau zweifellos noch zu suchen ist. Diese Stimmung ist zwar – wie so vieles in Makedonien – vielleicht nicht genuin griechisch, aber angesichts der Bedeutung der Makedonen für die Epoche desto 'hellenistischer'. Es waren die Römer, die im späten 2. und im 1. Jh. das Thema der ländlichen Villa aufgegriffen und auf ihre Weise als Baugattung konstituiert haben, wobei die Interdependenz zwischen Natur und Architektur das zu lösende Problem blieb. Wenn zwischen Naoussa und den Villen bei Tivoli oder an Campaniens tyrrhenischer Küste eine jahrhundertelange Lücke klafft, mag dies sehr wohl bloß auf einem Mangel unserer heutigen Kenntnis und des Forschungsstandes beruhen: Noch vor 20 Jahren ahnte man ja nicht einmal, daß es Naoussa-Mieza überhaupt gibt!

Erfindungen von höherem, baukünstlerischem Rang treten in der ganz aufs Praktische ausgerichteten Wohnarchitektur nur gleichsam nebenher oder sekundär als Resultat neuer Funktionen und Ansprüche auf. Das heißt zwar nicht, hellenistische Häuser seien gegebenenfalls nicht gute Architektur; besonders der vielfältig beeinflußte Palastbau rechnet darüber hinaus unstreitig zur allerersten Baukunst der Zeit. Trotzdem liegt ein Hauptinteresse hier immer auf dem speziell historischen Aspekt, ist zumindest die einfache Hausarchitektur vor allem ein Zeugnis für die Entwicklung der Zivilisation. Auf diesem wichtigsten Sektor überragt sie an Bedeutung freilich selbst die sakrale und die in den vorigen Kapiteln abgehandelte Memorialarchitektur.

Sonstiges

Gleichsam als Nachtrag sollen hier in lockerer Reihe einige wenige Denkmälerklassen und Einzelmonumente folgen, die dem Schema der Darstellung sonst nicht gut unterzuordnen wären. – Pastasbauten [22], die im 5. und 4. Jh. häufiger als freistehende, öffentliche Gebäude vorkamen, verlieren als solche im Hellenismus an Bedeutung. Der Typ wird durch zwei nebeneinanderliegende Säle bestimmt, die durch eine gemeinsame Vorhalle an der Front zusammengeschlossen werden. Diese Vorhalle sollte man übrigens nicht als vorgeschaltete Stoa mißverstehen, auch wenn sie meist eine Säulenstellung zeigt; sie ist ihrer Herkunft nach ein verbindender Gang oder Korridor und gehört wesensmäßig zu dem Bautyp, stellt also keine additive Zufügung eines an sich selbständigen Bauelements dar. Diese Gebäude dienten als 'Banketthäuser' und insofern etwa auch als Amtslokale. Funktion und Gestalt bewahrt z. B. das frühhellenistische sog. Priesterhaus neben dem alten Asklepiostempel von Kos. Das Heroon von Olympia, das u. E. erst aus dem 4. Jh. stammen kann, zeigt darin ein 'protohellenistisches' Element, daß dem einen Saal ein Rundbau, eine Tholos, eingeschrieben ist. Ebenfalls noch dem 4. Jh. gehört das kleine Heiligtum P in Epidauros an, wo die beiden Räume durch einen ungedeckten Hof gleichsam ersetzt sind. Wir werden dem Typ schließlich als Raumgruppe in größerem Zusammenhang wiederbegegnen.

Der uns geläufige Stadiontyp – lange Bahn mit seitlich ansteigenden Tribünen und einer muschelförmigen Rundung der Sitzränge an einer Stirnseite – ist eine hellenistische Entwicklung, die nicht von der Entstehung des gleichmäßigen Theaterkoilons abzulösen ist. Vielleicht war das lykurgische Stadion in Athen, an dem 330 v. Chr. gearbeitet wurde, der erste Bau des kanonischen Typs, der sich bald überall durchsetzte. Eindrucksvolle Vertreter dieser Erdarchitekturen oder 'Tiefbauten' haben sich z. B. in Epidauros und Nemea oder in Rhodos erhalten.

Das Zeus-Hera-Tor in Thasos [84] ist das reichste Beispiel für architektonisch geschmückte Stadttore. Am Ende des 4. Jh. erhält das alte Torgebäude auf seiner Innenseite eine Scheinfassade vorgeblendet, die nach modernem Geschmack doppelgeschossig war (Abb. 76). Unten rahmen zwei zoothekenartige Pfeilernischen, die sich über einer Krepis erheben, den Tordurchgang. Das Stockwerk zeigte ionische Säulen und trug vielleicht einen Giebel. Formal besteht enge Verwandtschaft mit der makedonischen Grabfassade von Lefkadia (Taf. 48). Äußerlich weniger aufwendig war die Landseite des Heiligen Tors in Milet (Abb. 70a) gestaltet. Der Bogendurchgang wurde mit einer ausgebildeten Archivolte geziert und war von Pilastern und Giebeln in zartem Relief gerahmt – ein Motiv, das für den Torbau späterhin geradezu 'klassisch' werden sollte. Die Anbringung eines Giebels in Thasos (?) und Milet geht natürlich auf das Vorbild der Propyla zurück. Es ist dabei aber bemerkenswert, wie dieses Vorbild entkörperlicht und gleichsam auf den 'Aufriß' reduziert wurde, so daß eine wesentlich neue Bauform entstand.

Nur ein Hinweis genüge auf die hochhellenistischen Prunktore italischer Stadtbefestigungen (z. B. Perugia) mit Zwergsäulengalerien als 'Oberstock' über dem glatten, allein vom großen Torbogen dominierten Untergeschoß. Hier deutet sich bereits eine Entwicklung des Tores in die Breite an, die die bekannten römischen Stadttore des Westens dann fortsetzten. Ob das Nebeneinander mehrerer Durchgänge, das sie oft auszeichnet, hellenistische Vorstufen hatte, muß offenbleiben. Zwar könnten einige literarische Nachrichten z. B. über 'Hexapyla' u. ä. darauf schließen lassen, doch fehlen monumentale Zeugnisse.

Das sog. Stadiontor in Olympia (Abb. 71a) mag als elegantester Vertreter einer Säulenarchitektur stehen, die vor allem Gatter- oder Schrankencharakter hat. Der olympische Bau schließt den eigentlichen, z. T. gewölbten Zugangskorridor des Stadions gegen die Altis hin ab (etwa Mitte 2. Jh.). Korinthische Säulen (bzw. Halbsäulenpfeiler an den Enden) bilden drei Joche, deren beide seitlichen durch niedere Scherwände verstellt sind. Der Bau endet mit dem Gebälk, d. h. die Stützenordnung trägt kein Dach, sondern ist für sich. Man erinnere sich an die gleichartige Behandlung der Stoenfront im Zentrum der 'unteren Propyläen' von Lindos (Taf. 3a). Verwandte Struktur zeigen Parodostore an Theatern (z. B. Epidauros, Taf. 23a, Dodona) und insbesondere die Säulenreihen, die manchmal die Startschwelle des Stadions architektonisch – als 'Tor' – überhöhen (z. B. Epidauros im 3. Jh., Kos im 2. Jh.?).

Die Herauslösung dieser Kompartimente von 'Ordnungen' aus dem tektonischen Zusammenhang (Stichwort: Stützencharakter) geht weiter als bei den seit je gebräuchlichen Einsäulenmonumenten. Einzelne Votivsäulen leben doch immer auch von ihren immanenten plastischen Qualitäten. Eine durch ein Gebälk verbundene Säulenreihung ist aber gewissermaßen zweidimensionale, körperlose Architektur, auch wenn sie sich zwischen (bauliche) Massen spannt wie in Lindos, Olympia usf. Die 'Ordnung' ist hier als Motiv verselbständigt; auf dieser Stufe der Abstraktion wurde es aber möglich, ihre ästhetische Aussage umzufunktionieren (Stichwort: Schrankencharakter).

Der sog. Turm der Winde in Athen, eingerichtet (und gestiftet?) von einem Andronikos aus dem makedonischen Kyrrhos in der 2. Hälfte des 2. Jh. [85], beherbergte im Innern eine Wasseruhr und besaß an seinen Außenseiten Sonnenuhren; außerdem zeigte ein drehbarer Triton auf der Dachspitze als 'Wetterfahne' die Windrichtung an. Das oktogonale, turmartige Bauwerk verfügte über zwei distyle Propyla und einen runden Anbau für den Mechanismus der Wasseruhr. Die Innenwände des gut erhaltenen Gebäudes sind durch drei Gesimse gegliedert (mittleres mit Konsolen) und haben in der obersten Zone eine Zwergsäulenordnung (nur je in den Ecken). Diese Zone entspricht den Windgötterreliefs auf der 'Attika' der acht Außenseiten. Schmuckglieder und Reliefs scheinen von kleinasiatischen Künstlern gearbeitet. Der ganz exzeptionelle Bau stellt wie kein anderer überlieferter die Architektur in den Dienst von Wissenschaft und Technik.

Wir schließen diesen Abschnitt mit dem Nekyomanteion von Ephyra in Epirus (Abb. 66 Taf. 42 a). Das ganz singuläre, erst seit zwei Jahrzehnten bekannte Bauwerk besteht aus einem turmartigen, quadratischen Kernbau mit dicken Mauern – er ist unterkellert –, aus einem Vorhof sowie aus um den Kernbau gelegten Zugangskorridoren (z. T. mit anschließender Zimmerreihe), die erst nach viermaligem Richtungswechsel den Zutritt zum Innersten erreichen. Die letzte Strecke des Zugangs ist zudem durch 'labyrinthisch' versetzte Zungenmauern verwirrend erschwert. Entstanden ist das Gebäude im frühen Hellenismus, wohl um 300 v. Chr.

Der Ausgräber Dakaris hat das Monument als das überlieferte

'Totenorakel am Acheron' identifiziert. In jüngster Zeit scheinen sich Zweifel gegen diese Deutung breitzumachen [86]. Zahnräder und andere Reste eines Mechanismus (im Kernbau), den Dakaris vermutungsweise auf eine Maschinerie für künstliche Geistererscheinungen bezog, wurden letzthin als Katapulte erklärt. Es wird daher der Gedanke erwogen, das Monument sei ein Fort gewesen. Dem widerspricht aber u. E. die Tatsache, daß von fortifikatorischer Außengestaltung des Ganzen nicht die Rede sein kann, z.B. liegt das Tor völlig ungesichert an einem weiten Vorplatz; das System der Gänge mußte überdies die Verteidiger weit mehr als die Angreifer behindern. Das Gebäude hat mit echten hellenistischen Festungen, die wir ja genugsam kennen, auch typologisch nicht das Geringste zu tun. Läge es in einer sonst gut befestigten Königsburg, könnte man vielleicht an ein Schatzhaus o. ä. denken. Nach der tatsächlichen Situation scheint dem Verfasser aber die Deutung des Ausgräbers noch immer die weitaus wahrscheinlichste. Die Katapulte – wenn es denn solche waren, worüber ich kein Urteil wage – mögen dann ins Heiligtum gekommen sein, als die Epiroten bei der letzten verzweifelten Verteidigung ihrer Heimat gegen die Römer auch diesen Bau zu einem Bollwerk machten.

Als Totenorakel und Heiligtum wäre das Gebäude von Ephyra das erstaunlichste Beispiel für rationalistische Inszenierung des Übersinnlichen. Daß diese Vorstellung an sich weder ungriechisch noch gar unhellenistisch ist, kann Didyma, Klaros und früher schon das 'Labyrinth' unter der Tholos von Epidauros lehren. Ephyra übertrifft sie aber alle in der geistvollsten Aufbereitung des finstersten Aberglaubens – jene ganz griechisch-hellenistisch, dieser natürlich doch auch provinziell und bestenfalls nur noch halbgriechisch. Speziell architektonisches Interesse verdient im Nekyomanteion vor allem die reichliche Anwendung von Bögen (an den Korridortüren) und gewölbeartigen Konstruktionen (im Keller des Kernbaus), Formen, die vielleicht mit bewußter semantischer Aussage versehen waren.

IV. Raumtypologie

Bei der Erwähnung einzelner Baudenkmäler wurden bereits öfter Fragen berührt, die engere Raumbeziehungen oder besondere Innenraumgestaltungen betrafen. Im folgenden soll dieser Problemkreis vollständiger und im Zusammenhang betrachtet werden, da ihm eine eigenartige Bedeutung beim Verständnis hellenistischer Baukunst zukommt. Wir erinnern daran, daß etwa die Verbindung mehrerer Zimmer zu einer zusammengehörigen Raumgruppe – innerhalb eines größeren Kontextes – zwar in nuce schon seit den Anfängen griechischer Architektur begegnet; daß aber die archaische und selbst klassische Baukunst in der Regel eine bloß additive Reihung von Räumen bevorzugte (natürlich abgesehen von dem hier nicht vergleichbaren Tempel) und daß erst im Hellenismus Raumgruppen als eigenes Entwurfselement stärker hervortreten. Architektonisch ausgeformte Innenräume kennt die ältere Baukunst ebenfalls nur in Tempeln oder in Telesterien – wenn denn die säulengefüllten Cellen vor Parthenon und Bassai sowie die hypostylen Säle vor den frühhellenistischen Buleuterien von Sikyon und Epidauros überhaupt diesen Namen verdienen. Die hellenistische Entwicklung, die wir im Auge haben, spielt sich dagegen bezeichnenderweise vorwiegend oder ausschließlich im Bereich der (höheren) profanen Baukunst ab.

Raumgruppen

Zusammenhängende Raumgruppen treten in Peristylanlagen als deren ‘Begleiterscheinung’ auf; sie dienen der Hervorhebung oder der Aussonderung bestimmter Trakte innerhalb des prinzipiell gleichförmigen, konzentrischen Ganzen.

Symmetrische Rahmung eines axial gelegenen, größeren Saales durch zwei (oder vier) identische Nebenräume, die untereinander nicht kommunizieren, sondern sich allesamt nur auf die Halle öffnen (vgl. Nordtrakt der olympischen Palästra, Abb. 41a; sog. Gymnasium von Milet, Abb. 48a), ergibt zunächst noch keine Raumgruppe im eigentlichen Sinn. Dennoch dürfte die rhythmische Gliederung dem Benutzer relativ schnell das Bewußtsein näherer Zusammengehörigkeit der Räume vermittelt haben. Wenn das gleiche Motiv durch zusätzliche Kunstmittel gesteigert wird, mußte sich dieser Eindruck zwangsläufig verstärken. So zeigt das Marmorgymnasium von Stratonikeia in Karien, das z. Z. ausgegraben wird, in der Mitte seiner Nordseite einen halbrunden, an der Front mit Säulen geöffneten Saal; links und rechts folgen etwas kleinere rechteckkige Säle. Die Rundung des Apsidensaales (Taf. 21 a. b) umläuft ein tiefes, 1,45 m hohes Podium, auf dem sich korinthische Vollsäulen (u. D. 50 cm) vor der Wand erhoben (Jochweite in der Sehne 1,96 m). Die Nebenräume besitzen (Taf. 22) dagegen eine flache, mit Lisenen verzierte Sockelzone von 2,18 m Höhe, darüber korinthische Halbsäulen (H 3,59 m) und ein Gebälk einschließlich Scheinsima (H 89 cm); das Normaljoch mißt 2,12 m. Die Fronten der Nebenseite zum Peristyl scheinen in ihrem oberen Teil ebenfalls geöffnet gewesen zu sein; wahrscheinlich lief der Lisenensockel hier als Mauer durch, nur daß in der Zone der Wandhalbsäulen anstelle dieser Vollsäulen standen. Die drei zentralen Räume sind als (symmetrisch organisierte) Einheit zu verstehen. Dies wurde aber nicht bloß abstrakt einsichtig, sondern vielmehr sinnlich sichtbar gemacht: Allein die bauliche Innenausstattung hebt die Dominanz des Mittelraums hervor und unterstreicht zugleich die Bezugnahme der Seitenräume auf diesen; die abgestufte Transparenz der Fronten faßt, wenn unsere Vermutung hinsichtlich der Rekonstruktion stimmt, diese Raumgruppe dann noch einmal von außen optisch zusammen. – Das Gymnasium muß aus stilistischen und historischen Gründen etwa um die Mitte des 2. Jh. entstanden sein.

Auch untereinander kommunizierende Raumgruppen sind häufig symmetrisch organisiert, so wenn an einen größeren Mittelraum seitlich kleinere Zimmer angeschlossen werden. Dabei kann der Mittelsaal, der zugleich Verteilerfunktion hat, breitgelagert sein und die Nebenräume an den Schmalseiten haben, wie im Südtrakt des epidaurischen Gymnasiums (Abb. 34 b); oder korridorartig längsgerichtet mit Nebenräumen an den Langseiten (z. B. im N-W des Palastes Pella II, Abb. 45b, oder im Kernbau des Heiligtums von Ephyra, Abb. 66b). Eine vollendete Kunstform stellt daneben die Flügeldreiraumgruppe dar, die seit dem Frühhellenismus besonders in makedonischen Palais Anwendung fand. Der Mittelraum, ungefähr quadratisch – meist in der Achse der Peristylanlage gelegen –, öffnet sich mit Pfeilerhalbsäulen weit auf die Halle (vgl. Taf. 9a). Von ihm öffnet sich links und rechts je eine Tür in die oft nur wenig kleineren Nebenzimmer, die nach Ausweis des umlaufenden Banketts im Fußboden durchweg als Klinenräume dienten. Ihr Estrich liegt um die Höhe der gelegentlich mächtigen Türschwelle über dem Niveau des Vor- oder Verteilerraumes. Das Ganze ist eine raffinierte, für große Gelage bestimmte Raumgruppe, wobei der Mittelsaal wohl Empfangshalle und Aufenthalt war, bis man sich nach einer Anstandspause zu den Speisebetten nach nebenan begab; darüber hinaus stellen wir uns vor, daß in ihm sozusagen das Buffet angerichtet und das kostbare Tafel- und Trinkgeschirr aufgestellt war. Hier wenn irgendwo müssen auch kunstvolle Tafelaufsätze von der Art des Herakles Epitrapezios, den Lysipp für Alexander fertigte, aufgestellt gewesen sein – ausschmückender Phantasie sind keine engen Grenzen gesetzt. Geadelt wurde der Luxus jedoch in erster Linie durch die architektonische Eleganz der Raumlösung, den Zusammenschluß der Säle bei gleichzeitiger feiner Abstufung. Wir erinnern nur an die Beispiele im Palast Pella II (Abb. 45b), wo die Dreiraumgruppe am Nordende der Anlage dominiert, sowie an Vergina (Abb. 43), das sogar zwei dieser Gelagesuiten besaß, eine größere und schlichter ausgestattete im Westen und eine kleinere, dafür feinere im Süden. Dies hat sicher nichts mit großen und kleinen Empfängen zu tun, sondern mit dem Rang der Gäste, wenn der Monarch seinen Adel zu gemeinsamem Gelage in die anscheinend extra zu diesem Zweck errichtete Residenz in die alte Königsstadt Aigai lud.

In manchen Fällen ist die Symmetrie der geschilderten Raumgruppe aufgegeben, indem an den Vorraum bloß an einer Seite ein Klinenraum anschließt. In Pella I_1 (Mittelperistyl Nordseite) wurde dabei aus der Not eine Tugend gemacht (Abb. 45a): Das eigentliche Speisezimmer ist größer als das Entree, wodurch die Idee einer Raumabfolge, einer zielgerichteten Raumzuordnung betont wird. Das Entree wirkt noch stärker 'vorgeschaltet' als in der Flügeldreiraumgruppe.

Das Prinzip des Vorschaltens kennzeichnet auch die Pastasraumgruppe, die mit dem Typ des Pastasgebäudes (o. S. 228) zusammenhängt und ein solches gleichsam in den größeren Kontext einer Peristylanlage integriert. Sie soll offenbar enger zusammengehörige Zimmer vereinigen und gegen den Restbau abschließen. Eine eindeutige Funktionsbestimmung scheint die Pastasraumgruppe nicht besessen zu haben. In Haus II an Eretrias Westmauer dient das große Beispiel am Peristyl als Andron: die breitgelagerte Pastas als eine Art Entree, der rechte davon abgehende Rückraum (in Form eines megaronartigen Oikos!) als Klinenzimmer durch Türanordnung und Bodenbelag gesichert. Ob auch die kleine Pastasgruppe am westlichen Seitenhof eine Speiseraumeinheit (für Mahlzeiten in familiärem Rahmen, für Frauen?) darstellte, muß trotz ihrer Nachbarschaft zur Küche fraglich bleiben. Im Palast von Vergina dürften die Pastasräume im Südosten kaum Speisezimmer gewesen sein; sie wirken einfach zu bescheiden im Vergleich mit den anderen dortigen Gelagesuiten. Am Nordperistyl von Pella I_1 könnte man vielleicht an Schlafzimmertrakte denken, eine Funktion, zu der sich diese Raumgruppe formal besonders gut eignen würde: die Pastas könnte nicht nur unmittelbar als Ankleidezimmer dienen, sondern darüber hinaus eine erwünschte Zwischenzone zwischen dem Peristyl und den intimsten Räumen bilden.

Die verschiedenen, zu Typen verfestigten Arten von Raumgruppen lassen ganz deutlich die Tendenz hellenistischer Architektur erkennen, bloße Raumanhäufungen durch Bei- und Unterordnung straffer zu strukturieren, d. h. Systeme von Staffelung und Abhängigkeit zu schaffen, die einen inneren Zusammenschluß und letztlich eine Art gerichteter Raumabfolge intendieren. Festzuhalten ist aber, daß dieser Vorgang zunächst nur Teilausschnitte der Gebäude betrifft und daß ferner einige der gelungensten Lösungen zunächst vor allem oder sogar ausschließlich im 'nichtgriechischen' Makedonien Verbreitung finden. Eine wirkliche 'Raumabfolge' mit den wesenhaften Merkmalen sich steigernder Effekte und einer abschließenden (architektonischen) Pointe zeigt erst das großartige, vielleicht späthellenistische Felsengrab von Mex/Abu Wardian in Alexandria (Abb. 73 a), in dem doch ägyptische Vorstellungen Einfluß gewonnen haben können. Obwohl also die hellenistische Architektur durchaus eine Disposition zu hierarchischer Strukturierung von Räumlichkeiten erkennen läßt – darauf läuft das Prinzip 'Raumabfolge' ja eigentlich hinaus –, ist die Entwicklung merkwürdig zäh. Der Typ der makedonischen Dreiraumgruppe relativiert Begriffe wie 'Abfolge' oder 'Hierarchie' allein durch die Zweiheit der symmetrisch gleichwertigen Zielräume. Im Gymnasion von Stratonikeia behalten die freilich differenzierten und zum Zentrum hin gesteigerten Säulensäle durch ihr tatsächliches Nebeneinander erst recht einen guten Schuß additiver Wirkung. Der innere Widerstand gegen 'Raumprogression', gegen ein prozessionshaftes Verhältnis von Räumen zueinander muß überaus stark gewesen sein. Das scheinbar nebensächliche Beispiel der hellenistischen Raumgruppen verdeutlicht damit in seltener Klarheit einen tief im Wesen der griechischen Kultur wurzelnden Grundzug, den man in erster Näherung als Abneigung gegen Unterordnung bezeichnen könnte; – und von hier aus fällt vielleicht auch auf manch andere Phänomene hellenistischer Architektur, die wir früher behandelt haben, ein helleres Licht.

Raumformen

An dieser Stelle muß zunächst und vorweg auf das Faktum aufmerksam gemacht werden, daß im Hellenismus die Größe der profanen Innenräume – absolut gesehen – beträchtlich zunimmt. Dies bedeutet zum einen zwar nur, daß technische Ingenieurleistungen nun auch auf diesen Sektor der Baukunst ausstrahlen; unter den gegebenen Voraussetzungen kommt der absoluten Raumgröße hier aber auch unleugbar eine ästhetische Qualität zu. Zumindest als repräsentativ hat man damals den Hexekontaklinos Oikos, den Saal mit 60 Speisebetten, verstanden, den Agathokles in seiner syrakusanischen Residenz (etwa um 300 v. Chr.) erbauen ließ (Diod. 16. 83. 2). Von seinem Aussehen haben wir nicht die geringste Vorstellung; dafür ist uns aus dem troizenischen Asklepiosheiligtum ein frühhellenistisches 'Banketthaus' bekannt, dessen Hauptsaal 61 Klinen in kompliziert verschachtelter Aufstellung bergen konnte (Abb. 40b). Da drei Säulen das Dach dieses Saales auf der Längsachse trugen, sind seine Abmessungen von etwa 9,5:29 m noch nicht als besonders auffällig einzustufen – obwohl es sich zweifellos um einen großen Saal handelte (zum Vergleich aus der ranghöheren Sakralarchitektur die lichte, also nicht mit Säulen verstellte Weite der Parthenoncella: knapp 10:25 m). Beträchtlich übertroffen wurde er jedoch z. B. durch den Südsaal des epidaurischen Gymnasions (ca. 12:51 m); auch hier findet sich eine Säulenreihe in der Längsachse, wodurch zwar einerseits das Problem der Überdachung (im holzarmen Griechenland!) vereinfacht, andererseits aber auch die Geschlossenheit des Innenraumes beeinträchtigt wurde. Der Wunsch nach Ausdehnung ließ sich eben oft nur in vermehrter Längenerstreckung verwirklichen, trotzdem ist dieser Wunsch als solcher an den genannten Beispielen deutlich. Aufschlußreicher sind freilich freitragende Innenräume. Im Gymnasium von Paestum/Poseidonia maß der große westliche Hauptsaal 49,93:10,80 m, ohne daß Säulen den Raum verstellt hätten (Abb. 68b); seine Ausdehnung war also unmittelbar und uneingeschränkt überschaubar. Ein schmales, nach innen durch einen flachen Kanal begrenztes Plattenpflaster entlang der Wände läßt den Schluß zu, daß dieser Saal als Klinenraum diente. – Der Bau des Paestaner Gymnasiums könnte mit der Anwesenheit des Molosserkönigs Alexander in der Stadt 333/32 v. Chr. zusammenhängen, da er offenbar 'ägäische' Einflüsse zeigt; vielleicht nutzte ihn der König sogar zu Repräsentationszwecken, was die Größe des Klinensaales verständlicher machen würde.

Annähernd quadratische Säle von einiger Größe waren technisch schwieriger zu überdecken, aber wahrscheinlich eindrucksvoller als langrechteckige Räume. Das frühe Buleuterion von Epidauros (Abb. 52, 53) stellt mit rund 13:14 m lichter Innenweite noch ein recht 'kleines' Beispiel dar. Eine wirkliche Spitzenleistung überliefert dagegen der Mittelsaal der Dreiraumgruppe im königlichen Palast Pella II mit rund 18:21 m. In diesem größten freitragenden Palastraum aus vorrömischer Zeit manifestiert sich unverkennbar der Anspruch einer der führenden hellenistischen Monarchien. Wie sehr absolute Raumgröße dann aber überhaupt dem Empfinden der Zeit entgegenkam, kann neben dem milesischen Buleuterion (ca. 33:22 m, allerdings mit vier Innenstützen, Abb. 55 a) sogar Stratonikea lehren. Die rechteckigen Seitensäle im dortigen Gymnasium (Taf. 22), die in gewisser Weise doch 'Nebenräume' in einem Profanbau waren, messen 19,39:11,10 m. Die Größe der Grundfläche erforderte in solchen Räumen – man denke wieder nur an Pella II – natürlich notwendig auch eine gewisse Korrespondenz in den Höhenabmessungen; leider wissen wir davon meist nicht viel, so daß ein Hinweis auf das grundsätzliche Problem genügen muß. Es läßt sich vielleicht noch hinzufügen, daß bloße Höhe allein noch nicht ausgereicht haben dürfte, den Eindruck einer gewissen Leere in so großen Sälen auszugleichen. Vielmehr verlangen diese nach weiterer architektonischer Ausstattung – Wandgliederungen, Deckenschmuck usf., worauf wir gleich zurückkommen.

Bei der Einzelbetrachtung auffälliger hellenistischer Raumformen sei zunächst noch einmal zusammenfassend an die Häufigkeit kurvolinearer Motive erinnert, die wir in den bisherigen Darlegungen schon oft genug hervorzuheben hatten. Die Spannweite reicht von apsidalen Exedranischen an Hallen und Räumen über apsidenförmige Saalabschlüsse (Hieron von Samothrake, Abb. 67a) zu veritablen Rundsälen (z. B. Arsinoneion, Abb. 60; Stymphalos, Abb. 59a; Grab von Abu Wardian, Abb. 73 a); auch das Theaterkoilon sollte in diesem Zusammenhang nicht vergessen werden, ist es doch ein aus dem Kreis entwickelter, wenngleich ungedeckter Innenraum. Eine eigentliche 'Erfindung' des Hellenismus scheinen die Apsisexedren im Anschluß an Stoen oder Peristyle zu sein; sie beginnen um 300 v. Chr. (z. B. Pella I_3, Abb. 44b; in der delischen Palestre du Lac inschriftlich für 284–274 v. Chr. bezeugt: IG XI 2, 109) und gewinnen als auszeichnende Bauform immer größere Bedeutung. Der Mittelraum des Gymnasiums von Stratonikea ist gleichsam nur eine solche, freilich zu Saalgröße gesteigerte 'Exedra'. Die kleinen Beispiele dienen wohl seltener als richtige Sitzräume (vielleicht Pella I_3?), sondern öfter als Aufstellungsnischen für Kult- oder Weihestatuen: Prytaneion von Neu-Pleuron (Abb. 17), Heroon zu Kalydon (Abb. 47), Agora der Italiker auf Delos (Abb. 19).

Noch zwei Bemerkungen zu Rundsälen. Ungewiß in seiner Funktion ist der Rundraum im 'Gelagepalast' von Vergina (Abb. 43) mit einem Durchmesser von etwa 10 m: Bad oder Speisesaal? Seine prominente Lage links hinter dem Prothyron kann die Frage nicht entscheiden, da sie für beide Zwecke günstig wäre. Die Reste der einstigen Ausstattung – korinthische Halbsäulen wohl von einer Blendgalerie unter dem Dach; vor allem aber radial an den Wänden angeordnete, niedere Steinplattenfüße (eher als Klinenbeine denn als Wannenträger zu verstehen) – lassen aber doch eher an einen Speisesaal denken. Runde Klinensäle sind für Makedonien immerhin in Pella VI (Abb. 59b) belegt. Er müßte wegen seiner exzeptionellen Gestalt dann das Zimmer des Königs selbst sein, dessen Kline vielleicht erhöht auf einem noch im Boden kenntlichen Podest Platz fand. Die Rundform, die sonst meist mit sakraler Architektur assoziiert ist, könnte dabei bewußt als Überhöhung eingebracht sein: Der Speisesaal des Königs gilt zugleich als Ort des Königskultes. In Vergina scheint also eine Rangordnung der Gelagetrakte zu walten, die sich gut mit dem hierarchischen Hofzeremoniell und der Einteilung der hellenistischen Höflinge in 'Anverwandte', 'Freunde', 'Gefährten' o. ä. vereinbart.

Daß für den Rundsaal von Vergina überhaupt der Gedanke an ein Bad erwogen werden darf, liegt daran, daß diese Raumform in der griechischen Bäderarchitektur rein zahlenmäßig die größte Verbreitung besaß [10]. Dies erklärt sich aus den praktischen Vorteilen, die sie vor allem für Heißbaderäume besaß – seien es nun trockene Schwitzräume (Lakonika) mit zentralem Heizfeuer oder dampferfüllte Räume, in denen die Benutzer in Sitz- oder Stehbadewannen mit heißem Wasser übergossen wurden.

Die Rundform bürgte dabei für gleichmäßig regulierte Wärme der Räume. An sich sind die (ziemlich kleinen) Rundräume griechischer Thermen also ganz zweckhaft und daher mit den früher erwähnten Kunstbauten völlig unvergleichbar. Es ist jedoch wahr, daß sie für die Zukunft höhere Bedeutung gewinnen sollten. Im 1. Jh. v. Chr. wird das altvertraute Element des runden Baderaumes in Italien immer mehr vergrößert und entsprechend der bald saalartigen Ausdehnung mit architektonischem Schmuck versehen – Übergang zu der prachtvollen römischen Kunstarchitektur der Thermen.

Kurvolineare Kunstarchitektur des Hellenismus kann als Verfeinerung gelten, die Pointen setzt und den Orientierungssinn stärker herausfordert als rektanguläre Räume, womit das Bedürfnis nach komplizierteren Erfahrungen befriedigt wird.

In sich gegliederte oder unterteilte Räume stellen strukturell sozusagen den Gegenpol zu zusammenfassenden Raumgruppen dar. Diese Tendenz muß im Hellenismus vorhanden gewesen sein, ist aber besser literarisch als monumental bezeugt und dies auch nur spät. Wir sehen dabei von der herkömmlichen Säulengliederung der Tempelcellen ab und verweisen für hypostyle Säle, die allerdings räumliche Eigenschaften dieser Art erkennen lassen, auf das früher Gesagte; die Unterordnung von Umgängen, die am epidaurischen Buleuterion (Abb. 52, 53 a) dem Mittelsaal so etwas wie eine hinterlegte Raumfolie gab, bleibt im bisherigen Denkmälerbestand jedenfalls Ausnahme.

In gewisser Weise vergleichbar scheinen aber die von Vitruv VI 3, 11 genannten Oecusformen, deren griechische Namen auf hellenistischen Ursprung verweisen: tetrastyler, korinthischer und ägyptischer Oecus. Den Oecus aegyptius kennen wir nur aus einem einzigen, schlechten, kaiserzeitlichen Beispiel in Herculaneum, so daß wir vorwiegend auf Vitruvs kurze Schilderung angewiesen sind. Den Saal umgeben Säulenstellungen vor Umgängen; über den Säulen erhebt sich ein Lichtgaden aus kleineren Säulen, die drei Viertel so hoch wie die unteren sein müssen. Der ägyptische Oecus besitzt im Mitteltrakt also eine scheinbare Doppelgeschossigkeit; die Umgänge hinterlegen das Erdgeschoß. Der ästhetische Effekt muß tatsächlich dem epidaurischen Buleuterion nahegekommen sein.

Tetrastyle und korinthische Klinensäle sind uns in späthellenistischen Beispielen aus Pompeji bekannt (z. B. Casa delle Nozze d'Argento, del Labirinto). Die beiden Typen unterscheiden sich prinzipiell nur durch Anzahl der Innenstützen, die bei den korinthischen Oeci mehr als vier beträgt. Im übrigen stimmen sie darin überein, daß die Innensäulen in der Mitte des Saales ein Rechteck ausgrenzen, so daß sich zur Wand (meist nur gegen die Seiten und die Rückwand) hin schmale Umgänge ergeben. Das Besondere dieser aus leichten Materialien errichteten Binnenkonstruktion – Holz und Stuck spielen auch in Vitruvs Anweisungen eine vorzügliche Rolle – ist die Deckengestalt. Während nämlich die Umgänge flach gedeckt sind, spannt sich über den Mittelteil ein gedrücktes (alexandrinisches) Gewölbe, das Vitruv unübertrefflich umständlich mit 'curva lacunaria ad circinum delumbata' umschreibt. Bei tetrastylen, also viersäuligen Oeci kann diese baldachinartige Vorrichtung auf den hinteren Teil des Zimmers beschränkt sein, so daß der türnahe Teil (mit flacher Decke) gleichsam wie ein Vorfeld wirkt. Es ist zu betonen, daß die Säulen nicht wirklich die Decke des Zimmers tragen, sondern nur das eingeschobene Segmentgewölbe des Zentrums vor allem optisch stützen. Nächst verwandt sind schlichtere Raumunterteilungen, die auf Säulen verzichten, ebenfalls aus Pompeji bekannt und etwa in der 'Roman Villa' in Ptolemais noch zu erschließen. Bei ihnen zeigt der vordere Teil eine Flachdecke, der hintere aber ein eingestelltes Gewölbe; die Unterscheidung ist auch im Fußboden entweder durch einen Wechsel des Mosaikmusters an der Trennlinie oder sogar durch eine Stufe – hinterer Raumteil also erhöht – versinnlicht. Der gute Erhaltungszustand in Pompeji lehrt, daß sich selbst die Wandmalerei in den beiden Zimmerabschnitten unterschied. Diese Raumform scheint gerne als Schlafzimmer verwendet worden zu sein, wobei der rückwärtige überwölbte Teil eine Art Alkoven bildete.

Wenn wir zur Beurteilung von in sich untergliederten Räumen bisher nur über eine sehr schmale Materialbasis verfügen, mag das nicht ausschließlich darin begründet sein, daß sich diese

Tendenz besonders im weitgehend unbekannten, ptolemäischen Kulturbereich ausprägte, wofür allerdings einiges spricht (Benennung des 'ägyptischen' Oecus, alexandrinische Gewölbe); es ist auch die Tatsache in Rechnung zu stellen, daß die vergänglichen Baustoffe, die offenbar zum Wesen solcher speziellen Raumdifferenzierung gehören, normalerweise keine Spuren in den Ruinen hinterlassen. So kann man einfachere 'Alkovenzimmer' nicht erkennen, wenn nicht wie in Pompeji die ganze feste Ausstattung mit Fußboden, Wandmalerei und Decke bewahrt ist. Beim üblichen Erhaltungszustand – sprich: Grundmauern – sähe man in ihnen nur mehr oder weniger enge Kammern. Das sollte zur Vorsicht mahnen; und gleichzeitig ein erster Hinweis auf die entscheidende Rolle der 'Ausstattung' für die Raumwirkung sein.

Wir haben eingangs bemerkt, daß unterteilte Räume der Gegenpol zu Raumgruppen sind. Dies ist jetzt vielleicht besser verständlich. In beiden Fällen handelt es sich um das Problem Einheit und Vielfalt bzw. Zusammenschluß und Differenzierung. Auch bei den in sich gegliederten Innenräumen gilt freilich, daß der Hellenismus das Problem zwar wahrgenommen hat, die Verwirklichung sich aber in Grenzen hielt. Grundsätzlich wurden hierbei zwei Wege verfolgt: Einerseits Nebenräume, die ihrer Genese nach additiv zugeordnet sind, so weit zu 'entwerten', bis sie mit dem *einen* Raum verschmelzen; andererseits den einen Raum durch zusätzlich eingeschobene Architekturen bzw. Baumotive zu diversifizieren. Beide Ansätze sind nach Herkunft, Wesen und nach ihrer 'kategorischen' Folgerichtigkeit eminent griechisch, wurzeln bei aller Neuartigkeit zutiefst im traditionellen griechischen Architekturverständnis. Vielleicht ist dafür nichts bezeichnender als die Tatsache, daß die vitruvianischen Oikoi unter den veränderten Verhältnissen der römischen Kaiserzeit unseres Wissens fast spurlos verlöschen.

Raumausstattung

Wie wichtig für die Gesamtwirkung eines Raumes seine Ausstattung ist, muß nicht eigens hervorgehoben werden. Hier soll nur von der architektonischen und unbeweglichen Ausstattung die Rede sein, ohne daß damit die Rolle der Möbel, der Leuchter oder der Teppiche und Vorhänge gering eingeschätzt würde. Es gibt vielmehr Hinweise, daß gerade im Hellenismus auf diesem Sektor eine raffinierte Vervollkommnung stattfand. Wir kennen edelste Wandleuchter aus Bronze; die Wertschätzung orientalischer Wandteppiche, die nun ja auch leichter erhältlich waren, steigt. Insbesondere müssen Vorhänge, die man zwischen Säulen, über Scherwandbrüstungen etc. raffte, den Eindruck der Häuser und Räume stark mitbestimmt haben. Davon vermitteln viele pompejanische Gemäldekopien mit Interieurdarstellungen eine Anschauung. Sie lehren als Zeugnisse, die immerhin hellenistisches Architekturerleben unmittelbar widerspiegeln, daß dieses 'Verhängen' den Effekt hintereinander gelegener Räume besonders in der flüchtigen Ausschnitthaftigkeit der Durchblicke verstärken sollte. – Diese 'interpretatio graeca' spätklassisch-hellenistischer Architektur auf gewissen pompejanischen Bildern bestätigt im übrigen tendenziell Beobachtungen, die wir soeben zum Thema der Raumgruppen, Raumabfolgen und der untergliederten Räume anstellten. – Insgesamt läßt sich über die Bedeutung des Mobiliars freilich nur spekulieren, da uns kein vollständig eingerichteter Raum erhalten oder in Abbildung überliefert ist. Anders verhält es sich mit der unbeweglichen Ausstattung der Böden, Wände und zum Teil der Decken.

Bodenbeläge: Das ornamentale und figürliche Bodenmosaik entwickelt sich aus Kieselböden in Mörtelbettung [87], wie sie anscheinend seit dem späteren 5. Jh. in Gebrauch kommen. Wahrscheinlich war es weniger der technische Vorzug der Haltbarkeit als ihre lebendige Textur, die sie bald so beliebt machten. Von Anfang muß auch das Element der Farbigkeit eine Rolle gespielt haben, wie denn weiße Kiesel oder weiße und bläuliche Kieselstreifen in rot gefärbtem Mörtelestrich schon im frühen

4. Jh. gut bezeugt sind; häufig ist allerdings die Mörtelfarbe in den Ruinen ausgeblichen. In den makedonischen Häusern und Palästen des Frühhellenismus finden wir – als einfache Formen – neben dem geschilderten Estrich mit Kieseln auch hochkant gestellte Marmorsplitter und flach verlegte Marmorplättchen (in der westlichen Dreiraumgruppe des Palastes von Vergina z. B. in einst rotem Mörtel verlegt) oder sogar als Bescheidenstes hochkantige, oben abgeschliffene Tonscherben; dabei blieb es der Kunst des 'Fliesenlegers' vorbehalten, durch die Anordnung der Bestandteile phantasievoll doch noch 'Muster' zu gestalten.

Eine punische Besonderheit stellen die tiefroten Terrazzo-Böden mit sparsam verteilten, winzigen Plättchen aus weißem Marmor dar. Dieser 'Cocciopesto' wurde von den sikeliotischen und unteritalischen Griechen wohl noch im 4. Jh. v. Chr. übernommen und fand von hier aus seinen Weg in römische Baukunst.

In Palais, in vornehmen Häusern schmückte man aber wenigstens das Andron, den Repräsentationstrakt, mit bunten ornamentalen und figürlichen Mosaiken. Es kann an dieser Stelle, wo es allein um die 'architektonische' Bedeutung der Mosaikbeläge geht, nicht darauf ankommen, die Stilgeschichte dieser Kunstgattung zu verfolgen. Selbst der Übergang vom Kieselmosaik zum feineren Steinchenmosaik braucht uns hier nicht zu beschäftigen. Wichtiger ist schon der Gegensatz zwischen vorwiegend dekorativen Mosaiken (vgl. Taf. 43b), die durchaus auch Figuren wie Rankenfrauen, Tierkampfszenen, Seewesen oder dergleichen zeigen können, und großen, gemäldeartigen Figurendarstellungen. Während das eine ein (kostbarer) Bodenschmuck ist, ist das andere ein über den Boden ausgebreitetes Bild, das eigene Aufmerksamkeit erfordert, gewissermaßen über die architektonische Funktion des Bodens hinausgeht und sich verselbständigt. Dieser Gegensatz drückt allerdings keine Entwicklung aus, beide Mosaikarten finden sich im frühhellenistischen Makedonien ungefähr zu gleicher Zeit; es handelt sich also um zwei Möglichkeiten, die nebeneinander bestehen. Architektonisch reizvoll ist in Speisesälen oft die Umrandung des Mosaikfeldes durch an der Wand entlanglaufende Bankette für Klinen, die aus gefärbtem Zement bestehen und, über zarten Profilleisten aus buntem Marmor, wenig über die Fläche hochstehen; vor den Türen sind sie unterbrochen und dieses Feld ist durch ein eigenes Mosaikthema besetzt. Als Kuriosum sei noch das Motiv des sog. Asaraton erwähnt, was wörtlich einen unausgekehrten Speisesaal meint. Ein solches Mosaik zeigt Abbildungen von Tafelabfällen, vorwiegend Fischgräten, Muscheln, Crustaceenreste – also teure und edle Nahrungsmittel. Hier verschränkt sich der Realismus der Darstellung sonderbar mit illusionistischen und semantischen Bezügen: Ein Stilleben als Fußboden erzählt über die Raumfunktion.

Wahrscheinlich erst seit der Ausbildung des kleinsteinigen Tesseramosaiks werden seit dem Hochhellenismus besonders fein gearbeitete, nahsichtige, figürliche 'Emblemata' in die Mitte von ansonsten dekorativen Böden eingelassen. Dies ist gleichsam ein Mittelding zwischen ornamentalen Belägen und großfigurigen Bodenbildern, darüber hinaus aber ein Ansatz, sogar auf dem Fußboden durch Betonung des Zentrums eine räumliche Marke zu setzen.

Wir können hier nicht detaillierter auf die z. T. köstlichen Mosaikfußböden in Makedonien (vor allem Pella und Vergina), in Delos oder in Pergamon eingehen, denen sich mehr oder weniger hübsche Beispiele im ganzen weiteren Ägäisbereich sowie in Ägypten anfügen ließen. In Italien reichen die ältesten Mosaiken – Übernahme der östlichen Mode – wohl nicht über das 2. Jh. hinaus (z. B. Palestrina). Erst um 120 v. Chr. entstehen die berühmten Kopien in der pompejanischen Casa del Fauno, darunter das Alexandermosaik. In demselben, palastartigen Haus besitzen übrigens einfachere Nutzräume aufwendige Böden von buntfarbigen Marmorplättchen, die in geometrischen Mustern verlegt sind. Auch dies dürfte östlicher Einfluß sein und uns dort, z. B. in Alexandria, bisher bloß noch nicht bekanntgeworden sein.

Wandgliederungen: Wir lassen Wandschmuck in Form von Teppichen und Wandgemälden (vgl. z. B. Vorrichtungen für eine zur Bemalung bestimmte Vertäfelung im lindischen Athenaion, in der pergamenischen Oststoa von Delphi) unberücksichtigt und wenden uns gleich den 'architektonischen' Wandsystemen zu, die, seltener in Stein, dagegen wahrscheinlich häufig in Stuck ausgeführt waren. Die hellenistischen Blendarchitekturen in Räumen sind das Ergebnis von verschiedenen Entwicklungen, die sich in ihnen treffen und überschneiden.

Der eine Entwicklungsstrang geht in die ältere große Steinarchitektur zurück, wo seit der Hochklassik besonders in den Tempelcellen die Säulen der Seitenschiffe immer näher an die Wände gerückt und schließlich als Halbsäulen mit diesen verbunden, auf diese 'projiziert' werden konnten (Bassai, Tholos von Delphi, Tegea): Umwandlung eines ursprünglich realen Bauelements in ein 'dekoratives' Motiv.

Der andere Entwicklungsstrang kommt letztlich von der Tüncherei her. Aus der zonenweisen Bemalung der Wände entsteht unter dem Vorsatz, Steinbauten zu imitieren, der sog. I. 'pompejanische' Stil der Wanddekoration; die 'Wandstile' sind der Wissenschaft zuerst in Pompeji entgegengetreten und wurden dort klassifiziert. Zunächst wurden in den Farbzonen 'Quader' mit schwachen Ritzlinien angegeben, bald die Quaderspiegel durch breitere und tiefere Rillen plastischer voneinander abgehoben und 'projizierte' Elemente von Stützensystemen integriert.

Die Stuckwände zeigen je nach der Anbringung von applizierten 'Baugliedern' einige Grundformen [88]. Einfachstes Motiv ist die Gliederung der Dekoration in eine 'Orthostatenzone', eine Wandzone mit kleinen Quaderspiegeln und abschließenden dorischen oder ionischen Gesimsen bzw. Gebälken in höherem Relief. Halbsäulen können vom Boden bis zur Decke durchgehen, etwa mit eingestellten Scherwandbrüstungen, die im obersten Säulenbereich Felder für figürliche Bildchen freilassen (ein besonders großartiges Beispiel jüngst in Rhodos gefunden); das Motiv ist vom Lysikratesdenkmal her vertraut (Taf. 29a). Reihen kurzer Stützen, die unter dem Gebälk umlaufen, imitieren Parastadengalerien im oberen Teil von Raumwänden (z. B. Hieron von Samothrake, Abb. 67a; Häuser in Delos, Knidos). Die Wiedergabe einer 'makedonischen' Galerie findet sich im

Grab von Lefkadia; ihr ist das gleiche, aber in Stein gebaute Motiv des Philippeions zu Olympia an die Seite zu stellen.

Steinerne Wandverkleidungen haben in der Regel einen geringeren Imitationscharakter als Stuckwände, bilden nicht so sehr etwas anderes ab. Gelegentlich lassen sie vorgeblich konstruktive Elemente gleichsam durchscheinen; so etwa am Buleuterion von Milet (Taf. 47b), wo den Halbsäulen der Außenwände im Innern Pilaster entsprechen. Die Pilaster im hypäthralen Saal des Didymaion (Abb. 61, Taf. 14b) können zwar als Reflex des Säulenumgangs verstanden werden oder sollen doch auch an die Peristase gemahnen. Das alles kann freilich nicht darüber hinwegtäuschen, daß steinerne Blendordnungen in Innenräumen ihrem Wesen nach genauso Schein sind wie Stuckdekorationen. – Nur in Stein ist bisher übrigens das Motiv einer niederen Sockel- oder Podestzone unter den Stützen bekannt: Unter den Pilastern des Didymaion läßt sich der Sockel zur Not noch als Verbildlichung des Faktums begreifen, daß der Raum in das Massiv des Stufenbaus eingesenkt ist, obwohl die Höhen bekanntlich differieren. Im Gymnasium von Stratonikeia (Taf. 22) sind die Podeste unter den Vollsäulen des Apsissaales und unter den Halbsäulen in den rechteckigen Zimmern (sowie an der Westfassade!) jedenfalls ein rein formales Gliederungsmotiv. Im Ephebeion des Gymnasions von Priene nimmt die Säulenordnung dann nur den oberen Teil der Wand ein: Hier ist die innere Übereinstimmung mit den Stuckdekorationen ganz offensichtlich.

Der Unterschied, daß Steindekorationen noch einige Zeit den Anspruch aufrechterhalten, reale Konstruktionsmerkmale des jeweiligen Bauwerks zu reflektieren bzw. auf sie anzuspielen, während Stuckdekorationen leichter etwas vorstellen, das mit der realen Architektur des Raumes nicht übereinstimmt, kann unter unserem gegenwärtigen Aspekt vernachlässigt werden. Tatsächlich wird dieser Unterschied im Hellenismus zu einer Sache des bloßen Vorurteils und verliert endlich alles Gewicht.

Im Grunde verfolgen steinerne wie gestuckte Scheinarchitekturen auf Wänden denselben ästhetischen Zweck. Der Wand wird ein Gewand übergeworfen, das ihr eine höhere 'tektonische' Qualität vermittelt, als dies auf jedem anderen Wege möglich gewesen wäre. Wir beobachten hier das eigentümliche Phänomen, daß zu einem Zeitpunkt, da sich die selbständige tektonische Kraft der Bauglieder in den Stützensystemen zu vermindern beginnt (vgl. auch im folgenden), diese zu einer tektonischen Maskerade gerade der Wände genutzt wurden. Daß hierbei ein auslösendes Moment in dem neu empfundenen Spannungsverhältnis Boden – Decke lag, darf vermutet werden.

Abgesehen von den Blendarchitekturen scheint anderen Baumotiven keine größere Bedeutung in der Wandgliederung zuzukommen. Das gilt vor allem von Fenstern. Zwar treten mehrteilige, durch Pfeilerparastaden getrennte Fenster auf; ihre raumkünstlerische Wirkung blieb aber offenbar gering.

Größere Beachtung verdiente vielleicht das Nischenmotiv; nur fließt hier das Material einstweilen noch sehr spärlich. Wir übergehen kleine, in die Mauern eingenischte Wandschränke, wie sie z. B. häufig in delischen Häusern vorkommen. In Pergamon wurden dagegen die Hallen des Athenaheiligtums in der 1. Hälfte des 2. Jh. mit kunstvollen Nischen versehen. Sie saßen in größeren Abständen in der sonst glatten Rückwand, waren klein, rechteckig, mit ädikulaartigen Rahmen versehen und beherbergten Statuetten. Auch hier muß der Eindruck von 'Wandschränkchen' überwogen haben. Erst das Bogen- und Konchenmotiv kann wohl einer Nischenreihung die Qualität verleihen, die sie als eigenständige Wandgliederung geeignet macht; Blendarkaden sind aber im Hellenismus und noch in der spätrepublikanischen Baukunst Roms anscheinend ausschließlich am Außenbau verwendet worden. In Alexandria gibt es kleine Konchenkuppeln aus Stuck (wohl aus den Nekropolen), die nur lehren, daß die Form im Späthellenismus dort bekannt war. Von ihrer räumlichen Einbindung haben wir leider keine Kenntnis.

Decken: Normalform ist in der ganzen griechischen Baukunst die flache Kassettendecke. Tragende Unterzüge und Zwischenbalken zwischen den quadratischen, vertieften Kassettenfeldern können mit Leisten, Stäben und Kymatien verziert sein. Die

Kassettenfelder selbst zeigen in der Regel gemalte oder plastische Ornamente: z. B. gemalte Sterne im Parthenon und den Propyläen; im hellenistischen Brunnenhaus von Tenos ist dasselbe Motiv zunächst in flachem Relief angegeben und war erst dann bemalt. Rosetten oder Mohnköpfe, die plastisch stark hervortraten, besaß nach den Inschriften etwa das Erechtheion (Bronze); an der Tholos von Epidauros sind diese eingestifteten Schmuckteile in Marmor erhalten. Figürliche Bilder in den 'lacunaria' soll nach Plinius NH 35, 124 zuerst Pausias von Sikyon gemalt haben (etwa 2. Drittel 4. Jh.). Figürliche Plastik als Kassettenschmuck scheint im Hellenismus z. B. der Athenatempel von Priene erhalten zu haben und besaß jedenfalls das Mausoleum von Belevi. Eine spätere Entwicklungsstufe bezeichnet es, wenn das gleichförmige Raster quadratischer Kassetten durch ein kleinteiliges Netz polygonaler Muster ersetzt wird. Ein Beispiel liegt auf der Akropolis von Lindos; auch ein Fragment in Tenos (mit Figurenrelief) könnte als Rest einer Kassettendecke gedeutet werden; auf polygonalen Kuppelschmuck in Alexandria und Ptolemais kommen wir sofort zurück. Polygonale Kassettennetze bedeuten jedenfalls, daß die rektanguläre Bindung der Deckengestalt an den Grundriß gesprengt wird.

Bei der Behandlung der griechischen Decken muß man sich vor allem einer Tatsache völlig bewußt sein. Monumentale Reste sind uns fast ausschließlich von Stein- und vor allem von Marmordecken – übrigens spärlich genug – überkommen, die schon nach der spröden Natur des Materials nur geringe Gestaltungsspielräume boten. Die Entwicklung hat sich dagegen vorwiegend in vergänglichen Materialien wie Holz vollzogen, woraus die ganz überwiegende Masse der Decken bestand. Hölzer, Stuck, Bronzeelemente erlaubten jedoch Formen und Wirkungen, die wir uns nur schwer vorstellen können, wenn wir nicht auf neuzeitliche Analogien aus Barock und Klassizismus ausweichen. Daß dies berechtigt sein könnte, zeigen wohl Überreste vom freilich schon subhellenistischen Tempel des Apollo Sosianus in Rom. Dort wurden viele Splitter einer auf Holz aufgebrachten Stuckdekoration gefunden, deren reichste Schmuckformen kräftig bemalt und vor allem über und über vergoldet waren. Nach meinem Urteil kann es sich hier nur um die Prunkdecke der Cella handeln. Farbige Stuckdecken, Vertäfelungen und Intarsien aus verschiedenen Holzsorten sowie Metallbeschläge sind auch für vornehme Bauten hellenistischer Zeit anzunehmen.

Der Hinweis auf die größere Flexibilität des Baustoffs Holz führt zu der sehr schwierigen Frage, ob die Griechen etwa gar schon (hölzerne) Gewölbe- und Kuppeldecken in oberirdischen Räumen und Sälen kannten, bevor solche aus Mauerwerk ausgeführt wurden. Es läßt aufhorchen, daß sowohl Vitruv wie Plinius ganz unbefangen die Begriffe camara oder concamaratum im Hinblick auf bestimmte griechische Gebäude benutzen, was strenggenommen eben 'Gewölbe' oder 'gewölbt' bedeutet; daß die römischen Fachschriftsteller diese termini technici willkürlich in weiterem Sinn (unter Einschluß der Flachdecken) oder aus faktischer Unkenntnis der Denkmäler verwendeten, ist zwar nicht ganz undenkbar, doch behagt eine derartige Annahme nicht gerade sehr, zumal den Griechen die Gewölbedecke an sich ja wohl bekannt war: Wir erinnern an die makedonischen Gräber und die segmentförmigen alexandrinischen Grabkammergewölbe. Das jüngst entdeckte und noch nicht völlig publizierte, neue Marmorgrab von Lefkadia zeigt in seinem vegetabilischen Gewölbefresko (Taf. 43a) [89] – der großartigsten ornamentalen Malerei aus griechischer Zeit – zudem, daß man die Eigenschaften des Gewölbemotivs ästhetisch zu nutzen verstand (spätes 4. Jh.!). In der oberirdischen Architektur ist bislang nur eine einzige, dafür um so wichtigere Gewölbedecke sicher nachgewiesen. Die Kultnische am Saal VII des Heroons von Kalydon (Abb. 68a, 47) wurde von einer Tonne aus Keilsteinquadern überspannt (2. Jh.). Um den Schub aufzufangen, verdickte man die Mauern des an sich kleinen Raumes ganz außergewöhnlich, sogar überflüssigerweise an der Stirnseite: Ableitung über Strebepfeiler oder dergleichen war noch nicht erfunden, und darin zeigt sich die statische Schwierigkeit, die gegen die Anwendung massiver Gewölbe über der Erde sprach, aufs Deutlichste. Die Ausführung des gleichen Motivs in Holzbauweise hätte aber kaum Probleme aufgeworfen und solche statischer Natur schon gar nicht. Tatsächlich gibt es eine Anzahl von Indizien, daß uns auf diesem Gebiet noch große Überraschungen bevorstehen mögen: Mittelbar bezeugt z. B. die Abbildung eines tempelartigen Gebäudes auf dem sog. Barberinischen Nilmosaik, daß das 'alexandrinische' Segmentgewölbe wenigstens im späthellenistischen Ägypten auch über Tage und nicht bloß in Gräbern gebaut wurde.

Neben dem flachen oder tonnenförmigen Gewölbe verdient das Kuppelmotiv eine besondere Bemerkung, bei dem die Überlieferung wegen gleicher äußerer Voraussetzungen ähnlich sporadisch ist. Ob die Vermutung zutrifft, daß das Arsinoeion auf Samothrake eine flache Holzkuppeldecke besaß, ließ sich bisher nicht bestätigen. Indirekt bestätigt wird das Vorhandensein des Kuppelmotivs durch das frühhellenistische Lysikratesdenkmal, dessen monolithes Dach auf der Unterseite flach ausgehöhlt ist, sicher nicht allein zur Verminderung des Gewichts, sondern auch in künstlerischer Absicht. Es folgt die Flachkuppel des Grabes von Hagia Triada auf Rhodos (Abb. 73 b). Am Ende der hellenistischen Baukunst steht dann der Felskuppelsaal im Grab von Abu Wardian, der vielleicht Rückschlüsse auf große gebaute Architektur gestattet. Im Zusammenhang mit dem Kuppelmotiv steht die Erfindung der Konche, also der viertelkugeligen Eindachung halbrunder Nischen. Auf einige späthellenistische Stuckkonchen in Alexandria wurde ja schon hingewiesen (Taf. 41 a); ein steinernes Fragment vom Palazzo delle Colonne bezeugt das Auftreten einer Konche auch in der dortigen Kulissenarchitektur. Erstere besitzen ein Netz hexagonaler Kassetten, letzteres zeigt Hexagone mit Rhomben kombiniert – man wird sich angesichts dieser Beispiele fragen müssen, ob polygonale Kassettensysteme nicht speziell an sphärisch gekrümmten Dekken entwickelt wurden, deren Form und Wesen sie gemäßer sind als etwa zu Trapezen verzogene Quadratkassetten (so die klassizistische Lösung z. B. im Pantheon!). Wenn wir das Konchenmotiv erst spät und nur im ptolemäischen Bereich belegt haben, schließt dies nicht unbedingt früheres Vorkommen – wiederum in Holzbauweise – aus, wobei wir insbesondere an die seit dem 3. Jh. immer beliebteren Apsisexedren denken.

Die Bedeutung der unbeweglichen bzw. architektonischen Raumausstattung für die Raumwirkung ist – zumindest in der höheren Baukunst des Hellenismus – kaum zu überschätzen. Hervorgehoben sei vor allem das Spannungsverhältnis zwischen Fußboden und Decke: der Fußboden feinstrukturiert, farbig, gemustert oder bebildert; die Decke durch tieferes, architektonisierendes Relief gegliedert, farbig gefaßt und manchmal mit plastischem Schmuck versehen. Dazwischen vermitteln die Wände durch 'tektonische' Blendmotive. Die wichtigste Neuerung des 4. Jh. ist dabei vielleicht die Aufwertung des Fußbodens, der dem Benutzer nun gleichsam 'entgegengekommen' sein muß. Bereicherung der Decke und tektonische Verkleidung der Wände folgt daraus bis zu einem gewissen Grad; dieser fällt die Aufgabe zu, die antithetisch korrespondierenden Flächen von Decke und Boden 'auseinanderzuhalten' o. ä. Über die jeweils verschiedene, sicher stark vom Zeitstil beeinflußte Nutzung der darin vorgegebenen, ästhetischen Ausdrucksmöglichkeiten läßt sich z. Z. höchstens spekulieren. Allerdings dürfte feststehen, daß die spätklassischen bzw. hellenistischen Mittel der Raumausstattung im wesentlichen eine – dynamische – Interferenz der Raumbauelemente intendierten, d. h. sie konstituierten zwischen ihnen auch künstlerisch ein syntaktisches Verhältnis. Damit konnten Zimmer und Säle bei Bedarf als sinnenhaft geschlossene Einheiten, als 'Organisation', dargestellt werden; während früher – überspitzt ausgedrückt – sechs beziehungslose Flächen ein Vakuum umgaben, das bestenfalls durch abstrakte Proportionierung einen gewissen Zusammenhalt erfuhr. Mit den Motiven des Gewölbes und der Kuppel verfügte der Hellenismus darüber hinaus bereits über das Mittel des übergreifenden, bekrönenden Zusammenschlusses von oben her – wie übrigens in den kurvolinearen Grundrißmotiven ansatzweise über ein Mittel zur 'Ausrichtung'. In der Tat können kurvolineare Formen des Grundrisses und des Aufrisses nicht ganz voneinander getrennt gesehen werden; abgesehen von ihrer abstrakt-formalen Kongruenz eignet beiden in der antiken Architektur, d. h. seit dem Hellenismus, oft ein Wert, der sich mit 'Kulmination' umschreiben ließe.

V. Säulenordnungen – Bauglieder

Angesichts des reichhaltigen Materials und der oft sehr ins Detail gehenden Problematik muß in diesem Abschnitt noch exemplarischer bzw. noch summarischer als in den bisherigen Kapiteln verfahren werden, um den gegebenen Rahmen nicht zu sprengen. Dabei gilt das Interesse mehr als sonst vor allem den charakteristischen Innovationen, die je in ihrer Weise die Tendenzen der Epoche erkennen lassen.

Wand-Stützen-Systeme [90]

Obwohl an sich eher ein Grenzfall der Säulenordnungen, erlauben Wand-Stützen-Systeme einen ersten, umfassenden Einblick in die Auffassung, mit der man im Hellenismus dem überlieferten Formenapparat begegnete. Nun sind zwar Scherwandbildungen und mit Halbsäulen ausgestattete Blendarchitekturen keine hellenistische Erfindung; spätestens im 4. Jh. waren ihre formalen Möglichkeiten voll entwickelt. Beliebtheit und Breite des Anwendungsspektrums vergrößern sich seither aber in einem Maße, daß sie als 'hellenistisches' Phänomen bezeichnet werden dürfen. Die Wand-Stützen-Systeme haben zwei Wurzeln. Ausgangspunkt des Scherwandmotivs ist die Reihe der Vollsäulen, zwischen die dünne Scherwandplatten eingestellt werden. Sie können je nach dem speziellen Zweck niedrig oder auch übermannshoch sein und lassen im oberen Teil des Säulenjochs eine mehr oder weniger große Öffnung frei. In dieser Form kommen Scherwände noch im Hellenismus häufig an Säulenbauten vor, bei denen sowohl schrankenartige Absonderung als auch Durchblicke usf. erwünscht waren. De facto geschlossene, obere Öffnungen zeigt aber schon das Lysikratesmonument (Taf. 29 a), wenn auch die Dreifußreliefs über den 'Scherwänden' noch an die 'Öffnung' erinnern, sie bedeuten sollen, indem sie frei aufgestellte Dreifüße imaginieren. Das Scherwandmotiv des Lysikratesdenkmals ist illusionistische Dekoration. Eigentliche Halbsäulenarchitekturen lassen sich demgegenüber theoretisch als Projektion von Säulenordnungen auf eine Wand erklären (vgl. o. S. 246); sie sind das Ergebnis eines Prozesses, in dem vorgelegte Säulenstellungen immer näher an die Mauer heranreichen, und in diese gleichsam hineinwachsend mit ihr verschmelzen. Es sei allerdings festgestellt, daß der genetische Unterschied zwischen Scherwandbildung und 'projizierten' Halbsäulenordnungen im Hellenismus an Gewicht verliert. Die typische Blendarchitektur verwendet die beiden Motive nach Belieben neben- und miteinander. Wir verweisen auf die vielen, schon früher erwähnten Beispiele etwa bis hin zum Rathaus von Milet, wo sich Säulen-(bzw. Pfeiler-)Projektion und Scherwanddekoration auf verschiedenen Ebenen kompliziert durchdringen.

Tatsächlich hängen Scherwandbildungen und Halbsäulenwände innerlich zusammen. Beide Entwicklungen zielen auf den Ausgleich bzw. die Verbindung der Elemente 'Stütze' und 'Mauer' ab, nur daß der Weg einmal von der Stütze (mit eingefügter Scherwand) und das andere Mal von der Wand (mit eingebundener Stütze) ausgeht. Man könnte das eine Ergebnis daher als Stützen-Wand-System und das andere als Wand-Stützen-System bezeichnen, und faßt mit diesem Wortspiel wohl wirklich die Qualität des Unterschieds. Wie es zu dem Wunsch kommen konnte, Mauer bzw. Wand und Stützensystem überhaupt zu vereinigen und zusammenzuziehen, läßt sich hier unter Hinweis auf die Kategorien 'Funktion' und 'formale Organisation' nur unvollständig andeuten. Es ist ja ganz deutlich, daß funktional sowohl bei allen Scherwandbildungen wie bei Blendarchitekturen der Begriff 'Wand' das Entscheidende ist; andererseits wollte und konnte man wahrscheinlich nicht mehr auf jenen einzigartigen, 'tektonisch' interpretierenden Formenapparat verzichten, den die Säulensysteme verkörperten. Er war durch Gewöhnung – und Gewöhnung an welchen Beispielen! – sozusagen in Fleisch und Blut übergegangen und zum Modell architektonischen Sehens schlechthin geworden.

Bei der Verbindung der relativ neutralen Mauer mit den eher plastisch-autonomen Gliedern der Stützensysteme mußten diese mehr von ihrer innersten Eigenart einbüßen als jene. Indem man nicht länger an ihrer körperlichen 'Intaktheit' festhielt – was früher nur in Ausnahmefällen vorgekommen war –, wurde aber der Weg gebahnt, das Säulenmotiv grundsätzlich als kombinationsfähig aufzufassen. Das Ergebnis waren die wesentlich hellenistischen, kombinierten Stützenformen wie Pfeilerhalbsäulen, Doppelhalbsäulenpfeiler, Ovalsäulen oder gekoppelte Säulen (z. B. Delos, Gymnasium, Taf. 23b). Bei diesen Neubildungen geht es nicht so sehr um formale Variation, sondern in erster Linie um Anpassung an bestimmte praktische Erfordernisse. Wir erinnern nur daran, daß etwa Stützen, die in Maueröffnungen (makedonische Paläste!) eingestellt waren, erst durch das Pfeilerelement die gewünschte Tiefe erhielten, ohne daß ihre Proportionen unerträglich verzerrt werden mußten. Das Pfeilerelement ist dabei als solches der 'Mauer' verwandt, kann gleichsam als ihr Relikt aufgefaßt werden. Dies trifft zum Beispiel auch bei den Reihen von Pfeilerhalbsäulen an Theaterproskenien zu, die ja in der Tat nichts anderes als ein Wandgerüst (für die Pinakes) sein sollten. Die genannten Stützenkombinationen rechnen also zumindest entstehungsgeschichtlich noch zu den Bildungen, die aus der Auseinandersetzung zwischen Stütze und Wand hervorgingen, auch wenn das bei den zu Ovalsäulen verschliffenen Doppelhalbsäulen äußerlich kaum mehr sichtbar ist. Sogar die herzförmigen Ecksäulen in Peristylen, die eine östlich kleinasiatische Besonderheit sind und von dort in das ptolemäische Einflußgebiet (vgl. Taf. 6b) ausstrahlten, lassen solche Zusammenhänge noch erkennen. Der Kern der zwei, zueinander im rechten Winkel angeordneten Halbsäulen ist wiederum ein (oft sehr verschliffenes) Pfeilerelement, das seinerseits einen 'Mauerrest' darstellt, der die Hallenfronten abschließt. Eine spielerische Weiterentwicklung davon sind kleeblattförmige Ecksäulen, also die Verschmelzung dreier Säulenschäfte (vgl. etwa Pergamon, Temenos des Herrscherkults).

Die Idee der Stützenkombination gewinnt überhaupt schnell ein 'ästhetisches' Eigenleben. Derartige Bildungen treten bald ohne praktische Notwendigkeit auf – erinnern wir uns nur an die Blendfassade des milesischen Marktgebäudes mit ihren eingebundenen Pfeilerhalbsäulen (Abb. 51). Auch wird es verbreiteter Brauch, bei Zungenmauern, die in Halbsäulen enden, ein vermittelndes, kurzes Pfeilerelement zwischen Mauer und Säule einzuschalten usf. Das Prinzip, mehrere Stützen miteinander zu verschneiden, bewährt sich u. a. auch bei Halbsäulen-Blendarchitekturen, wenn diese etwa rechtwinklig zusammenstoßen und eine Innenecke bilden. Anstatt hier dann eine bescheidene Viertelsäule oder einen Blendpfeiler zu plazieren, konnte man zwei sich durchdringende Halbsäulen anordnen (so z. B. schon im Prothalamos eines frühhellenistischen Grabes bei Dion, häufig in Alexandria usf.).

Insgesamt gesehen gewinnt die hellenistische Baukunst mit Scherwandbildung, Halbsäulenmotiv und Stützenkombination ein geschmeidiges Instrumentarium, mit dem sich nicht nur Probleme, die beim Zusammenstoß von Wand und Stütze auftraten, sondern überhaupt alle Anschlüsse und Verbindungen (etwa zwischen verschieden hohen Gebäudeteilen) elegant lösen ließen: Die Bauten und Bauteile wurden mehr oder weniger deutlich mit 'Säulensystemen' verkleidet; mit den besprochenen 'Werkzeugen' konnte jetzt aber das eine System mühelos auf das andere bezogen, in das andere übergeleitet werden. Dieser innere Ausgleich von autonomer Stütze und neutraler Wand (bzw. Mauer) ist die Antwort auf die Frage, die zuerst und wohl am deutlichsten von den Athener Propyläen gestellt wurde. Es ist also so, daß zunächst die neuen architektonischen Grundkonzepte da waren (Fusion zu komplexeren Einheiten; Binnenraumgestaltung), und daß danach aus dem gegebenen Repertoire das nötige Formeninstrumentarium zurechtgeschliffen wurde. Im Hinblick auf die 'Ordnungen' und Bauglieder handelt es sich tatsächlich um eine Instrumentalisierung, die auch dort Parallelen besitzt, wo etwa gar keine Halbsäulen etc. Anwendung fanden. Wir haben den Sachverhalt schon bei den Stoen dahingehend umschrieben, – und könnten ebenso auf die Peristyle verweisen –, daß die Säulenstellungen anstelle des 'Stützencharakters' einen 'Reihencharakter' annehmen; es findet eine Entwertung der einzelnen Säule statt, die sich später auch in nachlässigerer oder zumindest kalter Bearbeitung aussprechen kann.

Verhältnis der Ordnungen

Aus dem Vorangehenden dürfte es verständlich sein, warum wir erst jetzt zu den unterschiedlichen Säulengattungen, also zu der dorischen, ionischen, äolischen und der 'neuen' korinthischen Ordnung kommen, nachdem ihr instrumentaler Stellenwert für den Hellenismus im Prinzip festgestellt worden ist. In ganz anderer Weise als früher sind sie austauschbar geworden und nur noch Mittel zu einem höheren architektonischen Zweck.

Ihre instrumentale Qualität wird noch einmal eindringlich durch die schon öfter angesprochene Hierarchie der Ordnungen beleuchtet, die von derb-kräftig zu fein-edel, von außen nach innen, von unten nach oben die Staffelung Dorisch, Ionisch, Korinthisch vorschreibt. Zwar geht diese (emotional begründete) Abfolge zeitlich weiter zurück und ist an sich spätestens in der Klassik durchaus üblich. Es zeichnet dagegen die hellenistische Baukunst aus, daß mit dieser Hierarchie intellektuell operiert wird, und zwar in großem Maßstab. Aufschlußreich sind vor allem die Fälle, in denen man scheinbar oder wirklich 'gegen den Strich gekämmt' hat. Davon läßt sich eine Gruppe von Beispielen allerdings relativ leicht erklären (etwa olymp. Leonidaion: peripterale Säulen ion. Taf. 31 b, Peristyl dor.; Gymn. Sikyon Abb. 42: unteres Peristyl ion., oberes dor.). Setzt man nämlich statt 'außen'/'unten' bzw. 'innen'/'oben' die Begriffe 'vorne' und 'hinten' ein, die die wahre Bedeutung der Bauteile zweifellos präziser charakterisieren, dann gibt sich die 'Umkehrung' der Hierarchie sofort als sinnvolle Konsequenz zu erkennen. Ähnlich am milesischen Buleuterion (Taf. 47b), dessen Vorhof ein korinthisches Propylon besitzt: Auch dieses ist 'vorne'. Komplizierter liegt der Fall im messenischen Asklepieion, doch wird man nicht fehlgehen, wenn man das korinthische Peristyl als prachtvollen Festplatz auffaßt, das die schlichte und ernste, die dorische Würde des zentralen Gotteshauses umspielt. Dies mag dann aber schon eine symbolische, semantisch-hintersinnige Interpretation der Ordnungshierarchie genannt werden. – Damit sei, ohne beliebige weitere Beispiele zu berühren, angedeutet, was wir mit dem Wort von der Intellektualität gemeint haben, – natürlich auch im Unterschied zu den häufigen, mehr formalistischen Manifestationen dieser Hierarchie.

Es war vorhin die Rede von der Austauschbarkeit der Ordnungen. Wirklich bleibt es jetzt weitgehend dem Vermögen der Bauherrn und dem – nur durch die verhältnismäßig weitmaschigen Gesetze der Hierarchie gebundenen – Geschmack des Architekten überlassen, welche Ordnung wo eingesetzt wird. Ein wichtiger Grund dafür ist, daß die zwar niemals absolute, aber doch einigermaßen gültige 'Stammesbindung' der Ordnungen im 4. Jh. nachläßt, wonach grob gesprochen das Ionische nach Kleinasien und das Dorische ins Mutterland gehört. Diese alte Regel wirkt stärker nur in der Tempelarchitektur fort. Ansonsten sind seither ionische Bauten in der Peloponnes ebenso geläufig wie etwa die kleinasiatischen Peristyle zumeist dorisch gebildet werden. Es deutet sich dabei so etwas wie eine gattungsspezifische Anwendung der Ordnungen an, die dem Muster der 'Hierarchie' folgt.

Bemerkenswert ist, daß darüber hinaus ein Formenaustausch zwischen den Ordnungen selbst erfolgt. So entstehen – wohl seit dem 3. Jh. – hybride Ordnungen. Wenn in der Kyrenaika [38] die dorische Säule mit einer 'ionischen' Basis versehen wird, ist das zunächst nur eine regionale Besonderheit, die aber gleichwohl die Bereitschaft zu Formensynkretismus bezeichnet. Häufig ist dagegen, daß dorische Säulenschäfte ionische Kannelierung erhalten. Weit verbreitet sind ferner Vermischungen im Gebälk. Von Kleinasien bis Sizilien findet sich oft der ionische Zahnschnitt zwischen Triglyphon und Geison (vgl. z. B. Taf. 7b). Andererseits setzt man auf korinthische (selten: ionische) Säulen vor allem in der dekorativen Architektur gerne ein vollständiges dorisches Gebälk. Interessant ist die Kombination ionischer Kymatien mit daran hängenden, dorischen Tropfenleisten als Bekrönungen etc. (häufig in Alexandria, aber auch auf Kreta, Sizilien und in Utica). Jetzt werden auch 'Verkürzungen' des Gebälks möglich, die eine besondere Funktion verdeutlichen können: so im Souterrain des epidaurischen Abatons (Taf. 38a). Diese typisch hellenistischen Erscheinungen, die in der Kaiserzeit bezeichnenderweise wieder so gut wie völlig zurückgenommen werden, lehren, wie schwach die innere Kohärenz der Ordnungen bereits geworden war. Formen, die angeblich soviel genetisch-sachlichen Sinn enthielten, werden (wieder) zu auswechselbaren Schmuckelementen.

Dies ist die Ausgangslage für die Entstehung wirklich neuer Schmuckformen, z. B. die Verzierung der Geisonunterseiten mit Rhombenreliefs (Pergamon) oder plastischen Mäandern (Alexandria). Größte Zukunft hatte dabei die Anbringung plattenförmiger, in sich gemusterter und bald bewegter 'Mutuli' am ionisch-korinthischen Geison, aus denen sich Konsolen bzw. das Konsolengebälk entwickelte [91]. Vorstufen begegnen seit dem 2. Jh. vor allem in Kleinasien, auf Rhodos (Taf. 39a) und im Ptolemäerreich, während erst die augusteische Kunst einen 'kanonischen' Abschluß dieses Prozesses brachte.

Veränderungen des Systems

Tiefer als die genannten Synkretismen und selbst die Entstehung neuartiger Schmuckglieder greifen gewisse Erscheinungen in das Wesen der Ordnungen ein, die den Charakter der Bauglieder und ihr Verhältnis zueinander nachhaltig verändern. Erste Anzeichen des Phänomens, das seit dem 2. Jh. breitere Wirkung entfaltet, kündigen sich schon im Frühhellenismus an. Im folgenden sollen einige Beispiele zunächst ohne Rücksicht auf diesen geschichtlichen Aspekt vorgestellt werden.

Kubische Postamente unter Säulen treten offenbar erstmals im jüngeren Artemision von Ephesos [59] auf. Sie sind dort eindeutig aus dem Gedanken der columna caelata entwickelt, an der die unterste Schafttrommel mit Figurenreliefs verziert und also gleichsam gegen den kannelierten Schaftteil abgesetzt wurde. – Eine späte Wiederaufnahme dieses archaisch-ionischen Motivs etwa am Tempel des Apollon Smintheus [92], in Delos im Haus des Diadumenos um 100 v. Chr. – Die Umsetzung in die Blockform verändert allerdings schon in Ephesos das Wesen des Reliefstücks; zwischen Stylobat und Säule schiebt sich nunmehr ein eigenwertiges Bauglied ein, das weder recht zum einen noch zum anderen gehört und die Säule über ihr Unterlager hinaushebt. Dies zeigt sich insbesondere an späteren Postamenten der Profanarchitektur, die als hochrechteckige Piedestale unter den Säulen sitzen; mit den columnae caelatae haben sie nichts mehr gemein und das nicht nur deswegen, weil sie unreliefiert sind. Formal macht sich bei ihnen eher das Vorbild kleiner Denkmalsarchitektur bemerkbar (vgl. eine Votivsäule in Kyrene); funktional dienen sie oft zur Vergrößerung der Gesamthöhe der Stützen, ohne daß die eigentliche Säule dementsprechend plump ausfallen müßte. Wenn also der Wunsch nach Zierlichkeit, ja Schmächtigkeit der Stützenelemente bedingend war, ist der Effekt doch vor allem der, daß die feste Verbindung zwischen der Säule und dem Boden (bzw. dem Stylobat) gelöst wird. Wir kennen solche Postamente z. B. vom Propylon des messenischen Asklepieions (Außenseite) [33] und häufiger aus der samnitischen Phase Pompejis: z. B. Alexanderexedra in Casa del Fauno, Oecus tetrastylus der Casa delle nozze d'argento (im Einklang mit der Vorschrift Vitruvs!). Auf Delos besitzt der Hof eines Hauses im Skardana-Viertel Säulen auf Piedestalen, welch letztere unter sich durch Scherwandbrüstungen verbunden sind (Taf. 20a); die Schließung könnte auf äußerlichen Einfluß von Fenstergalerien zurückgehen. Man beachte in diesem Zusammenhang auch die obere Halle des Marktgebäudes von Alinda (Taf. 4b). Als Übertragung dieses Motivs in die Blendarchitektur läßt sich die schon erwähnte Wandgliederung im Gymnasion von Stratonikea verstehen (Taf. 22).

Wahrscheinlich ist eine seit dem 2. Jh. aufkommende Bildung nicht ganz von der Erfahrung zu trennen, die man mit eigenständigen Säulenpostamenten gemacht hatte. Gemeint ist die Aufstellung der Säulen nicht auf dem Stylobat, sondern auf einer daraus hervorspringenden Standplatte, die die nächst untere Stufe überdeckt (z. B. Synhedrioneingang des messenischen Asklepieions Taf. 9b; Ptolemais Taf. 8b). Dieses Motiv wird in Kombination mit dem Säulenpiedestal an einigen römischen Tempeln des 1. Jh. ins Große gesteigert (Assisi, Cäsartempel des Forum Romanum). Dabei handelt es sich gegenüber den hellenistischen Vorläufern freilich nicht um eine qualitative, sondern bloß um eine quantitative Steigerung; immerhin verdeutlicht sie die Tendenz der bisherigen Entwicklung besonders eindringlich. Der Zusammenhang zwischen Krepis-Stylobat und Säule ist gelöst; es gibt hier keinen tragenden Stufenunterbau mehr, vielmehr bilden die Stufen eine zwischen die Säulen eingeschobene Treppe und integrierte Postamente sorgen für Niveauausgleich.

Die Veränderungen am Säulenkörper beginnen im Frühhellenismus. Wesentlich sind neue Formen der Kannelierung, wobei das untere Schaftteil glatt belassen oder bloß facettiert wurde, während Kanneluren nur oben ausgearbeitet sind. Da diese Bildung hauptsächlich an profanen Nutzbauten auftritt, hat man zu Recht darauf hingewiesen, daß hier ursprünglich eine praktische Schutzmaßnahme gegen Beschädigungen vorliege, wie sie bei starkem Verkehr den unteren Kannelurenstegen drohen. Freilich können wir uns mit dieser Erklärung nicht begnügen. Wichtig ist vielmehr die Feststellung, daß jene Formgebung den Verzicht auf die einheitliche, vertikal ausgerichtete Körperlichkeit des Säulenschaftes zur Voraussetzung hatte. Der Schaft besteht nun aus zwei horizontal voneinander geschiedenen Teilstücken, was mit dem 'Stützencharakter' dieses Baugliedes im Grunde nichts zu tun hat. Daß dies aber vor allem im Verband langer Säulenreihen (zum Reihencharakter hellenistischer Säulenstellungen o. S. 115, 256) auch gewisse ästhetische Vorteile brachte, wäre vorstellbar: Die Säulenflucht erhielt eine horizontale Gliederung. Dabei ist es vielleicht nicht einmal abwegig, an die benachbarten Wandstrukturen zu erinnern. Der schlichte Unterteil der Säule geht ja gut mit der großflächigen Orthostatenzone der Mauern überein, so daß hier eine analogische Gleichwertigkeit erzielt, wenn nicht Gleichsetzung stattfinden konnte; nur war diese dann eben äußerlich und formalistisch.

Im übrigen entfaltete der Gedanke, unterschiedliche Kannelurenformen an einem Schaft zu mischen, bald ein 'dekoratives' Eigenleben. Insbesondere eignete er sich gut zur Variation. Was es damit auf sich haben konnte, zeigt sehr schön die Palästra von Olympia, wo fast von Raum zu Raum die Schaftgestaltung der

Frontsäulen wechselt (Taf. 7a, 8a). Aufschlußreich sind aber vor allen Dingen die Innensäulen des großen Südsaales, deren Unterteil nur an ihrer rückwärtigen Hälfte glatt, nach Norden jedoch durchgehend kanneliert ist. Diese Bildung kann keineswegs auf praktischen Erfordernissen beruhen; sie ist aber auch nicht eigentlich dekorativ, sondern bezeichnet den Sachverhalt 'hinten' und 'vorne' bzw. 'außen' und 'innen'. Eine solche Information in der Formgebung der Säulenschäfte ist nur damit zu erklären, daß die Säule ihre einstige Autonomie zugunsten des größeren Zusammenhanges verloren hat. Ihre Erscheinung wird zum Bedeutungsträger von etwas, das außerhalb ihrer selbst liegt.

Selten ist bisher eine Schaftgestaltung, die das Motiv scheinbar unfertiger, noch im Werkzoll stehender und mit Hebebossen versehener Trommeln in künstlerischer Absicht verwendet. Angeregt von wirklich unfertigen Säulen an steckengebliebenen Tempelbauten, kommen solche Bossensäulen offenbar seit dem 2. Jh. etwa in Rhodos (Taf. 41b) und Knidos realiter vor [93], von Nachbildungen in Terrakotta (Myrina) und Malerei (II. pomp. Stil) abgesehen. Ob sie in einen Bauzusammenhang eingefügt wurden oder ob sie zu alleinstehenden Denkmalsäulen gehörten, bleibt einstweilen offen. Interessant ist an ihnen außer dem Aspekt künstlicher Unfertigkeit besonders die 'Umkehrung' des Konzepts Säulenschaft. Die durch Randschlag scharf voneinander abgesetzten Bossentrommeln – die z. T. nur Scheintrommeln sind – lösen den Schaftkörper in eine horizontal geschichtete Abfolge einzelner Elemente auf, was das gerade Gegenteil der durchlaufenden Kannelierung ist. Der Reiz liegt dabei im intellektuellen Erkennen dieses Gegensatzes.

Die hellenistischen Veränderungen des Gebälks könnte man in solche, die eher Details betreffen, und in andere, die unmittelbar den Aufbau in Mitleidenschaft ziehen, unterteilen. Jene mögen auf den ersten Blick mehr wie neue oder zusätzliche Schmuckformen wirken, lehren in Wahrheit aber, daß die tektonische Qualität der Bauglieder die Prägekraft verloren hat. Das gilt etwa schon für die seit dem 4. Jh. auftretenden Soffitten an der Unterseite von Architraven, die zunächst nur schmale, profilierte Vertiefungen waren, bis sie sich über die ganze Breite ausdehnen und mit Rahmenwerk u. dgl. füllen. Zumindest in der mutterländischen Architektur waren vorher tragende Bau- oder Konstruktionselemente bewußt nackt belassen worden; jetzt störte man sich offenbar an der 'leeren Fläche', was auf eine Entwertung der konstruktivistischen Auffassung des Balkens hinausläuft. Im Friesbereich erleidet besonders das eminent 'tektonische', dorische Triglyphon charakteristische Veränderungen, auch wenn sie nicht eben häufig waren. Überhaupt ein Unikum ist einstweilen das Fragment eines dorischen Frieses im böotischen Thespiae (Taf. 40 a), wo die Metopenfelder innerhalb eines vertieften Randes bis zur Triglyphenstirn vorspringen (hochhellenistisch?). Diese dreidimensionale Bewegtheit zielt wohl auf schärfere Licht-Schattenwirkung, hebt aber jedenfalls den 'strukturellen' Unterschied zwischen Metope und Triglyphe weitgehend auf (fast identische Bildung später im Innern der Portikus vor Basilica Aemilia in Rom). Die Entwertung der Triglyphe als Bauglied ist schließlich im 1. Jh. so weit fortgeschritten, daß an einigen Gebäuden (Eleusis, Kleine Propyläen, Abb. 71 b; Samos, Fragment auf Kastro mit Dreifüßen, Taf. 40 b) gegenständliche Reliefs, die einen Sinnbezug zum Eigner bzw. zur Bestimmung des Bauwerks haben, vor sie appliziert werden konnten; die dargestellten Objekte überlagern, ja ersetzen gleichsam die architektonische Form.

Bevor wir nun auf noch schwerwiegendere Eingriffe in die Zusammensetzung der Gebälke und Giebel eingehen, sei zunächst noch einmal daran erinnert, daß bereits relativ früh Bögen und Gewölbestirnen mit Archivolten ausgestattet wurden, also mit dem Motiv eines 'gebogenen Gebälks' (nb. Heiliges Tor Milet, 3. Jh., Abb. 70 a; Agorator Priene, späteres 2. Jh., Abb. 70 b). Das gebogene Gebälk spielt aber direkt wie wohl auch indirekt – als Erfahrung für die Umstrukturierbarkeit des Formensystems –, eine Rolle bei Phänomenen wie der rhythmischen Travée (Palladiomotiv), dem sog. Syrischen Giebel oder der Sprengung. Es ist wahr, daß wir diese in der Kaiserzeit beliebten Bildungen bislang nur in sehr wenigen und zudem recht späten hellenistischen Beispielen bzw. Vorläufern nachweisen können. Dies liegt wahrscheinlich daran, daß derartige Gestaltungen besonders in der vergänglichen, uns kaum erhaltenen Verkleidungs- und 'Kulissen'architektur experimentiert wurden. Wichtigstes Material sind der Palazzo delle Colonne in Ptolemais (Abb. 49a) und daneben etwa Reflexe in der Wandmalerei II. Stils. Auf einzelnes sei hier nicht eingegangen, vielmehr genüge der Hinweis auf die Form des syrischen Giebels mit Archivolte im Mitteljoch und zwei seitlichen, grad gedeckten Jochen – dasselbe Motiv ohne Giebel an einem 'Raumteiler' in einem anderen Haus von Ptolemais – sowie auf den gesprengten Giebel, wo sich über Säulen freistehende Giebelecken erheben. Diese Sprengung des Giebels geht aber konzeptionell mit der Verkröpfung des Gebälkes über Säulenreihen zusammen, die vor einer Wand stehen. Dafür kennt man bisher noch kein sicheres hellenistisches Beispiel, wenn nicht die Verkröpfung des Attika-Gesimses am hochhellenistischen Theater von Tyndaris beizurechnen wäre. Immerhin ist das Motiv im II. Stil der Wandmalerei gut vertreten und deshalb vermutlich im späten 2. Jh. architektonisch vorgebildet gewesen.

Die zuletzt genannten Manipulationen mit den Baugliedern des Gebälks (und des Giebels) gehen weit über eine bloße Entwertung ihrer tektonischen Qualitäten hinaus. Hier ist mit dem Verlust traditionellen Zusammenhangs das ganze herkömmliche, sinnhaft aufeinander bezogene System in Frage gestellt, ja mehr noch: zersprengt. Übrig bleiben loslösbare, losgelöste Versatzstücke. Dabei wird aber zugleich deutlich, daß im Ansatz bereits neue Muster der Zusammenordnung existieren, daß sich ein neues 'System' herauskristallisiert, in dem die alten Formen einen anderen Ausdruckswert erhalten. Dieser sei hier mit Begriffen wie Bewegtheit und Dynamisierung nur angedeutet. Das ursprüngliche System der Säulenordnungen war 'gefügt' und weitgehend sogar statisch 'wahr'; die nunmehrige Verwendung der Motive zielt auf 'Spannung' und auf 'Schau'. Entwicklungsgeschichtlich gesehen ist der Prozeß, dem das Säulensystem im Hellenismus unterliegt, komplizierter, als aus diesem Überblick auf den ersten Blick vielleicht hervorgeht. Vorstöße und retardierende Strömungen überschneiden sich vielfältig; manches, das zunächst bedeutungslos erscheint, erweist sich bald als Voraussetzung oder doch Ankündigung einer wesentlichen Veränderung usf. Die erste kritische Erscheinung ist wohl die zunächst rein praktische und ganz sinnvolle Unterteilung des Säulenschaftes, – die aber doch schon Umbildung war; hierher gehören (als Anzeichen) auch die frühen Piedestale oder die Soffitten der Architravunterseiten. Dann wird mit diesen Gedanken gespielt, sie werden weiter (weg) verfolgt; analoge, wenn auch meist vereinzelte 'Erfindungen' schließen sich an, die oft auf nicht mehr als auf die – freilich zukunftsträchtige – Entwertung älterer Vorstellungen hinauslaufen. Die endgültige Auflösung des Systems (vgl. Gebälke, aber auch Krepis-Stylobat!) ist erst im Späthellenismus – sagen wir: kurz vor 100 v. Chr. – erreicht. Und dabei muß man sich stets vergegenwärtigen, daß neben der progressiv-experimentellen Architektur die unendlich größere Masse normaler, d. h. konventioneller Architektur einherlief, die allerdings immer blutleerer und langweiliger wurde.

Regionalität

Wenn vorhin festgestellt wurde, daß die hauptsächlichen Säulenordnungen im Hellenismus ihre landschaftliche Bindung verloren hatten, so heißt das nicht, daß regionale Unterschiede überhaupt aufgehört hätten zu bestehen. Ihnen kommt vielmehr auch weiterhin ein großes Gewicht zu. Da sind zunächst einmal Sonderbildungen und Vorlieben in bestimmten Gebieten:

Wir haben z. B. häufig Gelegenheit gehabt, auf die Bevorzugung von Pfeilern gegenüber Säulen in Westgriechenland hinzuweisen. In Pergamon wird das bodenständige, äolische Blatt- oder Pfeifenkelchkapitell neu belebt und gewissermaßen als lokaler Ersatz für das Korinthische propagiert. Akanthusblattkelche am Fuß des Säulenschaftes über der Basis scheinen eine alexandrinische Besonderheit zu sein, bei deren Entstehung sowohl griechische, denkmalartige Akanthussäulen als auch das altägyptische Motiv der gebündelten Schilf- und Palmensäulen Pate gestanden haben dürften: Im Hellenismus strahlt dieser alexandrinische Basiskelch bis zu den befreundeten Inselstaaten

Rhodos und Kos aus. ‘Ägyptisierend’ sind schließlich die alexandrinischen, aber gänzlich in griechischem Stil übersetzten Palm- und Schilfblattkapitelle; usf.

Höchst charakteristisch ist ferner die regionale Differenzierung in der Formbildung der gemeingriechischen, großen Säulenordnungen. Das Dorische zeigt noch geringere Varianten. Immerhin erwähnten wir schon die kyrenäische Säule [38] mit ionisierender Basis; sie besitzt außerdem ein ungewöhnlich unterkehltes Kapitell. In Pergamon hat der Echinus des dorischen Kapitells dagegen z. B. häufig einen S-förmigen Schwung. Beim ionischen Kapitell ist die Differenzierung grundsätzlicher. Während Kleinasien, die Inseln (Delos Taf. 31c) und zum größten Teil auch Nord- und Mittelgriechenland (Taf. 31a) am Polsterkapitell festhalten, herrscht in der Peloponnes (seit dem späten 5. Jh.!) das vierseitige ‘Diagonalkapitell’ [27], das von dort zu den Sikelioten (Taf. 32a) und Italikern gelangt, während im tarentinischen Einflußbereich beide Typen – mit Vorwiegen des ‘echten’ Polsterkapitells – begegnen. Die ionischen Basisformen vom kleinasiatischen, attischen und peloponnesischen Typ, die noch im Frühhellenismus kräftig blühen, verschwinden freilich bald zugunsten der ‘klassisch’-attischen Lösung mit Torus, Trochilus und Torus: In Epidauros setzt sich der attische Typ bald nach 300 v. Chr. durch, in Kleinasien spätestens mit den Hermogenes-Bauten im späten 3. Jh.

Die lebendigste Säulenordnung ist im Hellenismus aber die junge korinthische, sofern man hier überhaupt schon von einer Ordnung sprechen darf. Im Grunde handelt es sich nur um das korinthische Kapitell, das in die ionische Ordnung integriert wird. Es gewinnt je länger je mehr an Beliebtheit, da es weder den Nachteil allzu großer Simplizität wie das dorische Kapitell aufweist noch die Fassadenhaftigkeit des zweiseitigen ionischen Polsterkapitells, die an Ecken immer zu letztlich unbefriedigenden Kompromissen führte (– sein peloponnesischer Diagonaltyp berücksichtigt dies zwar, war aber doch nur eine Behelfslösung). Bei den unstreitigen Vorzügen des korinthischen Kapitells kann es nicht wundernehmen, daß die hellenistische Baukunst sich um seine Ausformung besonders bemühte, zumal diese zu Beginn unserer Epoche noch keineswegs festgelegt war. Diesen vielfältigen Bemühungen entspricht die reiche, insbesondere auch regionale Variation dieses Bau- und Schmuckgliedes. Sie soll hier pars pro toto etwas ausführlicher dargestellt werden.

Vorweggeschickt sei die Bemerkung, daß bei der Ausbildung des korinthischen Kapitells im 4. Jh. mehrere Lösungen vorgebracht worden waren, die das Hauptproblem des Kapitelltyps, nämlich die Verbindung der vegetabilischen und der abstrakten Bestandteile, in unterschiedlicher Weise angingen; zwei oder drei dieser Lösungen begründeten Traditionen, die in bestimmten Gebieten noch lange weiterwirkten, in anderen sich miteinander überkreuzten usf. [95]. Genannt seien nur die Kapitelle der Tholos von Epidauros (um 360 v. Chr.) und die etwa gleichzeitigen des tegeatischen Athenatempels, ferner die durch das Lysikratesmonument bezeugte athenische Entwicklung. Grundsätzlich ging es – nachdem sich der zweifache Kranz von Akanthusblättern im wesentlichen durchgesetzt hatte – um die Proportionierung, die noch lange kontrovers blieb, um das Verhältnis des Schmuckwerks zum Kern (dem 'Kalathos') und besonders um die Ausgestaltung und Zuordnung der Voluten. Das Tholoskapitell beließ die großen äußeren Voluten sowie die kleinen inneren (die Helices) abstrakt und unverbunden; Tegea besaß bloß äußere Voluten, deren 'Stengel' aber vegetabilisch als 'cauliculus' gegeben war, so daß sich nur im oberen Teil die Spirale aus ihm bzw. einem beblätterten Stengelknoten erhob; das Lysikratesmonument läßt Voluten und Helices aus einem einzigen Rankenstengel herauswachsen und vegetabilisiert beide Spiralen in hohem Maß.

Im 3. Jh. entwickelt sich in Kleinasien bald die Form des sog. 'korinthischen Normalkapitells': hochgestreckte Proportion; Volute und Helix aus einem gemeinsamen, aber niederen Cauliculus aufwachsend und oben als abstrakte Spiralen gebildet. Noch etwas sperrig und ungelenk kommt diese Form am Mausoleum von Belevi [75] vor, mit gedrückter Proportion am Arsinoeion von Samothrake und an zwei damit fast identischen Marmorkapitellen im makedonischen Verria (Museumsgarten) sowie vor dem großen Grab von Lefkadia. Vollendete Harmonie zeichnet dagegen das Kapitell des samothrakischen Ptolemaion aus (Taf. 33a). Es ist das früheste, echte Normalkapitell (285–280 v. Chr.); damit wurden – zumindest in Kleinasien – andere Kapitellversuche schnell obsolet (z. B. das im späten 4. Jh. entworfene Didymaionkapitell mit abstrakter Volute und selbständigem, völlig vegetabilischem Helix). Ein letzter Ausläufer 'verspielterer' Manier ist das Kapitell des sog. Laodikebaus in Milet (Taf. 34a), bei dem aber rückwirkender alexandrinischer Einfluß nicht ganz auszuschließen ist. Im 2. Jh. beherrscht das Normalkapitell unbestritten das anatolische Festland (vgl. Stratonikea, Taf. 22) und die vorgelagerten Inseln (z. B. Rhodos, Tempel von Ialysos). Auch für die Kapitelle des Olympieions in Athen (Taf. 33b) hat der Syrer Antiochos Epiphanes ganz offenbar kleinasiatische Werkleute verpflichtet.

Festlandgriechenland zeigt im 3. und 2. Jh. zumeist ebenfalls Kapitellformen, die im gemeinsamen, vegetabilischen Aufwachsen von Volute und Helix Züge des 'Normaltyps' besitzen. Nur sind sie im Gegensatz zu den ganz 'architektonisch' gebundenen Exemplaren des Ostens oft von höchst individueller, fast regelloser Formgebung; man hat den Eindruck, daß den mutterländischen Griechen das korinthische Kapitell immer noch ein Objekt schöpferischer ornamentaler Phantasie geblieben war. So kann es nicht verwundern, wenn daneben noch im 2. Jh. so unkonventionelle Bildungen wie im messenischen Asklepieion auftreten (Taf. 36a. b) [33]. An ihnen verdeutlicht sich die kaum überspitzte Behauptung – die cum grano salis etwa auch für das Stadiontor in Olympia gilt –, daß die peloponnesischen Kapitelle eher Skulpturen als Bauglieder scheinen.

Ins neugegründete Alexandria brachten die Griechen zunächst den Typ der Tholoskapitelle mit, wie etwa das kolossale Basaltkapitell der Khartumsäule, eines der frühesten erhaltenen, zeigt. Im 3. Jh. setzt dann eine Entwicklung ein, die die selbständigen Helices immer vegetabilischer gestaltet (Taf. 34b) und weitere Rankengeschlinge hinzufügt, bis sich der Kalathosabschnitt zwischen den Voluten mit zierlich-bizarrem Pflanzenwerk bedeckt, das mit dem tektonischen Aufbau des Kapitellkörpers wenig mehr zu tun hat.

Noch etwas komplizierter verläuft die Übernahme des korinthischen Kapitells in die alten Kolonialgebiete Unteritaliens und Siziliens [96]. Dort besaß Tarent schon im 4. Jh. einen relativ altertümlichen Typ mit niederer Blattzone und seitlich ausladenden Voluten ohne Helices; als Kalathoszier zwischen den Voluten dienten anfänglich Palmettenmotive wie an mutterländischen Kapitellen des 5. Jh. (Bassai, Tholos von Delphi), später vorzugsweise Kopf- und Büstenprotome, auch ganze Figuren und sogar mehrfigurige Reliefszenen. Dieses mehr breit als hoch proportionierte, tarentinische Kapitell, zu dem eine besondere Basisform gehörte, setzte sich zunächst auch bei den italischen Nachbarn in Unter- und Mittelitalien durch und wurde bis ins 2. Jh. hinein wiederholt: ein hochbarockes Beispiel bietet der bedeutende Tempel von S. Leucio bei Canosa (Taf. 37a). Das tarentinische Kapitell stand auch Pate, als im Frühhellenismus in Syrakus das 'sikeliotische' Kapitell entwickelt wurde, das besser unter dem Namen 'italisch-republikanisch' bekannt ist. Freilich machten sich hier schnell auch modernere, peloponnesische Einflüsse geltend, die das tarentinische Vorbild bald ganz in den Hintergrund drängten. Das 'klassische' syrakusanische Kapitell des 3. Jh. (vgl. die Exemplare von Noto Taf. 35b und Tyndaris, Casa C, Taf. 35a) ist hochproportioniert wie die östlichen Zeitgenossen; Voluten und Helices wachsen getrennt auf, wobei die Helices als Rundstäbe eine Mittelstellung zwischen ganz abstrakten und rein vegetabilisierten Formen einnehmen; die Blüte ist schwerer als im Osten. Ein entscheidender Unterschied liegt schließlich darin, daß der spitze, gezackte Akanthus in Sizilien durch den krautigen, 'weichen' Akanthus ersetzt wird, der Blättern und Blatträndern ein ganz anderes plastisches Volumen mitzuteilen gestattet. Was in der Peloponnes mit immer neuen individuellen Anläufen erstrebt wurde, erfüllt diese Erfindung aufs Zwangsloseste. Der syrakusanisch-korinthische Kapitelltyp verbreitet sich nun seit dem Hochhellenismus nach Mittelitalien; im 2. Jh. beherrscht er wenig weiter entwickelt oder umgebildet die republikanische Architektur Campaniens und Latiums – wir erwähnen nur Pompeji und Palestrina –, so daß er geradezu als der älter-italische, d. h. vorkaiserzeitliche Kapitelltyp schlechthin verstanden werden konnte. Tatsächlich wird er schon seit etwa 100 v. Chr. durch das östliche Normalkapitell verdrängt und stirbt aus, wie übrigens auch die anderen regionalen Bildungen im 1. Jh.

So ist das korinthische Kapitell in mancher Hinsicht ein empfindlicher Gradmesser für die hellenistische Architekturgeschichte. Zum einen zeigt es das zunächst ungebrochene, landschaftliche Prinzip, das allem Griechischen eignete und das selbst in dieser Zeit noch schöpferischen Reichtum garantiert bzw. erlaubt. Die zutiefst dezentrale Struktur der gemeinhellenistischen Baukultur erschließt sich an ihm vielleicht leichter und unmittelbarer als etwa an Gebäudetypen o. ä. Das Erlöschen regionaler Sondertraditionen bezeichnet dabei den Moment, wo sich Kreativität erledigt hatte oder doch auf ein oder zwei künstlich belebte Zentren zurückzieht. Was danach an regionalen Eigentümlichkeiten übrigbleibt, ist im wesentlichen als provinziell einzustufen. Zum andern ist das korinthische Kapitell wegen seiner Ausdrucksstärke und der dichten Abfolge der Exemplare besser als die meisten anderen Bauglieder geeignet, Stilentwicklungen en detail zu beleuchten.

Stil

Es ist einsichtig, daß die im engeren Sinne stilistische Gestaltung der Bauglieder und Bauornamente deren Eindruck und Wirkung wesentlich mitbestimmt. Hierzu im folgenden einige Bemerkungen, die auch das Grenzgebiet der dekorativen Schmuckformen und Bauplastik stillschweigend mit im Auge haben.

Generell setzt sich im Hellenismus die schon in der spätklassischen Architektur begründete Tendenz zu hoher Proportionierung der Säulen, zur Verkleinerung des Gebälks fort; Kapitelle und Basen werden im Verhältnis gerne kleiner gebildet als früher usf. Ein extremes Beispiel sind etwa die (dorischen!) Pfeilerhalbsäulen in den Brunnen des Gymnasions von Sikyon, an denen die Proportion unterer Durchmesser : Höhe = 1 : 12 betrug (Taf.

12b, Abb. 42). Überhaupt ragt besonders die mutterländisch-peloponnesische Baukunst durch die gewollte Schmächtigkeit der Bauglieder hervor. Der schon wiederholt beschriebene Verlust an körperlicher Autonomie drückt sich hier also unmittelbar auch in einem Verlust körperlicher Substanz aus. Man betrachte nur die wiederaufgerichteten Säulen der Palästra von Olympia (Taf. 7a, 8b), um zu sehen, daß diese Bauglieder ohne den einstigen Zusammenhang, d. h. ohne Gebälk, Dach und Wände gar nicht 'lebensfähig' sind; daher auch die für die meisten Besucher so unbefriedigende Wirkung, die die partielle Wiederaufrichtung dieses ehedem bezaubernden Gebäudes macht. Stehen bloß noch einige Säulen eines archaischen oder hochklassischen Tempels – vielleicht gar mit Gebälkresten –, dann ist das irgendwie ein akzeptables 'Denkmal' eigenen Rechts; dasselbe aus hellenistischer Zeit sind übriggebliebene Trümmer eines zerstörten Gebäudes.

Man muß freilich einen Unterschied zwischen griechischer Marmorarchitektur und derjenigen Architektur beachten, die mit schlechteren Baustoffen arbeitet und diese dafür mit feinem Stuck überzieht. Dieser Unterschied zwischen 'Marmorstil' und 'Stuckstil' macht sich im Großen (Proportionen) wie im Kleinen (Ausformung von Basen, Kapitellen, Gebälk, von Kymatien, Simen etc.) fühlbar. Landschaftlich gesehen ist der Marmorstil in Kleinasien beheimatet; er führt nur langsam über die Traditionen des 4. Jh. hinaus. Zunehmende Zierlichkeit der einzelnen Glieder, zusätzliche Schmuckelemente und freierer Umgang mit Dekorationsformen sind für den Forscher Indizien einer Entwicklung, die keinen eklatanten 'Stilbruch' kennt. Allerdings läßt sich mit dem fortgeschrittenen 2. Jh. ein immer schnelleres Nachlassen der Kraft feststellen (Taf. 39b): Die Einzelformen der Ornamente werden flauer und dabei sowohl gröber als auch wirrer.

'Hellenistischer' ist dagegen der 'Stuckstil' etwa Makedoniens und der Peloponnes. Auch er wurzelt in der Spätklassik, doch findet er im Frühhellenismus zu seiner eigentlichen Blüte. Die Einzelformen zeigen einesteils ein stark verringertes Volumen, zum andern werden sie scharfkantig voneinander abgesetzt und durch dünnste Linien, Grate und Kymatien bereichert. Stege, Leisten und Rundstäbe haben selbst bei größeren Kapitellen und Basen oft nur 2 bis 3 mm Dicke; sie werden dafür aber auch dort eingefügt, wo man sie vorher vergeblich gesucht hätte. Es ist ein überaus knapper und linearer Stil, geradezu nüchtern und trokken auf den ersten Blick, dabei jedoch präzise, spannungsgeladen und fein (vgl. Taf. 8b, 9a, 16, 23a). 'Stoffliche' Qualitäten, wie sie die östlichen Marmorornamente immer noch aufweisen, wird man an den Baugliedern und Zierformen der 'Stuckbauten' allerdings nicht finden; man könnte sagen, daß sie entmaterialisiert sind. Daß dies wieder mit dem Verlust von Körperlichkeit zusammenhängt, braucht kaum eigens betont zu werden. Die 'Entmaterialisierung' wird freilich aufgewogen durch etwas, das ich mit 'Intensität' umschreiben möchte; daraus bezieht sogar noch (oder gerade) das bloße Bruchstück einer Basis, eines Kapitells, einer Sima des 3. Jh. einen selbständigen Wert, der griechischen Fragmenten seit jeher eigen war. Seit dem Hochhellenismus läßt diese Intensität jedoch nach, – ebenso wie die Kraft der westanatolischen Marmorkunst. In Lykosura und in Messene zeigen die Bildungen zunächst bei aller Trockenheit noch eine derbe Wiederkehr des plastischen 'Volumens', das schnell erstarren sollte. Die letzte hellenistische Stufe peloponnesischen Stiles mag ein Kapitell aus Sikyon veranschaulichen (Taf. 38b), das sich anhand verwandter korinthischer Kapitelle im neugegründeten Korinth in das 2. Drittel des 1. Jh. datieren läßt (Taf. 37b).

Zu dieser Zeit hatte sich im lange verstummten Athen bereits der 'neuattische' Marmorstil formiert, der allerdings für die Architektur zumeist nur ganz partielle Beiträge lieferte: z. B. hybride Zierkapitelle, die als vorgefertigte Versatzstücke sogar nach Italien exportiert wurden. Die charakteristisch späthellenistische, neuattische Mischung gesuchter Schmuckmotive in einem halb bombastischen, halb blechernen Stil zeigt am besten das einzig erhaltene Bauwerk der Epoche in Attika, die sog. Kleinen Propyläen von Eleusis (Abb. 71b). In Kleinasien wird der immer mehr verwahrloste Stil erst im späteren 1. Jh. durch sprunghafte Rückbesinnung auf die Spätklassik, durch Imitation und Kopieren ihrer Ornamente und Bauformen überwunden;

diese Bewegung hatte dann größten Einfluß auf die Ausbildung des augusteischen Klassizismus.

Unter den Aspekten des Stils und der stilistischen Wirkung der Bauglieder gebührt sicher auch dem Problem der Farbigkeit eine gewisse Beachtung, die bekanntlich seit ältester Zeit eine große Rolle in der griechischen Architektur spielte. Wenn wir uns hier auf wenige Aperçus beschränken müssen, liegt dies an dem spärlich erhaltenen Material, das übrigens bis heute nie Gegenstand einer wissenschaftlichen Untersuchung war.

Auffällig ist, daß im Frühhellenismus verstärkt farbige Steinsorten zum Einsatz kamen, nachdem schon bei athenischen Bauten des späten 5. Jh. die Wirkung dunklen Gesteins als Stufen (Propyläen) oder als Frieshintergrund (Erechtheion) an sonst weißen Marmorbauten erprobt worden war und etwa die Tholos von Epidauros im Innern solche Effekte reichlich genützt hatte. In Athen ist es jetzt vor allem der Gegensatz zwischen dem weißen, pentelischen und dem hellblau-taubengrauen, hymettischen Marmor, der die 'lykurgischen' Bauten (Skene des Dionysostheaters, Lysikratesmonument, Zotheke des Xenokles, aber auch die doppelgeschossige Osthalle im Asklepieion) charakterisiert. Am Lysikratesmonument (Taf. 29 a) ist der Sockel aus stumpf weißem Poros, sein Deckgesims aus hymettischem Marmor; die Bauglieder der Tholos bestehen von der Krepis an aus pentelischem, nur die Scherwände wieder aus hymettischem Marmor. An der Asklepieionhalle wechseln hymettischer und pentelischer Marmor in den Schichten des Gebälks. Zweck war, die Bauglieder farblich zu nuancieren und dabei etwa 'nachgeordnete' Elemente wie Scherwände oder den Sockel des Xenoklesdenkmals gleichsam zurückzustufen. Vergleicht man dies mit der Buntheit älterer griechischer Architektur, dann wird man innewerden, wie dezent und vornehm zurückhaltend die Verwendung der schwach farbigen Steinsorten im Athen des Frühhellenismus war. Ein wohl ungefähr gleichzeitiges Marmorgebälk in Delphi, das schwärzliche Triglyphen und lachsrote Metopen besitzt, zeigt im Grunde das gleiche, eine Dämpfung der herkömmlichen Kraßheit durch die kühlere Wirkung der Steinfarben.

Übrigens scheint auch die farbige Fassung, die auf die weißen Bauglieder aufgetragen wurde, in dieser Zeit eine Tendenz zu leichten und schwachen Tönen besessen zu haben. Dies war erst kürzlich an einigen frisch ausgegrabenen, inzwischen schon wieder verblichenen Baugliedern des Athenatempels von Priene zu beobachten, deren Ornamente ausgesprochen pastellene Tönungen hatten; ihr Türkisgrün, Rosa und Hellblau erinnerte an die auch bei hellenistischen Terrakotten beliebten Farbwerte.

Für farbige Ausstattung sei etwa noch auf das Propylon des Gymnasiums von Epidauros hingewiesen (Krepis und Stylobat hellgrauer Kalkstein, inneres Plattenpflaster rotbraunes, festes Konglomerat) sowie auf einen Säulenvorbau am Tunnel des Hafentheaters von Knidos (gelbliche Porosschäfte auf dunkelgrünen Zylinderbasen). Ein Unikum stellt bisher die große dorische Marmorhalle von Knidos dar, da dort unterschiedliche Steinfarben an derselben Serie von Werkstücken auftreten: Erhalten sind weiße und schwarze Säulentrommeln, Triglyphen und Metopen. Der Rhythmus ihrer Abfolge, der doch zu fordern ist, ist noch nicht ermittelt.

Insgesamt gesehen scheint es, als wäre die Verwendung verschiedenfarbiger Steinsorten besonders im Frühhellenismus beliebt gewesen; zumindest sind spätere Zeugnisse kaum vorhanden oder insignifikant. Auch die Bevorzugung heller bis pastellener Farbtöne in der Bemalung könnte später, d. h. im Verlauf des 3. Jh., einer wieder derberen Buntheit gewichen sein; darauf deuten Farbreste an einigen korinthischen Kapitellen Siziliens und Ägyptens, wenn es sich hierbei auch um Produkte aus Randgebieten handelt, die nicht unbedingt für die vornehmen Kunstzentren sprechen müssen. Für die frühhellenistische Baukunst ist dezente Farbigkeit jedenfalls ein stilistisches Merkmal, Ausdruck höchst sensibler Empfindlichkeit und darin im Tiefsten zugleich eine Parallele zu der 'Entmaterialisierung' der Bauglieder, die wir vorhin feststellten.

Einige kurze Hinweise zu Stilformen hellenistischen Mauerwerks, soweit sie Steinschnitt und -schlag betreffen, mögen diesen Abschnitt beschließen. Wieder sind es hier vor allem die Bauten aus einfacherem Gestein, die 'typisch' hellenistisch wirken.

Allerdings zeigt auch die Marmorarchitektur Verfeinerungen wie raffinierte Spiegel und Aufrauhung (z. B. Bossensäule Rhodos Taf. 41 b), Polsterquader mit komplizierter Abfassung (z. B. Sockel des ephesischen Marktgebäudes an der Hafenagora [96 a], der Gymnasiumsfassade in Stratonikeia Taf. 20 b) u. ä. In der Poros- und Kalksteinarchitektur macht sich im Frühhellenismus einerseits eine Tendenz zu ausnehmend dünnen, quasi 'substanzlosen', scharflinigen Werkstücken bemerkbar, wie sie etwa der ältere Asklepiostempel von Kos (Taf. 14 a) in jener Intensität zeigt, die auch die kunstvolleren Bauglieder der Zeit auszeichnet. Andererseits erlebt (besonders ausgeprägt im westlichen Griechenland) das Polygonalmauerwerk – mit derben Ansichtsseiten und delikatem Fugenschnitt – eine Blüte. Dieser scheinbar rustikale Mauerstil beschränkt sich nicht auf 'grobe' Gebäude wie Stadtmauern (dort fast immer so gebildet, vgl. Oiniadiai Taf. 1 b) und Substruktionen, sondern findet auch in ziviler Architektur Anwendung. Man betrachte nur das Heroon von Stymphalos, das sog. Katagogion und das Große Theater von Kassope sowie das Nekyomanteion von Ephyra (Taf. 42 a). In Mittelitalien erweisen sich viele hellenistische Stadtmauern von diesem eigentümlichen Polygonalmauerstil beeinflußt, die man früher für 'zyklopisch' und daher für viel älter hielt.

Zuletzt sei noch ein 'intellektueller' Mauerstil erwähnt, der an manchen Bauten des 3. Jh. begegnet. Das Mauerwerk scheint sich erst nach und nach, mit zunehmender Höhe, sozusagen aus dem Urzustand des Untergrundes zu lösen: Auf rohem Felsboden oder Steinversturz aufsitzend, folgt zunächst eine ungefüge polygonale Zone; erst über dieser schließen die Fugen feiner (vgl. Rhamnus, Asklepiostempelchen Taf. 42 b), entwickelt sich etwa auch eine Quadermauer (Grab von Hagios Milianos bei Lindos Taf. 27 a). Hier deutet sich der Versuch zu einer Hierarchie der Mauerstile an – vergleichbar der Hierarchie der Säulenordnungen –, der eine starke, quasi wissenschaftliche Interpretation der natürlichen Gegebenheiten verrät. Die hohe Architektur hat diesen Weg nicht lange verfolgt.

VI. Orientalisch-hellenistische Baukunst

Die Architektur der gräko-makedonischen Staaten des Orients ist bis heute bestenfalls sporadisch bekannt. Danach scheint rein Griechisches selten und noch seltener relevant gewesen zu sein; Mischformen haben für das Ziel unserer Darlegung, für die Entwicklung der hellenistischen Baukunst nur einen marginalen Wert; von Bauten, die weiterhin – manchmal sogar im Auftrag der makedonischen Monarchen – nach traditionell orientalischer Manier errichtet wurden, ist hier gänzlich abzusehen (z. B. seleukidischer Anu-Antum-Tempel in Uruk). Bei diesem Stand der Dinge genüge im folgenden ein kurzer Überblick, der die wesentlichen Probleme umreißt und auf einige bedeutendere Denkmäler hinweisen soll.

Ägypten ist unter den Ländern des ehemaligen Perserreiches dasjenige, in dem nach der Eroberung die längste Zeit eine reinliche Scheidung zwischen echt griechischer und einheimisch pharaonischer Architektur beibehalten wurde; dabei ist vor allem die große Anzahl 'griechischer' Bauten (in Alexandria und einzelnen anderen Orten) zu betonen. Dieser Sachverhalt wurzelt in der anfänglich strengen, politischen Trennung der ägyptischen und der an wenigen Punkten zusammen siedelnden makedonisch-griechischen Bevölkerung; selbst in der gemischten Hauptstadt lebte man nebeneinander her, ohne sich enger zu berühren. Die Stärke der griechischen Kultur beruhte überdies natürlich auf den besonders engen Kontakten, die Alexandria durch seine Nähe mit dem Ägäisraum und etwa auch mit dem alten griechischen Kolonialgebiet von Kyrene pflegen konnte. Architektonische Mischformen scheinen nicht vor dem Hochhellenismus aufzutreten und beschränken sich selbst dann offenbar noch auf einzelne Bauglieder (Schilfsäulen, Scherwandformen u. ä.), wofür eine gewisse innere Verwandtschaft des pharaonischen und des griechischen Säulensystems die Brücke bot. Wann die Alexandriner den Segmentbogen bzw. das Segmentgewölbe einführten, bei dem Anregung aus dem Ägyptischen möglich wäre, ist unbekannt. Stärkere griechisch-pharaonische Überschneidungen wurden bisher an Gebäudeformen – vielleicht durch Zufall der Überlieferung – nicht beobachtet. Die Gräber Alexandrias von Schatbi bis Abu Wardian sind trotz unbestreitbarer lokaler Eigentümlichkeiten im wesentlichen 'griechisch' (vgl. zu ihnen, zum Peristyl von Tebtynis, zu den korinthischen Kapitellen in den vorhergehenden Abschnitten).

Die asiatische Ländermasse des einstigen Perserreichs zeigt im Hellenismus ein von Ägypten verschiedenes architektonisches Gesicht [97]. Genauer müßte es freilich heißen: verschiedene Gesichter, da zwischen den einzelnen Großräumen beträchtliche Unterschiede obwalten. In Anatolien war zumindest die höhere Architektur weitgehend gräzisiert, ein Faktum, das im westlicheren Teil des Landes bereits in die ältere Epoche zurückreicht. Besonderheiten haben dort keine größere Bedeutung als solche, die etwa in Makedonien gegenüber den altgriechischen Gebieten bestanden. Deshalb wurden wichtige Monumente soweit erforderlich bereits im Zusammenhang mit der griechischen Baukunst des Hellenismus besprochen. Nachgetragen sei jedoch der Hinweis auf die stark 'orientalisch' anmutenden Grabanlagen, die Hierothesia der späten kommagenischen Herrscher [98]. Kommagene leitet freilich schon zum syrisch-palästinensischen Raum über. Dort stellt sich die Situation anders als in Kleinasien dar. Einheimische Überlieferungen schlagen hier anscheinend viel stärker durch. Andererseits fehlte diesem Zwischengebiet zwischen Ägypten und Mesopotamien seit jeher die völlige kulturelle Identität. Vorbilder aus den beiden dominierenden alten Kulturkreisen hatten sich hier stets mit regionalen Vorstellungen gemischt, und schon vor der makedonischen Eroberung erschloß sich zudem der Küstenstreifen der Levante einzelnen griechischen Einflüssen (Sidon). Dies und die Tatsache, daß die östliche Bautechnik (Haustein- und bis zu einem gewissen Grade Gliederbau) Berührungspunkte mit der durchschnittlichen griechischen Architekturauffassung zeigte, führte in Syrien-Palästina spätestens seit dem 2. Jh. zu Synkretismen, zumal die Eroberer trotz ihrer Vorzugsstellung offensichtlich keine kastenähnliche Absonderung einhielten.

Rein griechische Bauten des Hellenismus kennen wir hier noch nicht, was aber sicher nur daran liegt, daß die makedonischen Städte in der Kaiserzeit und noch in der Spätantike eine Blüte erlebten, denen die heidnischen 'Altbauten' zum Opfer gefallen sein müssen. Ursprünglich war Antiochia eine ebenso 'griechische' Stadt wie Alexandria, wenn nicht mehr. Die Stärke des griechischen Einflusses auf die Indigenen beleuchtet aber etwa das Heiligtum der Melk-Aschtart von Umm el-Amed [99] in der Nähe von Tyrus, das dem 3. und 2. Jh. angehört. Das nach außen unregelmäßige Temenos besitzt im Zentrum einen viersäulig prostylen Tempel auf einem Podium (mit Flachdach?); seiner Front gegenüber steht eine nicht genau rechtwinklig angelegte, einschiffige Halle mit Mitteltrakt und ungleichen Seitenflügeln; seitlich befindet sich ein vorne mit Säulen geöffneter, quadratischer, hypostyler Saal; sonst reihen sich Kammern an die Temenosmauern, zwischen denen der Zugang umknickend auf den Tempelplatz führt. Ganz deutlich sind hier griechische Gebäudeformen verwendet, wenn auch die Gesamtanlage etwas 'unordentlich' wirkt und darin aufs Nächste an die Heiligtümer orientalischer Götter auf Delos erinnert. Im einzelnen mischen sich Bauformen von ägyptisierend-phönikischer und griechischer Herkunft. Das Heiligtum Chir el-Meidan im ebenfalls libanesischen Maschneqa [100] besitzt am Ende eines recht regelmäßig rechteckigen Temenos einen eigenen, quadratischen 'Peribolos', in dessen Mitte sich die Kapelle erhob. Der 'Peribolos' bestand aus einer Pfeilerhalbsäulenordnung, deren Joche mit niederen Scherwänden verschlossen waren; die letztlich 'ägyptisierende' Kapelle wies nach einem letzten Umbau vorgestellte Säulen auf und verfügte zudem über eine Attika. Der phönizische Sakralbau war also gräzisiert, griechisch eingekleidet. Das Verhältnis ist ähnlich wie an den jüdisch-phönikischen Gräbern von Jerusalem und den von diesem Typ abhängenden punonumidischen Gräbern (o. S. 216), die ja die gleiche typologische Wurzel haben. – In diesen Zusammenhang gehört übrigens auch das numidische Heiligtum von Chemtou [74], das ohne das phöniko-punische Vorbild der aufgesockelten Kapelle nicht verständlich ist, auch wenn ihm die Berber einen breitrechteckigen Grundriß gaben: Seine Formensprache war ebenfalls gräzisiert und man wird vielleicht nicht fehlgehen, wenn man das 'griechische' Aussehen numidischer Architektur überhaupt durch die Phönizier (Punier) vermittelt glaubt, die sich offenbar bereitwillig diese 'modernste' (und jetzt herrschende) Kultur angeeignet hatten.

Einprägsamstes Beispiel für einen gräko-palästinensischen Mischbau in der Levante ist aber vielleicht der sog. Qasr el-Abd von Araq el-Emir [101], ein Gebäude im Ost-Jordanland, das dem jüdischen Dissidenten Hyrkanos zugeschrieben wird und danach ins 1. Viertel des 2. Jh. datiert werden muß (Abb. 78). Der Bau, der etwa 18:37 m mißt und aus gewaltigen Blöcken errichtet war, dürfte ein Sakralgebäude, vielleicht sogar ein Tempel gewesen sein und nicht eine Burg, wie früher angenommen. Darauf weist schon der mächtige Tierfries hin, der auf den Außenseiten die 'Attika' über dem Sockelgeschoß zierte. An beiden Schmalseiten öffneten sich Eingänge mit zwei korinthischen Säulen zwischen ungefähr gleich großen, seitlichen Wandpartien, doch führt nur der nördliche Eingang weiter ins Innere, während die südliche 'Vorhalle' keinen Durchgang zum Mittelsaal aufweist. Man könnte hier von einem 'Opisthodom' sprechen, und es scheint uns in der Tat möglich, daß die Idee der Verdoppelung auf die griechische Tempelcella zurückgeht. Das 'Pronaos' im Norden war tiefer (mit zwei zusätzlichen Innensäulen); es folgte ein quergelagerter Raum (mit Seitenkammern wie am Opisthodom und Pronaos – hier für Treppenhäuser?) und endlich der Mittelsaal. Zwei Reihen von je sieben korinthischen Säulen teilten diesen in drei Schiffe; an den Seitenwänden korrespondierten Halbsäulen mit den Vollsäulen (Höhe über 5 m). Typologisch hängt Qasr el-Abd prinzipiell mit phönizisch-palästinensischen Tempeln zusammen; die griechische Einkleidung geht jedoch so weit, daß man sich sogar beim Mittelsaal an eine griechische Tempelcella erinnert fühlt, von vielen Einzelformen ganz zu schweigen. Die korinthischen Kapitelle zeigen übrigens den alexandrinischen Typ.

Die Gräzisierung macht im 1. Jh. weitere Fortschritte. Von den petraischen Grabfassaden, die am Ende unserer Epoche stehen und anscheinend vor allem den Einfluß alexandrinischer Architektur verraten, war bereits die Rede. Aber auch die Wohnverhältnisse, Ausstattung der Häuser u. ä., werden immer 'griechischer'. Ein Zeugnis bietet etwa die Siedlung von Tell Anafa [102] in Ober-Galiläa (ca. 198–76 v. Chr.) mit Wandstuck I. Stils, korinthischem Kapitell usw. Die Kleinstadt Marissa (Tell Sandahanna) [103] wurde 62 v. Chr. durch den römischen General Gabinius neu gegründet, und da meint man denn auch, schon römischen Einfluß zu spüren. Wirklich ist es erst die römische Herrschaft, die die 'Hellenisierung' Syrien-Palästinas völlig durchsetzt, d. h. der 'klassisch-antiken' Architektur zum Siege verhilft, so daß 'Orientalisches' nur mehr in Resten durchschimmert.

Gerade im Übergang zwischen 'Hellenismus' und Kaiserzeit stehen etwa die Palastbauten Herodes d. Gr., von denen Masada in jüngerer Zeit besondere Beachtung erfuhr. Wir erwähnen dort nur das untere Peristyl mit den Säulen auf Postamenten, zwischen denen Scherwände verliefen (vgl. Skardana-Haus von Delos, Taf. 20 a); im Mauerwerk scheinen italische Techniken (opus reticulatum) vorzukommen. Phantastischer ist noch das Herodion von Dschebel Furaidis [104], eine runde Palastanlage, deren innerer Mauerkreis so geteilt ist, daß die eine Hälfte ein rechteckiges korinthisches Peristyl (mit anschließenden, säulenverstellten Apsisexedren) und die andere Hälfte Repräsentations- und Wohnräume aufnahm (Abb. 77). Die Kreisform als solche mag hier der traditionell orientalischen Topologie der 'runden Stadt' mit ihren kosmischen Bezügen entnommen sein – als ästhetisches Motiv ist sie aber wenigstens auch nicht 'unhellenistisch' –; im einzelnen scheint die architektonische Typologie dann vorwiegend nicht orientalisch, griechisch(-römisch) zu sein. Mit diesem Hinweis auf späteste Beispiele eben noch hellenistischer Architektur muß es hier sein Bewenden haben.

Die mesopotamischen und iranischen Landschaften setzen sich gegenüber der Levante deutlich ab. Die bodenständige Bauweise Mesopotamiens war der Massenbau aus Ziegeln und seine adäquaten Formen geschlossene Höfe, Korridore, Kammerreihungen und oft breite oder quadratische Raumtypen; die Gestaltung basierte vorrangig auf den Elementen 'Mauer' und 'Tür'. Dem Iran war daneben in vorhellenistischer Zeit das Stützenmotiv vertraut, doch handelte es sich nicht um 'Säulensysteme' wie etwa noch in Ägypten, sondern bestenfalls um Säuleneinheiten, die etwa in den Apadanas der Achämeniden bloß multipliziert erscheinen; auch die Stützenwälder der Apadanas sind deshalb z. B. mit den strukturierten, hypostylen Sälen griechischer Architektur im tiefsten Wesen unvergleichbar.

Die seit Alexander zahlreich einwandernden Gräko-Makedonen haben sich in dem fernen, bereits dichtbesiedelten und hochkultivierten Land weitgehend in das Vorgefundene geschickt, d. h. die erprobte Lebensweise der Indigenen übernommen. Damit waren ihnen enge Schranken bei der Durchsetzung ihrer eigenen Architekturvorstellungen gezogen, besonders im Hinblick auf die Gebäudetypen, die doch immer mehr von dem, was wir gerade Lebensweise nannten, als von ästhetischen Postulaten abhängen. – Rein griechische Bauten waren daher wohl immer selten. Erhalten ist ein ionisches Antentempelchen der griechischen Seefahrer-Kolonie auf der Insel Failaka/Kharg im Persischen Golf sowie bezeichnenderweise das langlebige Theater am Homera-Hügel von Babylon; beide Gebäude reichen in den Frühhellenismus zurück. Für den Bautyp Theater gab es eben kein orientalisches Äquivalent, wenn man überhaupt an der Sache festhalten wollte (an der übrigens auch die Eingeborenen schnell Geschmack fanden). – Darüber hinaus ist es zunächst vor allem das Peristylmotiv, das sich verpflanzen ließ. Es konnte in den 'vorhandenen' Hof gleichsam eingestellt werden. Tatsächlich schon bald nach der Eroberung wurden in die Höfe des Qasr, des Hauptpalastes Nebukadnezars in Babylon, sowie im Sommerpalast Babil (wohl hölzerne) Hallen eingezogen. Einen gleichartigen Umbau erfuhr auch ein privates Haus im Merkes zu Babylon. Auch bei Neubauten plante man das Peristyl seither ein. Neben bescheideneren bzw. schlecht erhaltenen Beispielen in Seleukeia/Tigris (2. Hälfte 2. Jh.) oder auf der Zitadelle von Dura Europos (um 150 v. Chr.) ist es vor allem der Palast von Nippur, der das orientalisch-hellenistische 'Peristylhaus' repräsentiert. Wir weisen auf folgende Züge hin: Fassadenhafte Gestaltung des quadratischen Gebäudes mit 'risalitartig' verstärkten Ecken und zentralem Tor an einer Seite;

umknickende Eingangsführung zum Peristyl bzw. zu einem Nebenhof (Harem-Gynaikonitis); Korridore und verschachtelte Anordnung der Zimmer; im dorischen Peristyl kleeblattförmige (!) Ecksäulen und an seinem Eingang eindeutig makedonische Doppelhalbsäulenpfeiler; als Haupträume am Peristyl ein 'Megaron' mit tiefer, geschlossener Vorhalle und vier Säulen im quadratischen Innensaal (dies persischer Typologie folgend: Ähnlichkeiten mit mykenischen Palästen sind zufällig und äußerlich). Es ist ganz evident, daß der Palast von Nippur in allen entscheidenden Rücksichten des Planes – also formal – ein orientalisches Haus ist, und funktional gänzlich der Befriedigung orientalischer Lebensgewohnheiten dienen sollte. 'Griechisch' ist zum einen wie gesagt das 'Peristyl' – in Wahrheit aber nicht mehr ein hallenumsäumter Platz als Kern und Bezugspunkt der Umbauung, sondern in den vorgeplanten Hof eingestellte Schutzdächer. Zum andern sind es die Formen der Bauglieder, genauer der Säulen (die in technischer Hinsicht 'mesopotamisch' sind: aus Backsteinen und Mörtel aufgemauert!). Gerade ihre auffällig makedonischen bzw. kleinasiatischen Bildungen beweisen m. E. eine relativ frühe Entstehung des Gebäudes, bevor die Verbindung Mesopotamiens zum griechischen Bereich erlahmt war: eher volles 3. Jh. als hochhellenistisch.

Der Palast von Nippur veranschaulicht bereits aufs Deutlichste, was es mit der 'Durchdringung' griechischer und mesopotamisch-iranischer Architektur auf sich hat. Sie vollzieht sich bei zwei Gelegenheiten: Einesteils wird das Peristyl in die beibehaltene, orientalische Grundstruktur (vgl. auch Heiligtum von Kangavar [105]) inkorporiert; andernteils werden die Motive der Säulenordnungen als solche übernommen. Beides sollte nicht ohne immer stärkere Verwandlung der griechischen Bestandteile abgehen.

Ein besonderes Wort verdient hier die Stadt Ai Khanum (Abb. 79) [106] im fernen Baktrien, an den Ufern des Amu Darya. Sie wurde erst durch französische Grabungen der letzten zwei Jahrzehnte bekannt. Es handelt sich um eine Kolonie mit einem starken griechischen Bevölkerungsanteil, der sich seiner Herkunft wohl bewußt war und sogar noch im 2. Jh. Verbindungen ins mehrere tausend Kilometer entfernte Mutterland pflegte. Griechisch ist denn auch die Anlage eines Theaters sowie eines Gymnasiums am Flußufer, obwohl die Form des Gymnasiums bereits stark umgestaltet ist. Der 'orientalische' Eindruck wird bei ihm wie bei allen anderen Gebäuden Ai Khanums zunächst durch die überaus dicken Lehmziegelmauern bestimmt. Im übrigen besitzt das Gymnasium (Abb. 80 b) anscheinend kein Peristyl; sein Haupthof war vielmehr von schmalen, gangartigen Räumen umgeben und nur in der Mitte jeder Seite öffnete sich eine kurze, säulenverstellte 'Exedra'. Höchst beachtenswert, daß in zwei Ecken hufeisenförmige Nischen Platz finden: Hier ist in der Tat ein zeitgenössischer Raumtyp der griechisch-hellenistischen Architektur bis nach Innerasien gelangt. Das merkwürdigste Mischgebäude von Ai Khanum ist aber vielleicht der Palast (Abb. 80 a), der zwischen dem Fluß und der geraden Hauptdurchgangsstraße in der Nähe des Gymnasiums liegt. Der Palast ist von der Straße über einen offenen Gang erreichbar: Zunächst ein säulenbesetzter Torbau an der Straße; dann biegt der Gang nach einigen 150 m links um und endet nach weiteren 70–80 m vor einem zweiten Torbau, durch den man ein riesiges Peristyl betrat (137 : 108 m zwischen den Wänden), das 118 korinthische Säulen umstanden. Diese Säulen, die inzwischen wegen ihrer schönen, barocken Kapitelle berühmt geworden sind, bestanden aus Stein – ein überraschendes Zugeständnis an ihr griechisches Wesen. Die Seite des 'cour d'honneur' gegenüber dem Eingang wies höhere Säulen auf, das Peristyl war also 'rhodisch', auch wenn die hohen Säulen im Südwesten standen: offenbar rein repräsentative Maßnahmen. Hinter ihnen lag in der Mitte der Südwestseite der einzige Raum bzw. die einzige Raumfolge, die sich direkt auf das Peristyl öffnete, eine breitrechteckige Vorhalle mit 18 korinthischen Innensäulen und ein folgender Breitsaal mit hölzernen Halbsäulen an den Wänden. Die Ähnlichkeit mit dem griechischen Megaron ist nur äußerlich, wenn auch vielleicht gewollt; in Wahrheit handelt es sich um den Typ des iranischen Liwan, des großen, zum Hof offenen Empfangssaales. Die anschließenden Verwaltungs-, Wohn- und Wirtschaftstrakte sind wesentlich orientalisch, wenn man von einem zweiten, kleineren Peristyl (an der Gynaikonitis?) einmal absieht. Trotz der griechischen Elemente macht diese Gebäudeanlage ganz den Eindruck eines 'Sultanspalastes'; der schwierige Zugang, der imposante Ehrenhof mit der Audienzhalle, dahinter weitgehend abgeschlossen das Palastinnere sind Züge, die wir jedenfalls weder von den Königsresidenzen Makedoniens noch Pergamons kennen. Der Statthalter oder gar Souverän von Ai Khanum im 3. Viertel des 2. Jh. – in diese Zeit ist der endgültige Ausbau des Palastes zu datieren – war zwar wohl mit Sicherheit gräko-makedonischer Abstammung, in seinen Lebensformen aber bereits völlig an die orientalische Umgebung angepaßt. Noch klarer zeigt sich der orientalische Charakter Ai Khanums an den rein iranischen Heiligtümern und an den Privathäusern. Letztere bestehen aus einem etwa quadratischen, säulenlosen Hof, auf den sich wieder nur der oikos-ähnliche Liwan öffnet. Um den Liwan gruppieren sich die intimeren Gemächer (Abb. 80b). Ähnlich ist ein ungefähr gleichzeitiges (2. Jh.), festes Haus der gräko-baktrischen Stadt bei Saksan Ochur auf dem Gebiet der Sowjetrepublik Tadschikistan [107].

Das iranische Reitervolk der Parther, das nach der Mitte des 3. Jh. die seleukidische Satrapie Parthene (heute pers. Chorasan und sowj. Turkmenistan) besetzte, später Persien und das Zweistromland erobern konnte, lernte die gräko-iranische Architektur bereits auf seiner ersten Station kennen (Beispiel das sog. Schatzhaus in Nisa Parthica [108]: ursprünglich ein Peristylhaus mit 12 rechteckigen, in der Längsachse von vier Säulen gestützten Annexräumen; später die Hallen durch Korridore ersetzt). Die Parther, deren Könige gelegentlich den Beinamen Philhellenos führten, bewahrten sich stets eine gewisse Vorliebe für Griechisches. In der Baukunst offenbart sich das weniger in Gebäudetypen und Raumformen, die ja selbst bei den griechischbürtigen Herren Baktriens obsolet waren, als in dem Festhalten an den griechischen Säulenmotiven. In Verbindung mit der Massenbauweise kam dabei besonders den Wand-Stützen-Systemen ein quasi befruchtender Effekt zu; nach ihrem Vorgang war es nur noch ein kleiner, wenngleich entscheidender Schritt, die Säulenformen als dekorative Versatzstücke zu verstehen, die man auf Mauern applizieren konnte, um mit ihnen die Wände gewissermaßen plastisch zu mustern. Sehr weit gehen hierin parthische Tonappliken in Form ionischer Kapitelle (z. B. aus Nisa), flache Terrakottenplatten, die man mittels Nägeln an Lehmziegelwänden befestigte. Aber auch bei 'gebauten' Wanddekorationen (z. B. 'hellenistische' Häuser in Susa mit Pilaster-Nischen- und Halbsäulenmotiven) ist dieser Charakter völlig deutlich. Die griechischen Bauglieder degenerieren dabei formal, die ionischen Kapitelle etwa zu bloßen Spiralen ohne jede Substanz. Trotzdem – oder gerade deshalb – überlebten die letztlich griechischen Säulenmotive in der vorderasiatischen Baukunst (und im Dekorationsschatz: z. B. Teppichknüpferei). Daß später durch Kontakte mit dem römischen Imperium, z. T. auch durch innere Konvergenz (?, vgl. Terrassenheiligtümer von Bard-e-Neschandeh [109] in SW-Iran, 1. Jh. v. Chr.?; Surkh Kotal [110] in Afghanistan, ca. 78–123 n. Chr.) mit westlichen Architekturvorstellungen (Präneste!) 'hellenistische' und subhellenistische Ideen eine Stützung erfuhren, braucht uns hier nicht mehr zu beschäftigen.

Betrachtet man die hellenistische Architektur des Orients zusammenfassend, wird man feststellen müssen, daß die dortigen 'rein griechischen' Bauten (mit Ausnahme des freilich nichtorientalischen Alexandria) keine Entwicklung zeigen, sondern Transplantate aus einer fremden Welt waren. Die Mischbildungen sind dagegen das Ergebnis eines Octroi griechischen Geschmacks; ihre 'Entwicklung' ist eine Geschichte des Ausgleichs zwischen bodenständiger Typologie und eingeschleppten Formen nach dem ersten Zusammenstoß, wobei das Griechische deutlich und je länger, je mehr ins Hintertreffen gerät. Immerhin behält es nach seiner Ausdünnung und Anverwandlung eine Bedeutung als Bereicherung der orientalischen Baukunst. Mit der Problemgeschichte griechischer Architektur zwischen Alexander und Augustus, der bisher unser Augenmerk galt, hat das alles wenig zu tun. Diese erfuhr ihre konsequente Fortsetzung vielmehr in Kulturen, die sich freiwillig, wenngleich nicht ausschließlich die Anregungen, Prinzipien und Tendenzen der griechischen Architektur zu eigen machten. In gewissem Maße gilt das wohl von den Puno-Numidern – nur blieb ihnen aufgrund ihres politischen Mißgeschicks (aber nicht allein deshalb) größere Fernwirkung versagt. Vorzüglich waren es jedoch die italischen Völker, die durch Übernahme und eigenständige Weiterentwicklung zu echten Erben der griechisch-hellenistischen Baukunst wurden. Es stimmt nachdenklich, daß es erst die zutiefst hellenisierte Großmacht Rom – die Betonung liegt hier auch auf 'Großmacht' – vermochte, etwa in Syrien-Palästina der 'klassischen' Formensprache das endgültige Übergewicht über die orientalische Tradition zu verschaffen.

D. ZUSAMMENFASSUNG: ZUM WESEN DER HELLENISTISCHEN ARCHITEKTUR

I. Das Experimentelle

Auf die Gefahr hin, einzelnes zu vergröbern, sollen in diesem letzten Abschnitt die Beobachtungen und Interpretationen, die sich unter verschiedenartigsten Blickpunkten bei der Vorlage der Denkmäler und Denkmälerklassen ergeben haben, nach ihren inneren Zusammenhängen zusammengefaßt und ausgewertet werden. Auf eine Eigentümlichkeit hellenistischer Architektur sei dabei gleich zu Anfang hingewiesen. Ältere griechische Baukunst läßt sich bis zu einem gewissen Grad als dichte, kontinuierliche, scheinbar gesetzmäßige Entwicklung von Phänomenen darstellen, bei der die traditionsbestimmten Typen und Formen einem 'logischen' Wandlungsprozeß unterliegen, verfeinert werden und gegebenenfalls allmählich Bereicherungen erfahren. Übertrüge man diese Vorstellung eines stetigen und gleichsam folgerichtig bestimmten Entwicklungsablaufs auf die hellenistische Architektur, würde dies den Blick für wesentliche Züge, für die Tatsache sprunghafter Innovationen und individueller Lösungen eher trüben. Kühne Anläufe und frühe Vorgriffe können singulär und zunächst scheinbar lange folgenlos bleiben, obwohl sie doch tiefste allgemeine Tendenzen der Epoche manifestieren, die später – möglicherweise in anderer Gestalt – auf breiter Front durchbrechen. Es ist das Experimentelle, in mancher Hinsicht sogar Unfertige der hellenistischen Baukunst, das damit nachdrücklich betont sei. Die 'Geschichte' der hellenistischen Baukunst ist, soweit es sich um die äußeren Ergebnisse handelt, weitgehend nichtlinear. Sie vollzieht sich zudem dezentral mit wechselnden Schwerpunkten, wobei letzteres zum guten Teil von politischen Umständen mit beeinflußt ist. In der 2. Hälfte des 4. Jh. und noch in der Alexanderzeit führt Athen mit bedeutenden Schöpfungen. Im Frühhellenismus verlagert sich das Gewicht auf die Peloponnes; daneben stehen Makedonien und Westgriechenland. Dort wird jetzt der Bruch mit der klassischen Tradition vorangetrieben, indem neue Ideen ins Werk gesetzt werden, für die das Formen- und Typenrepertoire noch kaum ausreichte. Es ist die erste Blütezeit des Experimentierens, die sich durch geistreiche, wenngleich manchmal etwas gewaltsame Lösungen auszeichnet. Im Hochhellenismus deuten sich Tendenzen zur Harmonisierung an, die gelegentlich die Zurücknahme allzu extravaganter Vorstöße einbegreifen. Nun kommt auch wieder die Stunde für Kleinasien, in dessen Marmorarchitektur bisher spätklassische Vorstellungen dominierend nachwirken. Sie wurden mit 'hellenistischen' Konzepten zu einem Ausgleich gebracht, dem wir einige der bekanntesten hellenistischen Bauten verdanken. Bei vielen von ihnen gewahrt man aber auf den zweiten Blick, daß die harmonische Eleganz ihrer Erscheinung auf Kosten der formalen Stringenz geht, was bei den frühhellenistischen Experimenten so nie der Fall war. Für sie gilt eher schon einmal das Umgekehrte. Spätestens um die Mitte des 2. Jh. kündigt sich an vielen Orten ein zweiter Entwicklungsschub an, der sich im Unterschied zum ersten, vorwiegend gebäudetypologisch geprägten, nunmehr vor allem am Formenkanon der Bauglieder auswirkt: Umstrukturierung des Ordnungsgefüges, Ablösung der Tektonik durch Dynamik. In der 'Erfindung' neuer Gebäudetypen scheint die Führungsrolle schon während des 2. Jh. wesentlich auf die hellenistischen Italiker übergegangen zu sein, was sich u. a. aus dem Zusammenstoß zwischen griechischem Vorbild und spezifisch italischen Bedürfnissen erklärt, wobei hier schon die besonderen Erfordernisse der Weltmacht Rom eine Rolle spielen. Die spätrepublikanische Baukunst wächst als eigener Stamm aus der Wurzel der hellenistischen Architektur heraus, indem sie deren experimentelle Grundnote gänzlich übernimmt.

Der Charakter des Experimentellen hing im 4. und 3. Jh. von den gleichen Faktoren wie im 2. und 1. Jh. ab. Die Architektur sollte neue Aufgaben erfüllen und Funktionen abdecken, für die zumindest die repräsentative, höhere Baukunst bisher keine fertigen Muster bereithielt. Genauer genommen geht es in vorderster Linie um die kunstmäßige Ausgestaltung des profanen und zweckhaften Bauwesens, das früher vergleichsweise ein Schattendasein führte. In der Sakralarchitektur waren es daneben Sonderrücksichten abseits des eigentlichen Tempelbaus, die in gleicher Weise befriedigt werden wollten und in sich zu individuellen Lösungen drängten. Die Notwendigkeit sachlicher Neuerungen eröffnete aber zugleich neue Freiräume für selbständige Kreativität und sogar für künstlerische Originalität, soweit davon im Altertum überhaupt die Rede sein kann. Das Ästhetische ist in der hellenistischen Architektur also mit dem Funktionalen und mit den äußeren Bedingungen auf verschiedenen Ebenen und komplizierter vernetzt als in älterer Zeit. Es bedeutet dabei keinen Widerspruch zu dem eben Gesagten, wenn man öfter beobachtet, daß an hellenistischen Bauten der Unterschied zwischen dem Nutzaspekt und dem Kunstaspekt je für sich genauer erfaßt zu sein scheint. Diese Distinktion verrät vielmehr nur, daß der Sachverhalt als solcher den antiken Bauherren und Architekten damals auch spürbar und einer Analyse zugänglich war. In den besten Beispielen liegen Funktionsanalyse und entsprechend abgestimmte Formenwahl dem endgültigen 'Produkt' voraus und zugrunde. Wir berühren hier bereits das Rationale und gelegentlich Intellektuelle hellenistischer Architektur in seinem allgemeinsten Ausdruck. Die gedankliche Unterscheidung des Künstlerischen und des Zweckmäßigen wird nicht zuletzt durch die Entstehung einer echten Denkmals-Kunst-Architektur auf der einen Seite und die Vervollkommnung der Ingenieurarchitektur auf der anderen widergespiegelt, die beide sozusagen 'reine' Extreme repräsentieren. Daß die Ingenieurleistungen dabei wesentlich durch das allgemein gesteigerte, technisch-naturwissenschaftliche Interesse der Epoche befördert wurden, sei nur am Rande wiederholt.

II. Angleichung und Zusammenschluss des Heterogenen

Verbindende Linien in der hellenistischen Baukunst lassen sich anhand der tatsächlichen Gebäudevarianten und der einzelnen architektonischen Experimente oft bloß mittelbar erkennen; sie werden deutlicher auf der Ebene der Problemstellungen oder Konzepte. Vor allen Dingen ist hier das Bemühen um Angleichung und Zusammenschluß des Heterogenen sowie um die 'organische' Vereinheitlichung von bisher unvermittelt nebeneinander stehenden zu nennen. Das gilt von Bautypen und Gebäudeteilen; Veränderungen und Neuerungen im Formenapparat hängen damit großenteils sinnvoll zusammen.

Die Problematik als solche wurde dem Hellenismus aus dem späten 5. und 4. Jh. vererbt; in den Lösungen zeigt sich jedoch hellenistische 'Entwicklung'. Zum besseren Verständnis seien im Folgenden zunächst die Bereiche Gebäudekomplexe, Komplexbau und Innenraum betrachtet.

Gebäudekomplexe (Heiligtümer, Platzanlagen) zeigen im Frühhellenismus gelegentlich noch traditionelle Grundstrukturen, zumal wenn ihre Geschichte in ältere Zeit zurückreicht (z. B. Epidauros, Samothrake): Zur Gleichgewichtung der autonomen Baumassen kommt aber wenigstens die Berücksichtigung des landschaftlichen Reliefs, ja des Landschaftlichen an sich hinzu. Daneben rückt die rationale Koordination der Gebäude in den Vordergrund (so schon im Athener Asklepieion): Orthogonale Bezugnahme, Fluchtung, parallele Anordnung sowie Axialität prägen sehr viele Komplexe isolierter Bauten des 3. und 2. Jh. Man könnte hier von Beiordnung sprechen. Im Terrassenheiligtum von Lindos begegnet (vor 300 v. Chr.) sogar schon das Verschneiden von Treppe und Risalitstoen, eine bauliche Durchdringung, die zu den tendenziellen Vorgriffen gehört, die typologisch weithin folgenlos blieben. Lindos zeigt ferner eine gewollte Zielgerichtetheit, eine optisch und motorisch erfahrbare Ausrichtung der Anlage, die in anderer Form auch an sonstigen Gebäudekomplexen der Zeit auftritt (z. B. Heiligtümer mit Tempelfronten am Ende dromosartiger Vorplätze). Als im späten 3. Jh. der Peristylgedanke auf Heiligtümer und Plätze übertragen wird, bedeutet dies die Unterordnung der 'Nebengebäude' unter eine dominierende Bauform. Eine veritable Ausrichtung kann sich durch Inkorporation eines Tempels in die hintere Peristylhalle ergeben, so daß dessen Giebelfront schon vom Propylon aus den Zielpunkt markiert (Megalopolis, Milet). Insgesamt stehen die peristylen Komplexe an der Grenze zum Komplexbau, an dem sie sich ja auch orientierten.

Der Komplexbau, also die Ausbildung reichhaltig untergliederter Gebäude, hatte seinen Ursprung in funktionaler Ausdifferenzierung, doch spielen zunehmend auch das semantische Moment der Bedeutung (Denkmals- und Grabbauten!) sowie das ästhetische Moment der Variation eine Rolle. Im Hellenismus konzentrieren sich die Anstrengungen auf eine formale Lösung der Ungereimtheiten, die sich bei den neuen, gleichsam entweder aus Zellverbindung oder aus Zellteilung hervorgegangenen Bauten ergaben. Unterordnung war auch hier der geläufigste Weg. Anfänglich blieb sie oft etwas äußerlich, indem ein Motiv vor den anderen dominierte, wie der Hallenhof in den meisten frühen Peristylbauten. Man denke auch an die Südstoa von Korinth, an der die 'Halle' die zweigeschossigen Appartements gewissermaßen maskierte. Schon im Frühhellenismus lernte man aber, zunächst einzelne Gebäudeteile enger miteinander zu verbinden, bis die Teile, die sich zunächst im Verhältnis von Annexen gegenübergestanden hatten, ineinander überführten. An den Peristylanlagen ist dieser Vorgang von den frühen Palästen in Makedonien und den älteren Gymnasien bis zum Palast Pella II, zur Palästra von Olympia oder dem sog. Gymnasium von Milet zu verfolgen. Vor allem das 'rhodische' Peristyl enthält dabei das Element der Richtungsführung, das durch entsprechende Anordnung der Eingänge und der Hauptzimmer noch verstärkt wird. Es sei aber auch an die pointierte Verbindung von prostylen Naos und Rundraum im Heroon von Stymphalos erinnert, einem experimentellen Bau, in dem sich die grundsätzliche Tendenz schon früh verwirklicht, ohne daß das Ergebnis typenbildende Wirkung entfaltet hätte. In der Denkmalsarchitektur erfuhr die Kumulation von bedeutungsträchtigen Baumotiven und Gebäudezitaten im gleichen Sinn eine stetige formale Vereinheitlichung, bis etwa aus übereinandergetürmten Monumenten von der Art des Lysikrates so sehr verschliffene, in einem durchgehenden Zug bewegte Gebilde wie die Conocchia von Capua wurden. Unter den zahllosen Beispielen, die diesen Vorgang weiter beleuchten könnten, möge nur noch das Propylon erwähnt werden: Schon die Propyläen von Epidauros vereinheitlichen durch Unterdrückung der Türwand die beiden Elemente oder Konstituenten des Bautyps zu einer durchgehenden Torhalle. Bemerkenswert scheint daran vor allem, daß diese so weitgehende, geradezu rücksichtslose Überschreitung des typologisch Vorgegebenen bereits in den frühen Hellenismus datiert.

Im Zusammenhang mit dem Problem der Komplexbauten muß noch ein Wort zu Bauteilen gesagt werden, die ursprünglich selbständige Bautypen waren, jetzt aber inkorporiert erscheinen und nur noch Bestandteile eines größeren Ganzen bilden (z. B. eingebundene 'Propyla', Pastasgebäude, hypostyle Säle usf.). In den meisten Fällen verlieren sie Beträchtliches von ihrer alten Autonomie, was nicht nur die selbstverständliche praktische Seite meint, sondern darüber hinaus auf ihre ästhetische Qualität geht. In dem neuen Kontext werden aus Bautypen sozusagen Raumtypen, denen jetzt überhaupt erstmals eine stärkere künstlerische Beachtung widerfährt.

Abgesehen von einzelnen Ansätzen in spätklassischen Tempelcellen waren Innenräume bisher gleichsam nichts als ein Vakuum zwischen sechs Flächen. Es ist wesentlich frühhellenistisch, daß man Innenraum als einen von Wänden, Boden und Decke umschlossenen Organismus erfaßt, dessen Elemente zusammenhängen und in innerem Bezug zueinander stehen. Seinen Ausdruck fand dies zunächst in der Ausbildung einer adäquaten, 'deskriptiven' Ausstattung eben der Böden und Wände, während die Deckengestalt wenigstens prinzipiell überkommen war. Auf der Grundlage dieses organischen Raumverständnisses kommt es im einzelnen zu künstlerischen Schöpfungen, in denen allgemeine formale Tendenzen der hellenistischen Baukunst auch auf diesem Sektor Anwendung finden konnten. Es sei an das Hieron von Samothrake oder das sog. Stiermonument von

Delos erinnert, wo die Ausrichtung des Langsaales auf ein einziges Ziel – die Apsis bzw. den hinter Stützen transparenten Nordraum – von hoher Dynamik gewesen sein muß. Unterordnung und Einbeziehung der erhöhten Pfeilergalerien um den Zentralsaal kennzeichnet dagegen den festlichen Bau E in Epidauros. Es verdient Hervorhebung, daß diese kühnen, raffinierten Räume dem Frühhellenismus angehören, der etwa auch so elegante Lösungen wie das Buleuterion von Sikyon oder das Arsinoeion auf Samothrake hervorgebracht hat. Als Verschleifen ließe sich schließlich die Behandlung der Grundelemente an den Buleuterien des milesischen Typs im hohen Hellenismus bezeichnen, ein Prinzip, das in gewisser Weise z. B. auch am hypostylen Saalbau von Delos festgestellt werden kann.

Genug mit diesen Einzelbemerkungen: Auf einer gewissen Stufe der griechischen Zivilisation hatten Notwendigkeit und Wunsch die Entstehung differenzierter und komplizierter Bauten und Gebäudegefüge bewirkt. Der Hellenismus strukturiert diese formal nach den Prinzipien der geometrischen Beiordnung, der Unterordnung und Ausrichtung sowie der (typusauflösenden) Verschmelzung und Vereinheitlichung, je nach Aufgabenstellung. Davon ist vieles spezifisch hellenistisch und neu in der griechischen Architektur; geerbte Prinzipien werden wenigstens so sehr intensiviert, daß auch sie einen qualitativen Sprung erfahren. Übereinstimmung mit der Tradition besteht in der 'organischen' Grundauffassung von Baueinheiten. Indem jetzt Räume, Baukomplexe und die früher unbekannten Komplexbauten als 'Organismen' ausgeformt werden, schließt hellenistische Baukunst an archaische und klassische Baukunst an und setzt sie in erweitertem Rahmen fort. Die wichtigen formalen Tendenzen und Prinzipien sind schon im Frühhellenismus bekannt. Entwicklung zeigt sich in zweifacher Hinsicht. Die radikaleren Formen der Unterordnung, Richtungsführung und Verschmelzung nehmen durchschnittlich im Verlauf des 3. Jh. quantitativ zu. Insbesondere erfahren sie aber eine 'Kanalisierung' auf bestimmte Sektoren (Typen), mit denen sie sich gewissermaßen harmonisch (und quasi unauffällig) verbinden lassen. So bietet der Frühhellenismus das Bild einer architektonischen

Sturm-und-Drang-Zeit, während der Eindruck seit dem späten 3. Jh. ruhiger, aber auch gleichförmiger und weniger phantasievoll wird – wenn man einmal von der stürmischen Bewegtheit absieht, die damals in Italien anhebt.

Die Mittel, die zur Verwirklichung der neuen Ideen zur Verfügung standen, waren zunächst die hergebrachten, d. h. vor allem das System der Säulenordnungen. Dies bedeutete für die hellenistische Architektur zum einen ein Hemmnis, zum anderen aber eine Hilfe. Die große körperliche Autonomie der Bauglieder ließ sie nicht eben dafür geschaffen erscheinen, die neuen Aufgaben zu bewältigen. Das Problem stellte sich schon an den Athener Propyläen. Die Mittel mußten also erst einmal zurechtgerichtet, geschmeidig gemacht werden, wodurch ein Element der Trägheit und Verzögerung in die hellenistische Architekturentwicklung hineinkam. Andererseits bewahrten die nur allmählich veränderten Satzungen des Formenapparates die hellenistische Architektur vor zügel- und regellosen Auswüchsen; sie vermittelten den Entwürfen so etwas wie Leitlinien, Maßstäbe und waren eine Kontrollinstanz. Die überlieferten Mittel sind für den Hellenismus also zum Prokrustesbett wie zum Stützkorsett geworden.

Wenn man ohne große Übertreibung sagen kann, daß archaische Bauten aus den Teilen der Bauglieder gleichsam wie zusammengesetzt erscheinen und daß in der Klassik eine gewisse Balance zwischen dem Gewicht des Ganzen und dem der Teile erreicht war, mußte bei wahrhaft hellenistischen Gebäudekonzepten die Gesamtidee beherrschend hervortreten und die Bauglieder sich gänzlich – etwa auch in der Proportionierung – an ihr ausrichten. Die Bauglieder müssen nunmehr als untergeordnete Medien zur Darstellung des allein wichtigen Ganzen dienen. Das erste hellenistische Jahrhundert zeigt dementsprechend eine weitgehende Instrumentalisierung des Formenapparats, dem dabei die traditionelle, Eigenständigkeit sichernde Sinngebung (bes. tektonischer Prägung) z. T. entzogen wird. Als Konsequenzen ergeben sich u. a. Entfunktionalisierung (Stützenreihen ohne gestütztes Dach) bzw. ästhetische Umwertung (Reihencharakter von Säulenstellungen) sowie Kohärenzverlust innerhalb der einzelnen Säulenordnungen (Möglichkeit von Mischbildungen); auch der Wechsel von Pfeiler und Säule an einigen Stoen stellt eine Art Kohärenzverlust dar, der den Weg frei für rein formale Reize der Variation machte. Der Verlust an inhaltlicher Autonomie führt schließlich – wenn auch nicht in allen Kunstprovinzen – zu einer Auszehrung der körperlichen Substanz, zu einer 'Entmaterialisierung' der Bauglieder, die vielleicht erst in Gegenüberstellung mit den archaischen Vorgängern voll zu ermessen ist. Daß diese Entmaterialisierung eine Zunahme der linearen Intensität mit sich brachte, wie sie für architektonische Verkleidungen (!) nicht unbedingt unerwünscht ist, sei nur am Rande bemerkt. Insgesamt lag der Gewinn dieser vielfältigen 'Verluste', d. h. Umwandlungen, nun aber eindeutig darin, daß der Formenapparat für die größeren Aufgaben adaptionsfähig, je nach Zusammenhang anwendbar wurde und sogar zusätzlich gewünschte, künstlerische Informationen transportieren konnte, die über seine eigenste Aussage hinausgehen. Die intellektuell vervollkommnete 'Hierarchie der Ordnungen' ist insbesondere für letzteres ein schönes Beispiel; man sollte aber auch an das ganz von außen herangetragene Prinzip der 'künstlichen Unfertigkeit' denken. Sachlich gesehen bedeutet die Ausbildung der Wand-Stützen-Systeme, also die Ausgestaltung der Halbsäulenarchitektur, den größten und unvergänglichsten Beitrag hellenistischer Baukunst, der auf den geschilderten Grundlagen ruhte.

Die innere Auflösung der Stützensysteme, die Entwertung ihrer scheinbar immanenten Gesetzmäßigkeiten hatte aber auch die merkwürdige Erscheinung zur Folge, daß sich die Einzelformen sozusagen verselbständigen konnten, daß ihr spezieller Reiz sichtbar wurde: Sprengung und Verkröpfung der Gebälke und Giebel bezeichnen – seit dem 2. Jh. – die endgültige Überschreitung der Gliederbauarchitektur, indem die Glieder oder deren Ausschnitte zu Versatzstücken auf dem Hintergrund dynamischer 'Bildkonzepte' werden. Wirklich ausgenutzt wurden diese Möglichkeiten freilich erst in der Architektur der römischen Kaiserzeit; im Späthellenismus scheint es bei Ansätzen geblieben zu sein.

Es ist die Leistung der hellenistischen Baukunst, die Anpassung der Mittel an den Zweck vorangetrieben und wesentlich durchgesetzt zu haben. Daß diese Bemühungen grundsätzlich in die Spätklassik zurückreichen und daß sich im Späthellenismus ansatzweise bereits ganz andere, bisher ungeahnte Perspektiven in der Verwertung der 'Mittel' andeuten, mag den transitorischen, den Übergangscharakter dieser Periode schlaglichtartig beleuchten.

III. Formale und typologische Errungenschaften

Im folgenden sollen einzelne formale und typologische Erscheinungen bzw. Errungenschaften zusammengefaßt werden, die als charakteristisch hellenistische Gestaltungspinzipien immer wieder und in verschiedenem Kontext zu beobachten sind. Sie eröffnen weitere Einblicke auf spezielle ästhetische Vorstellungen und Bestrebungen in der Baukunst der Epoche. Kurze Stichworte mögen hier genügen.

Die Vorliebe für kurvolineare Formen nimmt mit dem Hellenismus außerordentlich zu: Selbst die runde Orchestra des Theaters und das davon abgeleitete, gekrümmte Koilon sind trotz der an sich spätklassischen Erfindung nach ihrer tatsächlichen Verbreitung erst eigentlich hellenistisch. In die Übergangsphase von Spätklassik zu Frühhellenismus gehört auch die Blüte der runden Höfe an Stadttoren. Die raffinierte Anwendung von Rundräumen, von apsidenförmigen Exedren (als Einzelbauten wie im größeren Zusammenhang von Komplexbauten) oder die Verwendung des Apsismotivs zum Abschluß eines Langsaales bezeichnen seit dem Frühhellenismus eine qualitative Steigerung des kurvolinearen Prinzips. Einzelne Verwirklichungen bleiben tendenzielle, atypische Vorstöße; auf dem Sektor der apsidenförmigen Annexe und Nischen scheint sich z. B. aber mit dem Hochhellenismus eine bewußte, quantitative Vermehrung und der Beginn einer stetigen 'Entwicklung' anzudeuten. Den kurvolinearen Grundrißformen sind die Bögen, Gewölbe, Kuppeln und Konchen des Aufrisses an die Seite zu stellen. Die kurvolinearen Bildungen sind zumeist im Sinn besonderer und nachdrücklicher Betonung des jeweiligen Gebäudes oder Gebäudeteiles eingesetzt; z. T. haben sie semantische Funktionen. Ganz allgemein stellt Kurvolinearität höhere Anforderungen an das Orientierungsvermögen als koordinatenhafte Orthogonalität. Es läßt sich vermuten, daß auch dieser ästhetische Reiz dem geschulten und verwöhnten Auge bereits zugänglich war.

Die Risalitbildung zweier symmetrisch vorspringender Flügel, die am Eingangsbau der Athener Propyläen gleichsam nebenher 'erfunden' und an der Stoa fortentwickelt worden war, wird im Hellenismus einmal auf die Skene des Theaters übertragen, ferner in den Front- und sogar schon Fassadenarchitekturen motivisch zitiert. Die Umkehrung zum axialen Mittelrisalit tritt seit dem späten 4. Jh. auf. Läßt man die kurzlebigen Risalitskenen einmal beiseite, zählt bei den hellenistischen Gebäuden im Unterschied zu den früheren Risalitbauten (Einbeziehung und Einschluß eines Vor-Platzes) ästhetisch vor allem der Effekt der Massenbewegtheit, des Vor und Zurück an der Frontseite des einen 'Baukörpers'.

Kunstmäßiger Stockwerkbau ist eine genuin frühhellenistische Errungenschaft. Im Bereich der Stoen-Peristyl-Architektur entwickelt, wird er sogleich auf die Stadttorfassade (Thasos) und die Grabfassade (Lefkadia), später in Wechselwirkung mit der Turmbaukunst auf Grabtürme u. ä. übertragen. Er steht hinter der Erfindung der Proskenion-Thyromata-Bühne des Theaters und gewinnt von hier aus im weiteren Verlauf der Entwicklung breiteste Ausstrahlung (mehrgeschossige Bühnenhäuser Siziliens und Kleinasiens!).

Der Stockwerkbau beeinflußte sicher auch Erscheinungen, die man als unechte Zweigeschossigkeit bezeichnen könnte: stockwerkartige Stützen'geschosse' in an sich durchgehenden Wänden (Arsinoeion/Samothrake; Stiermonument/Delos); hierher gehört in gewisser Weise auch das Buleuterion von Milet.

Praktisch bedeutete der Stockwerkbau ursprünglich eine 'Verdoppelung' des Bauareals nach der Höhe; er steht damit in einer Reihe mit den sich in der Fläche ausfaltenden Komplexbauten; und wie dort die kombinierten Gebäudeteile, unterscheiden sich die Geschosse vieler Stockwerkgebäude auch funktional (Peristylhäuser, Bühnenhäuser, kleinasiatische Marktgebäude). Ästhetisch bedeutet die Einführung des kunstmäßigen Stockwerkbaus, die zu den folgenreichsten hellenistischen Fortschritten zählt, eine realistische Unterteilung der Höhendimension und strenggenommen überhaupt den Gewinn einer neuen, architektonischen Dimension.

In einer inneren Beziehung zum Gedanken des Stockwerkbaus dürfte die bewußte Nutzung der Differenz von Bodenniveaus stehen, insofern das Moment der variablen Höhendimension dabei ins Spiel kommt. Am deutlichsten, aber auch am einfachsten zeigt sich das Prinzip an Terrassenanlagen. Der bewußt künstlerische Einsatz des Terrassenmotivs in den Heiligtümern von Lindos, Kos oder – um ein ganz bescheidenes Beispiel zu nennen – von Trapuria sowie etwa im Gymnasium von Sikyon ist wesensmäßig unterschieden von den gleichsam naturnotwendigen Terrassierungen im delphischen Apollontemenos oder im Gymnasium der Marmaria ebendort. Terrasse ist jetzt artifizieller Ausdruck gewollten bzw. willig genutzten Niveauunterschieds, wo man vorher nur eine unumgängliche Einebnung des Terrains mit Geschmack ausbaute. Das latinische Fortunaheiligtum von Praeneste/Palestrina bringt dann den in Europa vielleicht nie mehr übertroffenen Höhepunkt dieses baukünstlerischen Prinzips.

Feiner drückt sich die Niveaudifferenzierung in anderen Bauschöpfungen aus: Im Tempel von Didyma mit seinem 'versenkten' Cellahof, in den erhöhten Seitengalerien des Saales E von Epidauros, sogar in den schwachen Höhenunterschieden von Zimmern einer zusammenhängenden Raumgruppe. Die 'Bewegung des Untergrundes' wird als optisches und motorisch erfahrbares Mittel der Variation und der emotionalen Beeinflussung zurückhaltend, aber unübersehbar angewendet. Es ist ein schwer zu handhabendes Mittel. Das dafür besonders geeignete Motiv der Freitreppe scheint im Hellenismus gegenüber älteren, sporadischen Ansätzen (Aufgang zur Athener Akropolis, Heraion von Argos) nur eine mäßige Weiterentwicklung erfahren zu haben (z. B. Lindos, Kos); der eigentliche Durchbruch, die Einbindung in den Stockwerkbau, scheint in der Antike überhaupt nicht erreicht worden zu sein. Das Koilon ist dafür unter streng ästhetischen Maßstäben kein Ersatz.

Stockwerkbau und das Prinzip differenzierter Bodenniveaus dürften endlich dem Sockelmotiv zusätzliche Impulse vermittelt oder zumindest die Hilfe analogischer Exempla gegeben haben. In der frühen Denkmalsarchitektur (Lysikratesmonument, choregisches Monument im thasischen Dionysion) mag der Sockel unter der genannten Voraussetzung spontan und unmittelbar als 'Basis' eingeführt worden sein. In Kleinasien ist der Sockel an Altären und an Tempeln anscheinend älter einheimisch. Er bezieht hier im Hellenismus neue Lebendigkeit. Die Beispiele reichen vom Tempel in Mamurt Kale über die Altäre von Kos, Pergamon samt Verwandten, Tenos bis zur Wandverkleidung der Gymnasiumsäle in Stratonikea. Formal gehören hierhin auch die Hofwand der Cella des didymäischen Tempels und das Buleuterion von Milet noch einmal, obwohl sie gerade schon in anderem Zusammenhang aufgeführt wurden. Dies könnte ein Anzeichen dafür sein, daß das Sockelmotiv in der griechisch-hellenistischen Architektur baukünstlerisch schwach definiert und mehrdeutig blieb. Als Signal und Informationsträger ist es in den meisten Einzelfällen dagegen schnell verständlich. Im republikanischen Italien bleibt es dem Tempelbau zugeordnet.

Ein eigenes Wort gebührt der Wirkung und dem Spiel des Lichtes in der hellenistischen Architektur, auch wenn angesichts der Zerstörung hier über Vermutungen nicht weit hinauszukommen ist. Man kann jedenfalls beobachten, daß das Licht in älteren griechischen Gebäuden einen neutralen Wert darstellte. Wie man in der Malerei von der Lokalfarbe spricht, könnte dort von einem 'Lokallicht' die Rede sein. Im Hellenismus dürfte das Licht gelegentlich als eigenständiges Wirkungsmittel eingesetzt worden sein: 'indirektes' Licht in Bauten mit Laternen und Obergaden; absichtlich gedämpftes Licht wie im Arsinoeion von Samothrake; transparente Lichteffekte (z. B. in den Galerien des Saales E von Epidauros; Peristyl von Tebtynis). Die Wirkung verschiedener Grade der Verschattung wird etwa bei geöffneten Annexräumen an Hallen und Peristylen (vgl. Palästra von

Olympia) und im Sfumato pseudodipteraler Tempel gewollt sein. Handgreiflich ist das Ziel harter Schatten bei besonders tiefen Blendarchitekturen (Magazinbau Milet; Grab ta Marmara bei Milet). Dies alles läßt den Schluß zu, daß das Stimmungshafte, das der künstlerische Einsatz des Faktors Licht einem Gebäude mitteilen kann, den hellenistischen Architekten nicht mehr unbekannt war.

Inwieweit auch die architektonische Eroberung des Landschaftlichen das Moment des Stimmungshaften involvierte, ist oft nur zu erahnen, wobei wir dieses zunächst auf jeden Fall von dem Begriff des Schwärmerischen abtrennen müssen. Das für das 19. Jh. typische Naturgefühl wäre ein ungeeigneter Maßstab für alle vorromantischen Epochen. Ein tiefes und selbst genießerisches Empfinden landschaftlicher Schönheiten war aber dem antiken Bewohner Griechenlands seit je eigen. Im Hellenismus findet sich eine verstärkte Architektonisierung landschaftlicher Charakterzüge insbesondere auf dem weiten Bereich der Urbanistik. Ansicht (z. B. Stadtbild von Knidos) und Aussicht (z. B. Neu-Pleuron) – beide bewußt landschaftsbezogen – verbinden sich in Lindos zur höchsten Komposition des Gegebenen und des Gebauten. Möglicherweise verwirklichte der Hellenismus die ersten 'Belvedere'-Bauten. Darüber hinaus scheint damals als Neuerung eine reale Annäherung von Architektur und Landschaft erfolgt zu sein, in der letztere sozusagen das Leitmotiv, die Hauptsache abgab: Davon legen in verschiedener Weise die Parks (Landschaftsgarten bei Rhodos) ebenso Zeugnis ab wie die makedonischen Landvillen (Mieza; Kopanos?). Hier wird die eigene Stimmung der Natur – einer Quellenmulde, einer Höhlenschlucht – durch das architektonische Accessoire gleichsam hereingeholt und zugänglich gemacht.

Da im Zusammenhang mit dem landschaftlichen Element soeben von Ansichten und Aussichten die Rede war, sei zum Abschluß noch die Bemerkung gestattet, daß sich hier generell das Problem des Prospekts andeutet. Es tritt in hellenistischer Architektur über den Rahmen des Landschaftlichen hinaus in verschiedenen Bezügen und Formen auf. Dennoch scheint Prospektwirkung als solche noch kein ausgesprochenes, ästhetisches

Anliegen der Epoche gewesen zu sein. Die hellenistischen Prospekte und Prospektarchitekturen gleichen eher unbewußten Nebenergebnissen, doch könnten neue Beobachtungen und Entdeckungen dieses Urteil schnell in Frage stellen.

IV. Das Zeichenhafte

Jenseits von Funktionalismus, neuen Gestaltungskonzepten und formalen Innovationen im Detail kennzeichnet vielleicht nichts besser das Wesen hellenistischer Baukunst als die Möglichkeit, Architekturen zunehmend zeichenhaft verstehen, 'lesen' zu können. Bautypen und Bauformen werden zu 'Motiven', die als Zitate eine Aussage oder Information transportieren. Häufig bezeichnen die motivischen Zitate nur noch einmal das, was sie tatsächlich repräsentieren: Das Flügelrisalitschema an Eingangsbauten wiederholt als Chiffre die Begriffe Front bzw. Durchgang; Propylonmotive an Peristylanlagen oder Saalbauten zeichnen das Tor aus und geben doch – da sie selbst für 'Tor' stehen – eine zusätzliche 'Erklärung'. Man könnte von redundanter Zeichengebung sprechen. In anderen Fällen meinen und bezeichnen die Motive mehr und anderes, als sie tatsächlich sind. So soll das Säulenmotiv in Halbsäulenblendarchitekturen über bestimmte formal-ästhetische Reize hinaus (etwa Belebung der Fläche) Konnotationen evozieren, die traditionsgemäß mit den realen Säulensystemen verbunden werden (z. B. Tektonik). Hier findet eine Übertragung statt.

Kausalität, Analogie und Berührung bzw. konstante Koexistenz sind auch hier die Wege, auf denen Bautypen und Bauformen eine Bedeutung annehmen. Für den analogischen Vorgang sei etwa noch das heraushebende Sockelmotiv genannt. Und wegen konstanter Koexistenz konnten späterhin Gewölbe alle Arten von Substruktionen und vor allem unterirdische Grabkammern auch bezeichnen, wie Bögen ein Zeichen für Tor werden. Fehlende Eindeutigkeit ist für solche Zeichen stets charakteristisch: Neben der kausal in der Baukonvention wurzelnden Vorstellung des 'Grabgewölbes' steht unvermittelt der aus Analogie gebildete Zeichenwert 'Himmelsgewölbe' usf. Da es hier nicht um eine Ästhetiktheorie geht, mag es mit diesen Bemerkungen sein Bewenden haben. Im Hellenismus war die Determiniertheit der Zeichen allerdings vielleicht besonders gering, was auf den frühen Zustand dieser Art von Architekturauffassung hinweist.

Ganz neu war sie für die Griechen nicht. Schon das Ringhallenmotiv bezeichnete den Tempel. Aber indem man dies ausspricht, wird man sich sofort eines Unterschiedes bewußt. Die Ringhalle zeichnet den Tempel doch vor allen Dingen aus und daß sie nur mit ihm zusammen auftritt, folgt außer aus praktischen Gründen daraus, daß solcher Schmuck eben bloß dem höchsten Bautyp zusteht. Ansonsten hatte wohl nur das hinweisende Giebelpropylon schon im 5. Jh. zeichenartige Züge, blieb aber gleichwohl in erster Linie ein reales und autonomes Gebäude, kein 'Motiv'. Die Bedeutungshaltigkeit hellenistischer Motive ist hier doch etwas wesenhaft anderes; vor allem sollte der intellektuelle Aspekt Betonung finden. Die semantischen Konnotationen setzen ja zumeist Kennerschaft und Urteil voraus und gerade in ihrer primären Uneindeutigkeit erfordern die 'Zeichen' eine gedankliche Berücksichtigung des Kontextes sowohl in Hinsicht auf das Pragmatische wie in Hinblick auf die Syntaktik, also auf mögliche Beziehung zu anderen, bedeutungsvollen Zeichen. Ganz natürlich konzentriert sich die Kumulierung zeichenhafter Motive zunächst auf die Sepulkralarchitektur – unter den unzähligen Beispielen sei beliebig an das Ratzikli-Grab bei Rhodos oder die späte Conocchia bei Capua erinnert. Doch auch in anderen Baugattungen, in der weiteren Sakralarchitektur zumal und selbst bei Hausfassaden (vor allem im republikanischen Italien), treten sinnhaltige Formen und Motive kombiniert auf.

In der hellenistischen Baukunst steht die Frage nach der gedanklichen Aussage der Erscheinungen zwar noch nicht gleichberechtigt neben der Frage nach ihrer ästhetischen Absicht und ihrer funktionalen Aufgabe; sie kann aber nicht mehr übergangen werden, während sie sich in der Archaik und bis in die Klassik als weithin irrelevant erweist. Diese gesteigerte 'Vergeistigung' des Bauverständnisses ist eine Frucht der hellenistischen

Epoche, wobei es vielleicht mehr als Zufall ist, daß dieselbe Epoche auch das bloß Utilitaristische für die höhere Architektur 'entdeckt' hatte. Im Hellenismus werden die Schichten, die sich bei der Entstehung von Bauwerken vermengen, analysierend gleichsam wieder verselbständigt – man denke an die vorhin angedeutete Trennung von Kunst- und Nutzaspekt, die genau hierher gehört. Seither sind die drei großen Aspekte der Baukunst, der praktische, der ästhetische und der semiotische, je für sich überhaupt erst erkennbar geworden.

V. Übergangskunst – Nachleben

Die griechische Architektur der hellenistischen Zeit ist eine Kunstgattung im Übergang, ja im Umbruch. Die Auseinandersetzung zwischen notwendigen Neuansätzen und bindenden Traditionen läßt sich als geistiges Abenteuer nachvollziehen, das um so mehr Beachtung verdient, als die Folgen dieses Prozesses lange direkt und indirekt auf die europäische Architektur nachwirkten. Dieses 'Abenteuer' hat der Architektur als solcher weite Sektoren der Entfaltung und ganz neue Dimensionen hinzugefügt. Näher besehen stellt sich die hellenistische Baukunst als Durchgangsphase von der Gliederbau- zur Raum- und Massenarchitektur dar und hat von beidem etwas. Eigenartigerweise wurde dieser Prozeß in der neueren Geschichte einmal gegenstrebig und umgekehrt durchlaufen: Im Klassizismus und Neoklassizismus ging es um eine Anpassung und Rückführung der barocken Traditionen – die als solche doch nicht mehr völlig über Bord zu werfen waren – auf das Prinzip des älter griechischen Gliederbaus, der für das hohe Griechentum einer idealen Epoche stand. Die rückläufigen klassizistisch-neoklassizistischen Bestrebungen mußten die hellenistischen Tendenzen notwendig irgendwo 'schneiden'. In der Tat ist es so, daß die besten Hervorbringungen des Neoklassizismus trotz anderer Voraussetzungen und trotz teilweise anderer Formensprache in ihrem Gesamtcharakter nicht der angestrebten klassischen, sondern folgerichtig der hellenistischen Architektur nahestehen. Die fast gänzlich untergegangene Baukunst des Hellenismus hat in ihnen eine unbeabsichtigte, aber durchaus logische Renaissance erfahren, welche die Innenstädte Europas und Amerikas bis heute weitgehend mitbestimmt. Die Bekanntschaft mit dem Vorbild möge daher den Kenner und Liebhaber des vertrauten Umkehrbildes erfreuen und ihm nützlich sein.

ANMERKUNGEN

Literaturnachweise mußten aus Platzmangel rigoros eingeschränkt werden. Die Auswahl, die sich vor allem an den Fachmann richtet, berücksichtigt in erster Linie hier nicht abgebildete Denkmäler sowie solche Daten, die mit den üblichen Hilfsmitteln schwer auffindbar sind oder erst jüngst veröffentlicht wurden, dabei gleichwohl für Gedankengang oder Beweisführung wichtig erscheinen. Der Hinweis auf Arbeiten von mehr übergreifendem Charakter (hier mit * bezeichnet) soll für Studenten und interessierte Laien die hauptsächliche weiterführende Literatur erschließen. Erinnert sei vorweg insbesondere an die folgenden Gesamtdarstellungen:

W. B. Dinsmoor, The Architecture of Ancient Greece ³(1950).
A. W. Lawrence, Greek Architecture (1957).
G. Gruben, Die Tempel der Griechen (1966), ³(1980).
R. Martin, L'urbanisme dans la Grèce antique ²(1974).
Ancient Greek Cities (24 Bde., hrsg. vom Athens Center of Ekistics, Athen 1971 ff.).

Kap. B I – III:

[1] BCH 1959, 363.

[*2] Vgl. etwa H. Lattermann, Griech. Bauinschriften (1908); A. Wittenburg, Griech. Baukommissionen (Diss. München 1978) m. Lit. S. 110.

[3] Gelegentlich wird Sostratos freilich mit einem hohen Diplomaten im Dienst Ptolemaios' I. identifiziert und nicht als Architekt, sondern als Stifter der genannten Bauten angesehen: vgl. T. Leslie Shear Jr., Kallias of Sphettos (Hesperia Suppl. 17, 1978) 23.

[4] Ergon 1961, 24; REG 1963, 135; Deltion 1967, 169.

[*5] R. Martin, Manuel d'architecture grecque I (1965).

[6] NotSc. 1957, 385.

[7] AttiSocMagnaGr 1954, 39.

[8] AJA 1956, 139; 1957, 156; 1958, 160; 1962, 138.

[9] BdA 1965, 207; z. Dat. vgl. u. Anm. [96] Nr. 27.

[*10] R. Ginouvès, Balaneutike (1962).
[11] Corinth III_1, 39.
[12] AJA 1974. 361.
[13] Einstweilen T. D. Boyd, Arch and Vault in Gr. Archit. (Diss. Indiana 1976).
[*14] Vgl. in Kürze: K. Dornisch, Griech. Bogentore. Entstehung u. Verbreitung d. gr. Keilsteingewölbes (Diss. Erlangen 1982).

Kap. C I–II:
[15] A. Adriani, Repertorio d'arte dell'Egitto gr.-rom. C I/II: Archit. e topografia: Alessandria ant. (1966), s. v.
[16] AntK 1972, 54.
[*17] F. E. Winter, Greek Fortifications (1971).
[18] BJb 1972, 1.
[19] Deltion Chron. 1968, 444.
[20] AJA 1940, 418.
[*21] F. Castagnoli, Orthogonal Town Planning in Antiquity (1971).
[*22] Chr. Börker, Festbankett u. griech. Archit. (Xenia 4, Konstanz 1983).
[*23] R. Martin, Recherches sur l'agora grecque (1952).
[24] BJb 1970, 77.
[25] A. Machatschek u. M. Schwarz, Bauforschungen in Selge (1981) 55.
[26] Kokalos 1968/9, 360.
[*27] G. Roux, L'architecture de l'Argolide aux IVe et IIIe siècles av. J. C. (1961).
[28] Ergon 1969, 87.
[29] AA 1913, 115.
[30] Prakt 1952, 306.
[31] JHS 1896, 297.
[32] ClRhodos II 79.
[33] Grabungsberichte Prakt 1957–59, 1962–64, 1969; Ergon 1969–74.

Kap. C III–V:
[*34] J. J. Coulton, The Architectural Development of the Greek Stoa (1976).
[35] BCH 1937, 468; 1938, 478; 1939, 322.
[*36] F. Glaser, Ant. Brunnenhäuser in Griechenland (1983).
[37] AA 1982, 703.
[*38] S. Stucchi, Architettura cirenaica (1975).

[*39] J. Delorme, Gymnasion (1960).

[*40] S. G. Miller, The Prytaneion (1978).

[41] Bibliogr. BCH 1968, 659.

[*42] V. V. Lapin, Olbia (1959); S. D. Krischizki, Dwelling Ensembles of Ancient Olbia (Kiew 1971).

[*43] in Kürze: V. Heermann, Makedonische Palastarchitektur (Diss. Erlangen 1980).

[44] EAD 27 (1970).

[45] Ant. K. 1979, 68; Ant. K. 1980 fortlfd.

[46] vgl. o. Anm. [39] S. 99, für die Rek. insbes. noch Prakt 1934, 119; 1935, 75; 1952, 391.

[47] M. Andronicos, Vergina. Prehist. Cemetery and Hellenistic Palace (1968).

[48] Neue Forsch. in Pompeji (hrsg. von B. Andreae, 1975) 169.

[*49] W. A. McDonald, Polit. Meeting Places of the Greeks (1943); vgl. hier aber S. 231 das mögliche Koilon im Bul. von Olynth (Olynthus 12, 1946, 297).

[50] Prakt 1953, 184.

[51] Prakt 1905, 51; AA 1912, 140; BCH 1933, 380.

[52] AM 1886, 422.

[*53] Im wesentlichen immer noch richtig W. Dörpfeld – E. Reisch, Das griech. Theater (1896); nützlich A. Pickard-Cambridge, The Theatre of Dionysos at Athens (1966).

[*54] in Kürze: F. Seiler, Die griech. Tholos (Diss. Erlangen 1979).

[55] Samothrace III_1 (1969) 211.

[56] Deltion Chron. 1965, 414.

[57] Vgl. P. Marzolff in: V. Milojcic – D. Theocharis, Demetrias I (1976).

[58] E. Fabricius, De archit. graeca comment. epigr. (1881) 5; AM 1897, 197.

[*59] B. Wesenberg, Z. Rekonstr. griech. Architektur nach literar. Quellen (AM Beih. 9, 1983).

[60] W. Voigtländer, Der jüngste Apollontempel v. Didyma (IstM Beih. 14, 1975).

[61] J. M. Cook – W. H. Plommer, Sanctuary of Hemithea at Kastabos (1966); ProcCambridgePhilSoc 1963, 10.

[62] AA 1938, 518; RM 1944, 205.

[63] MonLinc 1907, 194.

[64] ASAtene 1915, 290.

[65] Ph. LeBas, Voyage archéol. en Grèce et en Asie Mineure (Paris 1888).

[*66] B. Gossel, Makedon. Kammergräber (Diss. München 1979; 1980).

[*67] M. Çetin Şahin, Entwicklung d. griech. Monumentalaltäre (Diss. Köln 1972).

[*68] M. Jacob-Felsch, Entwicklung d. griech. Statuenbasen (1969).

[69] AM 1977, 197.

[70] BCH 1879, 221; E. Reisch, Griech. Weihegaben (1890) 118.

[71] L'Illyre 1972, 179; P. Franke, AntWelt SNr. 1983, 77.

[72] ArchZtg 1857 Taf. 104; N. Jacobone, Canusium ^{3}(1962) 183.

[73] Deltion Chron 1964, 305.

[*74] F. Rakob in: H. Horn – Chr. Rüger, Die Numider (1979) 119.

[75] C. Praschnitzer – M. Theuer, Mausoleum von Belevi (ForschEph VI, 1979).

[76] R. Naumann, Didyma (Führer, ca. 1973) Abb. 41.

[77] BCH 1982, 614.

[78] RM 1982, 45.

[78a] AAA 1973, 116.

[*79] Vgl. W. Hoepfner u. a., Wohnungsbau im Altertum (1978).

[80] BCH 1960, 221.

[81] Prakt 1953, 125.

[82] Deltion Chron 1979, 409.

[83] Prakt 1968, 65.

[84] RA 1968, 173.

[85] J. v. Freeden, Oikia Kyrrhestou (1983).

[86] IG XI 2, 109.

[*87] D. Salzmann, Untersuchungen z. d. ant. Kieselmosaiken (1982); sonstige Fußböden AJA 1967, 95.

[88] Neuere Funde z. B. Abdera, Knidos, Rhodos z. B.: Prakt 1955, 160; AJA 1969 Taf. 61f.; Prakt 1952, 556. 579; 1960, 278; Deltion Chron 1963 Taf. 370f.

[89] AAA 1974, 87.

[*90] H. Büsing, Die griech. Halbsäule (1970).

[*91] H. v. Hesberg, Konsolengesimse d. Hellenismus u. d. frühen Kaiserzeit (RM Ergh. 24, 1980).

[92] Beleten 1980, 257.

[93] JdI 1983, 287.

[94] Deltion Chron 1971, 539; Kos, Kastro: 2 Expl.

[*95] H. Bauer, Korinth. Kapitelle d. 4. u. 3. Jh. (AM Beih. 3, 1973).

[*96] in Kürze: H. Lauter-Bufe, Geschichte d. sikeliot.-korinth. Kapitells, in RM 1986.

[96a] V. M. Strocka, 128. BWPr 54 A. 96.

Kap. C VI:

[*97] Schlumberger, Hellenist. Orient (1969).

[98] W. Hoepfner, Arsameia am Nymphaios II (1983).

[99] M. Dunand – R. Duru, Ville hellénistique aux echelles de Tyr (1962).

[100] BullMusBeyr 1964, 105.

[101] BASOR 1962, 16; 1963, 39.

[102] Berichte in: Muse 1969ff.; IsrExplJ 1971, 86.

[*103] C. Watzinger, Denkmäler Palästinas II (1935); auch BASOR 1931, 12.

[104] RevBibl 1968, 424.

[105] AMI 1981; vgl. Anm. 108 Abb. 30, 31. Der mutmaßliche Tempel im Zentrum war quer orientiert (Hinweis K. Parlasca).

[106] Zuletzt P. Bernard in: 150 Jahre Dtsch. Archäolog. Inst. (Hrsg. V. M. Strocka, 1981) 108 m. Lit.

[107] SovA 1969, 160.

[*108] R. Ghirshman, Iran; Parther und Sassaniden (1962).

[109] Syria 1965, 289.

[110] ProcBritAcc 1981, 78; CRAI 1961, 205.

VERZEICHNIS WICHTIGER FACHAUSDRÜCKE

Adyton (n)	'unzugänglicher' Raum, Raum hinter der Tempelcella.
Analemma (n)	Stützmauer, bes. gerade Stützmauern des Theaterkoilons.
Antentempel	(templum in antis) meist zweiräumiger Tempel ohne Ringhalle; Front des Pronaos zeigt Säulenstellung zwischen den Antenmauern (Megaron).
Architrav (m)	Tragbalken über den Säulen.
Buleuterion (n)	Saalbau für Sitzungen des Rates.
Dipteros (m)	Peripteros (s. d.) mit doppelter Säulenreihe.
Euthynterie (f)	oberste, teilweise sichtbare Schicht des Fundaments.
Geison (n)	vorkragende Deckschicht des Gebälks.
Gymnasium (n)	Gebäude für sportl. Übungen und geistige Erziehung.
Heroon (n)	Kultbau für einen Heros (Vergöttlichter, Halbgott).
hypäthral	'unter freiem Himmel', Raum ohne Decke.
Interkolumnium (n)	Säulenabstand.
Koilon (n)	muschelförmiger Zuschauerraum des Theaters (lat.: cavea), aus dem Kreis der Orchestra heraus entwickelt.
Krepis (f)	Stufenunterbau.
Naiskos (m)	kleiner Tempel, meist prostyl oder in antis.
Odeion (n)	Vortrags- bzw. Konzertsaal.
Oikos (m)	zwei- oder mehrräumiger Rechteckbau ohne Säulen.
Palästra (f)	Bau für sportl. Übungen (bes. Ringen), vgl. Gymnasium.
Pastas (f)	breitgelagerter, korridorartiger Vorbau oder Vorhalle.
Peripteros (m), peripteral	Ringhallentempel, von Säulen umstellt.
Pronaos (n)	vorderer Raum der Tempelcella.

Prostylos (m), prostyl	(Tempel) mit Säulenstellung über die ganze Front.
Prytaneion (n)	Amtslokal der regierenden Behörde (Prytanen).
Pseudodipteros (m)	Dipteros (s. d.) ohne innere Säulenstellung, Ringhalle also zwei Joche tief.
Skene (f)	Bühnengebäude des Theaters.
Synhedrion (n)	Sitzungssaal, Saalbau (s. Buleuterion).
Telesterion (n)	Bau für Einweihung in die Mysterien.
Temenos (n)	umgrenzter (heiliger) Bezirk.
Triglyphon (n)	Triglyphenfries der dor. Säulenordnung.

REGISTER DER DENKMÄLER NACH ORTEN

ABBILDUNGS- UND TAFELNACHWEIS

Abbildungen

66a Kournò, Peripteros Grundriß: Le Bas, Voyage en Grèce.
66b Ephyra, Nekyomanteion: AGC 15 Dakaris: Thesprotia.
67a Samothrake, sog. Hieron. Inneres: Samothrace 3 (Plans) Taf. CVI.
67b Delos, Apollonhlgtm. 'Stiermonument': Guide de Délos[2] 139 Abb. 27.
68a Kalydon, Heroon. Kultsaal: Dyggve/Poulson, Heroon v. Kalydon 384 Abb. 104.
68b Paestum, Palästra. Großer Saal: Zeichnung Lemm.
69a Epidauros, Asklepioshlgtm. Nordpropylon: Roux, Archit. Argolide, Planches Taf. 73.
69b Olympia, Gymnasiumspropylon: Adler, Baudenkmäler von Olympia Taf. 76 u. r.
70a Milet, Heiliges Tor: v. Gerkan, Milet II 3, 26 Abb. 10 oben.
70b Priene, Agorator: Wiegand/Schrader, Priene, 203 Abb. 199.
71a Olympia, Stadiontor: Adler u. a., Baudenkmäler von Olympia Taf. 48.
71b Eleusis, Innere Propyläen: Hörmann, Innere Propyläen v. Eleusis Taf. 35.
72 Tenos, Poseidonhlgtm. Altar: Zeichnung Lauter.
73a Alexandria, Grabanlage Mex/Abu Wardian: Adriani, Repertorio . . . Egitto Greco Romano Taf. 86.
73b Rhodos, Grab von H. Triada: Bull. Correspondance Hell 106, 1982, 614 Abb. 149.
74 Punisch-numidische Grabtürme: Horn/Rüger, Numider 167 Abb. 104.
75 Delos, Haus der Komödianten: Guide de Delos[2] 183 Abb. 51.
76 Thasos, Zeus-Hera-Tor: Revue Arch. 1968, 173 Abb. 1.
77 Dschebel Fureidis, Herodion: Revue Biblique 75, 1968, 424 Taf. 54.
78 Araq el Emir: American School Oriental Research 171, S. 41 Abb. 1 u. 43 Abb. 2.
79 Ai Khanum, Stadtplan: 150 Jahre Dtsch. Arch. Inst. Taf. 44.
80a Ai Khanum, Palast: 150 Jahre Dtsch. Arch. Inst. Taf. 45.
80b Ai Khanum: li. Wohnhaus, re. Gymnasium: 150 Jahre Dtsch. Arch. Inst. Taf. 46. 2 u. 3.

Tafeln

Wenn nicht anders vermerkt: Foto Verfasser.

ABBILDUNGEN

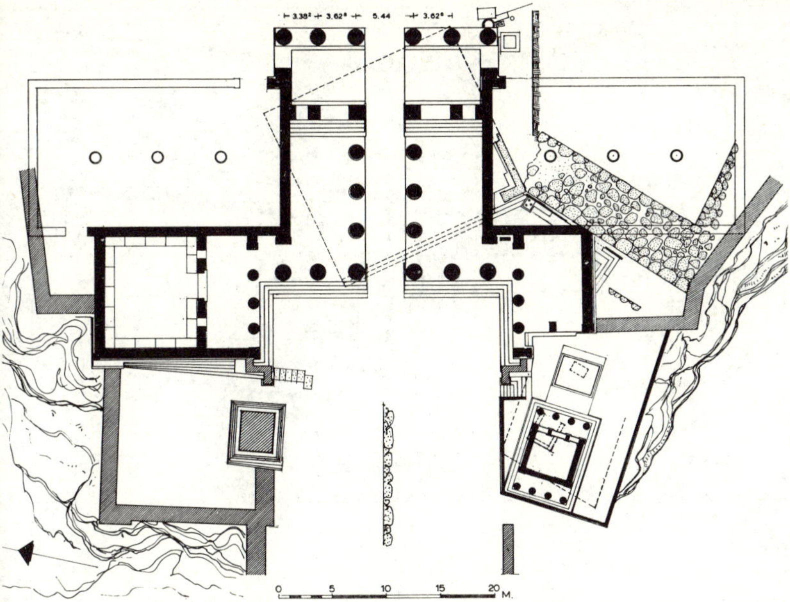

Abb. 1a Athen, Akropolis. Propyläen

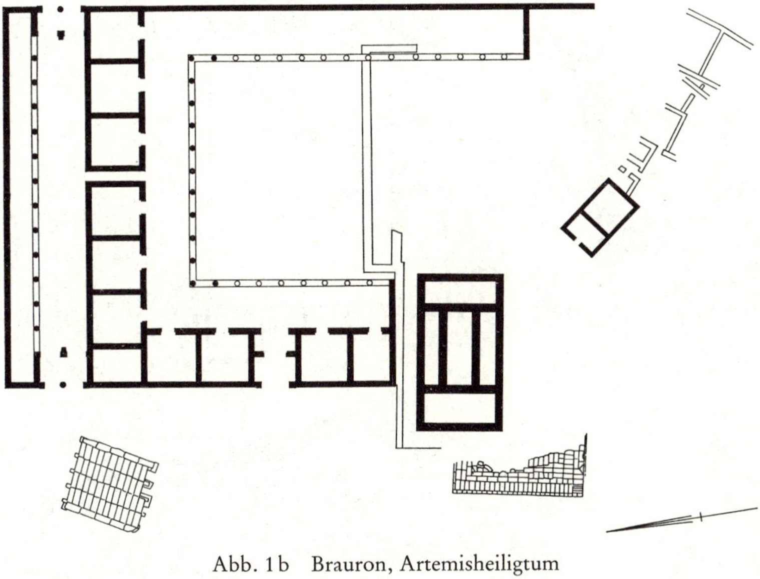

Abb. 1b Brauron, Artemisheiligtum

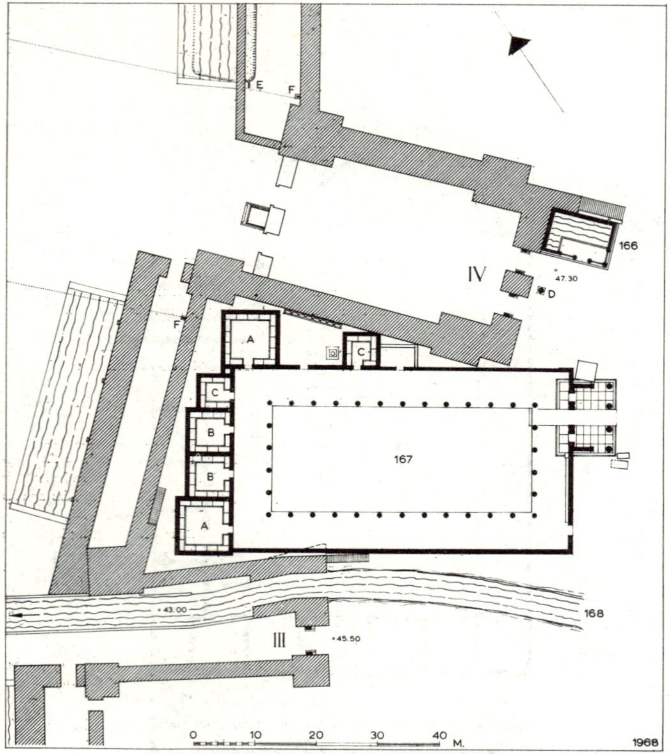

Abb. 2a Athen, Pompeion

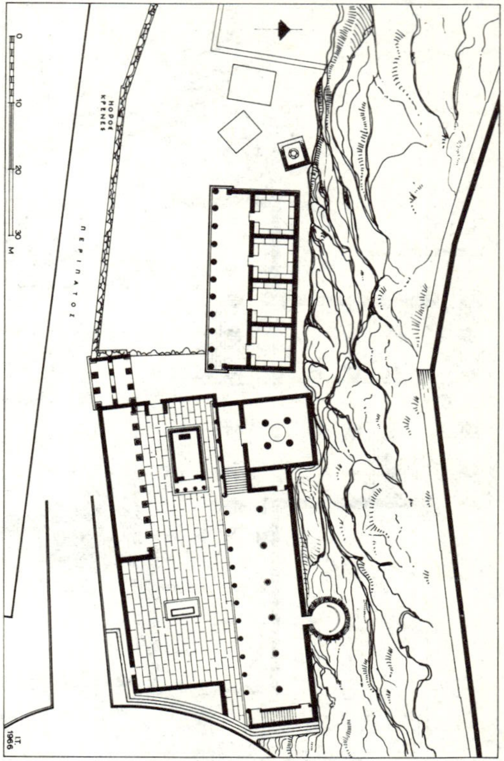

Abb. 2b Athen, Asklepiosheiligtum

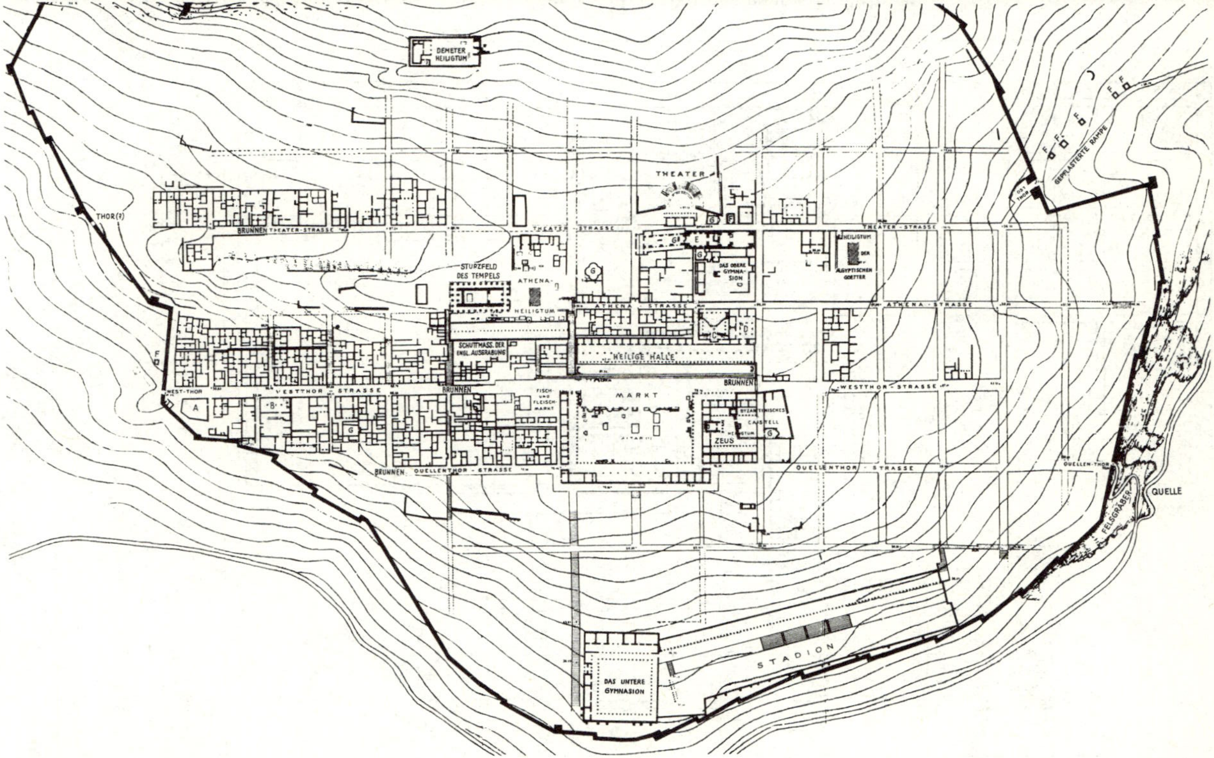

Abb. 3 Priene, Stadtplan

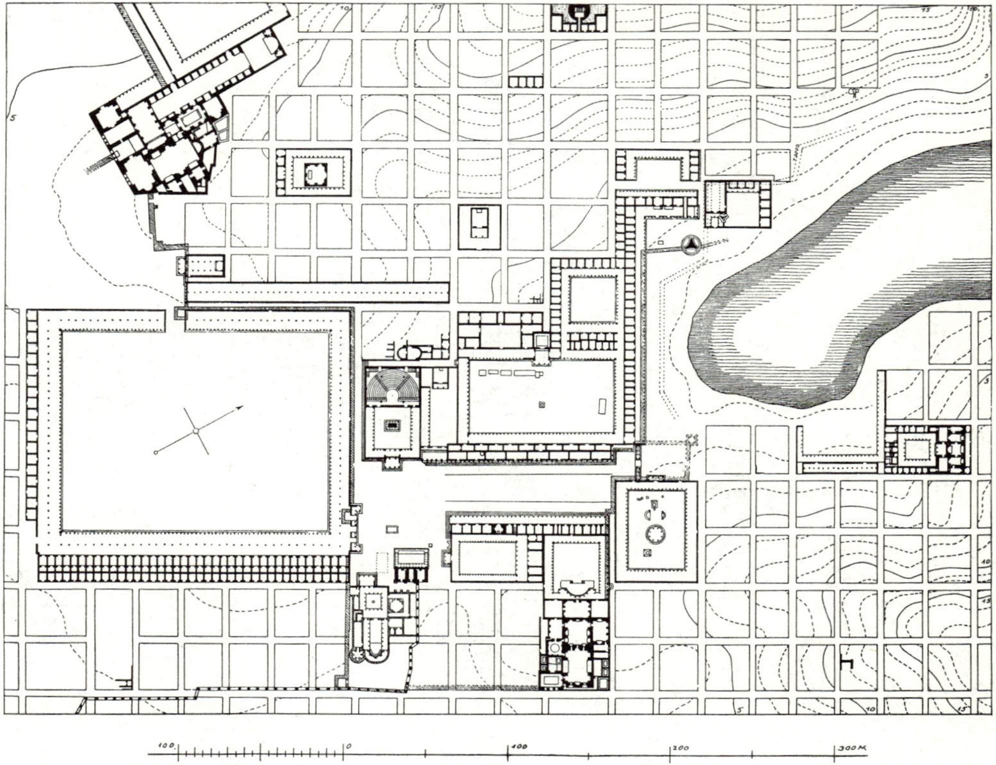

Abb. 4 Milet. Nordhafen und Umgebung

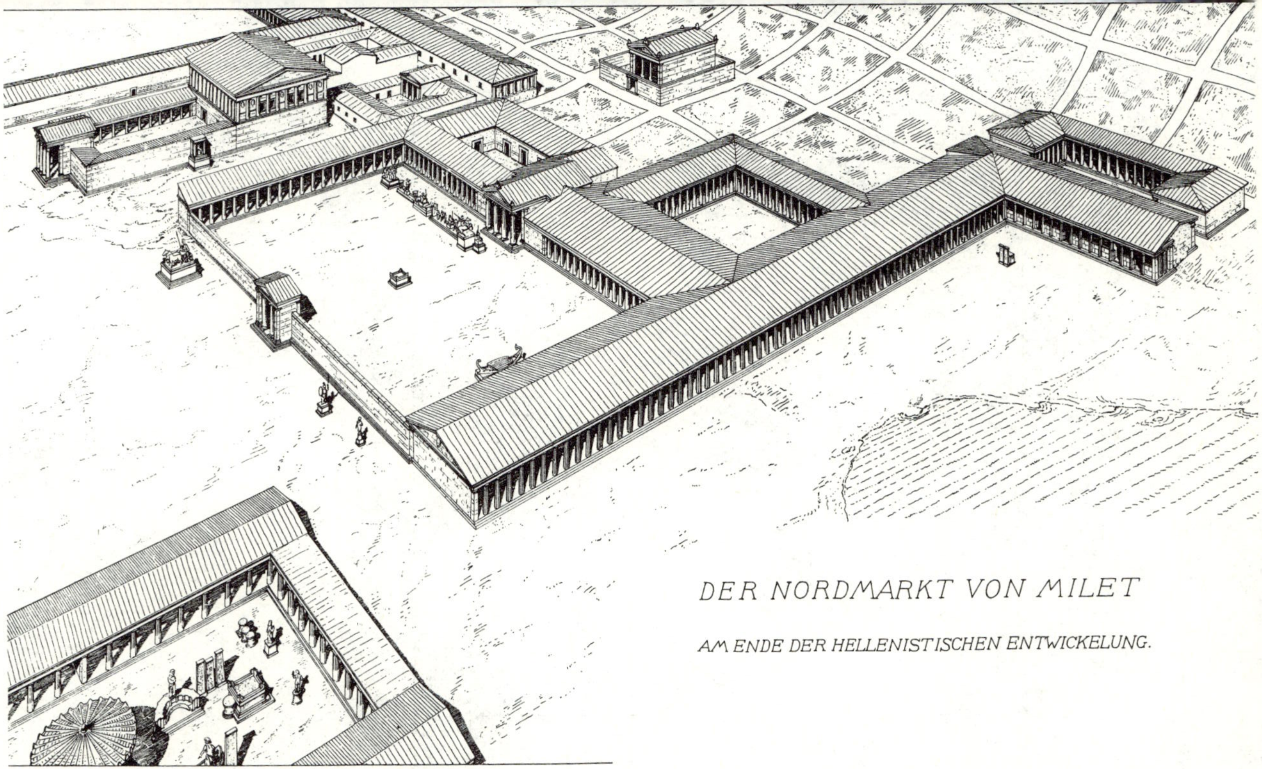

Abb. 5 Milet, Nordmarkt. Rekonstruktion

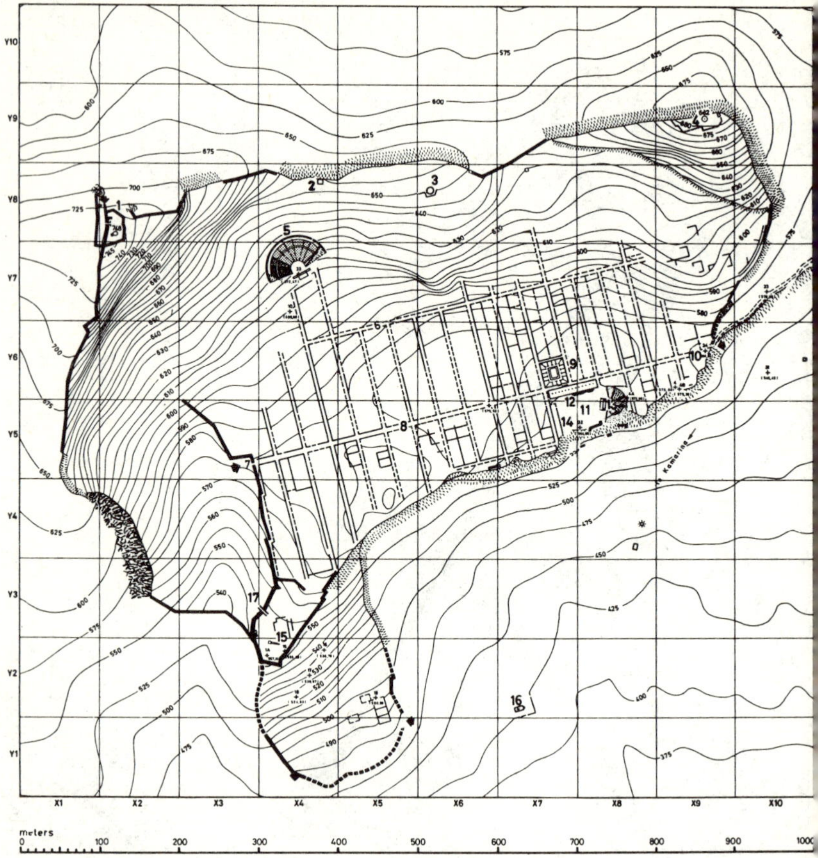

Abb. 6 Kassope, Stadtplan

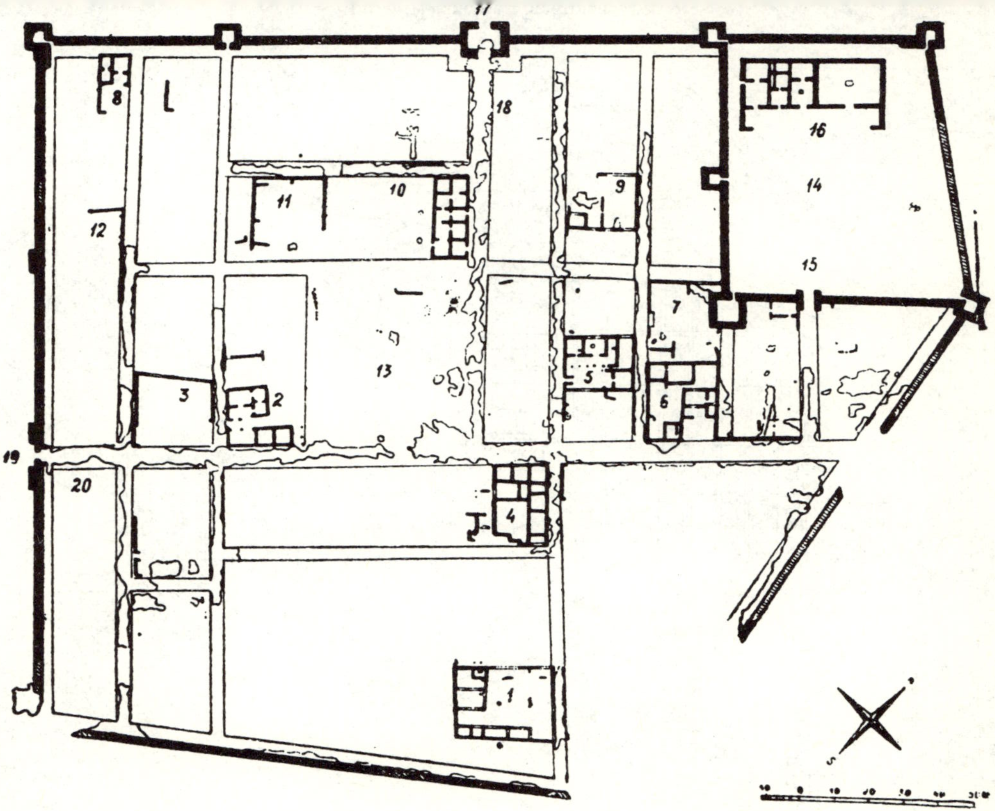

Abb. 7
Seuthopolis,
Stadtplan

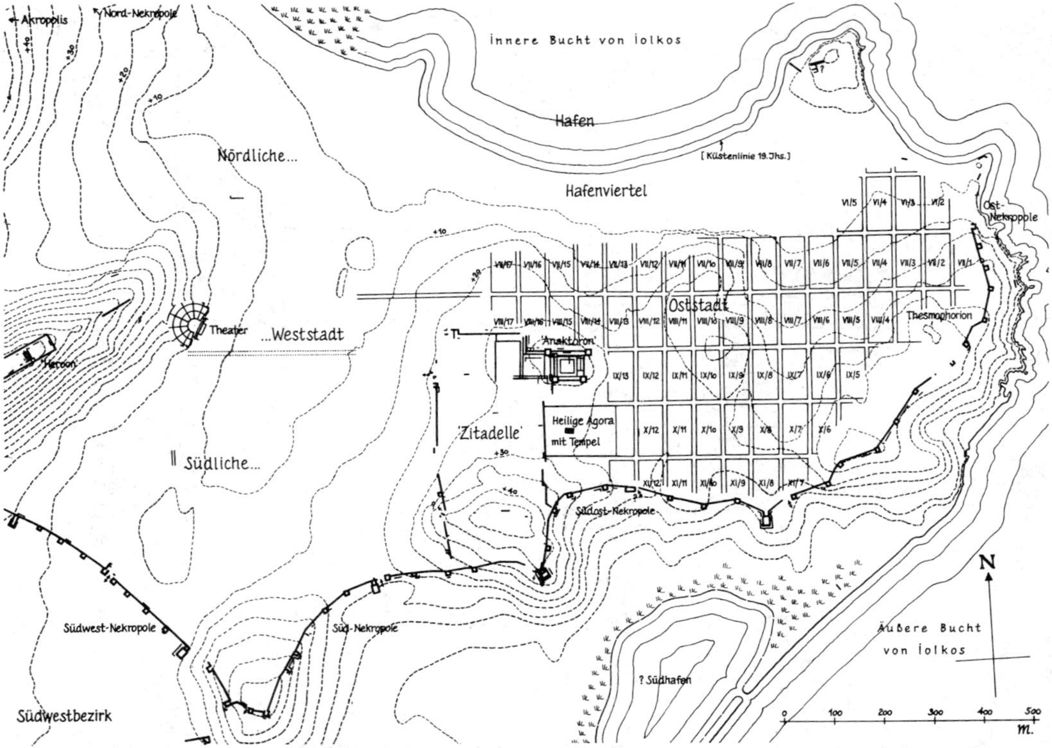

Abb. 8 Demetrias, Stadtplan

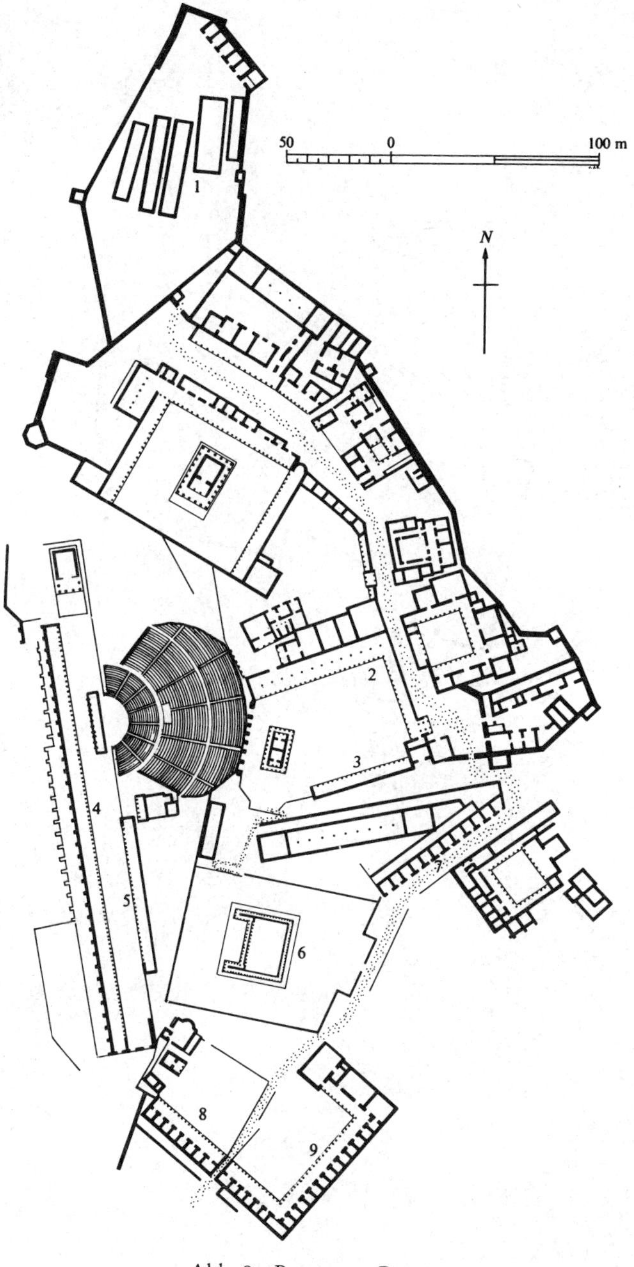

Abb. 9 Pergamon, Burg

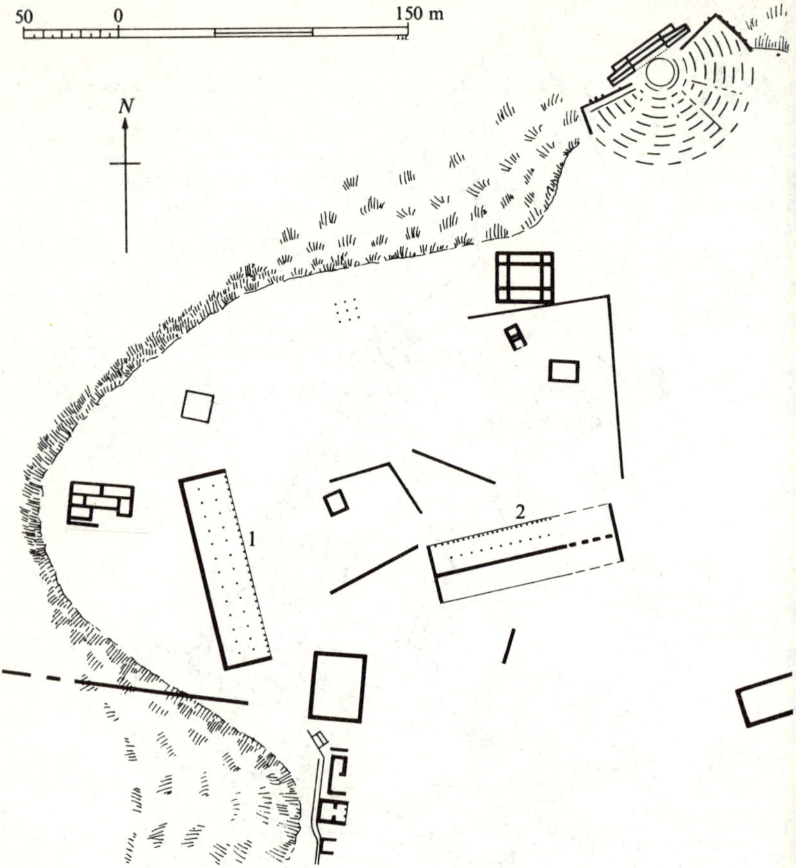

Abb. 10 Elis, Agora

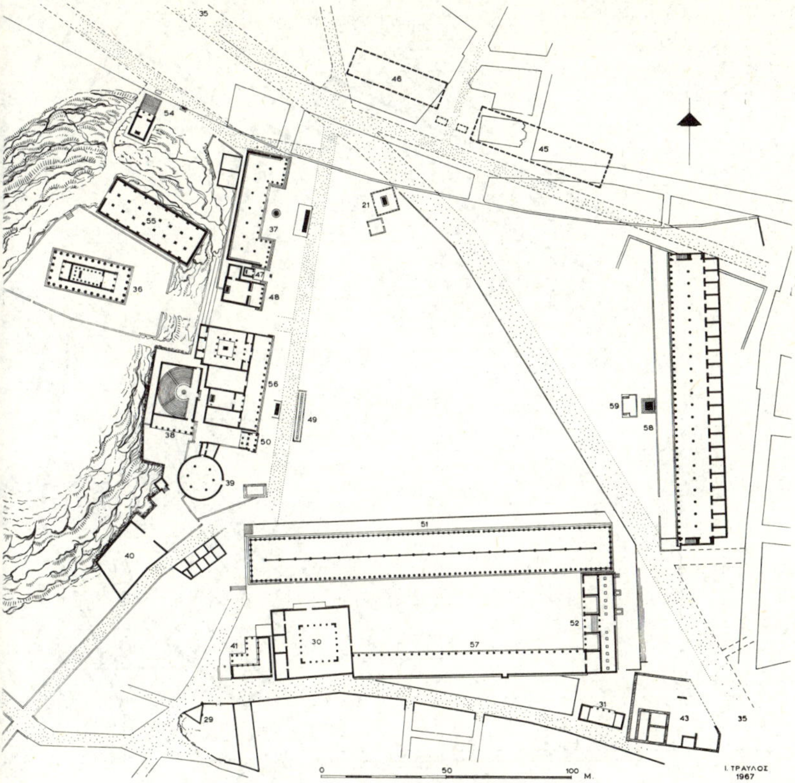

Abb. 11 Athen, Agora im 2. Jh. v. Chr.

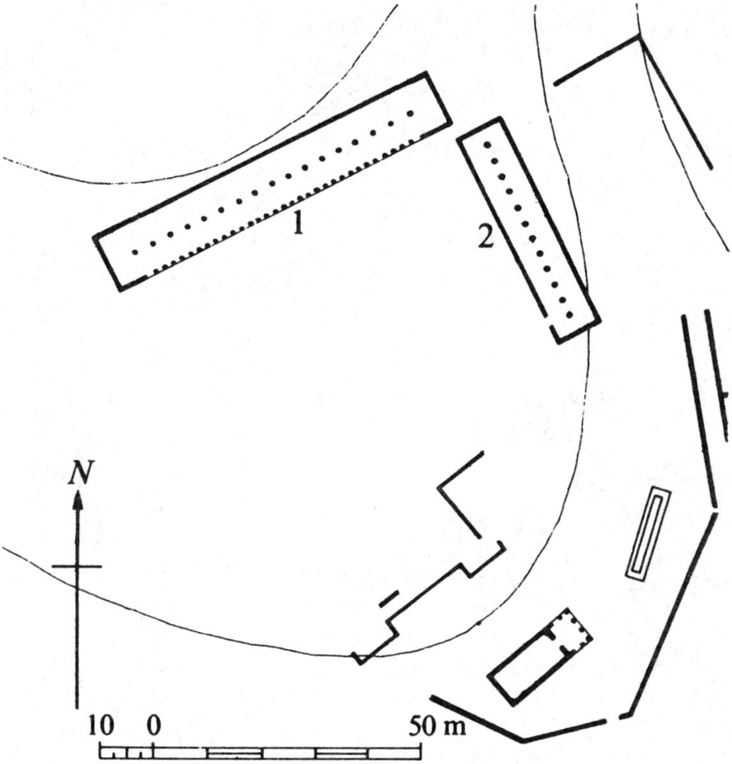

Abb. 12a Orchomenos/Ark., Agora

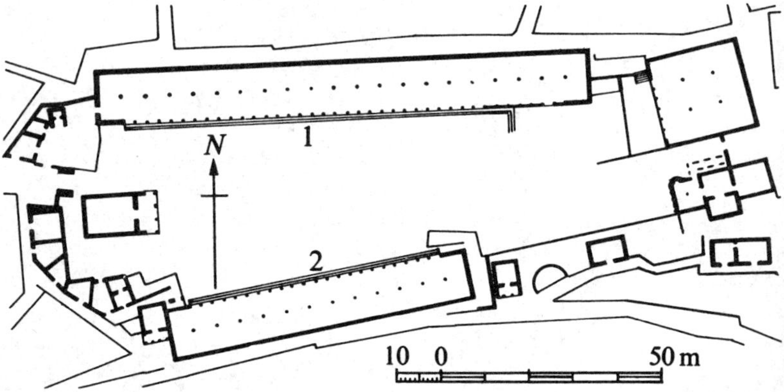

Abb. 12b Assos, Agora

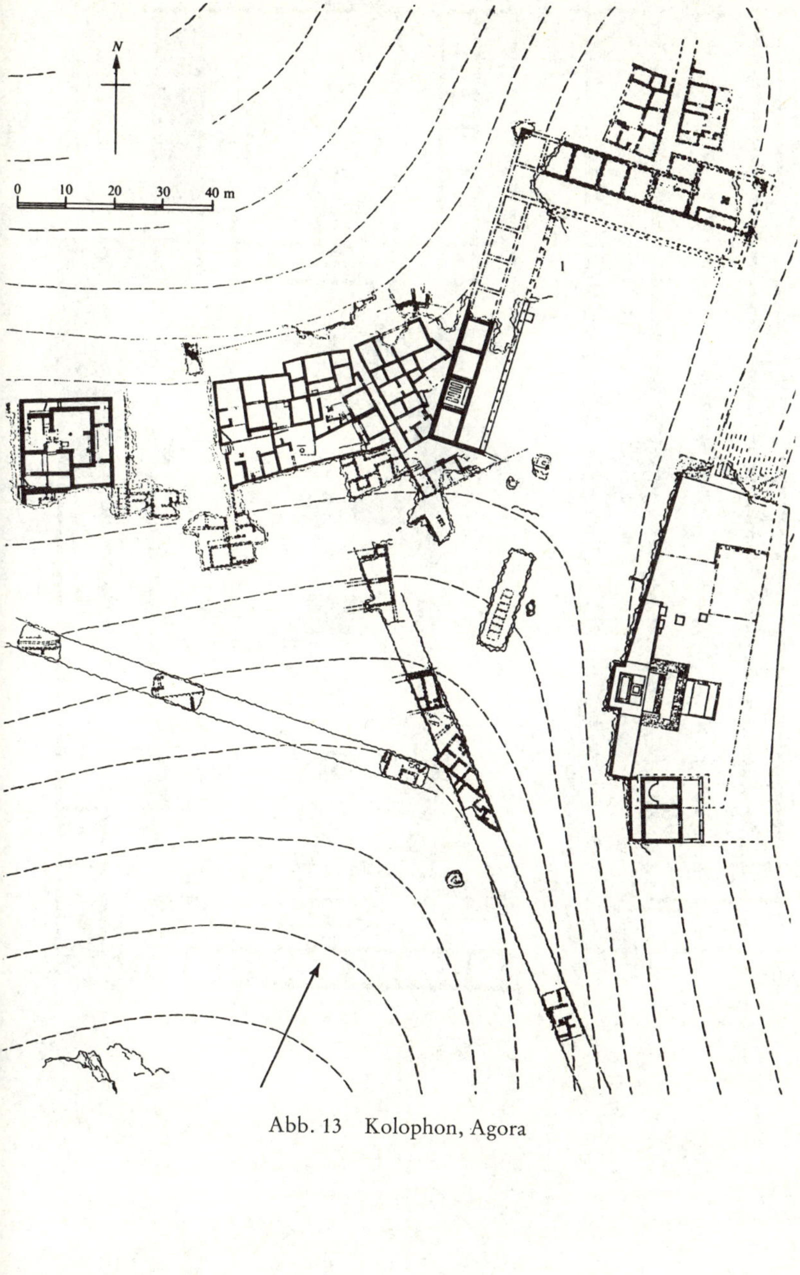

Abb. 13 Kolophon, Agora

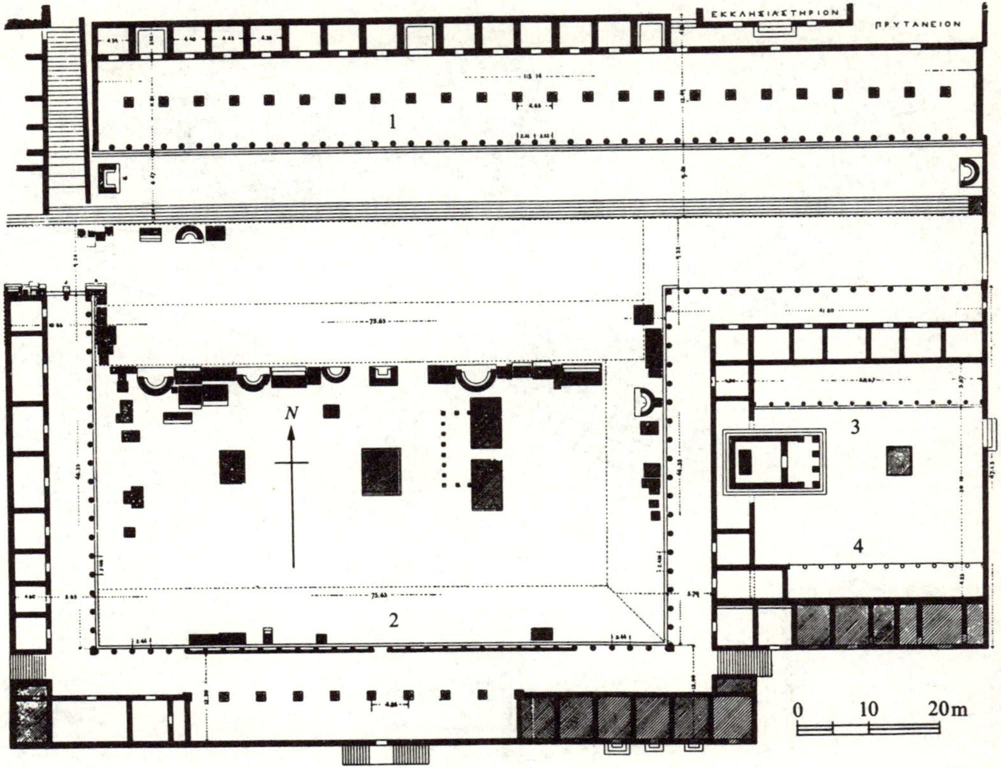

Abb. 14 Priene, Agora

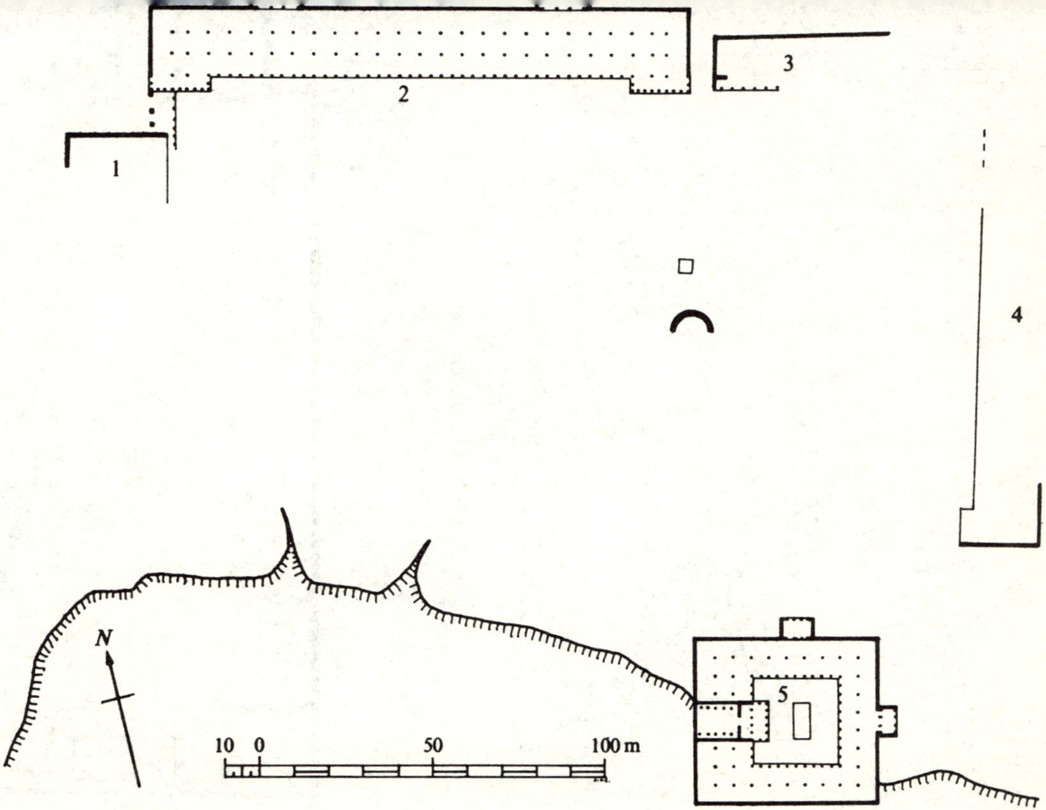

Abb. 15
Megalopolis,
Agora

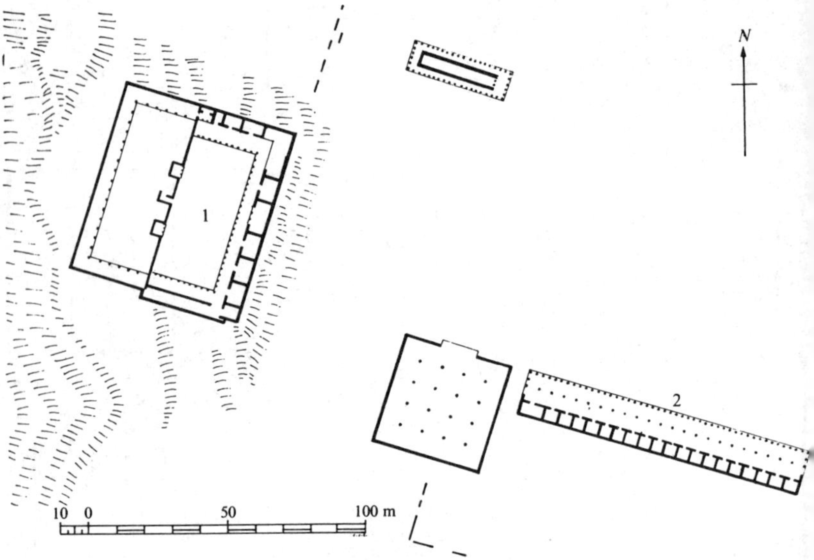

Abb. 16a Sikyon, Agora

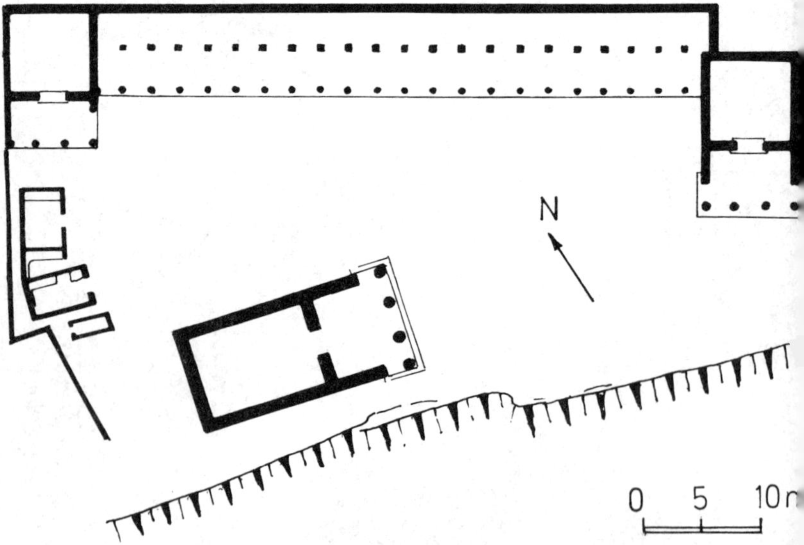

Abb. 16b Heloros, Agora

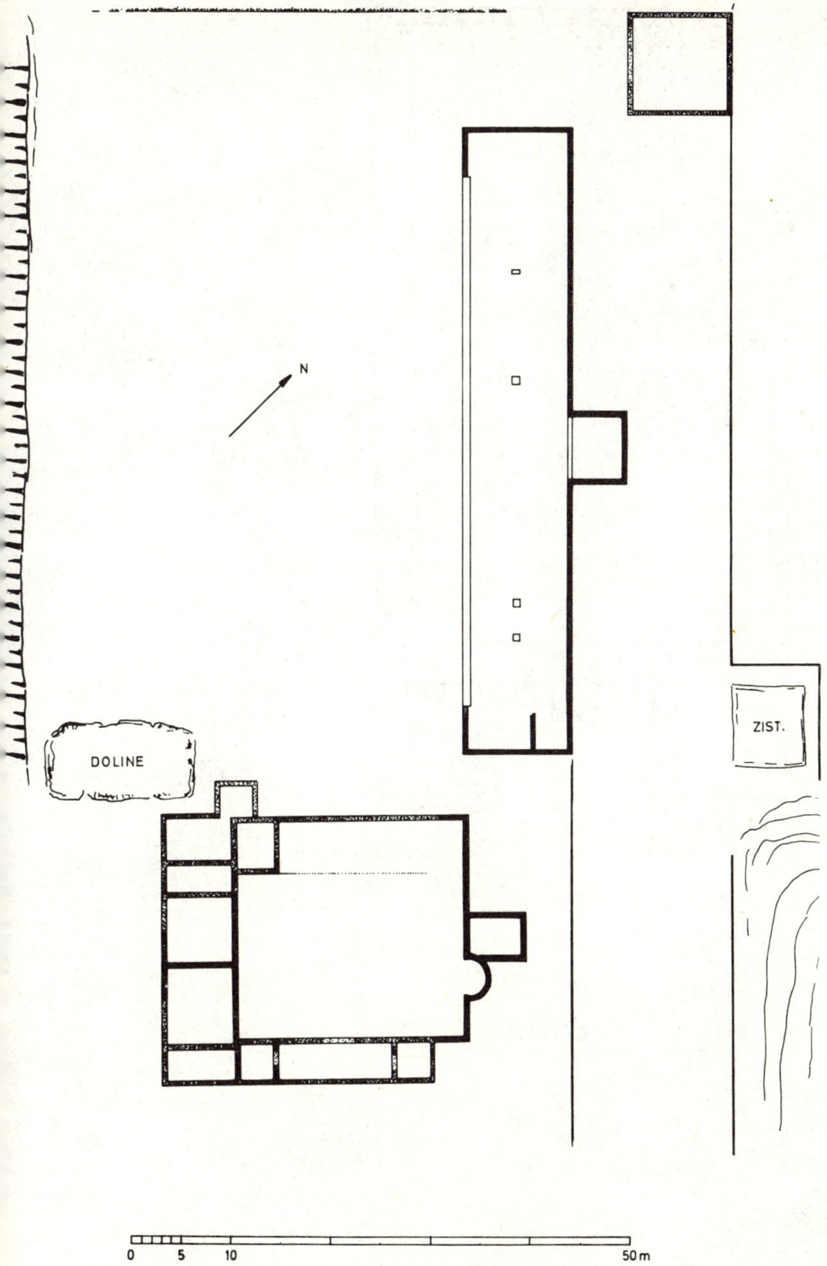

Abb. 17 Neu-Pleuron, Agora

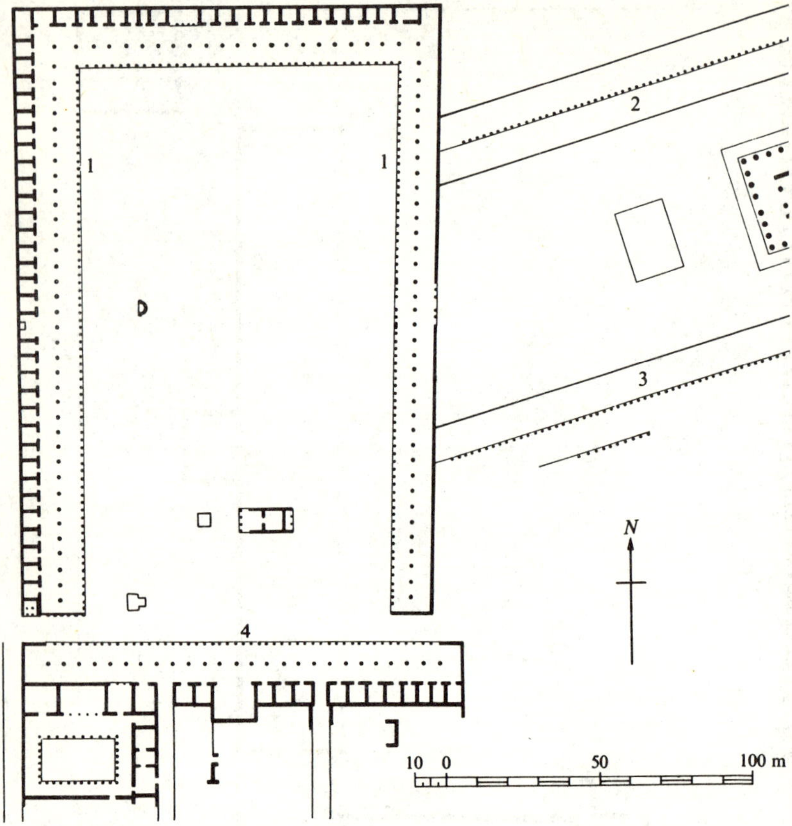

Abb. 18 Magnesia, Agora

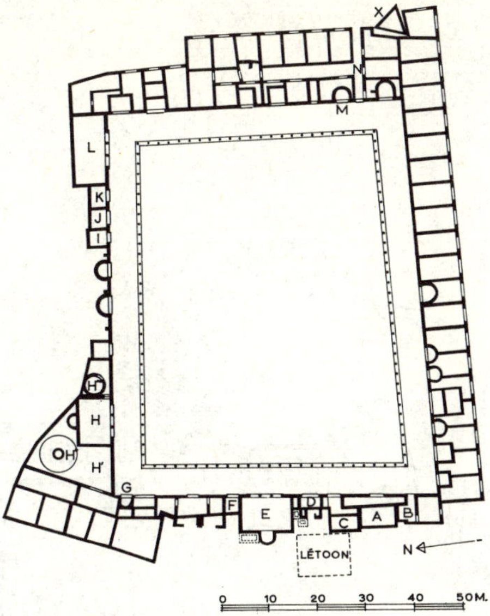

Abb. 19a Delos, Agora der Italiker. Plan

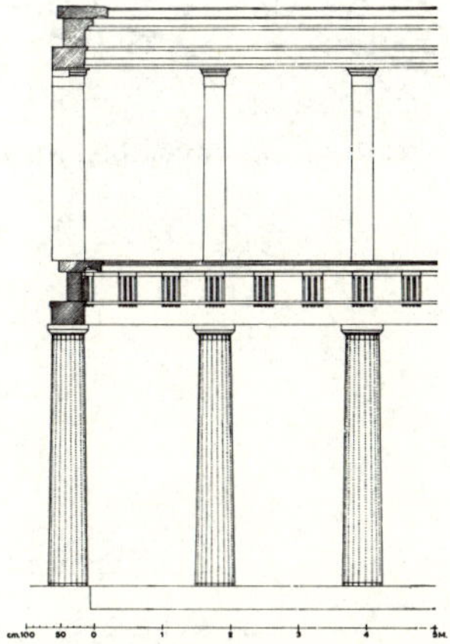

Abb. 19b Delos, Agora der Italiker.
Hallenansicht

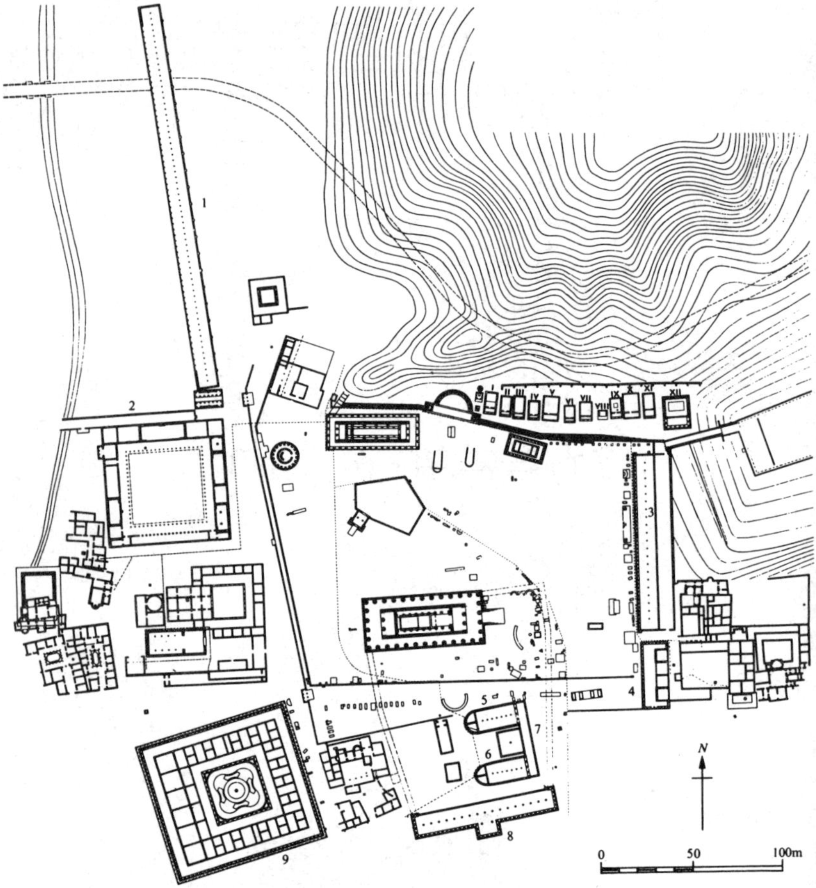

Abb. 20 Olympia, Altis

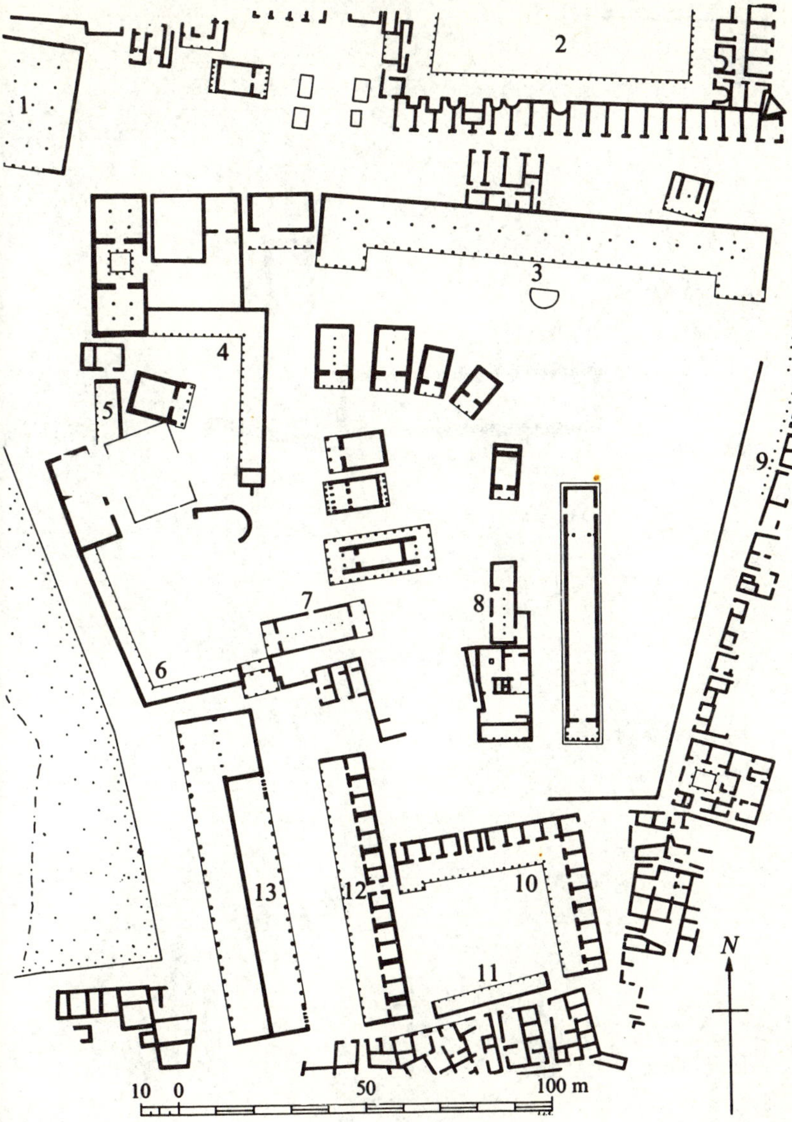

Abb. 21 Delos, Apollonheiligtum

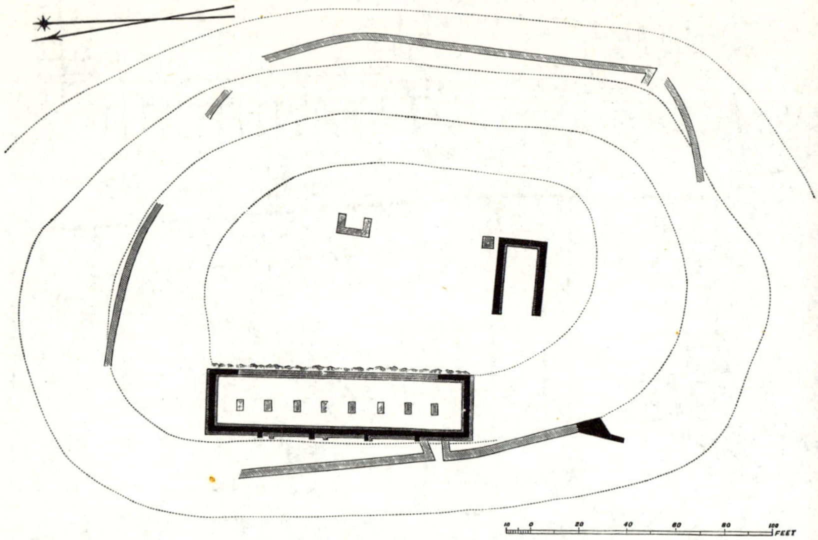

Abb. 22a Abai, Heiligtum

Abb. 22b Trapuria, Heiligtum

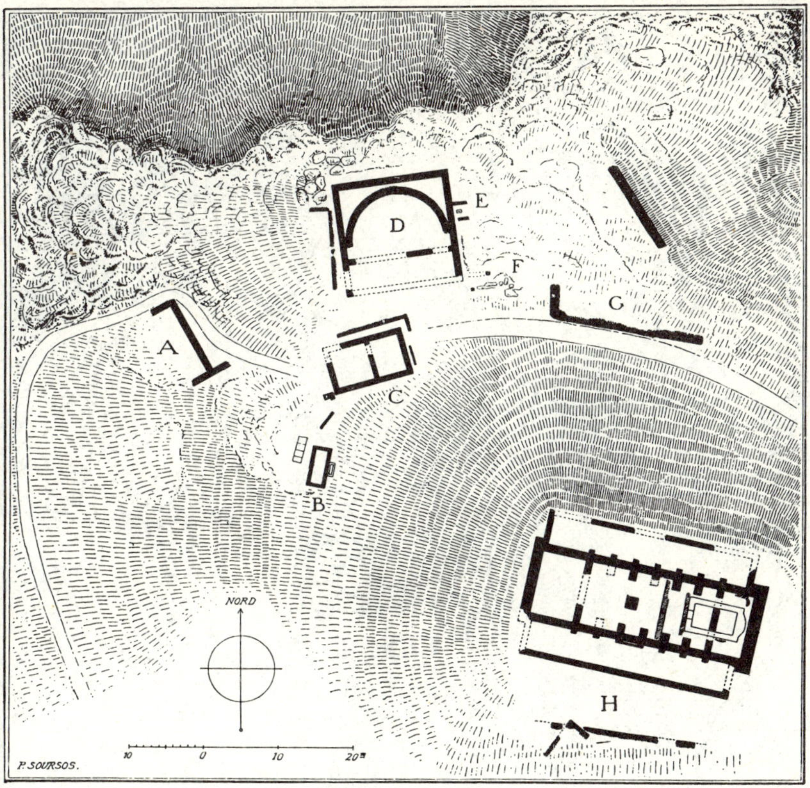

Abb. 23 Lusoi, Heiligtum

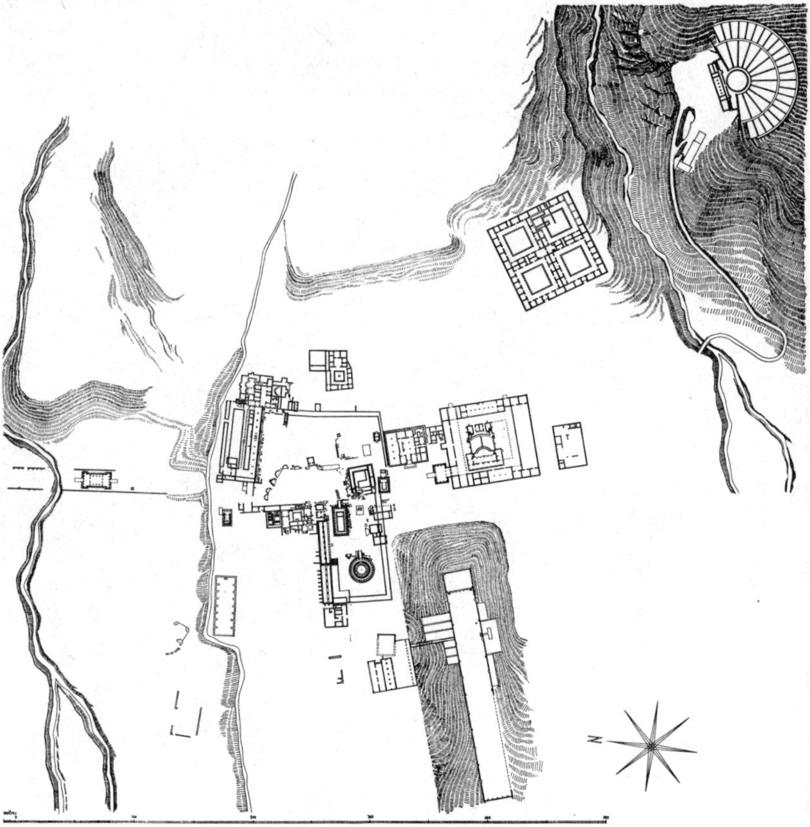

Abb. 24 Epidauros, Asklepiosheiligtum

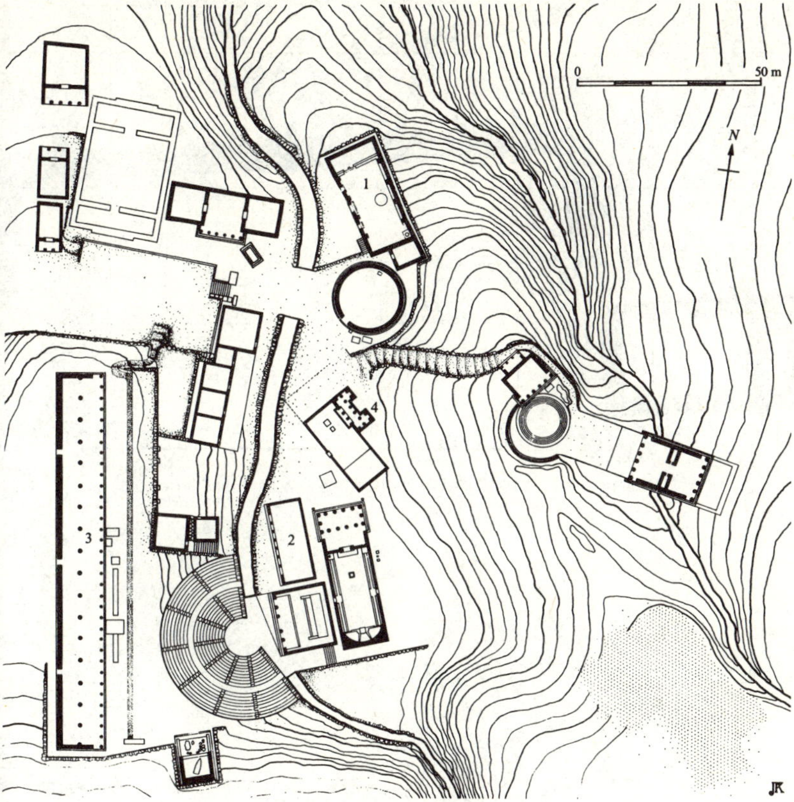

Abb. 25 Samothrake, Heiligtum

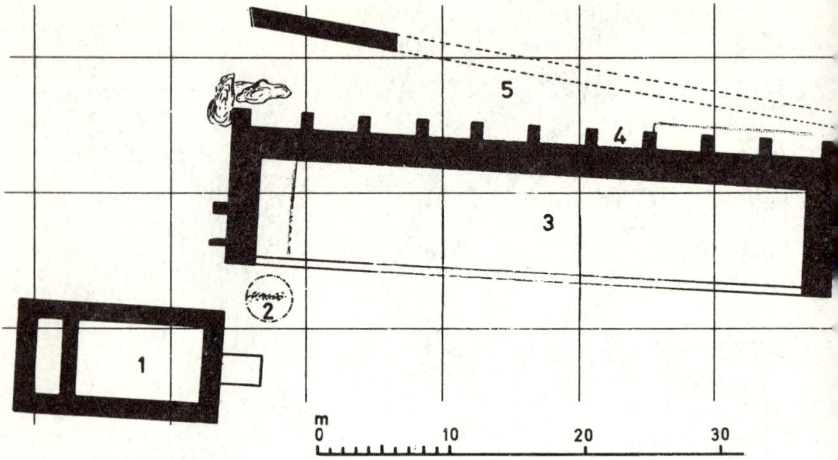

Abb. 26a Epidauros, Heiligtum des Apoll Maleatas

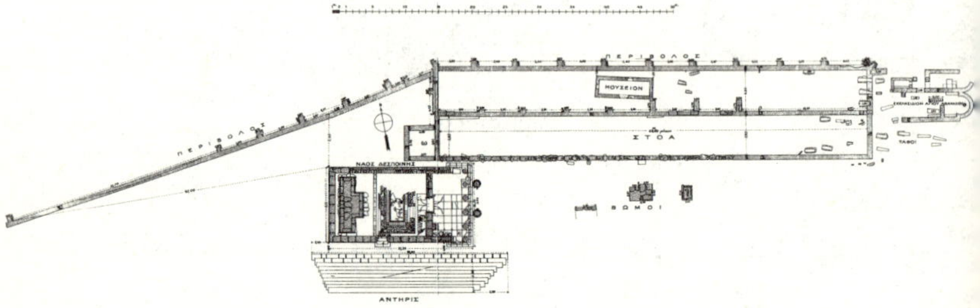

Abb. 26b Lykosura, Heiligtum

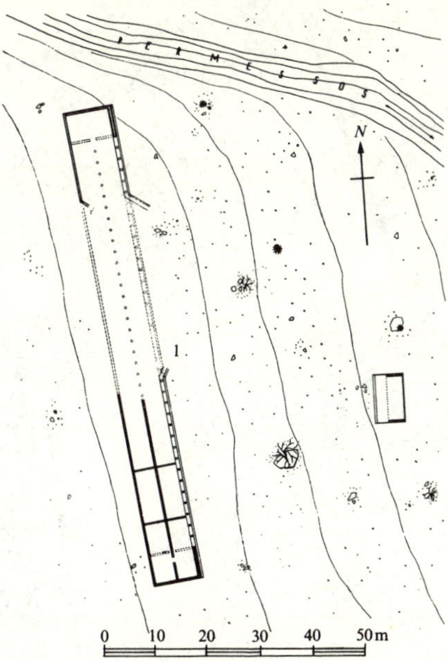

Abb. 27a Thespiae, Musenheiligtum

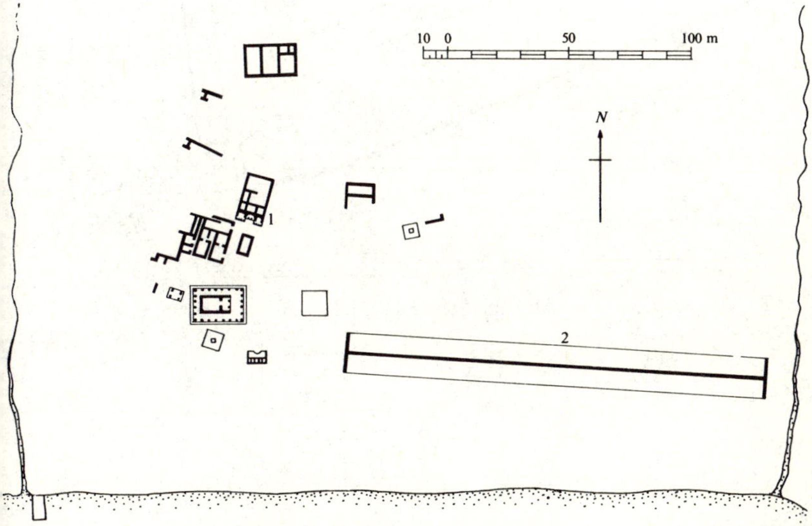

Abb. 27b Tenos, Poseidonheiligtum

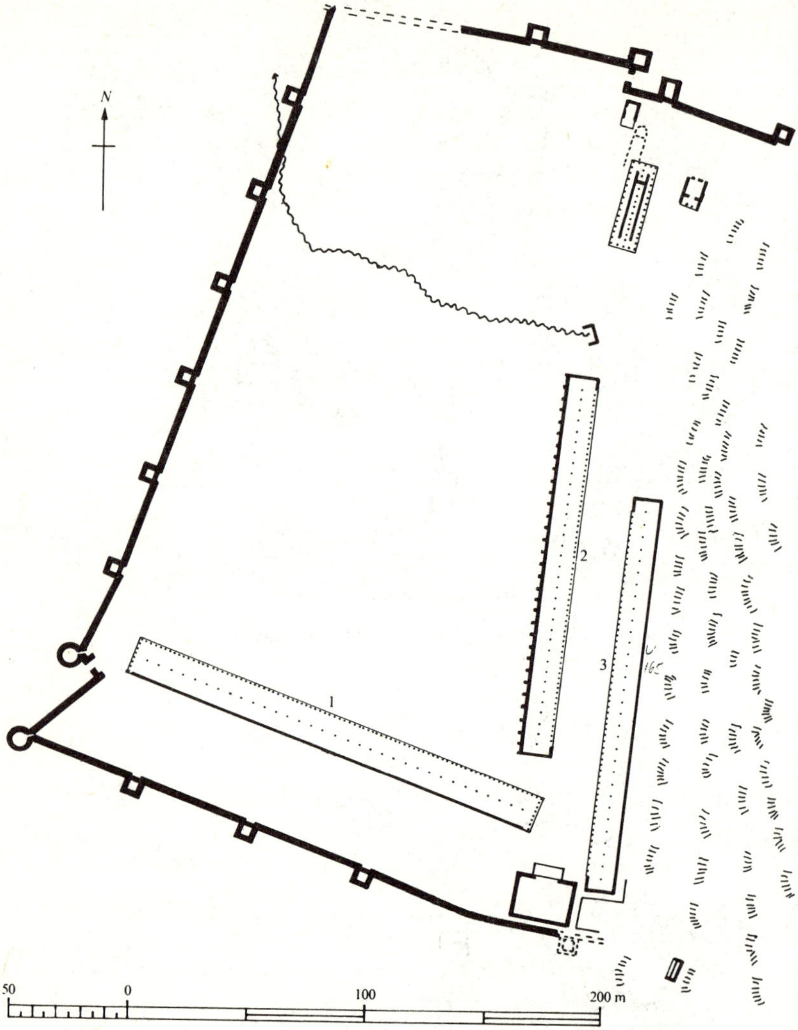

Abb. 28 Thermos, Heiligtum

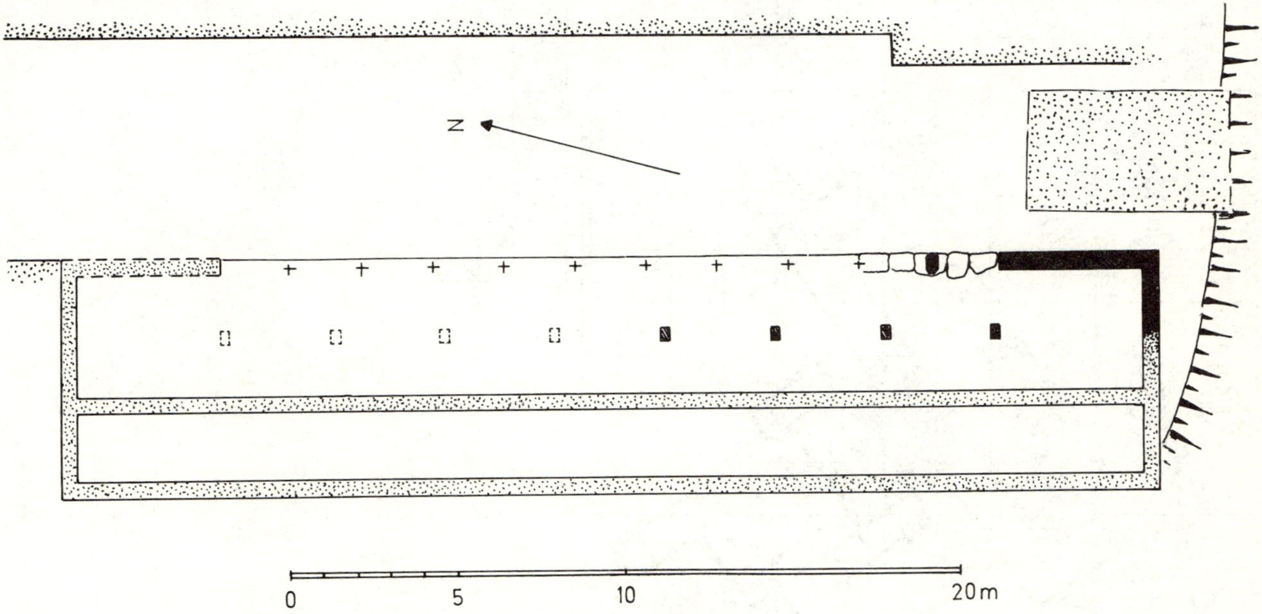

Abb. 29 Kassope, ‘Straßenheiligtum’

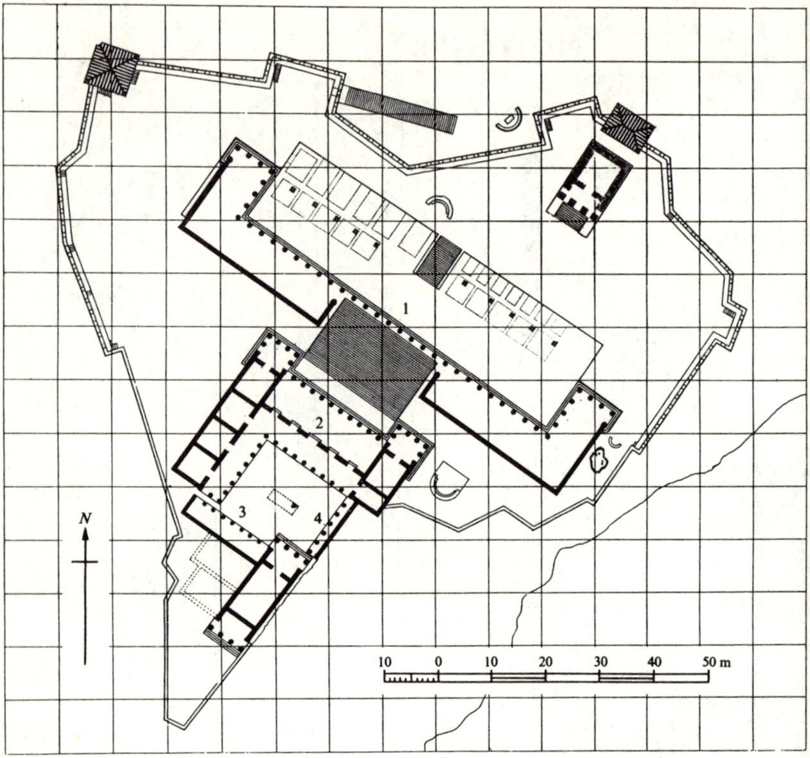

Abb. 30 Lindos, Athenaheiligtum

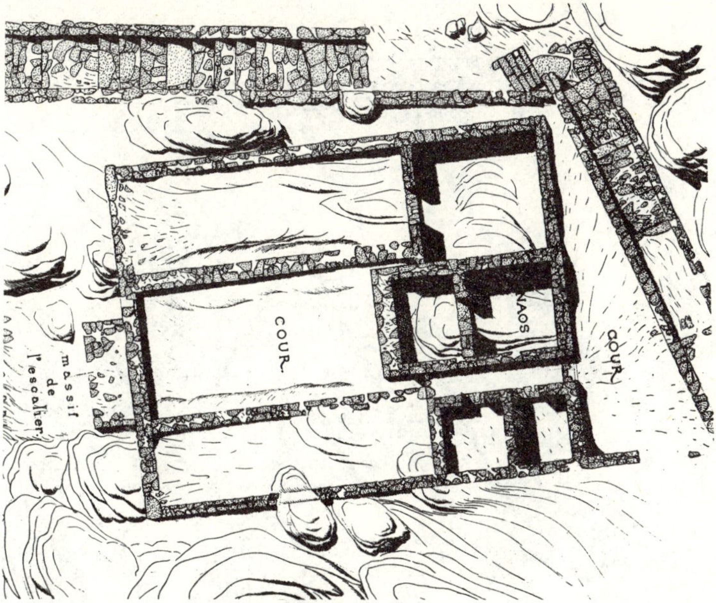

Abb. 31a Delos, Tycheheiligtum

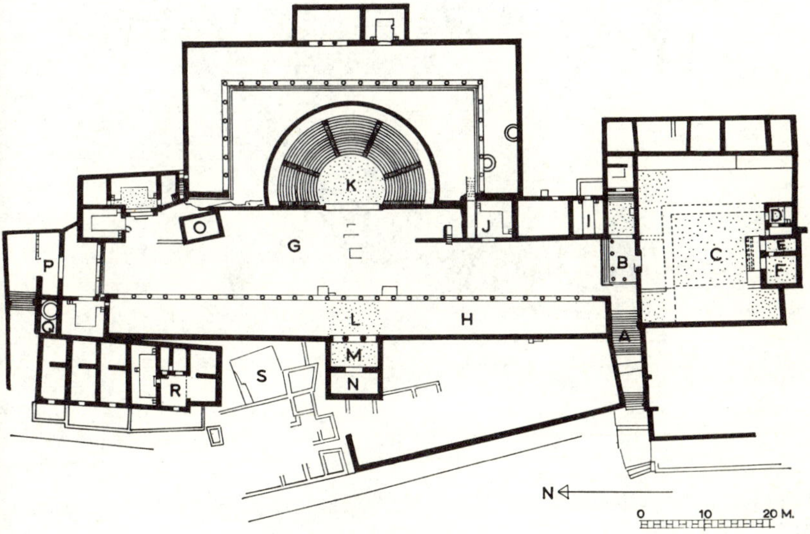

Abb. 31b Delos, Heiligtum der syrischen Götter

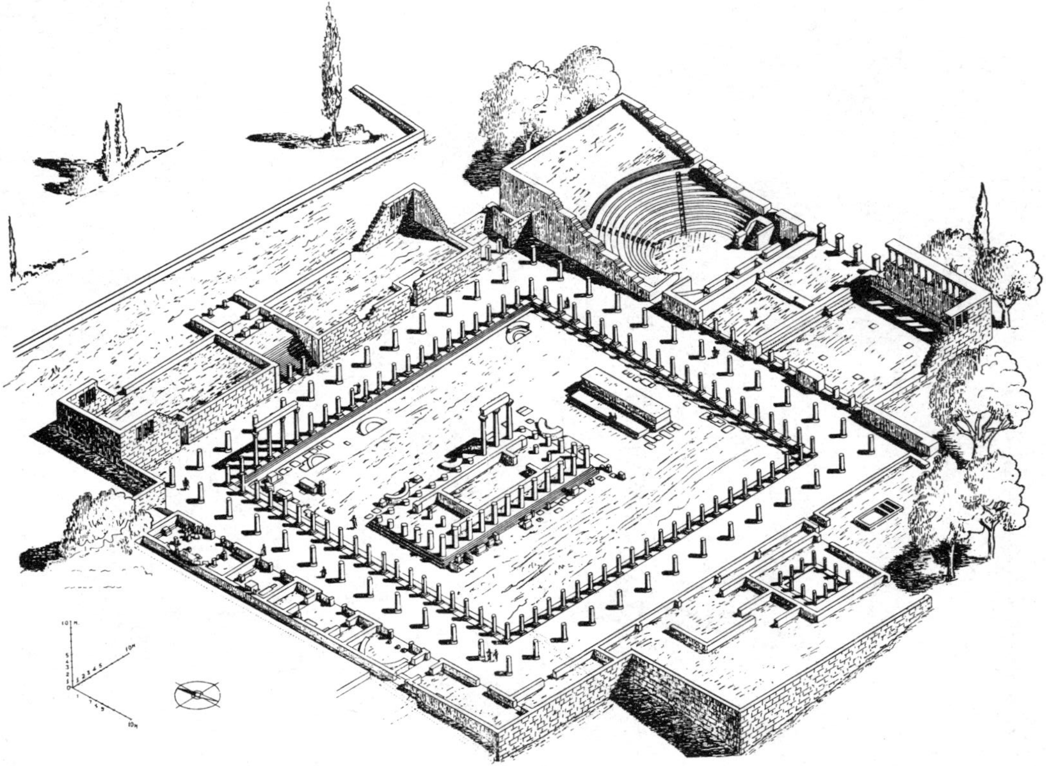

Abb. 32 Messene, Asklepiosheiligtum

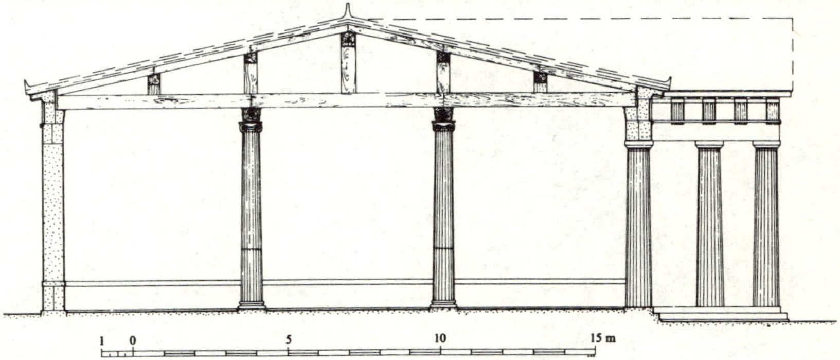

Abb. 33 a Megalopolis, Philippshalle. Querschnitt

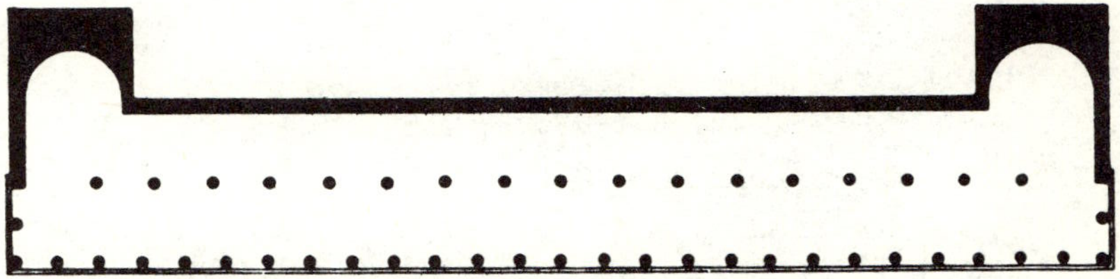
Abb. 33 b Kalydon, Artemisheiligtum. Stoa

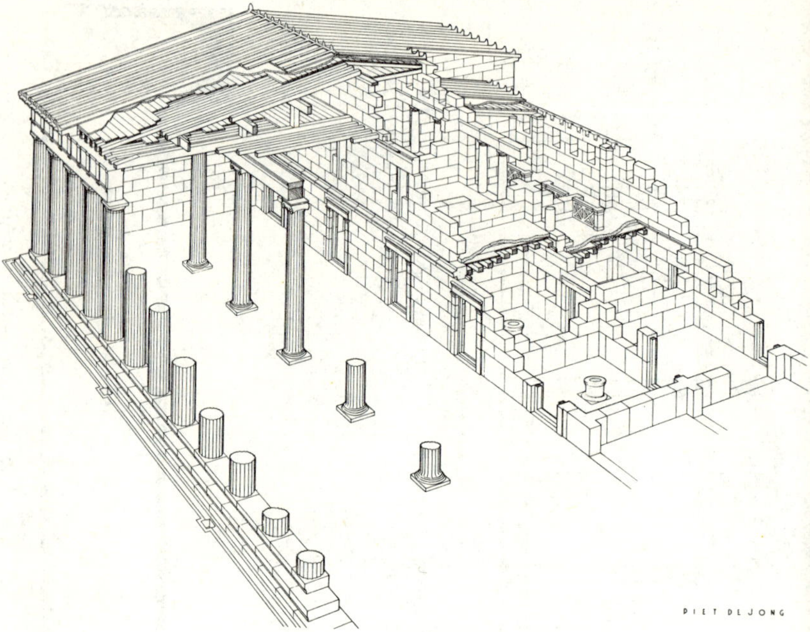

Abb. 34 Korinth, Südstoa

Abb. 35 Epidauros, Asklepiosheiligtum. Abaton

Abb. 36 Aigai, Marktgebäude

Abb. 37 Delos, Prytaneion. Eingangsbau

Abb. 38 Kamiros, sog. Agora. Eingangswand

Abb. 39 Tenos, Brunnenhaus

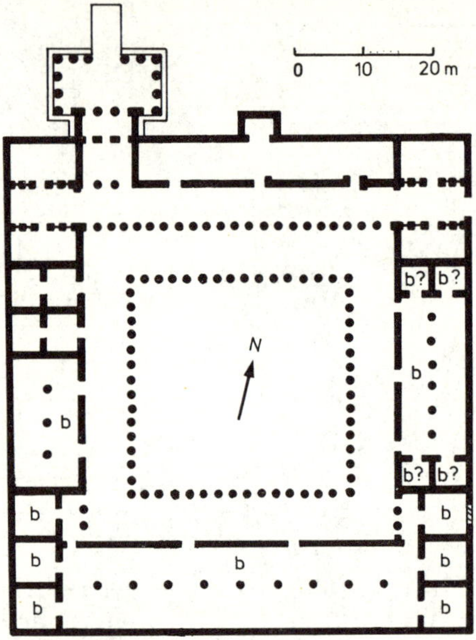

Abb. 40 a Epidauros, Asklepiosheiligtum. Gymnasium

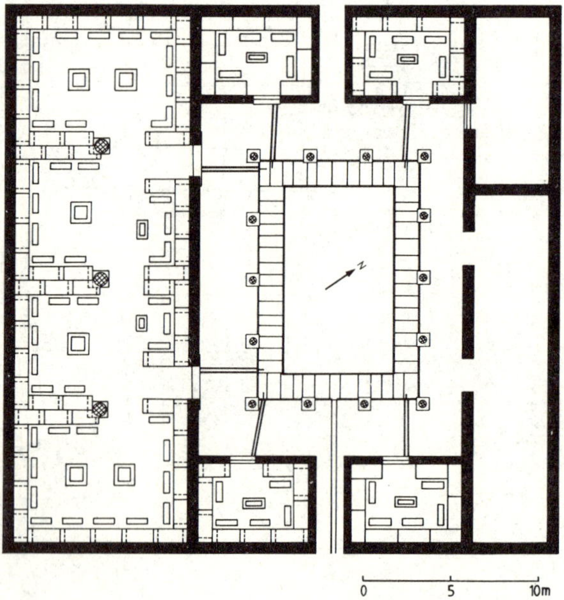

Abb. 40 b Troizen, Bankettaus

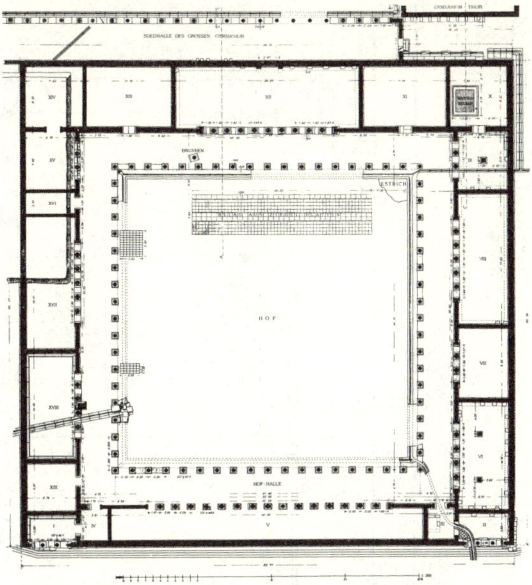

Abb. 41 a Olympia, Palästra

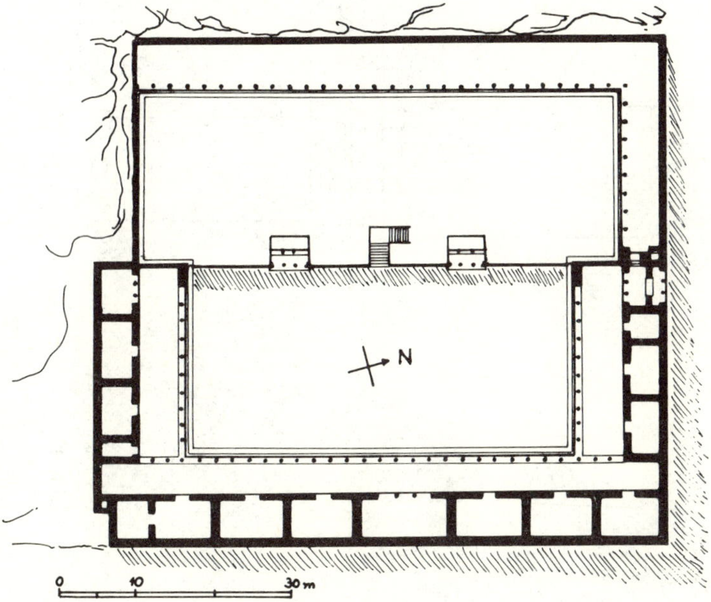

Abb. 41 b Sikyon, Gymnasium. Rekonstruktionsvorschlag

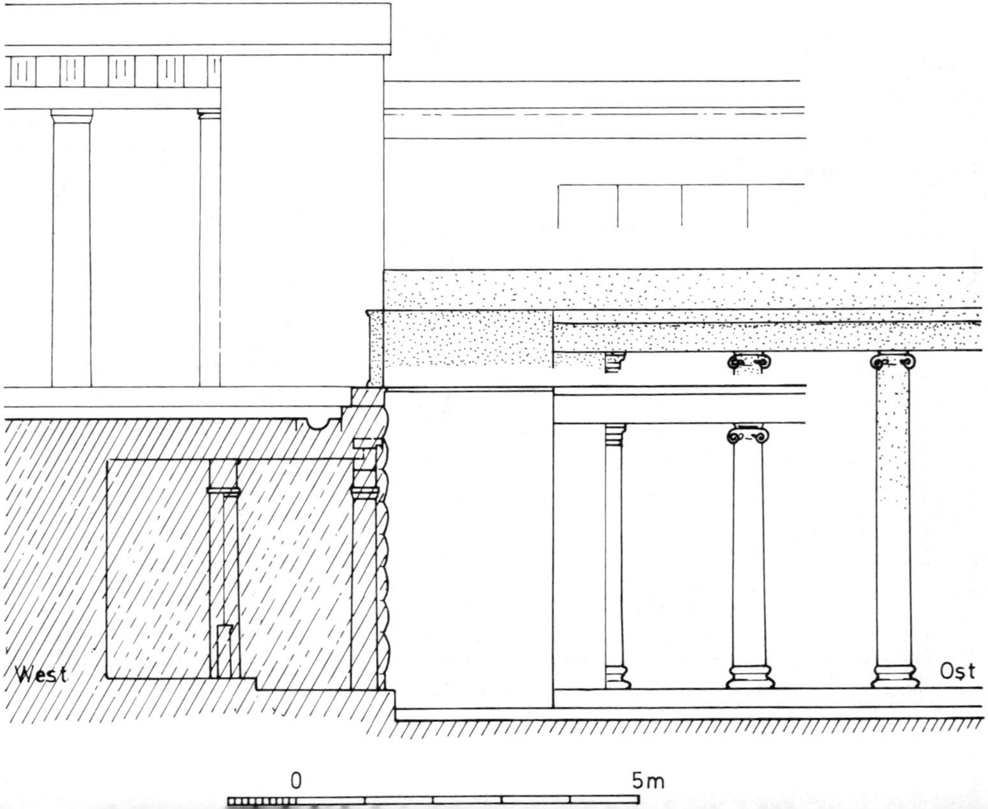

Abb. 42 Sikyon, Gymnasium. Rekonstruierter Terrassenanschluß

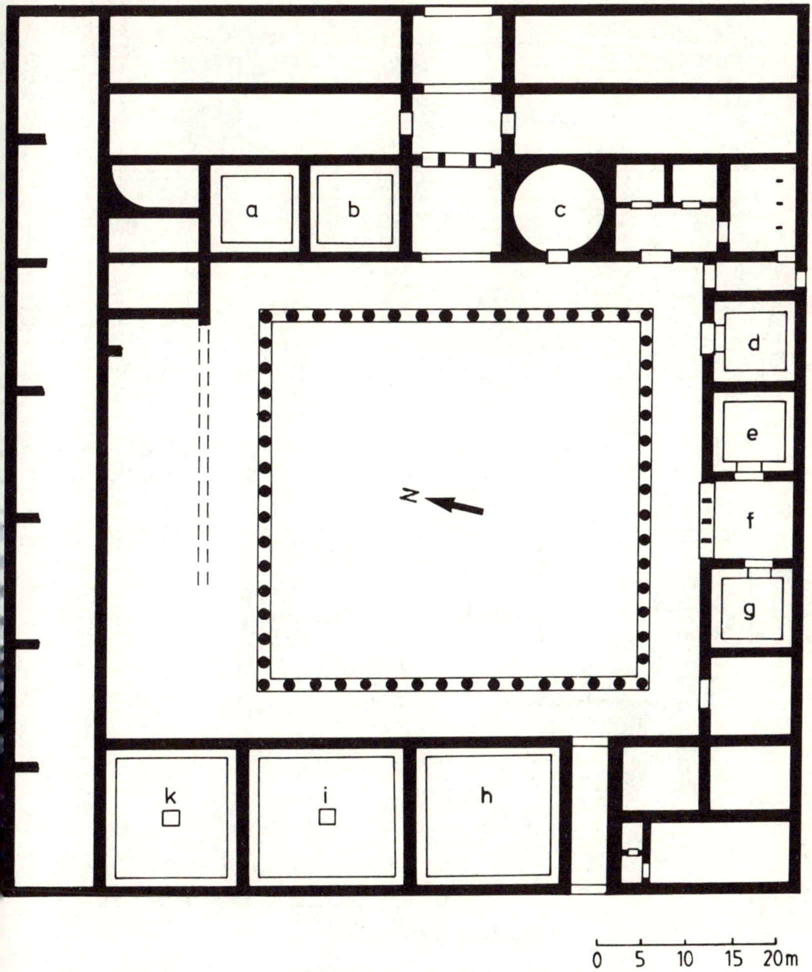

Abb. 43 Vergina, Palast

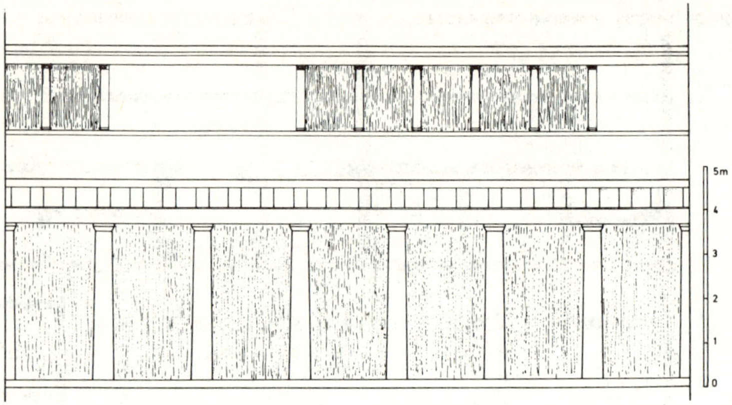

Abb. 44a Pella, Haus I3. Rekonstruierte Hallen

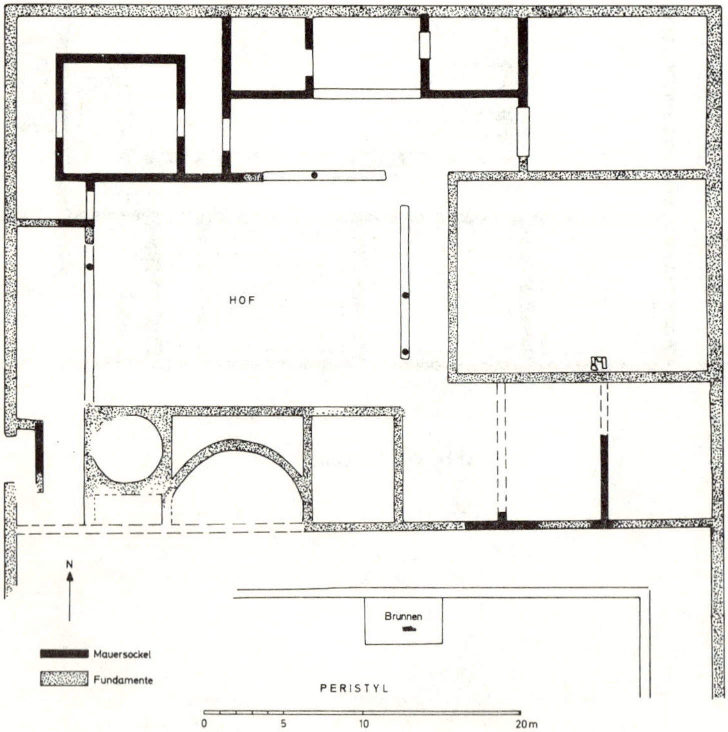

Abb. 44b Pella, Haus I3. Grundriß

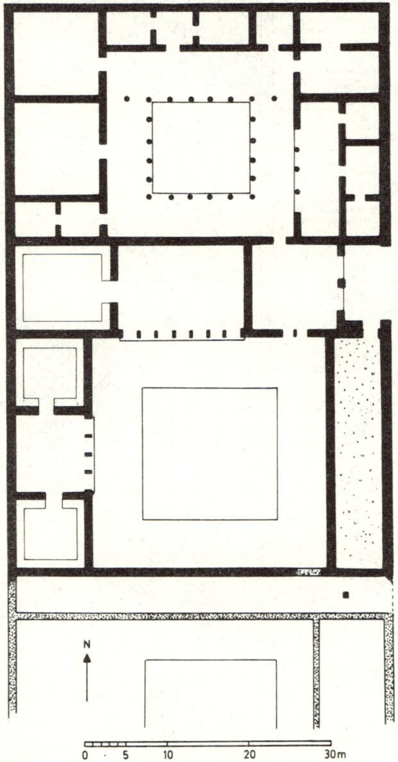

Abb. 45a Pella, Haus I1. Rekonstruktion

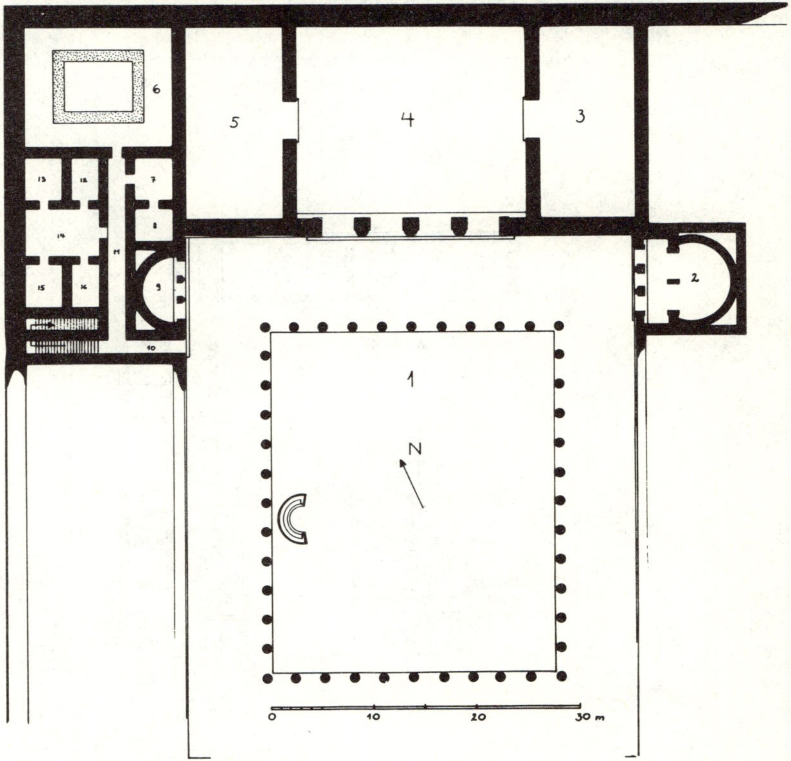

Abb. 45b Pella II, Königlicher Palast. Rekonstruktion

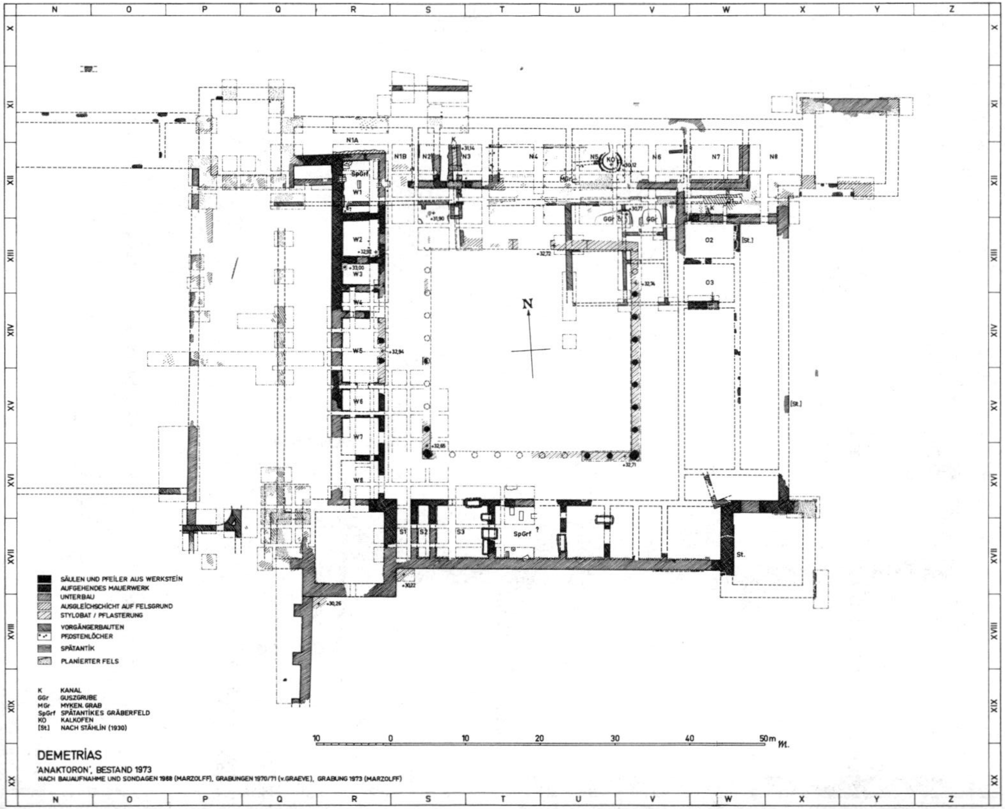

Abb. 46
Demetrias, Palast

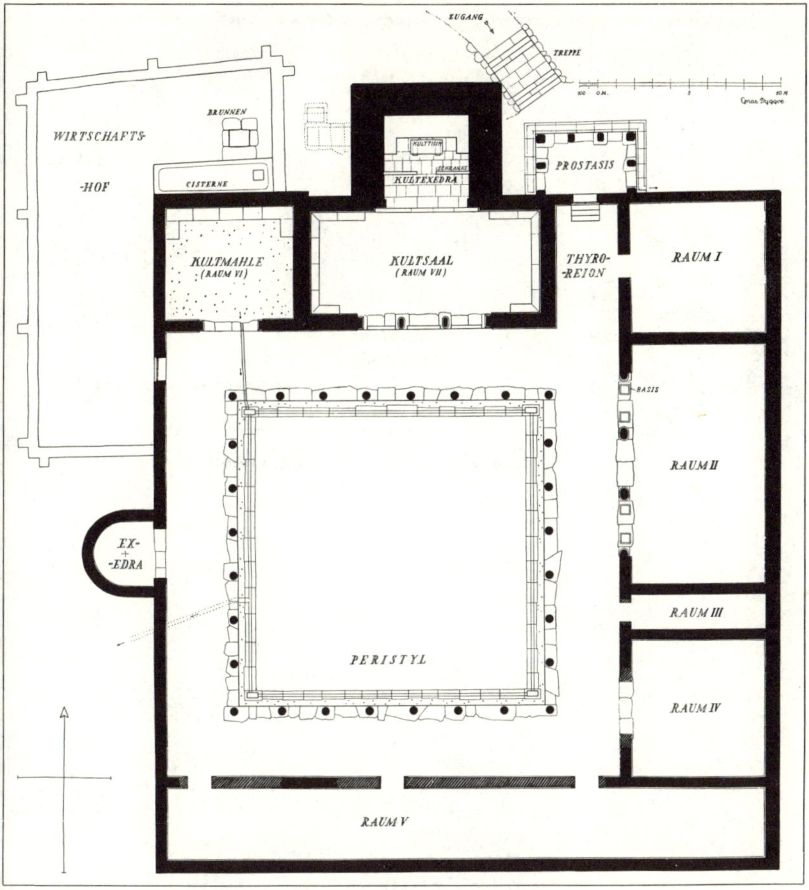

Abb. 47 Kalydon, Heroon

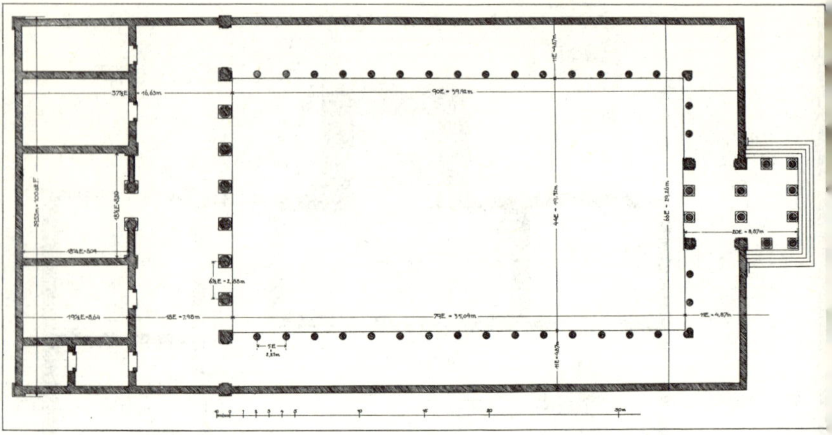

Abb. 48 a Milet, Rekonstruktion des sog. Gymnasiums

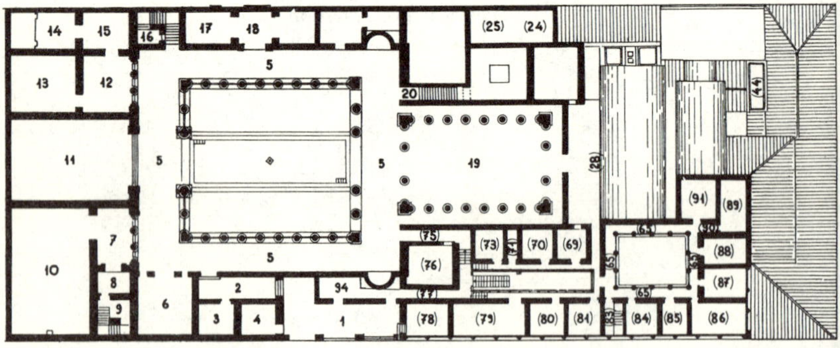

Abb. 48 b Ptolemais, Palazzo delle Colonne. Plan

Abb. 49a Ptolemais, Palazzo delle Colonne. Zierarchitektur

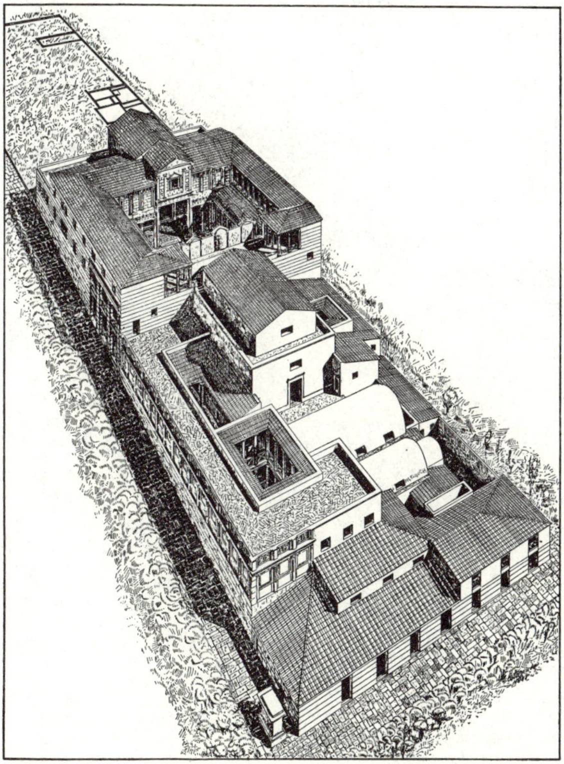

Abb. 49b Ptolemais, Palazzo delle Colonne. Rekonstruktion

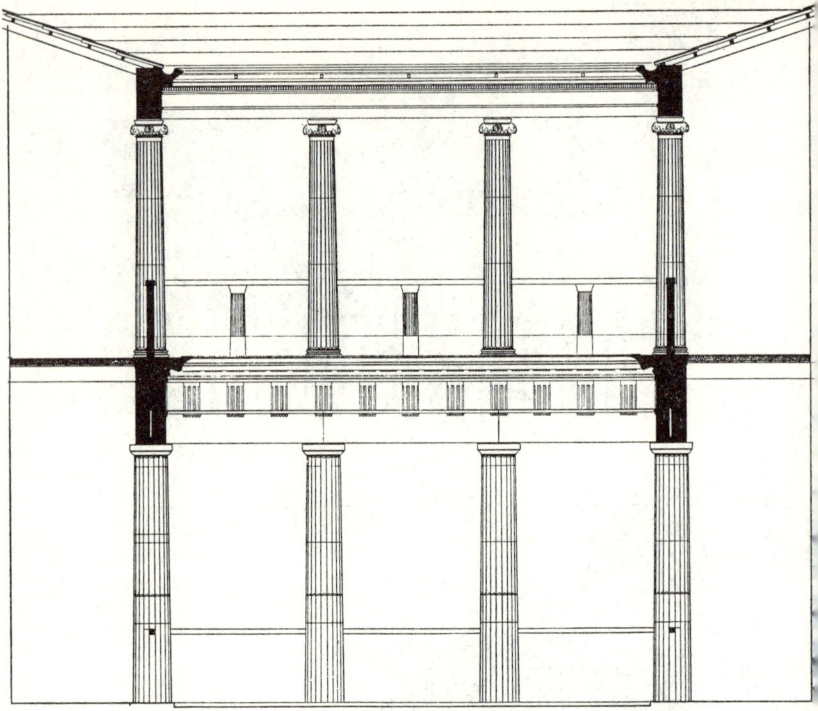

Abb. 50 Monte Jato. Peristylhaus. Rekonstruktion

Abb. 51 Milet, Magazinbau. Rekonstruktion

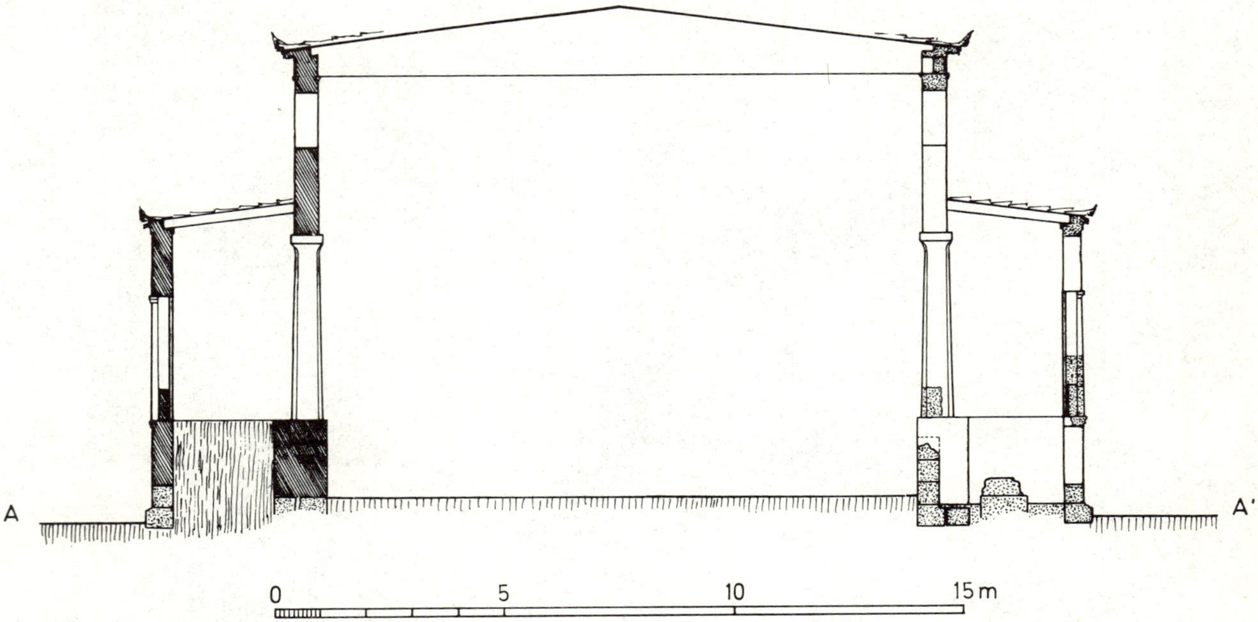

Abb. 52 Epidauros, Asklepiosheiligtum. Bau E. Rekonstruierter Querschnitt

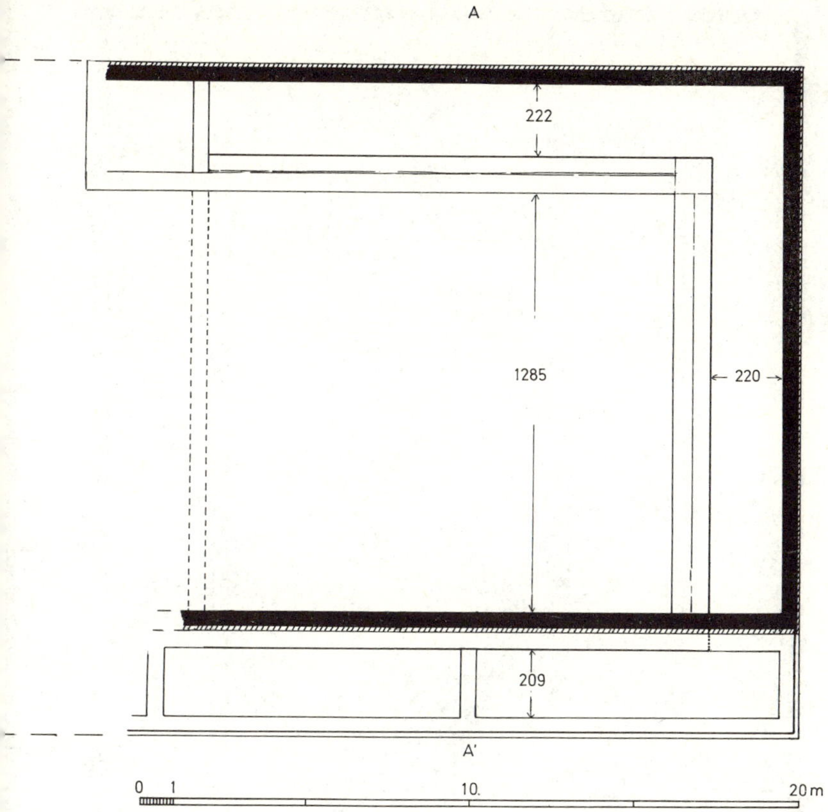

Abb. 53 a Epidauros, Asklepiosheiligtum. Bau E

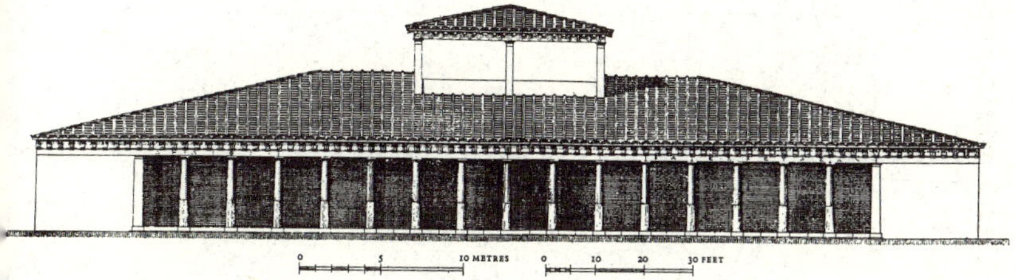

Abb. 53 b Delos, hypostyler Saal

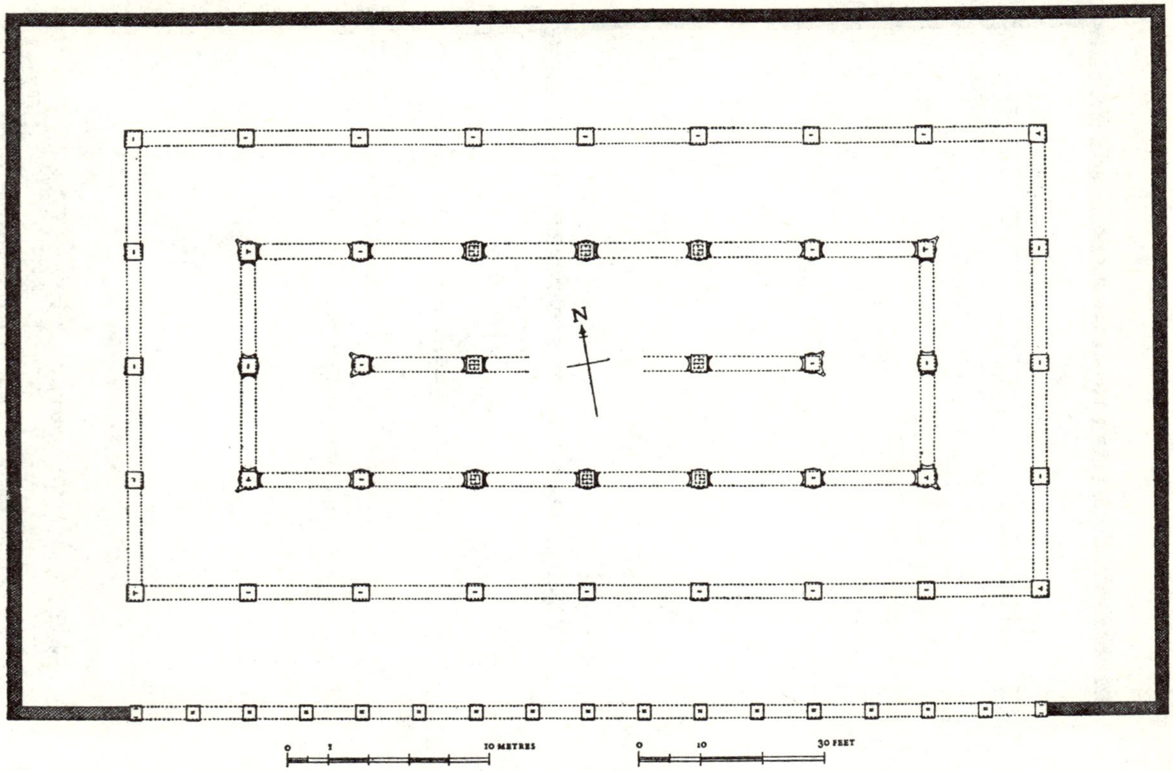

Abb. 54 Delos, hypostyler Saal. Rekonstruierte Ansicht

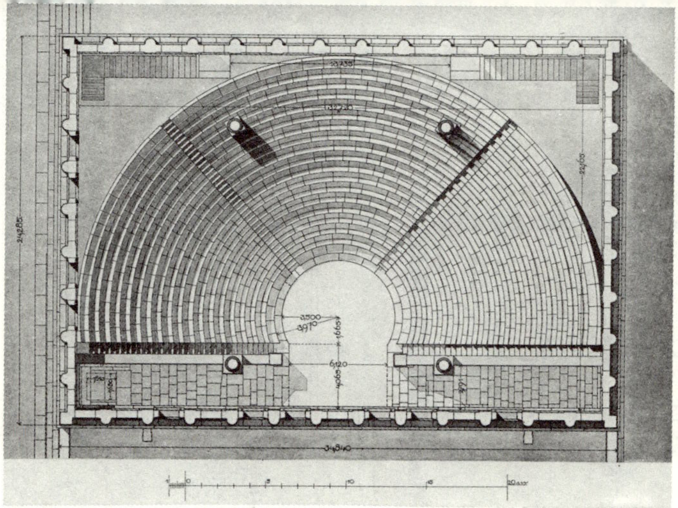

Abb. 55 a
Milet,
Buleuterion

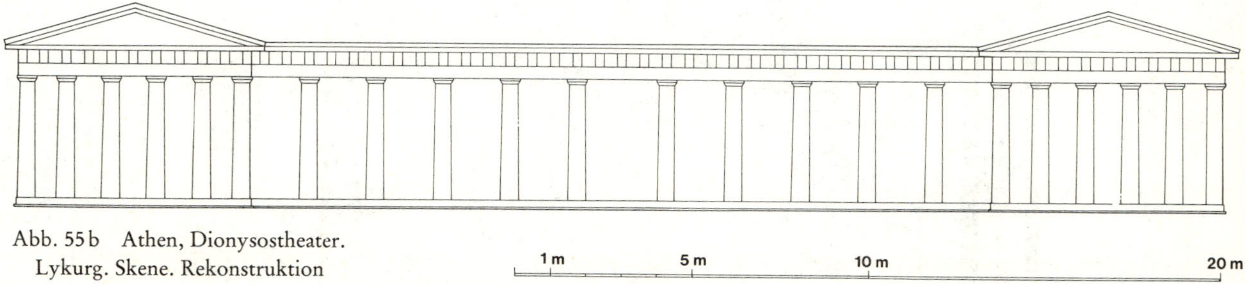

Abb. 55 b Athen, Dionysostheater.
Lykurg. Skene. Rekonstruktion

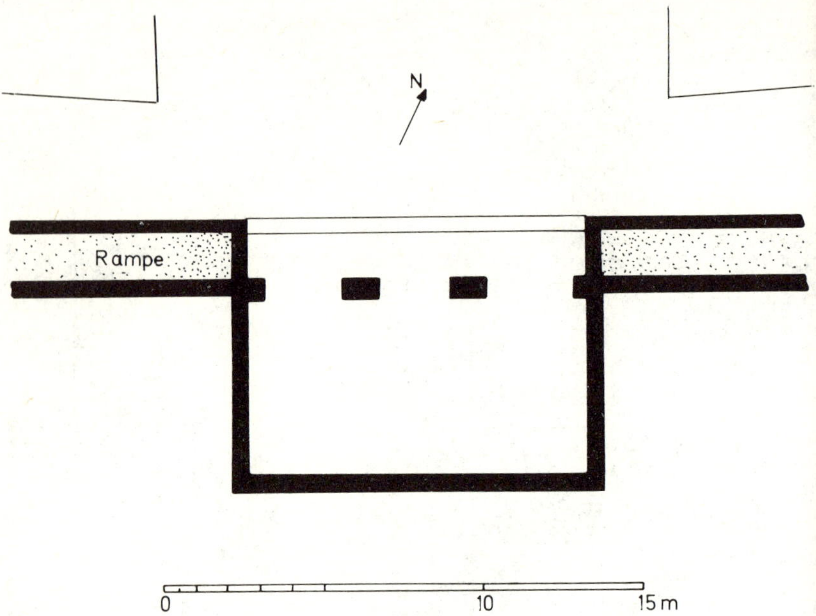

Abb. 56 a Kassope, großes Theater. Skene

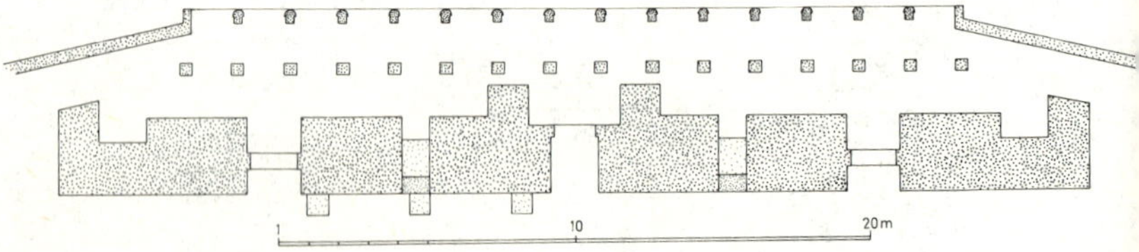

Abb. 56 b Halikarnass, Theater. Bühnenhaus

Abb. 57 Priene, Theater. Skene

Abb. 58 Tyndaris, Theater. Skene

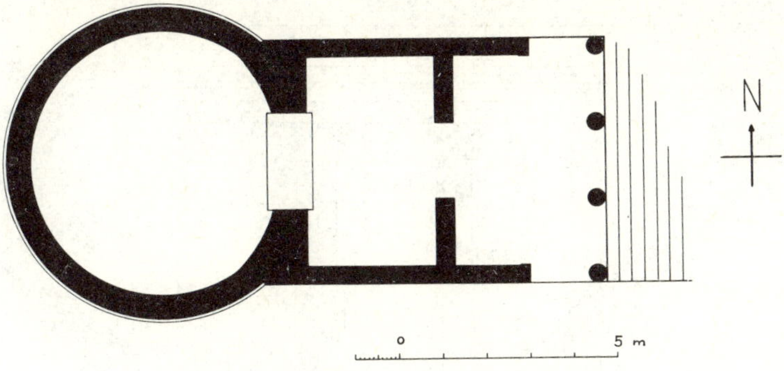

Abb. 59 a Stymphalos, Heroon

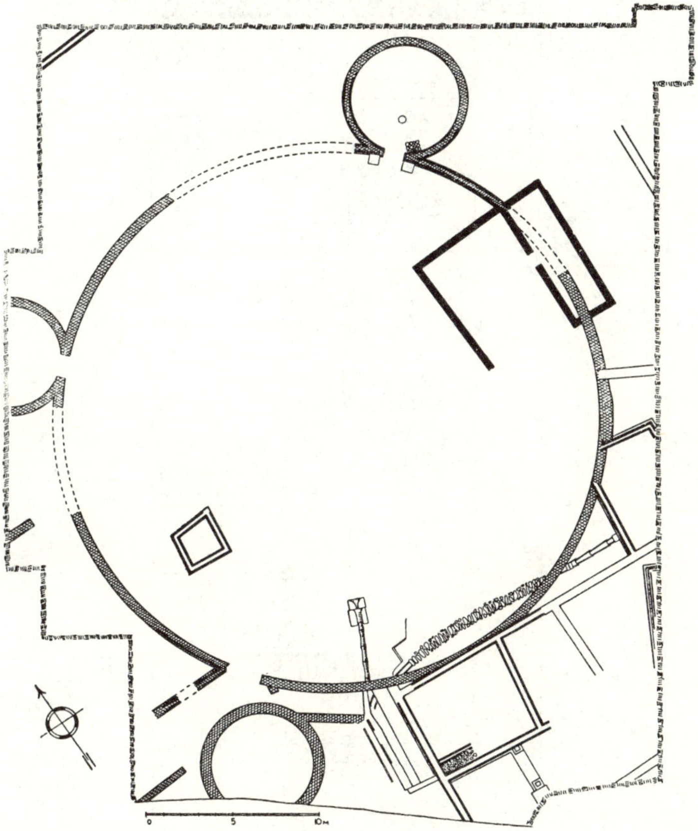

Abb. 59 b Pella VI

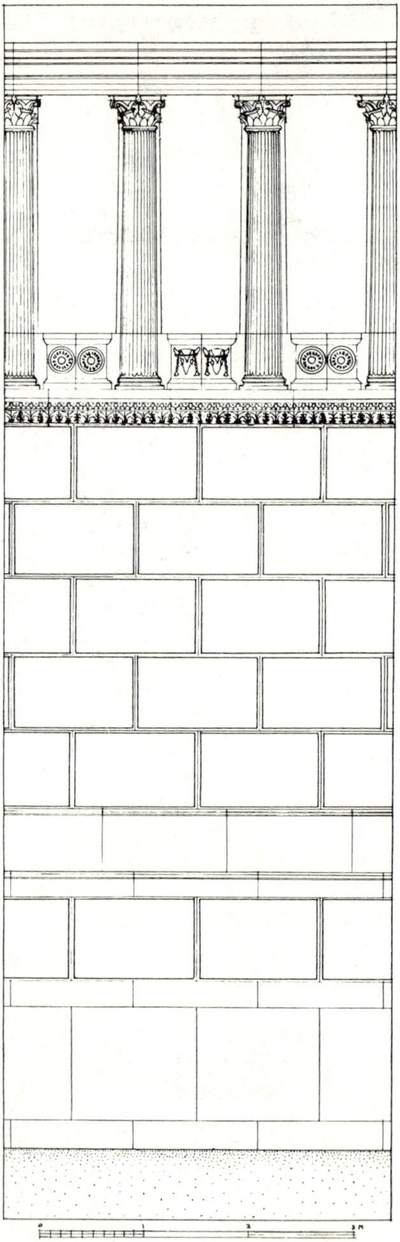

Abb. 60 Samotkrake, Arinoeion

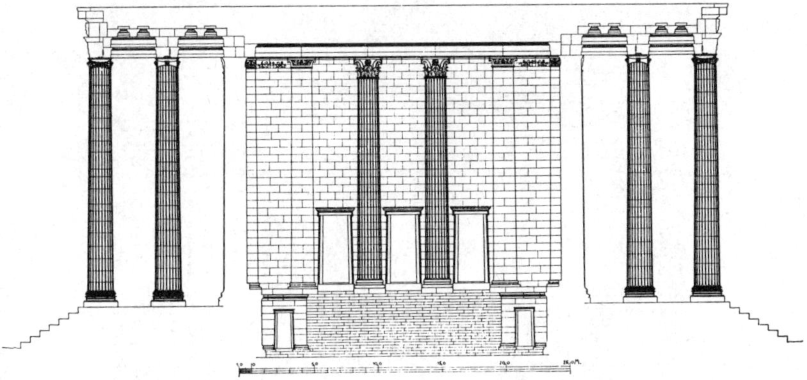

Abb. 61 a Didyma, Apollontempel. Aufriß

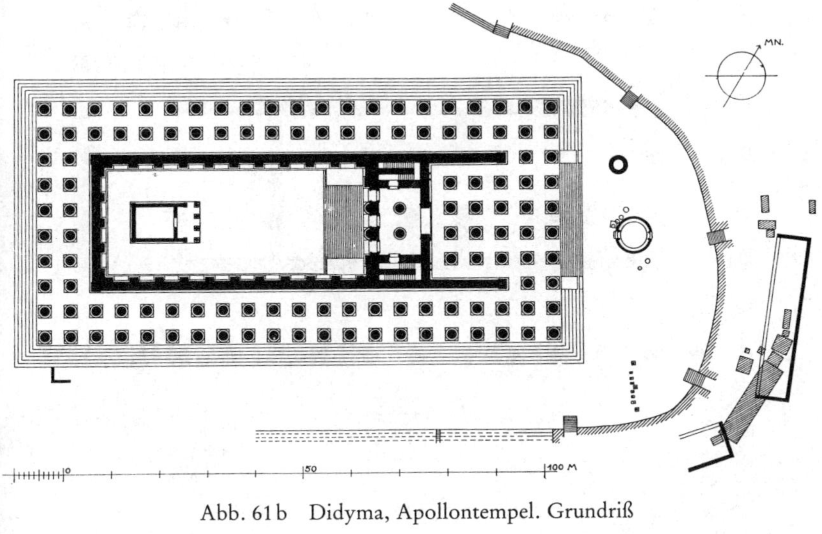

Abb. 61 b Didyma, Apollontempel. Grundriß

Abb. 62a Magnesia, Artemistempel. Aufriß

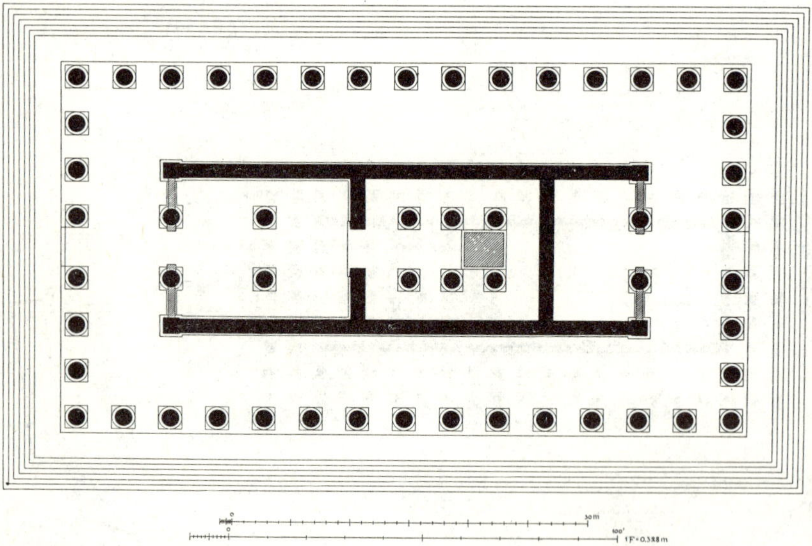

Abb. 62b Magnesia, Artemistempel. Grundriß

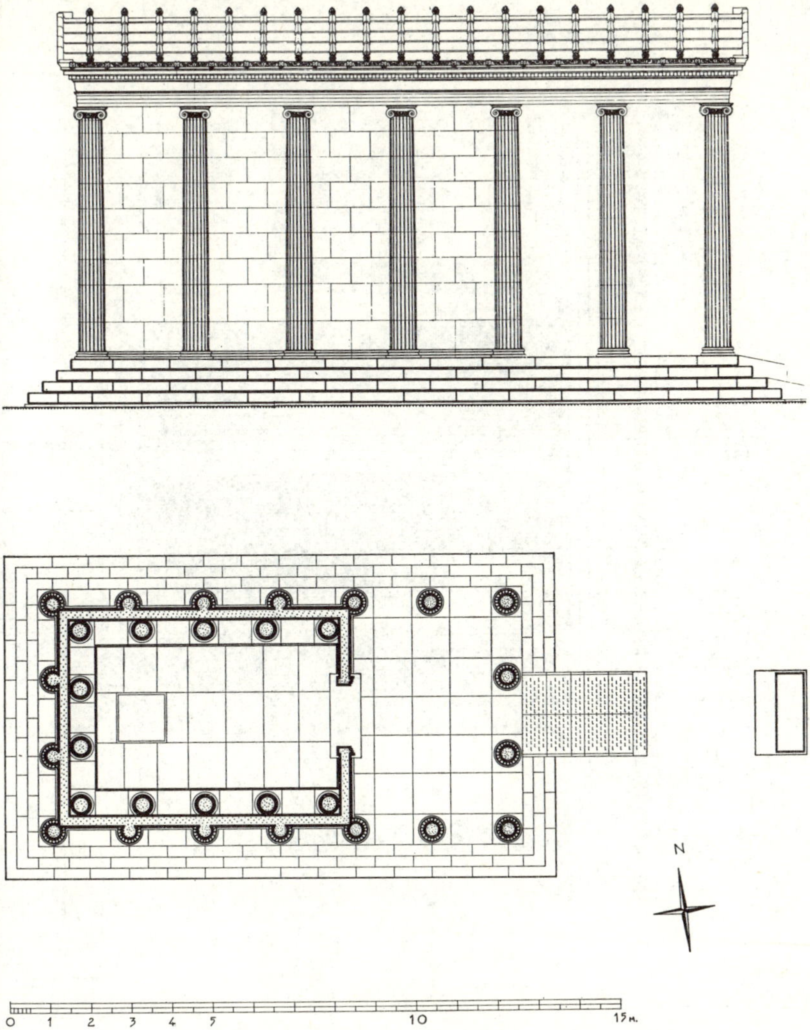

Abb. 63 Epidauros, Tempel L

Abb. 64 Messene, Tempel der Artemis Laphria

Abb. 65 Kournò, Peripteros

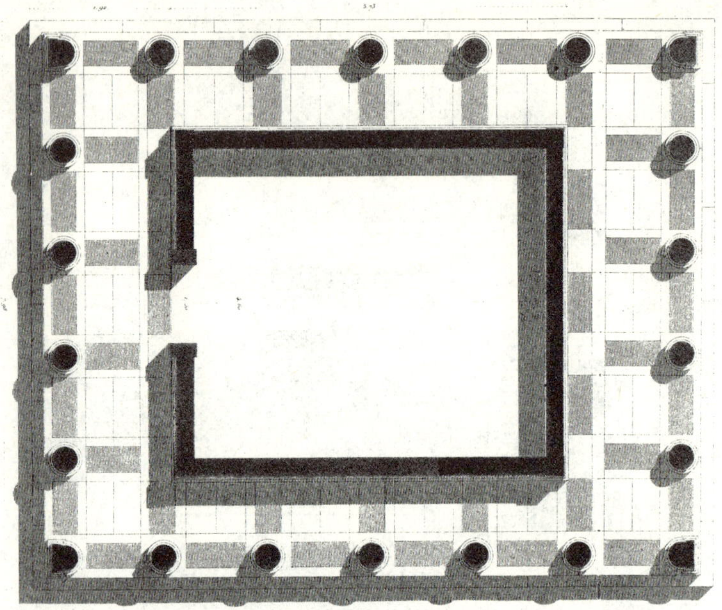

Abb. 66 a Kournò, Peripteros. Grundriß

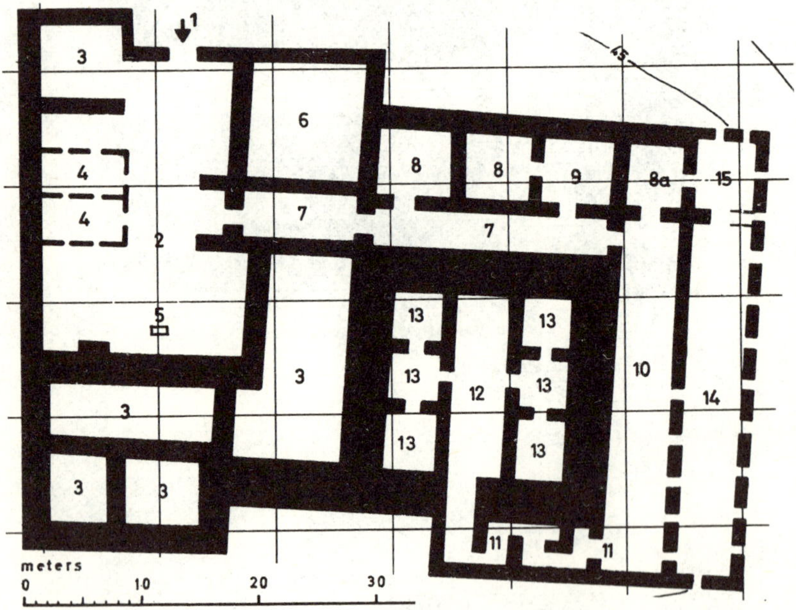

Abb. 66 b Ephyra, Nekyomanteion

Abb. 67 a Samothrake, sog. Hieron. Inneres

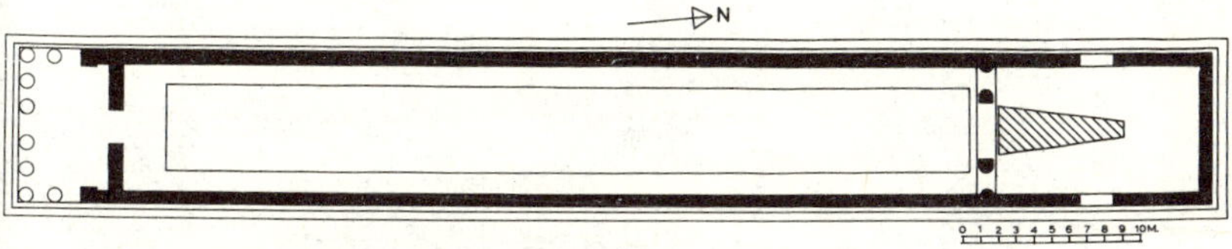

Abb. 67 b Delos, Apollonheiligtum. 'Stiermonument'

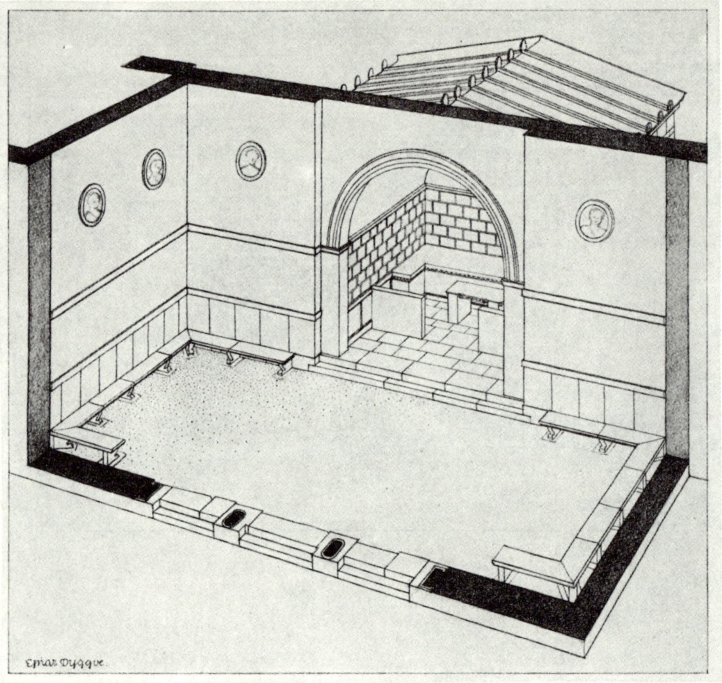

Abb. 68 a Kalydon, Heroon. Kultsaal

Abb. 68 b Paestum, Palästra. Großer Saal

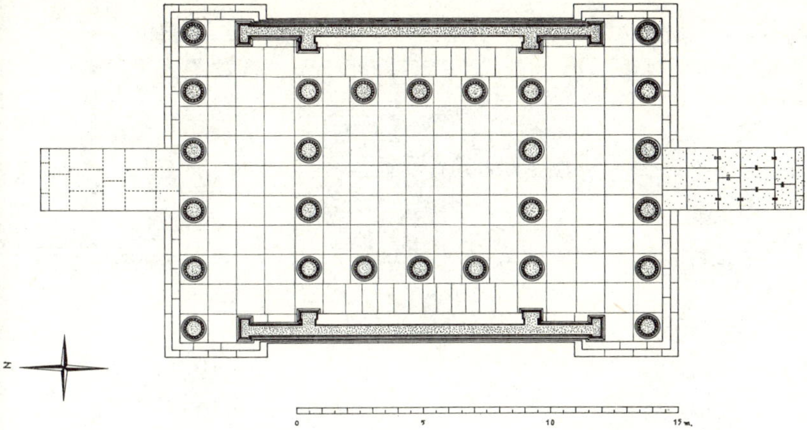

Abb. 69a Epidauros, Asklepiosheiligtum. Nordpropylon

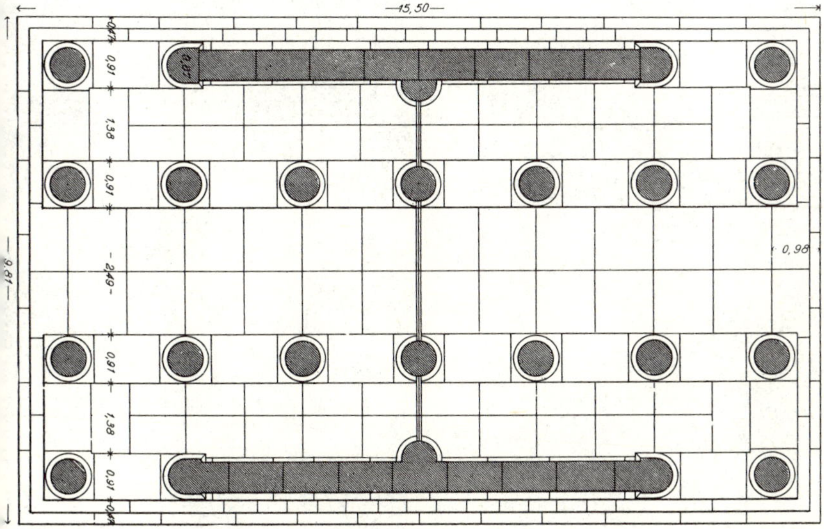

Abb. 69b Olympia, Gymnasiumspropylon

Abb. 70 a Milet, Heiliges Tor

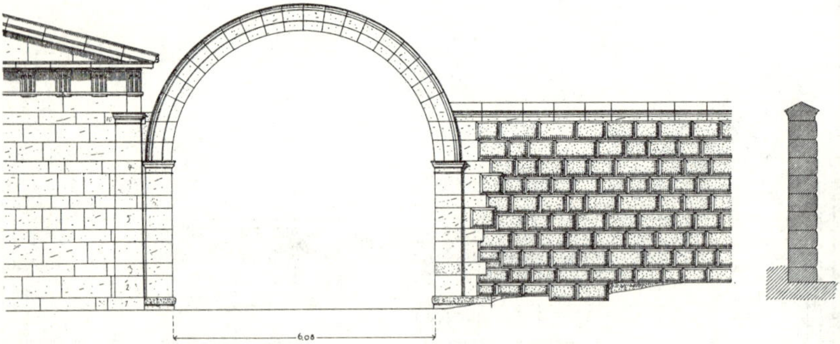

Abb. 70 b Priene, Agorator

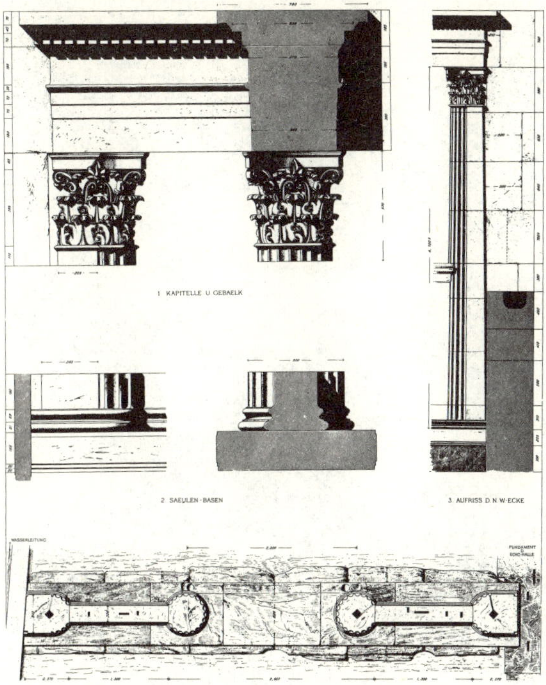

Abb. 71 a Olympia, Stadiontor

Abb. 71 b Eleusis, Innere Propyläen

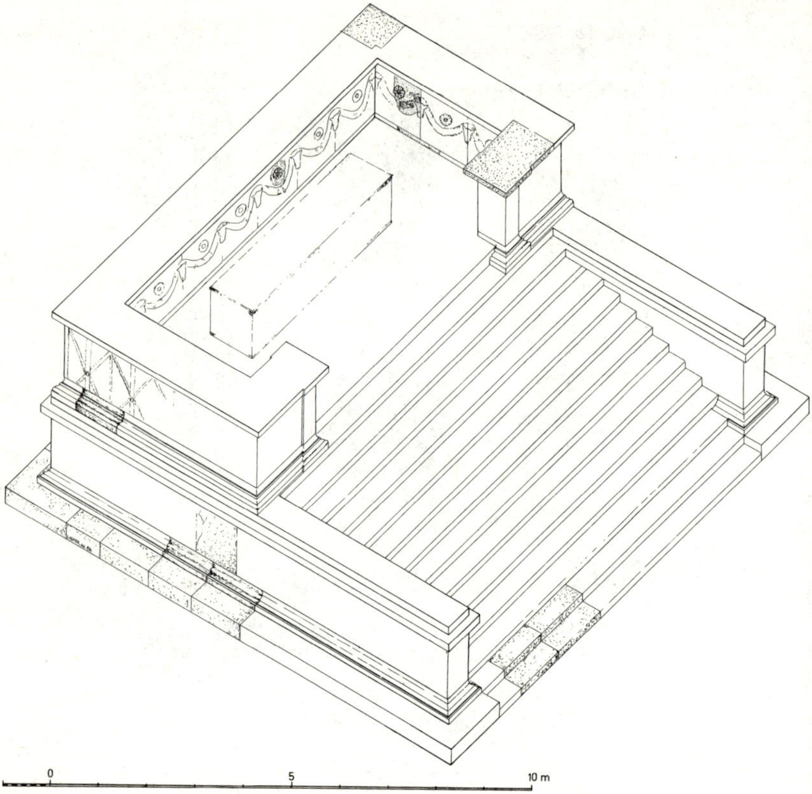

Abb. 72 Tenos, Poseidonheiligtum. Altar

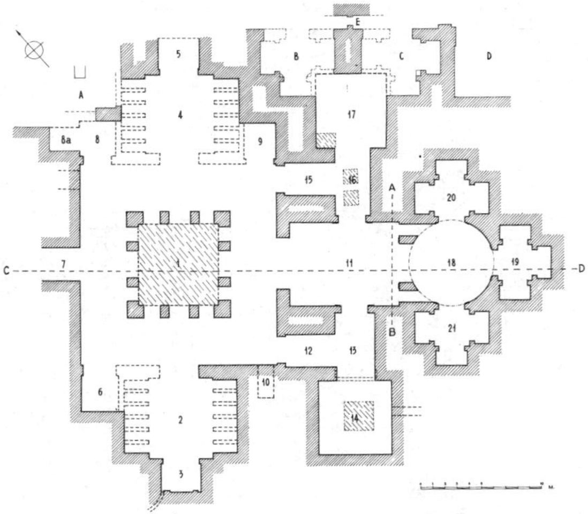

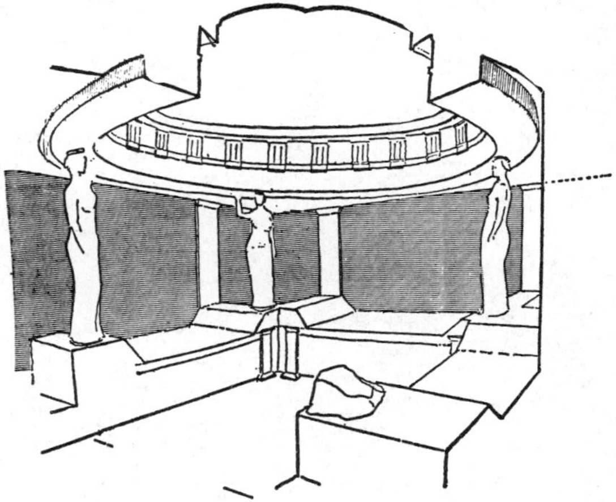

Abb. 73 b Rhodos, Grab von Hagia Triada

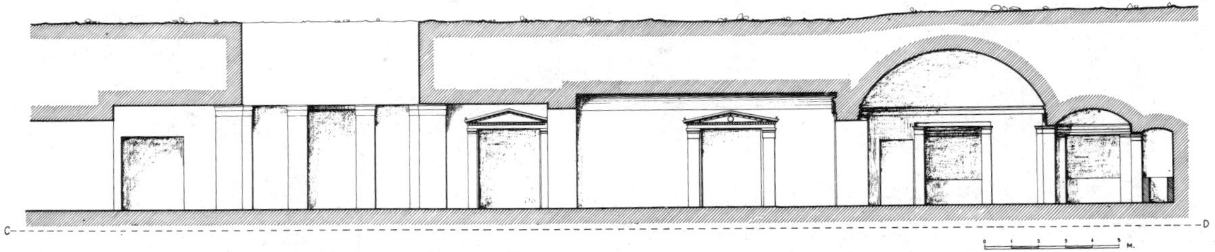

Abb. 73 a Alexandria, Grabanlage Mex/Abu Wadian

Abb. 74 Punisch-numidische Grabtürme

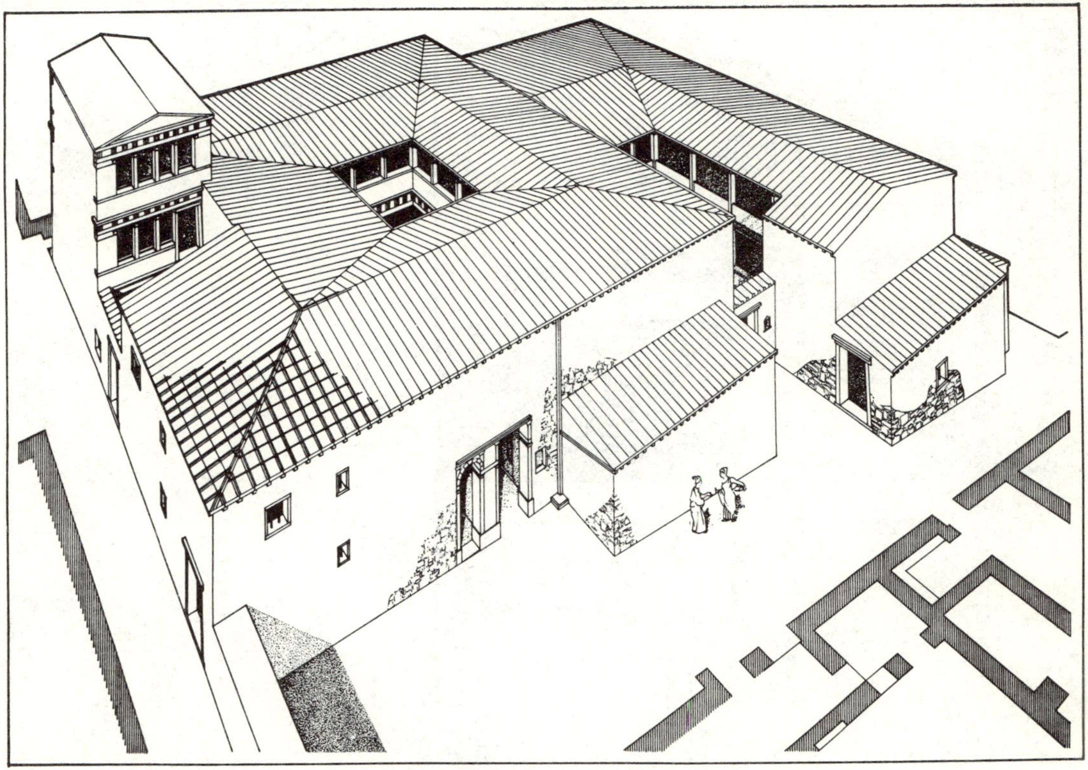

Abb. 75 Delos, Haus der Komödianten

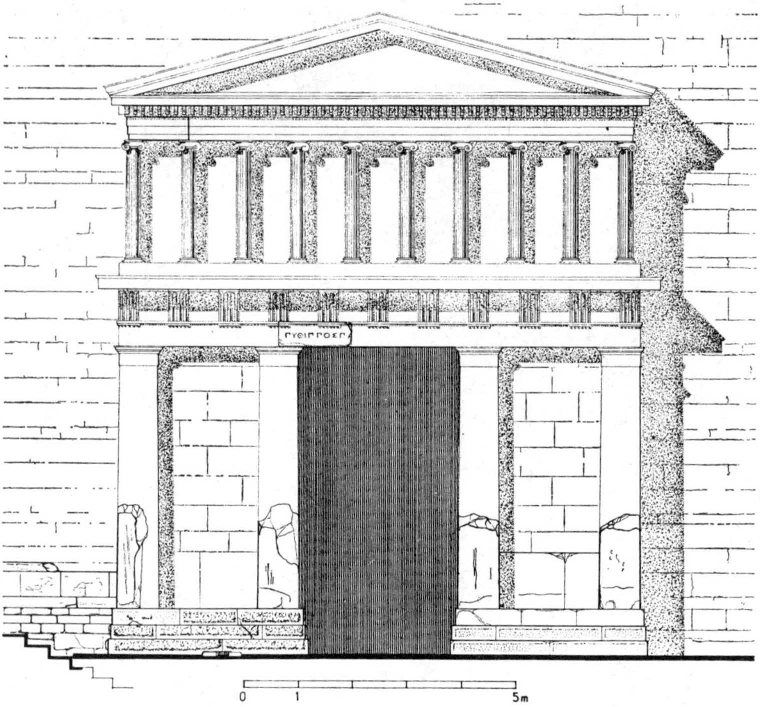

Abb. 76 Thasos, Zeus-Hera-Tor

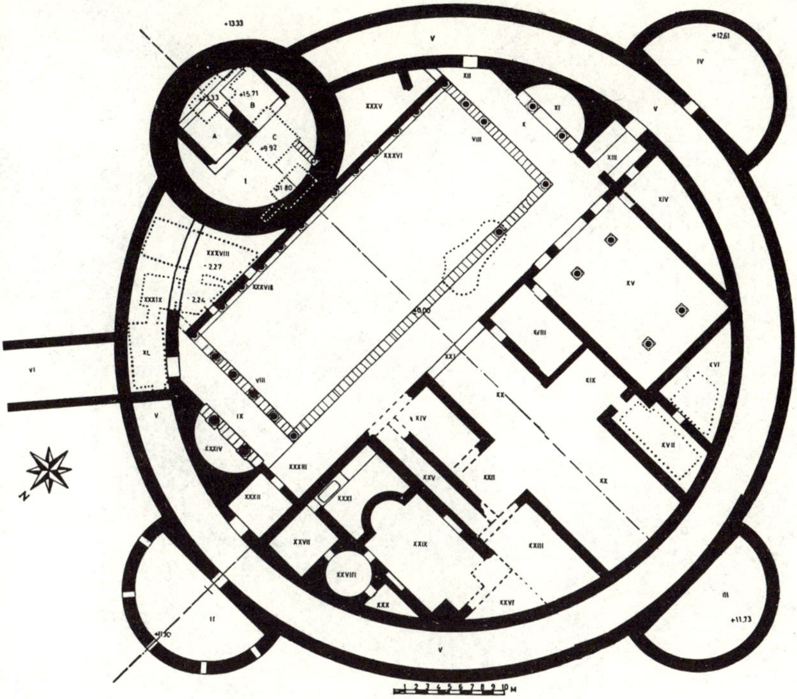

Abb. 77 Dschebel Fureidis, Herodion

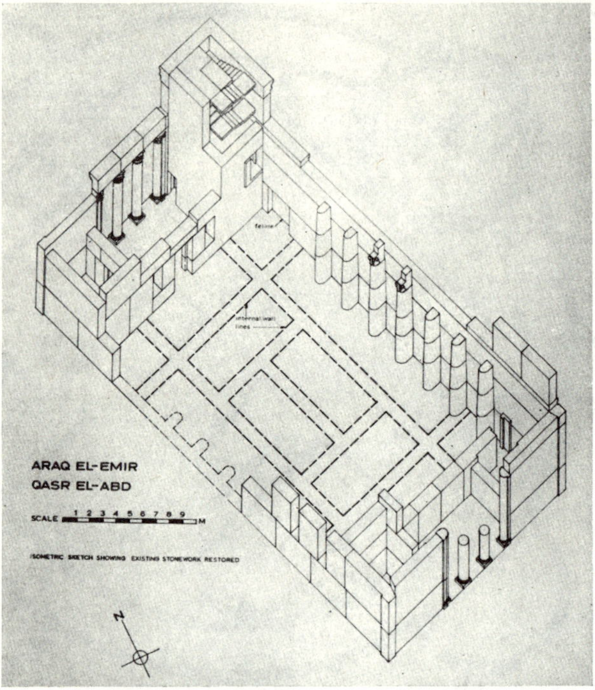

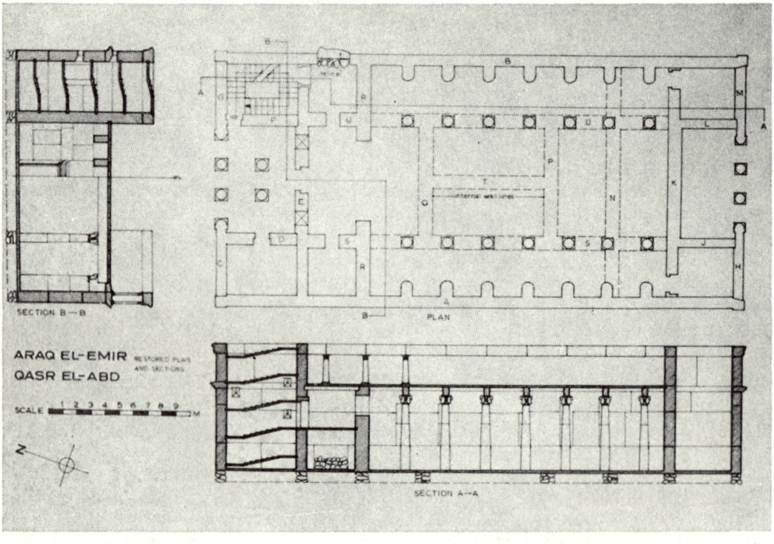

Abb. 78 Araq el Emir

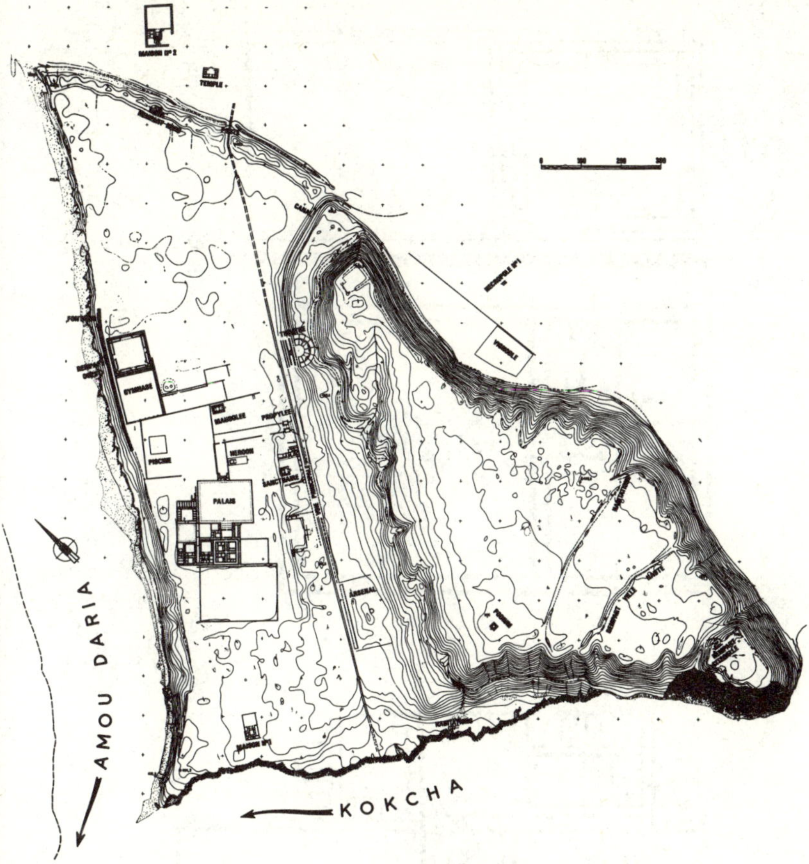

Abb. 79 Ai Khanum, Stadtplan

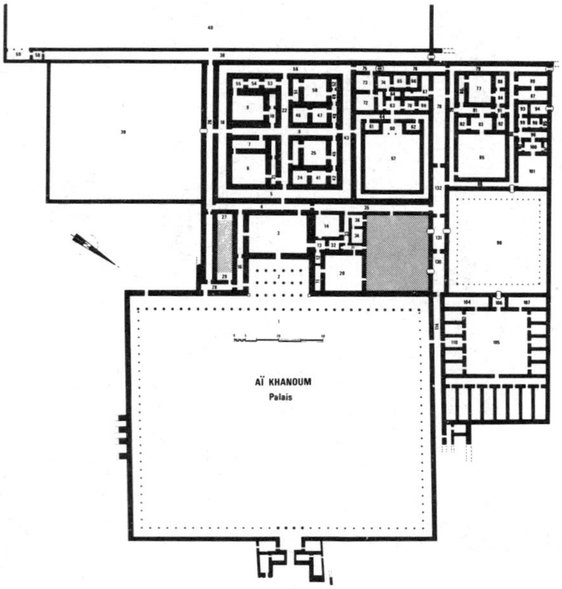

Abb. 80a Ai Khanum, Palast

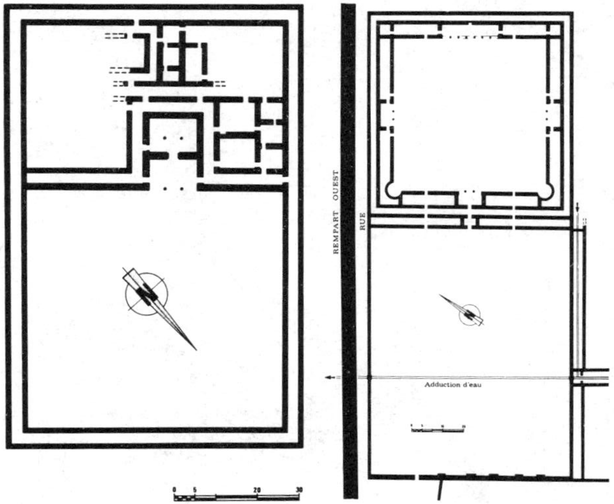

Abb. 80b Ai Khanum, li. Wohnhaus, re. Gymnasium

Taf. 1a Assos, Stadttor

Taf. 1b Oiniadai, Stadttor

Taf. 2a Velia, Porta Rosa

Taf. 2b Rhodos, Flußbrücke

Taf. 3 a Lindos, untere Stoa der Akropolis

Taf. 3 b Athen, Attalosstoa

Taf. 4a Knidos, dreigeschossiger Hallenbau

Taf. 4b Alinda, Marktgebäude

Taf. 5a Delos,
Peristyl des Dreizackhauses

Taf. 5b Delos, Peristyl des Hermeshauses

Taf. 6a Pella I1, Nordperistyl

Taf. 6b Tebtynis, Peristylgebäude

Taf. 7a Olympia, Palästra. Peristyl mit Annexräumen

Taf. 7b Kos, Gymnasium. Peristyl

Taf. 8a Olympia, Palästra. Säulen vor Raum IX

Taf. 8b Ptolemais, Palast. Säulen an Vorraum 7

Taf. 9a Vergina, Palast. Eingang der südl. Dreiraumgruppe

Taf. 9b Messene, Asklepieion. Eingang des hypostylen Saales

Taf. 10 Alexandria, Grab Mustafa Pascha 3

Taf. 11a + b   Alexandria, Grab Mustafa Pascha 2

Taf. 12a Jalysos, Brunnenhaus

Taf. 12b Sikyon, Brunnenhaus im Gymnasium

Taf. 13a Rhodos, Rhodini. Grabfassade

Taf. 13b Selce e Pogradec. Grabfassade

Taf. 14a Kos, Asklepieion. Älterer Tempel B

Taf. 14b Didyma, Apollontempel. Hof

Taf. 15 Delos, Isistempel

Taf. 16 Vergina, makedon. Grab 1

Taf. 17 Hagios Athanasios, makedon. Grab

Taf. 18 Epidauros, Theater

Taf. 19a Oropos, Theater

Taf. 19b Halikarnass, Theater

Taf. 20a Delos, Haus im Skardanaviertel. Peristyl

Taf. 20b Stratonikea, Gymnasium. Westfassade

Taf. 21a, b Stratonikea, Gymnasium. Hemizyklischer Saal

Taf. 22 Stratonikea, Gymnasium. Rechteckiger Saal

Taf. 23 a Epidauros, Theater. Parodostor

Taf. 23 b Delos, Gymnasium. Saaleingang

Taf. 24 Pergamon, Propylon des Athenaions (Berlin)

Taf. 25 a Delphi, Prusiaspfeiler

Taf. 25 b Delos, Exedra

Taf. 26a Kos, Dionysosaltar

Taf. 26b Thasos, choregisches Monument

Taf. 27a Lindos, Grab von Hagios Milianos

Taf. 27b Canosa, Hypogäum. Dromos

Taf. 28a Rhodos, Grab von Asguru

Taf. 28b Canosa, Hypogäum (wie Taf. 27b)

Taf. 29a Athen, Lysikratesdenkmal

Taf. 29b Capua, La Conocchia

Taf. 30a Dugga, Grabturm

Taf. 30b Petra, Grab el Hasne

Taf. 31a Delphi, Säulendenkmal

Taf. 31b Olympia, Leonidaion

Taf. 31c Delos, Palästra am See

Taf. 32a Messina, Museum

Taf. 32b Tripotama (Psophis), Privatbesitz

Taf. 33 a Samothrake, Ptolemaion

Taf. 33 b Athen, Olympieion

Taf. 34 a Milet, Laodikebau

Taf. 34 b Alexandria, aus Palastgebiet (?)

Taf. 35a Tyndaris, Haus C

Taf. 35b Syrakus, Museum; aus Noto

Taf. 36 a, b Messene, Asklepieion

Taf. 37a Canosa, Tempel von S. Leucio

Taf. 37b Korinth, Museum

Taf. 38 a Epidauros, Abaton. Souterrain

Taf. 38 b Sikyon, Museum

Taf. 39a Rhodos, Museum (von Grabädikula)

Taf. 39b Kos, Dionysosbezirk

Taf. 40a Thespiae, Museum

Taf. 40b Samos – Pythagorion, Kastro

Taf. 41a Alexandria, Museum

Taf. 41b Rhodos, Museum

Taf. 42a Ephyra, Nekyomanteion

Taf. 42b Rhamnous, Amphiaraostempelchen

Taf. 43 a Lefkadia, sog. Marmorgrab. Gewölbemalerei

Taf. 43 b Pella I1, Fußbodenmosaik

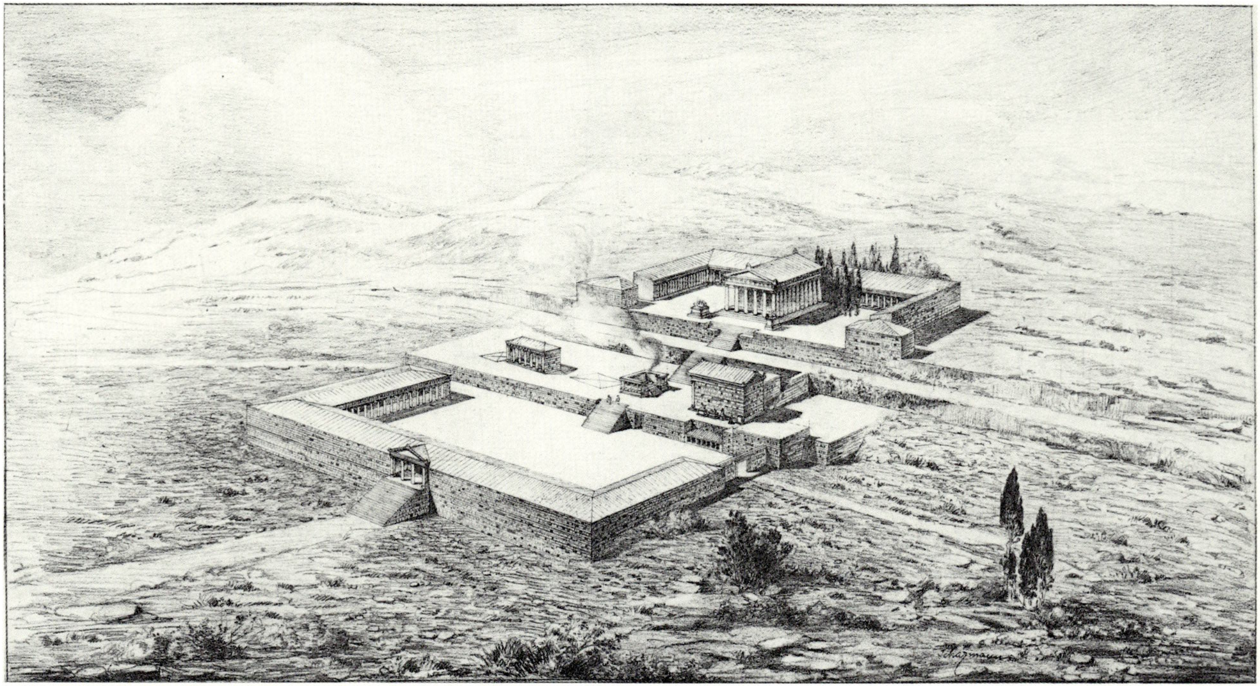

Taf. 44 Kos, Asklepieion. Rekonstruktion

Taf. 45 a Lindos, Athenaheiligtum. Modell

Taf. 45 b Palestrina, Fortunaheiligtum. Modell

Taf. 46a Olympia, Südstoa. Modell

Taf. 46b Pergamon, Zeusaltar. Modell

Taf. 47a Didyma, Grab ta Marmara. Rekonstruktion

Taf. 47b Milet, Buleuterion. Rekonstruktion

Taf. 48 Lefkadia, makedon. Grab (Petsas). Rekonstruktion